KB001200

경제학으로 읽는 뉴스 미디어

감춰진 언론의 진실

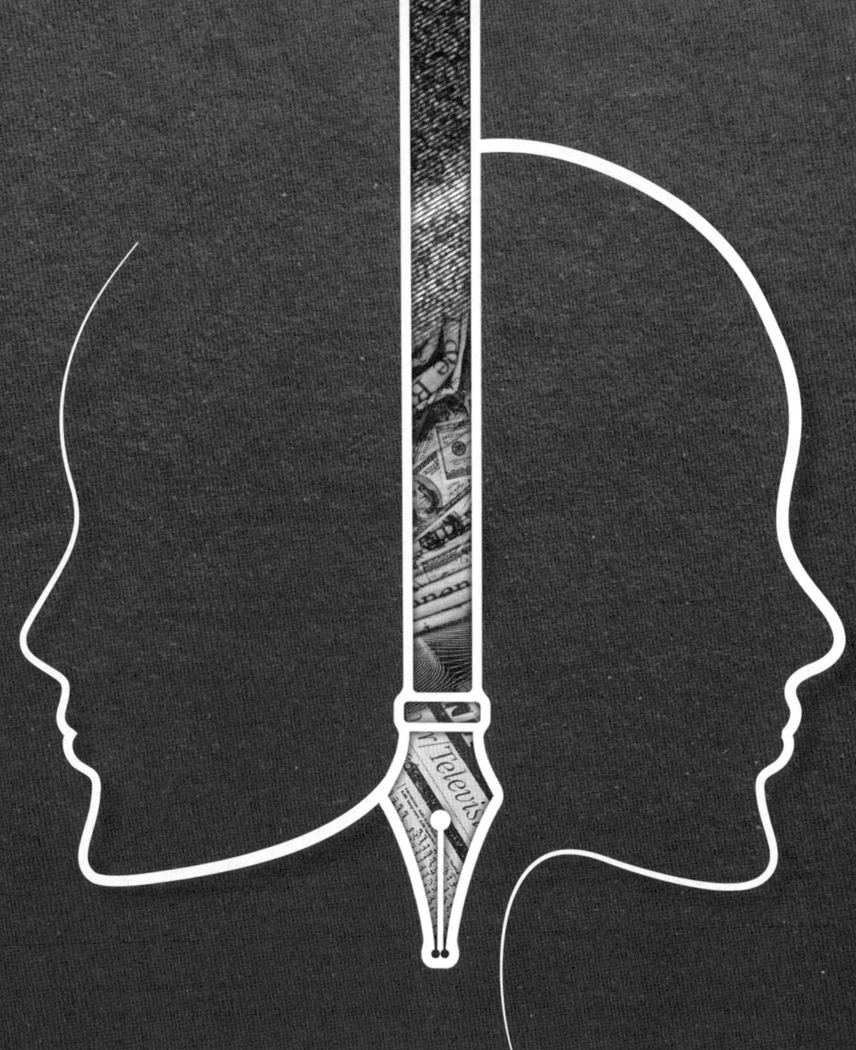

경제학으로 읽는 뉴스 미디어

감춰진 언론의 진실

| 양상우 지음 |

한울
아카데미

차례

서 문 **잃어버린 진실을 찾아, 경제학으로 언론 이해하기** — 11

제1장 **멀고도 가까운 이웃, 경제학과 언론** — 17

1.1 | 인간과 사회의 선택에 관한 학문, 경제학 19
1.2 | 경제학과 언론학의 차이 28
1.3 | 뉴스 미디어 정치경제학의 부상 31
1.4 | 한국 사회와 뉴스 미디어 정치경제학 34

제2장 **뉴스 시장과 뉴스 시장의 주인공들** — 39

2.1 | 뉴스의 기준은 뉴스 소비자 40
2.2 | 뉴스 공급자의 숙명과 한계 49
2.3 | 뉴스 시장의 구조와 주요 현상 53

제3장 **뉴스 시장의 발전과 저널리즘의 변천** — 61

3.1 | '정보 민주화'의 나선형 진화 62
3.2 | 대중 미디어 시대와 저널리즘의 탄생 68
3.3 | 정보통신기술 혁명과 뉴스 시장의 지각변동 82

제4장 **민주주의를 위한 뉴스 미디어의 역할** — 97

4.1 | 뉴스 미디어의 구실에 관한 경제학 연구의 특징 99
4.2 | '더 많은 정보'는 사람들에게 언제나 유익한가? 103
4.3 | 미디어의 편향은 민주주의에 정말 유해한가? 107
4.4 | 뉴스 소비가 '선거'와 '정치적 책무'에 미치는 영향 110

제5장 벗어날 수 없는 굴레, 미디어 편향 121
5.1 | 미디어 편향이란? 122
5.2 | 미디어 편향은 왜 생겨날까? 133
5.3 | 시대와 사회에 따라 다른 뉴스 소비자의 편향 148

제6장 뉴스 품질의 '내로남불'과 객관적 기준 159
6.1 | 평범한 사람들의 뉴스 품질 인식 161
6.2 | 뉴스 품질에 대한 경제학적 이해 167
6.3 | 편향과 품질로 차별화 경쟁을 하는 뉴스 미디어 173

제7장 자유롭게 경쟁하는 언론은 '진실'을 드러낼 수 있을까? 181
7.1 | 뉴스 시장의 딜레마 - '시장의 실패'와 '정부의 실패' 182
7.2 | 미디어 편향에 관한 경쟁의 효과 194

제8장 편견 없는 보도는 '신화', 예외 없는 '미디어 편향' 215
8.1 | '의견'과 '사실 보도'를 구분한다 해도 여전한 정파성 217
8.2 | 미디어 편향을 낳는 주역 220
8.3 | 언론 전반의 편향과 '기울어진 운동장' 227
8.4 | 언론의 경쟁이 미디어 편향에 끼친 영향 237
8.5 | 미디어 편향이 뉴스 소비자에게 미치는 영향 241
8.6 | 경제학자들은 미디어 편향을 어떻게 측정할까 247

제9장 포획되는 미디어, 권력이 되는 미디어 251
9.1 | 미디어 포획의 경제학 이론 253
9.2 | 디지털 시대, 독이 된 경쟁 265
9.3 | 두 얼굴의 광고주 275
9.4 | 미디어 권력 284
9.5 | 여론 다양성을 위한 정책 292

제10장 **지구촌 곳곳의 다양한 미디어 포획** 301

10.1 | 정치권력과 정부의 미디어 포획 303
10.2 | 광고주에 의한 뉴스의 왜곡 309
10.3 | 미디어 포획의 '수요'와 '공급' 316
10.4 | 미디어 포획에 따른 영향 322

제11장 **디지털 시대와 뉴스 미디어** 329

11.1 | 디지털 미디어의 등장과 전통 미디어의 위기 331
11.2 | 디지털 미디어와 소비자의 편향 339
11.3 | 일상의 삶에 파고든 소셜 미디어 348
11.4 | 인공지능과 알고리즘 357

참고 문헌 367
찾아보기(인명·용어·뉴스 미디어) 386

〈그림·표 차례〉

그림 1-1 | 뉴스 미디어 정치경제학과 경제학 _ 35

그림 2-1 | 뉴스 시장의 구조와 현상 _ 55
그림 2-2 | 미국 신문 산업 광고·판매 수입의 상대적 비중 변화(1956~2020) _ 57
그림 2-3 | 각국 신문들의 광고 수입과 판매 수입 비중(2008, 2009) _ 57

그림 3-1 | 미디어의 발전과 정보와 지식의 민주(대중)화 _ 66
그림 3-2 | 미국의 일간 신문 발행 부수 변화(1940~2020) _ 81
그림 3-3 | 미국 신문 산업의 매출 변화(1956~2020) _ 81
그림 3-4 | 신문·TV 뉴스 이용률 변화(주요 35개국 평균) _ 84
그림 3-5 | 일본의 일간신문 발행 부수(각 연도 10월 기준) _ 84
그림 3-6 | 세계 35개국 텔레비전 뉴스 이용률의 변화(2013년 vs 2020년) _ 86
그림 3-7 | 세계 35개국 종이 신문 뉴스 이용률의 변화(2013년 vs 2020년) _ 86
그림 3-8 | 1990년 이후 등장한 웹 포털 _ 87
그림 3-9 | 미국 뉴스 산업의 '뉴스룸 인력' 변화 _ 88
그림 3-10 | 언론에 대한 미국인의 평가(1985~2011) _ 90
그림 3-11 | 뉴스 무관심층의 비율(2017~2022) _ 90
그림 3-12 | 뉴욕 타임스 컴퍼니 매출액 추이 _ 92
그림 3-13 | 콘텐츠 소비 패턴의 변화 _ 93
그림 3-14 | 뉴스와 정보 플랫폼의 진화 _ 95
그림 3-15 | '일대다'와 '다대다' 의사소통 시대 _ 96

그림 5-1 | 공급 측면에 기인하는 보도 편향 _ 139
그림 5-2 | 각국 뉴스 소비자의 뉴스 선호(40개국) _ 150
그림 5-3 | 미국, 영국, 노르웨이 3개국 주요 온라인 뉴스 미디어의 이념적 편향 _ 151
그림 5-4 | 미국 뉴스 소비자들의 정치적 편향 양극화 추이(1994~2017) _ 152

그림 6-1 | 애드 폰테스 미디어의 미디어 편향 차트 _ 176
그림 6-2 | ≪한겨레≫의 시장 포지셔닝 _ 178

그림 7-1 | 소비자들의 이념 편향 분포 _ 212
그림 7-2 | 균일 분포와 미디어 편향 _ 212
그림 7-3 | 단봉 분포와 미디어 편향 _ 212
그림 7-4 | 뉴스 소비자의 편향 분포를 반영하는 뉴스 미디어의 편향 _ 213

그림 8-1 | 한국 주요 신문·방송 뉴스의 정치적 편향(2012) _ 233
그림 8-2 | 미국 신문들의 '당파적 편향' 변화(1850~1950) _ 239
그림 8-3 | 덴마크 일간지 ≪폴리티켄≫의 2차원 편향 포지셔닝 _ 250
표 8-1 | 미국 언론의 정치적 편향 _ 229
표 8-2 | 한국 주요 신문·방송 뉴스의 이슈별 편향과 표준 편차 _ 234
표 8-3 | 한국 6대 신문에서 대통령을 언급한 사설 건수(1998~2015) _ 235
표 8-4 | 보수당에서 노동당으로 지지를 바꾼 영국신문(1997년) _ 244
표 8-5 | 미디어 편향의 측정 방식 _ 247

그림 9-1 | 한국 주요 신문·방송의 지분 소유 현황(2021년 3월 기준) _ 263
그림 9-2 | 한국의 매체합산 여론영향력 집중도 추이(2013~2021) _ 287
표 9-1 | 디지털 시대와 미디어 포획 _ 269
표 9-2 | 미국 연방통신위원회의 '미디어 다양성 지수(MDI)'(2003) _ 289
표 9-3 | 2012년 미국 15대 미디어 기업(그룹)의 '미디어 권력 지수(MPI)' _ 291
표 9-4 | 미디어 소비 분포와 프랫의 '미디어 권력 지수(MPI)' _ 300

그림 10-1 | 각 나라의 경제적 불평등과 언론 자유 _ 326
그림 10-2 | 각 나라의 언론 자유도와 부패 수준 _ 327

그림 11-1 | 2016년 '미국 대선', '전통 미디어'와 '가짜 뉴스'의 정치적 성향 _ 351
그림 11-2 | 뉴스룸에서 인공지능의 쓰임새에 대한 저널리스트들의 생각 _ 359
그림 11-3 | 미국 양대 정당 지지자가 뉴스·정치 사이트에서 얻는 효용 _ 363
그림 11-4 | 가짜 뉴스 필터링 뒤 페이스북의 변화(페이스북 언급 횟수/트위터 공유 수) _ 365

서문

잃어버린 진실을 찾아, 경제학으로 언론 이해하기

"진실을 보려거든 견해를 갖지 말라."

— 선禪 사상

"언론은 선과 악의 기이한 혼합체이다."

— 알렉시 드 토크빌

언론에 관한 경제학은 경제학에서 뒤늦게 등장한 분야다. 특히 한국에서는 많은 경제학자도 낯설게 느낄 만큼, 잘 알려져 있지 않다. 해외에서는 적지 않은 학자들이 이 분야에서 언론의 본성과 실상에 관한 학문적 성과들을 내놓고 있는 것을 생각하면 안타까운 일이다. 경제학자들의 연구들은 흥미롭다. 언론학의 연구나 설명으로는 이해하기 어려웠던 언론의 본성이나 실상을 합리적으로 설명하고, 언론에 관한 그간의 잘못된 통념들도 효과적으로 깨우쳐 준다. 하지만 한국에서는 일반인은 물론 대부분의 학자들도 이런 성과들과 동떨어져 지내왔다. 언론학자들과 경제학자들이 언론과 언론 현상에 관한 서로의 견해와 연구를 공유하며 교류하는 서구에 비하면, 한국의 사정은 많이 다르다.

이 책은 한국의 이런 현실을 타개하는 데 작은 기여라도 하고자 하는 뜻에서 쓰였다. 이 책은 언론과 언론 현상에 관한 경제학자들의 견해와 학문적 성과를 모아 소개하는 책으로는 국내 최초다.

그동안 대부분의 사람들은 언론학이 제공한 개념과 논리 및 실증實證으로만 언론을 이해해 왔다. 언론학은 이상적인 언론과 언론 수용자를 염두에 두고, 그를 기준으로 매 순간 옳고 그름의 가치 판단을 내리는 경향이 있다. 규범적 관점에서 언론 현상을 탐구하는 학문이라 할 수 있다. 반면, 경제학, 특히 주류 경제학은 '인간은 합리적인 동시에 이기적'이라는 전제 위에 가치 판단을 최소화하며 최선의 대안을 모색하는 학문이다.[1] 경제학이 시장에 참여한 주체들의 후생을 극대화하는 최선의 대안을 찾는 것처럼, 언론에 관한 경제학은 뉴스 시장의 소비자와 공급자라는 틀로 언론의 현실을 파악하고 뉴스 소비자(언론 수용자)의 정보 후생을 극대화하는 방안을 찾는 학문이다.

독자들 가운데는 언론을 '정치학으로 이해한다'는 말은 수긍할 수 있어도 '경제학으로 이해한다'는 말이 쉽게 와 닿지 않는 이들이 적지 않을 것이다. 원래, 경제학은 무엇을 구매할지, 얼마나 소비하고 저축할지, 어떤 제품이나 서비스를 생산하고 공급할지, 가격을 어떻게 정할지 등을 탐구하는 학문이다. 경제학은 온통 의사결정, 즉 선택에 관해 탐구하는 학문이라고도 할 수 있다. 경제학의 궁극적 탐구 대상이 '인간의 선택'이라면, 언론을 경제학으로 이해하는 것은 전혀 이상한 일이 아니다. 저널리스트와 뉴스 미디어는 전달할 뉴스를 선택하고, 뉴스 소비자는 구독하거나 시청할 신문과 방송을 선택한다. 또 뉴스 소비자들은 뉴스를 통해 얻은 정보를 바탕으로 구매할 상품과 용역을 선

---

1 주류 경제학이 아닌 행동경제학에서는 인간을 '제한적으로만 합리적(boundedly rational)'이라고 보고, 남을 위해 자신을 희생하는 인간의 이타적 행동에 주목하기도 한다. 경제학자들은 인간에 관한 이런 가정도 연구에 적용한다.

택하고, 선거에 나선 후보나 정당을 선택한다. '언론을 경제학으로 이해한다'는 말은, 뉴스의 생산과 공급, 소비의 전 과정에서 일어나는 '인간의 선택'과 그 영향을 이해한다는 뜻이다.

이런 경제학적 관점과 접근 방식은 인간과 언론의 현실에 대한 객관적 이해를 지금보다 훨씬 풍부하게 할 수 있다.

첫째, 경제학적 관점은 언론 현상의 각 주체들이 지닌 관성적 혹은 구조적 견해 차이를 극복하게 해줄 수 있다. 언론의 각 주체들이 지닌 규범이나 이념은 다른 이념과 규범을 지닌 상대의 견해를 이해할 수도, 인정할 수도 없게 한다. 진보주의자들이 바라는 '사회 진보'에 복무해야 할 언론과, 보수주의자들이 기대하는 '보수의 가치'를 옹호하는 언론 사이에는 타협의 여지가 없다. 그뿐 아니다. 뉴스 소비자와 저널리스트 사이에도 깊고 넓은 강이 흐른다. 뉴스 소비자들은 '저널리스트들이 편향 없는 진실을 전해야 한다'고 생각한다. 반면, 저널리스트들은 '뉴스 소비자들이 편향 없이 진실을 원할 것'이라고 상정한다. 뉴스 소비자나 저널리스트 모두 일상의 편향에서 벗어나지 못하는데도 그렇다. 이념에 따라, 혹은 뉴스를 주고받는 처지에 따라 갖게 되는 이런 상반된 기대와 규범은 언론에 대한 객관적 이해를 가로막는다. 그런 점에서 언론에 대한 가치중립적이고 탈규범적인 경제학적 이해는 '하나의 뉴스'를 놓고도 평가가 엇갈리는 보수와 진보는 물론, 현실과 동떨어진 이상적 모습을 서로에게 기대하는 뉴스 소비자들과 저널리스트들을 잇는 가교가 될 수 있다.

둘째, 언론에 대한 경제학적 이해는 갈수록 심화하는 언론의 산업화와 상업화 속에서 그 효용이 더 크다. 이를테면, 시장 경쟁에서 벗어나 있는 공영 언론과 관련해서는 언론의 소명에서 눈을 떼지 않는 언론학자의 구실이 더 중요할 수 있다. 하지만 치열한 시장 경쟁을 벌이는 민영 언론사들에 대해선 시장의 현실을 이해하며 대안을 제시하는 경제학자의 역할이 상대적으로 더 클 수 있다. 정보통신기술의 혁명적 발전으로 뉴스 미디어의 물적 토대가 지각변동을 겪고 있는 현실은 경제학적 이해와 분석을 그 어느 때보다 필요로 한다.

지금까지 한국의 언론학계나 경제학계는 뉴스 시장과 뉴스에 대한 경제학적 이해에는 큰 관심을 두지 않았다. 한국은 지구촌 어디에 비교해도 언론의 신뢰도가 부끄러울 만큼 낮고, 사람들은 너나 할 것 없이 '언론의 위기'를 말하지만, 이 위기의 원인을 이해하는 한국 사회의 안목은 좁았다고 할 수 있다. 여기에다 일선의 저널리스트와 언론사 경영자, 뉴스 소비자들은 언론에 대해 각기 지닌 이해와 규범, 기대가 다르다 보니 언론의 위기에 관한 평가와 해법도 제각각이다. 그러나 지구촌 대부분의 나라가 겪고 있는 언론의 위기는 언론 현상을 둘러싼 특정 주체의 문제로 볼 일이 아니다. 특히 한국 언론의 위기도 저널리스트들의 취재와 보도 행위에서만 비롯된 게 아니다. 뉴스 미디어 시장이라는 물질적 토대와 경제적 환경의 커다란 변화가 그 원인이자 위기를 심화시키는 힘이다. 그만큼 경제학이 언론의 위기를 이해하는 데 긴요한 셈이다.

사물을 올바로 보려면, 자신의 선입견을 먼저 버려야 한다는 말이 있다. 언론에 관한 '객관적 진실'을 보려 할 때도 마찬가지다. 진보나 보수, 전통 미디어나 뉴미디어, 뉴스 소비자나 뉴스 공급자, 그 어느 하나에 기반한 규범과 가치관이 아닌, 모두의 사정과 처지를 함께 이해할 필요가 있다. 이 점에서도 경제학은 효과적이다. 독자들도 이 책을 읽으며 뉴스 시장과 저널리즘을 이해하는 데 있어 언론학에 비해 상대적으로 탈규범적·가치중립적 관점을 지닌 경제학의 유용성에 공감할 수 있기를 기대한다.

물론 언론에 관한 경제학의 연구 성과들은 언론 현상의 전부가 아닌 일부를 설명할 뿐이다. 뉴스 미디어 시장과 산업은 나라마다 역사가 다르고, 환경이나 제도와 관행에도 차이가 있다. 따라서 이 책에서 언급하는 외국의 사례들을 한국에 대입하려 할 때는 세심한 주의가 필요하다. 그럼에도 불구하고 언론에 관한 경제학적 접근은 한국 언론 현실을 이해하고 미래를 모색하는 데 큰 도움이 되리라 확신한다.

국내에 소개하는 이 분야의 첫 책인 만큼 누구든 관심이나 의지만 있으면 사전 지식 없이 읽을 수 있는 경제학 서적을 쓰려고 노력했다. 그 때문에 경제학자들이 사용하는 수학적 논증이나 전문적 용어도 최대한 배제했다. 그러나 그 흔적까지 없앨 수는 없었다. 사실 현대 경제학은 고도의 이성적 논증과 추론을 매우 중시한다. 그리고 수학이 없는 고도의 이성적 논증과 추론은 상상하기 힘들다. 수학으로 표현된 논리는 언어의 차이로 인한 의미의 실종이나 왜곡을 막고 '객관적인 의사소통'을 도와준다는 점은 유념할 만하다. 한편, 좀 더 깊이 있는 이해를 원하는 독자들을 위해서는 필요한 곳마다 〈한 걸음 더〉 코너를 뒀다.

책을 쓰면서 한국 언론의 미래를 걱정하는 수많은 기자들, 뉴스 미디어의 활로를 찾으려 애쓰는 언론사 경영자, 뉴스와 정보 시장의 새로운 주역으로 떠오른 디지털 플랫폼 기업의 구성원 등의 노고를 끊임없이 생각했다. 이 책이 언론에 대한 한국 사회의 새로운 공론公論과 숙의熟議를 자극해 위기의 한국 언론을 되살리는 데 보탬이 되기를 간절히 기원한다.

이 책이 나오기까지는 많은 분의 도움이 있었다. 너저분한 초고를 읽고 귀중한 지적과 조언을 해준 언론계와 학계, 그리고 시민사회단체와 경제계 여러 지인들에게 깊이 감사드린다. 이들 덕분에 그나마 책의 완성도가 나아졌다.

또 이 책을 쓸 수 있었던 데는 오랫동안 언론인으로 살았던 저자의 경험이 큰 도움이 됐다. ≪한겨레신문≫의 수습기자로 시작해 데스크, 국장, 노조지부장, 우리사주조합장, 그리고 비상경영위원장과 두 차례에 걸친 CEO 경험은 언론을 읽는 새로운 대안으로 경제학자들의 관점과 견해를 적극적으로 수용할 수 있게 한 토대였다. 특히 CEO의 경험은 언론의 과거와 현재를 비판적으로 돌아보고 미래를 모색하게 한 귀중한 계기가 됐다.

그러나 뒤늦은 학문의 길을 응원하고 저술을 격려해 준 아내 김희진이 없었다면 이 책은 세상에 나오지 못했을 것이다. 책을 쓰기 위한 지식과 경험을 얻었던 지난 인생의 모든 순간은 물론, 책을 쓰는 동안 내내 든든한 의지가 되었던 이해심 많은 아내와 두 아들, 그리고 며느리에게 고마움을 전한다.

그리고 이들 모두를 내게 보내주신 하나님께 감사드린다.

2023년 11월

양상우

✤ 덧붙이는 말

언론학에도 '미디어 정치경제학'(혹은 '커뮤니케이션 정치경제학')으로 불리는 분야는 오래전부터 있었다. 하지만 언론학자들의 '미디어 정치경제학'은 이 책에서 다뤄지는 내용과는 확연하게 구분된다. 언론학의 미디어 정치경제학은 "사회 권력집단들과 미디어의 관계, 그리고 그 관계가 미디어의 보도와 프로그램 제작에 어떤 영향을 미치는지에 대해 연구하고 분석하는"[2] 학문 분야다. 이런 연구 대상은 경제학자들의 그것에 비해 협소하다. 그런 내용은 이 책에서 다루는 언론에 관한 경제학 가운데 주로 '미디어 포획media capture'과 '미디어 권력media power'으로 부르는 세부 두 분야에 불과하다. 또한, 언론학자들의 '미디어 정치경제학'은 명칭에 '경제학'이라는 표현이 들어 있지만 경제학의 개념과 연구 방법을 거의 쓰지 않는다. 즉, 경제학의 한 분야라고 할 수 없다. 이런 사정을 감안해, 이 책에서는 경제학자들이 언론을 분석하고 연구하는 학문을 언론학의 '미디어 정치경제학'과 조금이라도 구별하고자 '뉴스 미디어 정치경제학' (줄여서 '뉴스 미디어 경제학')으로 부른다.

2 "뉴스를 제작하는 과정에서 정치권력과 경제권력으로부터 어떤 영향을 받는지에 대해 연구하는 분야"라고도 표현한다(최진봉, 2014: v, 1).

1

멀고도 가까운 이웃, 경제학과 언론

"어떤 의견 표명을 침묵시키는 것은 현재의 인류뿐만 아니라 미래의 세대까지 강탈하는 것이다. … 만약 그 의견이 옳다면 사람들은 진실을 알 수 있는 기회를 빼앗기는 것이고, 만약 그 의견이 거짓이라면 그 거짓에 대비해 진실을 더욱 생동감 있고 명확하게 인식할 기회를 잃는 것이다."[1]

— 존 스튜어트 밀

존 스튜어트 밀John Stuart Mill(1806~1873)은 저널리즘이나 철학 혹은 사회학을 접한 이들이라면 누구나 첫손에 꼽는 위대한 철학자이자 언론 사상가다. "어느 누구도 반대자를 침묵시킬 권리를 갖고 있지 않다"는 그의 말들을 접하며 가슴 뜨거워졌던 추억을 지닌 이도 많을 것이다.

밀의 이 말이 담긴 『자유론On Liberty』(1859)은 사상사의 획을 그은 명저였다.

1 원문은 다음과 같다(괄호 안은 본문의 인용에서 생략한 부분이다). "The peculiar evil of silencing the expression of opinion is, that it is robbing the human race; posterity as well as the existing generation; (those who dissent from the opinion, still more than those who hold it.) If the opinion is right, they are deprived of the opportunity of exchanging error for truth: if wrong, they lose, (what~benefit,) the clearer perception and livelier impression of truth, produced by its collision with error(Mill, 1859[2006]), Ch 2.)."

『자유론』(1859)의 표지
출처: Wikipedia.

『정치경제학 원리』(1848)의 표지
출처: Wikipedia.

이 책을 통해 자유주의는 현대 정치와 경제, 사회 등 모든 분야에서 가장 강력한 이념으로 굳건히 뿌리내릴 수 있었다고 해도 과언이 아니다. 밀은 이 책에서 어떤 의견이 "틀렸다"거나 "거짓"이라고 할지라도 표현의 자유를 억압해서는 안 된다고 주장했다. 그는 표현의 자유가 제한 없이 허용되어야 사회는 진보할 수 있다고 역설했다. 이런 밀을 모르는 언론인이나 언론학자는 없을 것이다.

그런데 경제학자들도 밀을 모르지 않는다. 모르지 않는 정도가 아니라 아주 잘 안다. 밀은 경제학을 탄생시킨 주역 중의 한 사람이기 때문이다. 『자유론』보다 11년 앞서, 밀은 고전학파 경제학의 대표적 고전인 『정치경제학 원리Principles of Political Economy』(1848)을 썼다. 특히 이 책은 1890년 앨프리드 마셜Alfred Marshall(1842~1924)의 『경제학 원리Principles of Economics』가 나오기 전까지 영국 경제학자들에게는 경전經典 같은 구실을 했다.

아이러니한 것은 이처럼 위대한 경제학자이자 언론학자였던 밀이 언론에 관한 경제학적 이해는 전혀 시도하지 않았다는 사실이다. 그 사정을 알 길은 없다. 수많은 사람이 밀 이후로도 오랫동안 언론 현상과 경제학의 만남은 상상조차 하지 않았다는 점을 생각하면, 밀의 뇌리에 언론과 경제학이 별개로 존재했다는 것도 그리 이상한 일은 아니다.

그러나 밀이 세상을 떠난 지 150년이 지난 지금은 사정이 좀 달라졌다. 경제학자였던 밀의 뒤를 잇는 많은 학자가 경제학을 통해 언론의 본질과 구실을 탐구하고 있다. 생전의 밀이 상상하지 못한 높은 수준의 수학과 실증적 연구를 통해서다. 대의 민주주의와 관련한 언론의 구실과 영향, 언론의 편향 보도, 권력과 금력의 언론 포획, 디지털 시대의 뉴스 미디어 등 많은 분야에서 다채로운 연구 결과를 내놓고 있다.

그러면 밀이 살던 시기와 달리, 경제학자들의 언론 연구는 어떤 연유로 등장하게 됐을까? 뉴스 미디어 정치경제학Political Economy of News Media이 등장하고 성장할 수 있었던 배경부터 알아보자.

1.1. | 인간과 사회의 선택에 관한 학문, 경제학

경제학은 평범한 사람들에게 '어렵다'는 인상부터 주는 경우가 많다. 아마도 학창시절 어렵게만 느껴졌던 수학이나 논리학이 많이 쓰이고, '탄력성'이니 '균형'같이 자주 들어도 낯선 용어들이 등장하는 탓이 아닐까 싶다. 그럼에도, 경제학은 가장 대중화되어 있는 학문 가운데 하나다. 사람들은 삶 속에서 경제 문제를 도외시할 수 없다. 그 때문에 대부분의 사람들은 경제학을 어려운 학문이라 느끼면서도 삶에 꼭 필요한 지식이라고 여긴다. 수많은 경제 교양서가 나오는 배경이다. 그래서 언제나, 멀리 느껴지지만 또 가까이 있는 학문이 바로 경제학이다.

'어렵다'는 선입견(?) 말고도, 경제학에 대한 일반인들의 오해는 또 있다. 경제학이 가격이나 상품, 물가, 소득 등 경제생활에만 국한된 것이라고 여기는 것이다. 하지만 현대 경제학은 돈을 벌고 쓰고 나누는 문제에 국한된 학문이 아니다. 현대 경제학은 평범한 일반인들이 생각하는 것보다 훨씬 더 넓은 분야에 관한 학문이다. 어떤 직업을 선택할지, 아이를 낳을지 말지, 일을 할지 휴식을 취할지 같은 인간의 의사결정, 즉 선택과 관련된 모든 게 경제학의 대상이다. 어떤 신문이나 방송을 볼지, 어떤 뉴스를 보도할지도 역시 인간의 선택이다. 뉴스를 접한 유권자가 선거에서 어느 정당(정치인)을 지지하고 반대하는 것도 마찬가지다. 이런 인간과 사회의 선택들은 모두 경제학의 논구論究 대상이다.

초기의 경제학자들도 순수한 경제 현상만을 학문의 대상으로 삼지는 않았다. 경제학의 원래 이름인 정치경제학Political economy은 정치와 경제를 나눠보지 않았던 초기 경제학의 모습을 잘 보여준다. 지난 세기 초, '정치political'가 빠진 '경제학economics'이 등장하면서 경제학자들은 순수한 경제 현상에만 주목했지만, 사실 그 기간은 그리 길지 않았다. 순수한 경제 현상만을 주목한 지 반세기가 지나지 않아, 경제학자들은 정치를 비롯한 다른 사회과학 분야로 눈을 돌리며 경제학의 대상을 넓히기 시작했다.

순수 경제 현상 밖으로 시야를 다시 넓힌 경제학에는 초기의 경제학, 즉 오래전 정치경제학과는 다른 점도 있었다. 고도화된 수학적 논증 방법(론)이 경제학의 새로운 수단으로 등장했다. 경제학자들은 수학을 활용한 논증에 더 매달렸고, 수학이라는 만국 공통의 언어는 경제학의 학문적 영향력도 배가했다.[2] 경제학의 방법(론)으로 무장한 경제학자들은 20세기 중반 이후 정치학과 사회학 등 인접 사회과학 분야로 연구 영역을 거침없이 확대했다. 미디어나 언론 현상에 대한 연구는 그 가운데 하나였다.

경제학이 언론, 즉 뉴스 시장과 뉴스 미디어에 관한 연구로 영역을 넓힐 수 있게 한 토대를 제공한 학자들로는, 1950년대와 1960년대에 등장한 케네스 조셉 애로Kenneth Joseph Arrow(1921~2017, 1972년 노벨 경제학상 수상), 앤서니 다운

2 경제학자 폴 사무엘슨(Paul Samuelson, 1915~2009, 1970년 노벨 경제학상 수상)는 "수학은 언어"라고 말한다(Samuelson, 1952: 56). 심오한 내용일수록 보통의 말과 글로 표현되면, 사람들의 이해엔 차이가 생기기 십상이지만 수학이란 언어는 결코 그런 상황을 낳지 않는다.

스Anthony Downs(1930~2021), 게리 베커Gary Becker(1930~2014, 1992년 노벨 경제학상 수상) 같은 이들을 꼽을 수 있다. 이들의 이론들은 현대 경제학은 물론 정치학과 사회학 등 사회과학 분야 전반에 큰 영향을 끼쳤다. 경제학으로 언론 현상을 탐구할 수 있는 학문적 밑바탕도 이때 만들어졌다.

① 민주주의에 관한 경제학 이론

언론과 민주주의는 떼려야 뗄 수 없는 관계다. 이 점에서, 민주주의에 관한 경제학 이론들은 경제학자들을 언론에 관한 연구로 이끈 도관導管의 구실을 했다. 민주주의에 관한 경제학 이론들은 훗날 언론에 관한 경제학 연구에 큰 영향을 끼쳤다. 여기서는 대표적인 이론 둘을 간략히 살펴보자. 모두 현대 정치를 이해하는 기념비적인 이론들이다. 경제학이 '민주주의'를 학문의 대상으로 삼는다면, '언론'에 관해서도 그러지 못할 이유가 없다. 또 민주주의에 관한 경제 이론이 인류에게 유익했다면, 언론에 관한 경제이론 또한 그럴 수 있다는 데는 이론異論의 여지가 없다.

제2차 세계대전이 끝나고 한국전쟁과 함께 동서 냉전이 본격화하던 1951년, 서른 살의 젊은 경제학자였던 케네스 조셉 애로는 '민주적이면서도 합리적인 사회적 선택은 불가능하다'는, 이른바 '**불가능성 정리**Impossibility theorem'를 증명해 세상에 알렸다. 합리적인 의사결정은 민주적인 방식으로는 불가능하며 독재자만이 할 수 있다는 얘기이기도 했다.[3]

케네스 애로
출처: Wikipedia.

'불가능성 정리'가 발표되자, 서구의 학계와 지식인 사회는 큰 충격에 휩싸였다. 옛 소련을 중심으로 한 공산권에 맞서 서방

3 '불가능성 정리'는 정확한 정보가 완벽하게 공유되는 사회를 전제한다(Arrow, 2012).

앤서니 다운스
출처: Facebook.

이 주장하던 자유민주주의 체제의 우위와 정당성이 근본부터 흔들렸기 때문이었다. 하지만 '수리 논리학mathematical logic'[4]만으로 이뤄진 애로의 천재적 증명엔 논란의 여지가 없었다.[5]

애로의 '불가능성의 정리'가 '사회적 선택'의 이상과 현실에 관한 것이었다면, 앤서니 다운스의 민주주의에 관한 경제학 이론은 대의 민주주의와 선거 정치의 작동 원리를 다룬 것이었다. 다운스는 1957년 펴낸 저서『민주주의의 경제 이론An Economic Theory of Democracy』에서 민주주의 사회의 정치적 선택에 관한 여러 특징과 개념을 경제학적 개념과 이론으로 설명해, 정치학에까지 지대한 영향을 끼쳤다.

다운스는 민주주의 사회의 선거 정치에서 정치적 선택을 하는 유권자들과 이들의 선택을 받으려는 정치인(정당)들의 행동을 경제학 이론을 통해 규명했다. 다운스는 사회 구성원들의 선택인 선거를 정치인(정당)과 유권자가 존재하는 '정치 시장'에서 이뤄지는 일종의 거래로 보았다. 그는 유권자의 투표 행위는 정책을 표로 사는 소비자의 구매 행위와 같고, 정치인(정당)의 행위는 정책(공약)을 제공하고 표를 얻는 공급자의 판매 행위와 같다고 생각했다. 정당이나 정치인은 유권자에게 정책을 제공해 표를 얻고, 반대로 유권자는 원하는 정책을 얻는 대가로 표를 주는 행위로 선거를 이해한 것이다. 이런 이해 방식

---

4 언어를 사용하는 일반 논리학과 달리 기호를 사용하는 논리학이다. '기호논리학(symbolic logic)'으로 불리기도 한다. 언어를 사용하는 데서 생길 수 있는 오류를 없애고 명제를 효과적으로 다룰 수 있다. 이를테면 'A는 B이거나 C이다'라는 명제는 수리논리학에서는 $A \subset (B \vee C)$와 같은 방식으로 표현한다.

5 애로는 불가능성 정리를 담은 그의 저서 *Social Choice and Individual Values*에서 집필에 도움을 받은 10여 명의 학자에게 감사의 뜻을 밝혔다. 이들 가운데 찰링 쿠프만스(Tjalling Koopmans), 프랑코 모딜리아니(Franco Modigliani), 시어도어 슐츠(Theodore Schultz), 허버트 사이먼(Herbert Simon) 밀턴 프리드먼(Milton Friedman) 등 다섯 명이 그 후 노벨 경제학상을 수상했다. 애로는 '불가능성 정리'를 포함해 수학적 논증으로 경제학을 진일보시킨 공로로 51세의 젊은 나이에 노벨 경제학상을 받았다.

은 뉴스 시장에서도 유사하게 적용할 수 있다. 정치 시장의 정당과 유권자를 뉴스 시장의 뉴스 미디어와 뉴스 소비자로 대치하는 것이다.

게리 베커
출처: Wikipedia.

이런 경제학적 개념과 이론에 의거해 다운스는 다양한 정치 현상을 설명하는 이론을 여럿 제시했다. 그 가운데서도 가장 널리 알려진 것은 '선거의 열쇠는 중도층이 쥐고 있다'는 '**중위 투표자 정리**Median voter theorem'이다.[6] 그는 이 밖에도 두 정당이 중도층의 표심을 노리고 중도적 정견을 경쟁적으로 제시하다 보면 두 정당의 정책 차이가 없어지게 된다는 '**다운스 딜레마**Downs dilemma'나, 유권자 집단이 클수록 결과에 미치는 영향이 미미한 개별 유권자들은 애써 투표하는 것보다 '기권하는 게 더 합리적'이라는 '**합리적 무시**Rational ignorance'처럼 이제는 정치학과 경제학 모두에 속하는 원리들을 제시했다.

② 인간의 선택에 관한 경제학 이론

애로와 다운스의 이론이 발표된 지 채 10년이 지나지 않아, 이번에는 게리

---

6 정당들이 선거에서 이기려, 중도적 정견을 강화한다는 중위 투표자 정리는 중도층 유권자들이 두터운 '(1) 단봉(單峯) 대칭 분포'를 전제로 도출된 것이다. 그러나 유권자들의 분포가 '(2) 쌍봉(雙峯) 대칭 분포'라면, 두 정당의 정견은 중위로 수렴하지 않는다. 이유는 각 정당들의 정견이 중위에 가까워질수록 자신의 배후에 있는 유권자들로부터 멀어지게 되는데, 이로 인한 지지 상실이 중앙으로 이동해 얻을 수 있는 중도적 유권자들의 지지보다 적기 때문이다. 현실 정치의 가장 흔한 유형이다.

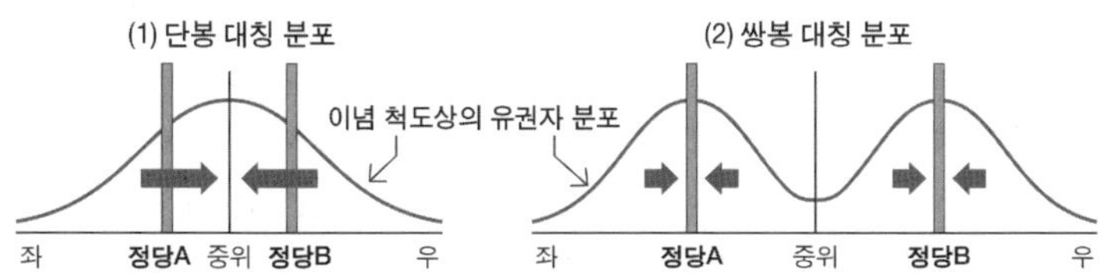

베커가 정치 현상만이 아니라 사회 현상 전반으로 경제학의 대상을 확대했다. 베커는 '모든 인간이 자신의 이익과 비용을 합리적으로 따져 이익이 극대화되는 방향으로 행동한다'는 합리적 선택 이론Rational choice theory을 수단으로 삼았다. 그리고 그는 그 전까지는 경제학과 무관하게 보였던 결혼, 출산과 양육, 인종차별, 마약 중독, 범죄 등 다양한 사회 현상을 경제학의 원리로 설명해 냈다.

이를테면, 베커는 결혼의 이유는 남녀가 상호 보완적 분업을 통해 훨씬 더 높은 (가정의) 생산성을 달성할 수 있기 때문이고, 결혼은 편익과 비용을 따져 '결혼 시장'에서 이뤄진다고 말했다. 반면, 이혼율이 높아지는 것은 이혼이 주는 이득이 커지고 이혼에 따른 비용은 감소하기 때문이었다.

그에 따르면, 출산도 비용과 효용을 따져 냉장고 같은 내구재를 구매하는 것과 다르지 않았다. 이때의 비용은 양육에 드는 돈과 시간, 자녀를 양육하기 위해 포기해야 하는 일자리 같은 기회비용 등이고, 효용은 양육의 즐거움, 성장한 자녀들의 돌봄을 받을 수 있는 노후 등이다. 출산율이 떨어지는 것은 출산이 수지맞는 일이 아니기 때문이다. 따라서 출산율을 높이려면, 자녀를 키우는 데 드는 비용 등 장기간에 걸친 양육 비용 전반을 감소시켜야 한다고 베커는 주장했다(Becker, 1991[1981]).[7]

베커는 또 범죄자들은 범죄에 따른 이득이 범죄로 인해 치러야 할 비용, 이를테면 '붙잡힐 확률 × 형량'보다 크다고 생각하기 때문에 범죄를 저지른다고 말했다. 따라서 범죄를 줄이려면 높은 검거율과 기소율, 그리고 엄격한 형벌로 범죄자의 비용을 증가시켜야 한다고 주장했다(Becker, 1968).

이런 베커의 이론과 견해에 대해서는 비판도 많았다. 대표적인 이는 프리드리히 하이에크Friedrich Hayek(1899~1992, 1976년 노벨 경제학상 수상)다. 하이에크

7 베커의 여러 견해 가운데서도 특히 가족과 관련한 그의 시각은 많은 비판을 받았다. 가족 간의 유대감이나 도덕적 관점을 완전히 무시했다는 것이었다.

게임 이론의 기초를 세운 수학자 존 폰 노이만(왼쪽)**과 존 내시**(오른쪽)
출처: Los Alamos National Laboratory.

는 베커가 인간의 합리성을 과대평가해 인간은 물론 시장과 사회를 이해하는 데 적합하지 않다고 비판했다. 그렇지만, 베커의 연구는 사회학, 심리학, 교육학, 범죄학은 물론 사회정책에도 큰 영향을 끼쳤다.[8] 그 공로는 1992년 그에게 노벨 경제학상을 안겨줬다.[9]

인간의 선택과 관련한 경제학의 이론에는 게임 이론Game theory도 빼놓을 수 없다. '합리적 선택 이론'처럼 이름에서부터 학술적 뉘앙스가 강한 경제학 이론들에 비해서는 일반인에게도 상대적으로 많이 알려진 이론이다. 게임 이론은 널리 알려져 있듯이 사람들 사이의 상호작용에 의해 결과를 얻는 상황에서 사람들 개개인에게 최적의 의사결정이 무엇인지 연구하는 학문이다.

게임 이론의 기초를 쌓은 이는 존 폰 노이만John von Neumann(1903~1957)과 오

---

8 베커 이후 '경제학 제국주의(economics imperialism)'라는 용어도 등장했다. 범죄, 법률, 가족, 편견, 취향, 정치, 사회, 스포츠, 문화, 종교, 과학 등 삶의 비경제적 현상에 대해서까지 경제학을 적용하는 학문적 태도를 비판적으로 일컫는 말이었다.

9 베커는 이 밖에도 인간의 지식과 건강 등을 처음으로 '인적 자본'이라는 개념으로 인식하고, 인적 자본이 토지와 같은 물적 자본보다 더 중요하다고 역설했다. 특히 인적 자본을 위한 교육과 훈련의 중요성을 강조했고, 그의 주장은 지금도 정부와 기업 등 사회 각 분야에 지대한 영향을 미치고 있다(Becker, 2009[1964]).

스카 모르겐슈테른Oskar Morgenstern(1902~1977)이고, 발전시킨 대표적 학자는 영화 〈뷰티풀 마인드A Beautiful Mind〉에서 러셀 크로우Russell Crowe가 연기한 존 내시John Nash(1928~2015, 1994년 노벨 경제학상 수상)다.

게임 이론에서 말하는 게임의 사례는 우리 주변에 수없이 많다. 번잡한 길을 걷는 사람도 이런저런 방향에서 걷고 있는 사람들과 일종의 게임을 한다. 상점에서 물건 값을 흥정하는 판매자와 구매자 사이에도 게임은 존재한다. 노사 간의 임금협상이나 국가 간 외교협상은 전형적인 게임의 사례다. 정치인들과 유권자들은 물론 뉴스 미디어와 뉴스 소비자, 경쟁하는 뉴스 미디어들, 금전적 대가를 건네고 부정적인 보도를 막으려는 이들과 뉴스 미디어 사이에도 게임이 벌어진다. 이처럼 사람들의 선택이 상대의 선택에 영향을 주는 상황에서, 사람들이 이성적으로 선택할 수 있는 최적의 의사결정에 관한 수학적 이론이 바로 게임 이론이다.

그런데 게임 이론에서는 의사결정 주체가 마치 감정이 없이 컴퓨터처럼 계산하는 존재다. 선택을 위한 의사결정은 이성만을 의해 이뤄진다. 가장 이상적인 의사결정을 위한 게임 이론은 경제학의 영역을 정치, 군사, 외교, 행정학 등은 물론 진화생물학과 철학에 이르기까지 적용되고 있다.

이렇듯 주류 경제학자들이 '인간은 이기적이며 합리적'이라는 대전제 위에서 인간과 선택을 탐구했다면, 지난 세기 후반에 등장한 '행동경제학Behavioral economics'은 '합리적 선택'이 아니라 '불합리한 선택'을 하는 인간에 주목했다.

허버트 사이먼Herbert Simon(1916~2001, 1978년 노벨 경제학상 수상), 대니얼 카너먼Daniel Kahneman(2002년 노벨 경제학상 수상), 리처드 세일러Richard H. Thaler(2017년 노벨 경제학상 수상) 등은 비합리적이고 불완전한 인간의 사고와 행위 전반으로 경제학의 영역을 넓힌 행동경제학자들이었다.

이들은 사람은 다양하고 일상적인 편견에 사로잡혀 있고, 감정적이며, 이성적 사고에는 한계가 있다고 보았다. '불완전한 인간'의 '불합리한 선택'을 규명한 행동경제학자들에 의해 경제학은 대중적인 접점도 크게 확대했다.

노벨 경제학상을 수상한 행동경제학자들. 허버트 사이먼, 대니얼 카너먼, 리처드 세일러(왼쪽부터).
출처: Wikipedia.

그 초석을 놓은 허버트 사이먼은, 사람들은 의사결정을 할 때 부적절한 정보, 타고난 인지적 한계와 시간의 제약으로 인해 제한적으로만 이성적으로 행동한다는 인간의 '제한된 합리성Bounded rationality'을 주창했다(Simon, 1972). 사이먼의 뒤를 이은 대니얼 카너먼과 아모스 트버스키Amos Tversky(1937~1996)는 인간은 '직관'과 '이성적 추론'이라는 두 체계를 통해 생각을 형성한다는 '두 체계 이론Dual system theory'으로 인간의 '제한된 합리성'을 구체화해 발전시켰고 불합리한 선택의 원리를 다채롭게 규명했다(Kahneman, 2002).

요컨대, 경제학은 순수한 경제 현상만이 아니라 사회와 인간의 선택에 관한 학문으로 영역을 확대해 왔다. 사람들이 어떤 선택을 할 때, 가장 중요한 기초는 그들이 선택에 앞서 얻는 정보다. 따라서 선택에 관한 학문인 현대 경제학이 정보를 주고받는 행위나 뉴스 시장에 관심을 두게 된 것은 자연스러운 일이었다.[10] 더구나, 20세기 이후 산업과 시장의 위상을 분명하게 드러낸 언론에

10 정보를 주고받는 행위에 관한 대표적 연구로는 Crawford and Sobel(1982)이 있다. 이 분야를 연구하려는 경제학 전공자에게는 필독 논문이라 할 만하다.

대해 경제학자들이 탐구하게 된 것은 지극히 당연한 결과라 하겠다.

1.2. | 경제학과 언론학의 차이

뉴스 미디어 정치경제학을 본격적으로 소개하기에 앞서 '뉴스 미디어 정치경제학', 즉 언론에 관한 경제학의 학문적 뿌리와 배경을 간략히 알아봤다. 정리해 보면, 다음과 같다.

첫째, 경제학은 순수한 경제 현상을 넘어 숱한 사회 현상을 이미 오랫동안 다뤄왔다. 그 결과, 경제학의 연구 분야는 갈수록 더 다양해지고 있다. 따라서 뉴스 미디어의 '편향 보도'나 권력과 금력의 '뉴스 미디어 포획' 같은 현상을 경제학자들이 탐구하는 것은 이상할 게 없다.

둘째, 언론의 가장 중요한 존재 이유가 민주주의 체제의 작동에 있다는 점에서 민주주의의 작동 원리에 관한 경제학 이론들은 뉴스 미디어 경제학을 낳은 토양이었다. 개별 사회 구성원들이 지니고 있는 선호가 어떻게 어떤 사회적 선택으로 집약되는지를 경제학의 관점으로 다루는 '사회선택이론 Social Choice Theory'[11]은 정치경제학의 가장 큰 줄기다. 이 분야의 고전이 바로 앤서니 다운스의 '민주주의에 관한 경제이론'이다. 민주주의 정치 현상을 이해하는 경제학 이론은, 앞으로 확인하겠지만 뉴스 미디어 정치경제학과도 많이 닮아 있다. '뉴스 미디어'와 '뉴스 소비자' 사이의 상호작용과 그 귀결에 관한 연구는 '정당(정치인)'과 '유권자' 사이의 상호작용과 그 귀결을 다루는 '민주주의에 관한 경제학 이론'으로부터 성장하고 발전했다고도 할 수 있다.

셋째, 뉴스 미디어 정치경제학도 '선택에 관한 학문'인 경제학의 전통을 잇

---

11 '사회선택이론'은 '공공선택이론(Public Choice Theory)'으로도 불린다. 구별해 쓸 때는 전자는 다양한 양태를 지닌 사회 공동체까지 포함하는 데 반해 후자는 정치 과정에 국한된 뜻으로 쓰인다. 좀 더 깊이 있는 이해를 하고자 한다면, List(2022)를 참고.

고 있다. 뉴스 시장에서는 시작부터 끝까지 온통 선택의 연속이다. 저널리스트나 정보 수집자들은 세상에 널린 사실(정보)들을 취사선택한다. 수집한 정보 가운데 뉴스에 담을 사실들과 맥락을 선택한다. 뉴스 소비자들에게 전달할 방법과 양이나 형식도 선택한다. 특히 이 모든 과정에는 의식적이든 무의식적이든 뉴스 공급자들의 이념적 혹은 정치적 편향이 담긴다. 또 뉴스가 뉴스 생산자와 공급자의 손을 떠난 뒤에는, 뉴스 소비자들이 소비할 뉴스를 선택하게 된다. 뉴스 소비자들이 뉴스 상품을 선택하는 데도 소비자들 개개인이 지닌 선호나 편향이 영향을 준다. 뉴스 소비자들의 이런 선택은 궁극적으로 해당 사회의 선택으로 이어진다. 따라서 '선택에 관한 학문'으로 발전해 온 경제학의 개념과 도구는 뉴스 시장과 그 주체들에 대한 이해와 연구에도 매우 유용하다.

그렇다면, '언론학'과 '뉴스 미디어 정치경제학'의 차이는 무엇일까? 앞서 소개한 케네스 애로, 앤서니 다운스, 게리 베커, 그리고 허버트 사이먼과 대니얼 카너먼 같은 석학을 비롯해 경제학자들은 일반적으로 '정의는 결국 승리한다'는 식의 당위나 '저널리스트는 진실을 보도해야 한다'는 류의 규범적 사고에 얽매이지 않는다. 그 대신, 경제학자들은 이기적인 인간들의 현실을 있는 그대로 이해하려는 경향이 강하다. 주류 경제학을 기준으로 하면, 경제학의 학문적 당위는 '인간은 이기적이며 합리적'이라는 명제가 전부라 해도 과언이 아니다. 또, 규범과 당위가 사라진 공백을 경제학자들은 가치중립적 논증과 추론으로 메웠다. 뉴스와 뉴스 시장에 대한 경제학적 탐구 또한 경제학의 이런 고유한 학문적 특성과 맥락에서 발전하고 성장했다.

반면, 언론학자들이나 현장의 저널리스트들에게는 '~해야 한다'는 당위적 사고의 경향이 강하다. 이 때문에 이들은 반복적인 '가치 판단'을 통해 '옳고 바른 것'이 무엇인지 찾으려 한다. 뉴스 미디어와 뉴스 소비자 모두를 규범적으로 이해하는 것이다. 이런 특성 때문에, 언론학자들은 당대의 사람들이 가장 바람직하다고 생각하는 언론의 이상理想에서 한시도 눈을 떼지 못한다.

하지만 현실 속 언론을 두고 사람들 사이에 판단과 기대가 다를 경우, 당위론적·규범적 접근은 난관에 봉착한다. 이를테면, 보수와 진보로 나뉜 사람들이 동일한 사안에 대해 극단적으로 다른 판단과 평가하는 경우다. 여당 지지자들은 언론의 야당 편향을 지적하고, 야당 지지자들은 언론의 여당 편향을 우려하는 것도 같은 사례다. 더욱이 이런 일은 보수와 진보로 나뉜 언론인들과 언론학자들 사이에서도 동일하게 반복된다. 언론인들이나 언론학자들은 '객관', '균형' 같은 개념을 몹시 애용하지만, 현실에선 누구도 객관적이고 균형적이기 어렵다. 또한 진보나 보수처럼 '당위'가 서로 다른 이들이 같은 사안을 놓고 다르게 생각하는 것도 사실 자연스러운 일이다.

이런 이유로, 반복적인 가치 판단으로 옳고 그름을 따지는 언론학의 규범적 접근 대신, 경제학의 가치중립적 접근은 뉴스 미디어와 저널리즘, 그리고 뉴스 소비자의 실상을 선입견 없이 이해하는 데 매우 유용할 수 있다. 특히 가치 판단을 최소화하며 인간의 이기심과 한계 등 있는 그대로의 현실을 이해하고, 정보 후생厚生의 극대화를 모색하는 경제학은 인간과 언론에 대한 이해를 한층 진일보하게 할 수 있다. 더구나 언론의 산업화와 상업화가 진전될수록 뉴스 미디어에 대한 경제학적 이해는 더욱 긴요하다.

많은 사회과학자는 경제학이 돈과 계량화된 숫자를 인간보다 중시하고, 단순하고 극단적인 가설과 이론에 지나치게 의존한다고 비판한다. 일리가 없지 않다. 그렇지만, 경제학이 노벨상의 여섯 개 시상 분야[12]에 들어 있는 유일한 사회과학이라는 점은 경제학의 실용적 위상을 드러내는 것이다. 그뿐만 아니라, 경제학자들은 한국에 잘 알려져 있지 않았을 뿐, 최소 30여 년 이상 뉴스 미디어와 수용자, 뉴스 시장에 대해 연구해 왔다. 특히 이번 세기에 들어선 뒤에는 이론과 실증 모두에서 괄목할 만한 성과를 내고 있다. 어쩌면 멀지 않아, 노벨 경제학상 수상자도 뉴스 미디어 정치경제학 분야에서 나올 가능성이 없

12 노벨상의 시상 분야는 평화상, 물리학상, 문학상, 화학상, 생리학·의학상, 경제학상이다.

지 않다. "설마" 하는 독자가 있겠지만, 바로 다음 절을 읽어보면 결코 허무맹랑한 소리가 아님을 이해하게 될 것이다.

1.3. | 뉴스 미디어 정치경제학의 부상

'존 베이츠 클라크 메달John Bates Clark Medal'은 전미경제학회American Economic Association가 '40세 미만'의 미국 경제학자에게 2년에 한 번씩 주는 상이다. 이 상은 '예비 노벨 경제학상'으로도 불리는데 그 이유는 2015년까지 클라크 메달 수상자 37명 중 12명이 노벨 경제학상을 받은 데서도 쉽게 가늠할 수 있다.

그런데 2014년에는 '뜻밖의'(?) 수상자가 나왔다. 영예의 주인공은 당시 '시카고 학파Chicago school of economics'[13]의 본산인 시카고대학 교수였고 지금은 스탠포드대학 교수인 매튜 겐츠코우Matthew Gentzkow였다. 클라크 메달 심사위원회가 밝힌 그의 수상 이유는 "미디어의 보도에 미치는 경제적 요인과 디지털 환경에서 미디어의 본성과 역할, 그리고 시민의 참여와 교육에 대한 미디어의 영향을 이해하는 데 근본적으로 기여했다"는 것이었다.

겐츠코우의 클라크 메달 수상 이유가 먼 나라 얘기처럼 들린다면, 한국의 경제학계나 언론학계가 지금껏 뉴스 미디어 경제학에 눈을 돌리지 않았기 때문일 것이다. 한국의 사정이 어떻든 나라 밖에선 미디어의 뉴스 공급과 사람들의 뉴스 소비 행태에 관한 경제학자들의 연구가 활발하다. 겐츠코우의 클라크 메달 수상은 그 방증이다.

겐츠코우의 클라크 메달 수상 이유는 경제학을 통해 뉴스 미디어와 뉴스 시장, 즉 언론에 대한 이해를 크게 진전시켰다는 것이었다. 실제로 그는 '뉴스

---

13 '시카고 학파'는 시카고대학에 몸담았던 밀턴 프리드먼과 조지 스티글러(George Stigler) 등 경제학자들과 그들의 학문적 견해를 따르는 일군의 학자들을 일컫는 말이다. 시장 기능을 절대적으로 신뢰하는 학파로 '신자유주의학파'라고도 불린다.

매튜 젠츠코우

출처: 스탠포드 경제정책연구소(SIEPR)

미디어 정치경제학'의 이론과 실증, 두 분야 모두에서 많은 성과를 일궈냈다. 여기서는 클라크 메달 심사위원회가 시상의 이유로 삼은 젠츠코우의 여러 연구 가운데 다섯 개를 추려, 뉴스 미디어 경제학이 어떤 학문인가에 대한 이해를 돕는 수준에서 간략하게 소개한다. 이 연구들을 포함해 젠츠코우의 다른 연구들은 이 책의 다른 부분에서 다시 좀 더 자세히 다룬다.

(1) 미국 전역의 주요 일간 신문들이 미국의 공화·민주 양대 정당에 대한 보도에서 드러낸 정치적 편향을 실증적으로 분석한 결과, 신문의 정치적 편향은 '소유주'보다는 그 신문의 '독자들'에 의해 좌우됐다(Gentzkow and Shapiro, 2010).[14]

(2) 1872년부터 2004년까지 132년간에 걸친 미국 신문 산업을 분석한 결과 "뉴스 보도는 편향되어 있었다. 편향의 주된 이유는 독자의 요구에 부응하려는 것이었으며, '뉴스 미디어의 편견 없는 보도'는 '현실'이 아니라 '신화'"였다. 또 신문들 사이의 경쟁은 뉴스 시장의 이념적 다양성을 낳은 근본 동인이었다(Gentzkow, Shapiro, and Sinkinson, 2014).[15]

(3) 뉴스 소비자는 자신의 생각에 부합하는 뉴스를 더 신뢰하기 때문에 뉴스 미디어들은 자신의 독자들이 원하는 편향을 담아 보도한다. 그러나 편향으로

14 8.2.① "미디어 편향의 근원은 뉴스 소비자" 참고.

15 8.4. 언론의 경쟁이 미디어 편향에 끼친 영향 참고.

인한 부정확한 보도는 장기적으로 보도 품질에 관한 뉴스 미디어의 평판 reputation을 손상시키는 탓에 뉴스 미디어들은 편향을 완화한다(Gentzkow and Shapiro, 2006).[16]

(4) 인터넷과 소셜 미디어에서 비슷한 생각을 하는 이들끼리 듣고 싶은 뉴스만 서로 공유하게 되는 '메아리의 방 효과Echo chamber effect'[17]는 오프라인 공간상의 그것보다 더 크지 않다. 동일한 인터넷 사이트를 이용하는 사람들 사이의 이념적 동질성과 같은 지역에 사는 사람들 사이의 이념적 동질성을 비교한 결과 후자가 더 컸다(Gentzkow and Shapiro, 2011).[18]

(5) 종이 신문은 살아남을 수 있을까? 온라인 뉴스의 수요 증가는 종이 신문의 수요 감소를 낳는다. 즉, 오프라인 뉴스 미디어와 온라인 뉴스 미디어는 서로 대체 관계에 있다. 따라서 디지털 뉴스 이용이 늘면 종이 신문 뉴스 이용은 감소할 수밖에 없다(Gentzkow, 2007).[19] (젠츠코우는 비교적 이른 시점인 2007년 종이 신문의 어두운 미래를 이론과 실증을 통해 입증했다.)

젠츠코우의 학문적 발견에는 빈틈도 있고, 다른 학자들의 이견도 있다. 그럼에도 그의 여러 연구는 많은 경제학자의 후속 연구에 귀중한 바탕이 되고 있다. 그의 스승이기도 했던 하버드대학 경제학과 교수 안드레이 쉴라이퍼 Andrei Shleifer가 젠츠코우의 클라크 메달 수상을 기념해 쓴 글의 맺음말을 보자. 여기에는 젠츠코우가 이뤄낸 성과와 함께 뉴스 미디어 경제학의 현주소 및 과

16 7.2.③ "경쟁은 미디어 편향을 완화한다" 참고.

17 방송이나 녹음 시 잔향감을 주려 인공적으로 메아리를 만드는 방에서 소리를 내면 그 소리가 메아리가 되어 돌아오듯, 자신과 유사한 생각을 가진 이들과만 소통하며 편향된 사고를 갖는 현상이다. '반향실(反響室) 효과'라고도 한다.

18 11.2.② '메아리의 방' 현상과 정치적 양극화 참고.

19 11.1.① 온라인 미디어와 오프라인 미디어는 상호 대체재 참고.

제가 집약적으로 담겨 있다.

> 10년 전만 해도, 우리는 신문이 실제로 어떻게 뉴스를 보도하는지에 대해 거의 알지 못했다. 질문은 있었지만 답은 없었고, 미디어들의 과장된 선전만 있었다. (하지만) 오늘날, 우리는 제기됐던 많은 질문에 대한 답을 가지고 있다. 미디어의 보도는 체계적으로 편향되어 있으며, 그 편향의 정도는 주로 '수요'(독자와 시청자)에 의해 좌우되며, (뉴스 미디어 사이의) '경쟁'은 더 많은 관점을 (뉴스 소비자들에게) 제공한다는 것을 우리는 알게 됐다. 또한 뉴스 미디어들은 뉴스 소비자들의 정치 참여에 확실히 영향을 끼치며, 때로는 그들의 정치적 선택에도 영향을 준다는 것을 이해하게 됐다. 하지만 미디어에 대한 많은 의문도 여전히 남아 있다. 미디어는 정확히 어떤 방법으로 (뉴스 소비자들을) 설득하는가? 독자들은 몇 개의 뉴스 미디어를 봐야 할지 어떻게 결정할까? 새로운 디지털 플랫폼과 수익 모델의 등장은 미디어의 콘텐츠와 정치적 담론에 어떤 영향을 미칠까? (이런 궁금증들에 답하는) 미디어 경제학이 이제 어엿한 학문 분야가 된 것은 매튜 겐츠코우가 기여한 결과다(Shleifer, 2015).

1.4 | 한국 사회와 뉴스 미디어 정치경제학

'미디어 경제학'과 '뉴스 미디어 정치경제학'이 한국 사회에서 언제 어떻게 받아들여졌는지에 대해서도 간략히 알아보자. 경제학에서 '미디어 경제학Media Economics'은 미디어 산업 전반을 연구 대상으로 삼는 경제학의 한 분야다. 그리고 '뉴스 미디어 경제학News Media Economics'은 미디어의 하나인 뉴스 미디어를 둘러싼 현상을 연구하는 학문이다. 즉, 뉴스 시장의 소비자와 공급자, 그리고 이들에게 영향을 끼치는 뉴스 시장 밖 주체들의 의사결정과 행위를 연구하는 미디어 경제학의 세부 분야라 할 수 있다.

그림 1-1 뉴스 미디어 정치경제학과 경제학

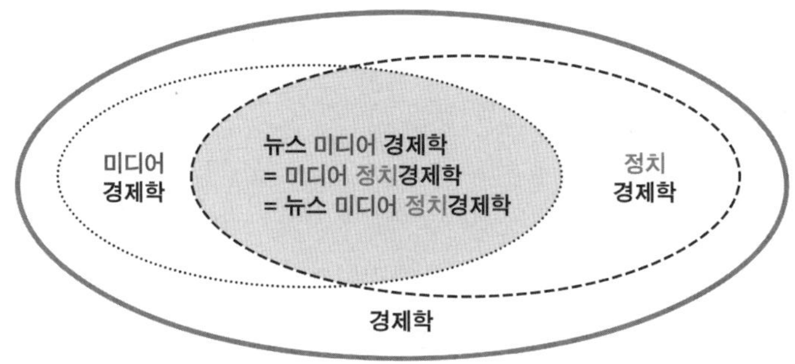

그런데 뉴스에는 사회 공동체의 정치적 의사결정에 직접적인 영향을 끼치는 본성이 있다. 이 점에서 뉴스 미디어 경제학은 태생적으로 '정치경제학Politcal Economy'의 속성을 갖고 있다. 따라서 '뉴스 미디어 정치경제학Politcal Economy of News Media'이라고 불러도 무리가 없다. 그런 면에서는 정치경제학의 세부 분야다.

한국에서는 1990년대 초반까지만 해도 미디어와 관련해 경제학은 거의 주목받지 못했다. 경제학의 개념과 이론에 따른 분석과 이해의 필요성이 크지 않았기 때문이다. 대표적 미디어 산업인 신문, 방송, 영화 산업은 형태도 단순했고, 각자의 시장도 서로 명확하게 구분됐다. 신문은 민영기업 중심이었고 방송은 공영 체제였던 탓에 둘은 사이좋게 병존했다. 방송이나 신문 산업 등 미디어 산업 간은 물론 각 미디어 산업 안에서도 경쟁은 활발하지 않았다. 그만큼 '시장 경쟁'을 핵심 화두로 삼는 경제학의 필요성도 대두되지 않았다.

먼저 방송을 보면, 1980년 신군부新軍部의 언론 통폐합 조처 이후, 특히 텔레비전 방송은 1991년 민영 방송인 SBS가 개국하기 전까지, 시장 경쟁의 무풍지대였다. 공영방송만 존재했기 때문이다. SBS 개국 이후에도 공영 방송사들은 경영상의 타격을 크게 입지 않았다. 따라서 방송 미디어의 경우 이윤 추구나 기업으로서 생존과 지속가능성 같은 경제적 관점은 주목받지 못했다. 그 대신 공익적 구실을 위한 규범적 논의만으로 충분했던 기간이 이어졌다.

신문들은 당시에도 지금처럼 민영기업이 대부분이었지만, 콘텐츠에 따른 '제품 경쟁'보다는 발행 부수와 덤핑 판매 등 '마케팅 경쟁'에 집중했다. 즉, 신문의 경쟁은 사실상 발행 면수와 부수, 판촉 활동 등 유통 부문에 국한됐다. 이런 제한적 경쟁이 지속된 데는 압도적 자본력과 유통망을 갖춘 ≪조선일보≫, ≪중앙일보≫, ≪동아일보≫의 3대 보수 신문들의 굳건한 과점 체제에 힘입은 바 크다. 또 이들 신문이 마케팅 경쟁을 주도하면서 과점 체제는 더욱 강화됐다.

과점 체제는 제품 차별화의 노력 없이 대동소이한 논조를 유지하는 과점 신문들에 안정적 이윤을 안겼다. 또한, 1990년대 들어 종교 단체의 투자로 생겨난 신문들을 비롯해 많은 신문들도 '시장 논리'보다 이른바 '미디어(언론) 권력media power'를 통한 시장 외적 영향력의 유지를 더 중시했다. 이처럼 한국의 종이 신문 시장에선 제품 차별화와 같은 경쟁다운 경쟁이 실종되고 오랜 기간 확고한 과점 체제가 유지되면서 시장의 역동성이 사라졌고, 경제학을 통해 신문 시장과 신문 제품을 이해할 수 있다는 생각은 관심 밖의 영역에 머물렀다.

그러던 1990년대 중반 한국에 유선(케이블TV) 방송의 도입이 추진되자 이런 사정도 변화했다. 한국에서도 경제학이 비로소 미디어를 이해하는 학문의 하나로 자리 잡기 시작한 것이다. 유선 방송은 지상파 방송과는 구성 주체들부터 크게 달랐다. 유선 방송을 위해서는 자기 채널을 갖는 프로그램 공급자Program Provider: PP와 이를 중계하는 케이블텔레비전 방송국System Operator: SO, 전송 네트워크를 설치·운영 하는 전송망 사업자Network Operator: NO 등이 대거 등장해야 했다.[20] 그러자, 새 환경을 이해하며 합리적 정책 대안을 내놓을 수 있었던 경제학이 주목받았다. "(경제학은) 기존의 언론학으로 접근하기에는 한계

20 한국의 유선(케이블) 방송은 1995년 3월 1일 시작됐다. 도입 당시 프로그램 공급자가 24곳, 이들한테서 프로그램을 공급받아 특정 지역 내에 방송을 송출하는 케이블TV 방송사가 48곳, 그리고 전송·선로 설비를 설치하여 운영하는 KT 등 전송망 사업자가 3곳이었다.

가 있었던 유료 방송의 소유, 인수 합병, 방송권역, 서비스 요금, 편성, 프로그램 수급, 광고 제도 등 미디어 정책을 수행할 이론적 근거를 제공할 수 있었"던 것이다(임정수, 2017).

이후 미디어 환경은 더욱 급변하며 발전했다. 다기능화, 융복합화, 기업화, 산업화 등의 특징으로 집약되는 디지털 미디어의 시대가 열렸고, 방송과 신문 등 전통 미디어도 디지털 미디어 혁명의 소용돌이 속으로 깊이 빠져들었다. 특히 모든 미디어를 하나로 묶어낸 디지털 기술 덕분에 미디어 산업은 이전과는 비교할 수 없을 만큼 거대해졌다. 미디어 산업을 이해하기 위해선 경제학의 논리가 필수적인 시대가 도래한 것이다.

이처럼 미디어 산업을 경제학으로 이해하는 일은 1990년대 이후 크게 진전됐다. 그러나 미디어 편향 같은 뉴스 콘텐츠의 특성들을 경제학으로 이해하는 '뉴스 미디어 경제학' 혹은 '뉴스 미디어 정치경제학'은 그 후로도 오랫동안 불모지대不毛地帶였다. 미디어 경제학을 접해온 많은 언론학자는 미디어 경제학은 "미디어가 아니라 미디어 산업을 설명한다"고 오해했다.[21] 몇몇 언론학자들이 해외에서 이뤄진 뉴스 미디어 경제학의 성과에 관심을 갖기도 했으나, 한계가 분명했다. 또 한국의 경제학자들 중에서는 '뉴스 시장'과 '뉴스 미디어'에 관심을 가진 이들이 드물었다.

그 사이 뉴스를 비롯한 정보 콘텐츠 시장은 언론학 혹은 저널리즘의 틀만으로는 점점 더 이해하기 어려워졌고, 시시각각 심화하는 전통 미디어의 위기를 극복할 수 있는 대안을 마련하는 일도 쉽지 않아졌다. 언론학자와 경제학자는 머리를 맞대야 했지만 현실은 전혀 그렇지 않았다. 그 상징적 사례는

21 외국 학자들의 미디어 경제학 서적을 번역해 출간한 언론학자 장병희는 출간과 관련한 인터뷰에서 "경제학이 미디어를 설명할 수 있나?"라는 질문에 "미디어가 아니라 미디어 산업을 설명한다"고 대답했다(http://commbooks.com/미디어-경제학-뉴미디어와-전통-미디어에-대한-경제/). 그러나 이는 현대 경제학에 대한 오해에서 비롯된 대답이다. 이는 마치 정치경제학이 정치적 선택을 설명할 수 없고 정치 산업(시장)만 설명한다는 식의 생각이지만, 앞서 본문에서 밝혔듯이 경제학은 정치 행위 그 자체의 원리와 효과를 설명한다. 마찬가지로 미디어 경제학도 미디어나 뉴스 그 자체의 본성을 이해하고 설명한다.

2011년 말 종합편성채널(종편)의 도입 당시의 상황이었다.

종편의 등장은 한국의 언론 환경에 지대한 영향을 끼친 한국 언론사의 변곡점이었다. 종편 도입을 두고 한국 사회는 둘로 쪼개졌다. 격렬한 찬반 논란이 벌어졌다. 당시 정치권과 시민사회단체, 그리고 언론학자들이 주도한 찬반 논쟁에서, 종편 도입 찬성 쪽은 새로운 방송들의 등장으로 시청자들의 채널 선택권이 커지고, 지상파 방송의 독과점 폐단이 감소하며, 방송 전반에 건전한 경쟁이 촉진될 것이라고 주장했다. 반면 반대 쪽은 보수 신문들의 방송 겸영으로 한국의 여론 시장은 심각한 독과점 상태로 진입할 것이라고 우려했다. 하나의 행위를 놓고 한쪽은 '방송 시장의 독과점의 완화'를, 다른 한쪽은 '여론 시장의 독과점 심화'를 주장한 것이다.

이들 찬반론자들은 미국과 서유럽 나라들의 사례를 모두 아전인수격으로 제시했다. 하지만 뉴스 미디어 시장의 '독과점'과 '경쟁' 등에 관한 입법과 정책 결정 과정에 경제학자들이 참여한 그 나라들과는 달리, 정작 당시의 한국에서는 그 과정에 참여할 경제학자가 없었고, 찬반 진영 모두 '종편 도입의 문제'에 경제학자의 참여 필요성을 느끼지 않았다. 그 어느 때보다도 많은 경제학 용어들이 등장했지만, 이를 구사하는 학자들 가운데 정작 경제학자는 그리 흔하지 않았다.

종편 도입 이후, 디지털 미디어와 미디어 산업은 더 폭발적으로 성장했다. 그에 따라 한국에서도 미디어 산업에 관심을 갖는 경제학자들이 크게 늘었다. 그렇지만, 한국 경제학계에서 뉴스 시장과 뉴스 미디어에 관한 정치경제학적 관심은 아직도 걸음마 수준에 머무르고 있다.

2

뉴스 시장과 뉴스 시장의 주인공들

"모든 인간은 태어나면서부터 알기를 원한다."

— 아리스토텔레스

"시간은 진실의 어머니다. 그런데 시간은 뉴스를 다루는 사람이 한 번도 가져보지 못하는 사치품이다."[1]

— 17세기 유럽의 저널리스트

이제 본격적으로 언론이라는 '바다'를 뉴스 미디어 정치경제학이라는 '배'를 타고 건너는 항해에 나서보자. 이번 장에서는 그 첫걸음으로 항해에 쓰일 배의 핵심 '부품'과 '구조', 그리고 대표적 기능을 설명한다. 재화로서의 뉴스와 뉴스 시장의 주인공인 뉴스 소비자와 뉴스 공급자에 대한 얘기다. 아울러 두 주인공이 만들어내는 뉴스 시장의 구조와 현상도 다룬다.

뉴스 미디어 정치경제학은 여러 차례 언급했듯이 정치경제학에 속한다. 동시에 '정치 시장'을 다루는 사회선택이론 등 정치경제학의 다른 분야에 비해서

1 미첼 스티븐스(2010: 159).

는 순수 경제학에 좀 더 가깝다. '뉴스 시장'은 '정치 시장' 같은 비유적 시장이 아니라 현실에 명백하게 존재하는 시장이기 때문이다. 따라서 뉴스 시장에서는 여느 상품이나 용역 시장과 마찬가지로 시장의 두 주체인 소비자와 공급자가 상호작용을 통해 상품(뉴스)의 내용과 형식을 좌우한다.

2.1. ㅣ 뉴스의 기준은 뉴스 소비자

뉴스 소비자는 신문의 독자, 방송의 시청자, 온라인 뉴스 사이트의 이용자 등 다양한 형태로 존재한다. 이들 뉴스 소비자를 하나의 문구로 정의한다면, "미디어라는 수단을 통해 '새로운 소식'을 알고자 하는 사람"이라고 할 수 있다. 그렇다면, '미디어'는 무엇이고 '새로운 소식을 알고자 하는 사람'은 어떤 존재일까? 또 뉴스 시장은 왜 생겨났을까? 이에 대해 알 수 있다면 뉴스 소비자에 대해 우리는 더 구체적으로 이해할 수 있을 것이다.

2.1.1. ㅣ 뉴스 시장의 원초적 조건, 인간의 '본능'과 '무리[群]'

모든 미디어의 기원이자 근본은 '말'(언어)이다. '말'의 기원起源에 관해서는 여러 견해가 있다. 이 가운데 '신이 인간과 말을 만들었다'는 창조론적 관점을 제외하고, 널리 알려진 진화론적 견해들은 다음과 같다. 장 자크 루소Jean Jacques Rousseau(1712~1778)는 말이 '어려움에 처한 약자가 강자에게 도움을 요청하는 과정'에서 생겨났다고 생각했다. 프리드리히 엥겔스Friedrich Engels(1820~1895)는 '공동 노동의 과정에서 무엇인가 서로 말할 필요가 있는 단계에 도달'하게 된 것이 말이 태어난 이유라고 보았다. 또, 마쓰오카 세이코松岡正剛는 '(발정기를 상실한) 인간의 종족 보전을 위한 구애求愛'에서 말의 기원을 찾았다(강상현, 2015).[2]

말의 기원에 관한 세 사람의 견해에는 차이가 있다. 하지만 차이보다 우리에게 주는 더 중요한 시사점은 셋의 공통점이다. 그것은 말이 (1) 생존 본능에서 생겨났으며 (2) 무리群의 존재를 기본 조건으로 한다는 것이다. 여기에서 '생존 본능'은 주류 경제학의 대전제인 인간의 '이기적 본능'과 다르지 않다. '무리'는 인간이 구성하는 사회나 공동체로 이어지는 개념이다. 따라서 말을 통해 뉴스의 수요와 공급이 존재하는 무리는 곧 '뉴스 시장'이라 할 수 있다.

이런 뉴스 시장에서 뉴스 소비자는 누구일까? '발 없는 '말'(언어)이 천 리千里를 간다'는 속담이 있다. '말'을 뉴스로 바꿔 생각하면, 천 리에 걸쳐 말을 전해 듣는 이들이 바로 뉴스 소비자라 할 수 있다. 따라서 사람들이 알고 싶어 하지 않는 뉴스는 한 치도 더 전달되지 않는다. 뉴스 소비자 없이는 뉴스가 존재할 수 없다는 것이다. 따라서 뉴스 소비자는 뉴스 시장과 뉴스 공급자가 존재하기 위한 가장 근본적인 조건이다.

실제로 뉴스 미디어와 저널리스트 등 뉴스 공급자들의 가장 중요한 일은 뉴스 소비자가 무엇을 알고자 하는지를 파악하는 것이다. 이른바 '뉴스 가치news value'를 판단하는 일이다. 뉴스 가치는 뉴스 소비자들의 알고자 하는 욕구에 부응하는 뉴스의 특성이라 할 수 있다.[3] 이를테면, 뉴스 소비자들의 관심이 큰 뉴스일수록, 많은 뉴스 소비자가 반기는 뉴스일수록 뉴스 가치가 크고 뉴스 공급자들에게도 더 중요한 뉴스다.

---

2 말의 기원과 관련해서는 진화인류학자들 사이에서도 연구가 활발하다. 특히 2002년 ≪네이처(Nature)≫에는 '포유류에도 있는 인간의 특정 유전자(FOXP2)에 돌연변이가 일어나, 인간이 말을 할 수 있게 됐다'는 독일 막스 플랑크(Max Planck) 진화인류학 연구소와 영국 옥스퍼드대학 연구진의 연구 결과가 실려 세계적 관심을 모았다. 그러나 엄밀히 얘기해, 유전자의 돌연변이는 인간의 선천적 언어 능력을 설명할 수 있을 뿐 인간이 말을 하게 된 이유까지 설명하는 것은 아니다.

3 저널리즘 학자들은 뉴스 가치의 기준들로 시의성(Timeliness), 근접성(Proximity), 특이성(Unexpectedness), 갈등(Conflict), 영향력(Consequence), 저명성(Prominence), 감정적 호소력(Emotional appeal), 인간적 흥미(Human interest) 등을 꼽는다.

2.1.2. | 다면적인 뉴스 소비자

인간이 원하는 뉴스는 생존에 필요한 이성적이고 실용적 뉴스만이 아니다. 인간은 본능이나 말초적 감성을 자극하는 선정적이고 흥미 위주의 뉴스도 원한다. 두 가지 상반된 뉴스 욕구는 인간이면 누구에게나 마찬가지다. 두 욕구 사이에서는 우선순위를 두기도 어렵다.

또 뉴스 소비자는 대부분 "편향 없는 정직하고 진실된 뉴스를 원한다"고 말한다.[4] 하지만 이런 말과는 달리, 뉴스 소비자들은 누구나 확증 편향確證偏向, Confirmation Bias을 지니고 있다. 확증 편향은 기존에 형성된 사고나 가치, 신념에 일치하는 정보만을 받아들이려고 하고 이와 상반되는 정보는 무시하거나 배척하는 경향이다. 그리고 뉴스 소비자들은 이런 자신의 확증 편향을 기준으로 뉴스의 진실 여부와 편향을 판단한다. 즉, 일반적인 뉴스 소비자는 자신의 편향과 동일한 편향을 지닌 뉴스를 정직하고 진실된 뉴스로 판단한다는 것이다(Gentzkow and Shapiro, 2006).[5] 또 사람들은 특별한 계기가 없으면, 자신이 지닌 편향에 대해 성찰하지 않는다. 이처럼 뉴스 소비자는 뉴스라는 상품을 고를 때, 인간이면 누구나 지닌 본능에 저마다 다른 편향과 경험을 더해 평가와 선택의 기준으로 삼는다.[6]

그런데 이런 편향과 경험을 바탕으로 한 뉴스 소비자들의 소비 행태도 다양하다. 어떤 이는 자신의 확증 편향과 같은 뉴스를 선호하지만, 또 어떤 이는 자신의 견해와 반대인 뉴스나 중도적 관점의 뉴스를 먼저 보려 한다. 실제로

---

4 마틴 배런(Martin Baron) 전 ≪워싱턴 포스트(Washington Post)≫ 편집장은 "사람들은 정직하고, 명예롭고, 공정하고, 정확하길 원한다. 그들은 우리가 발견한 사실 그대로 말해 주기를 원한다"고 말한다(최진주, 2016.3.18). 언론인들에게는 이런 당위적인 인식이 일반적이다. 하지만 배런은 다른 인터뷰에서는 "많은 사람이 사실과 허구를 구별하지 못한다. 그들은 정보를 제공받기보다 (신념을) 확인받기를 좋아한다"(권경성, 2021.6.9).

5 소비자들이 자신들의 선입견을 확인하는 뉴스를 선호한다는 심리학의 연구 결과는 경제학자들의 실증적 연구에서도 확인된다(Gentzkow and Shapiro, 2010; Gentzkow and Shapiro, 2008b).

6 뉴스 상품은, 경험을 하기 전에 가치를 평가하기 어려운 경험재(經驗財, experience good)다.

뉴스 소비자들의 이런 선호는 나라마다 다르다. 2020년 통계를 보면 한국의 뉴스 소비자들은 '나의 관점과 같은 뉴스'를 선호하는 이들이 전체의 44%이고 '나의 관점과 다른 뉴스'를 선호하는 이들은 4%에 불과하다. 하지만 핀란드에선 '나의 관점과 같은 뉴스'를 보겠다는 이는 전체의 11%에 불과하고, '나의 관점과 다른 뉴스'를 보겠다는 뉴스 소비자는 되레 이보다 많은 12%였다(Reuters Institute for the Study of Journalism, 2020).[7]

어쨌거나 뉴스 공급자들은 자신들이 공급하는 뉴스를 가장 많은 사람이 소비하기를 원한다. 이 때문에 뉴스 소비자들이 어떤 뉴스를 선호하는지는 뉴스 공급자들에게 절대적 영향을 끼친다. 뉴스 공급자들은 뉴스 소비자들의 편향과 본능적 욕구를 의식하며 뉴스의 논조, 소재, 형식 등을 선택해 뉴스를 생산한다.[8]

이처럼 뉴스 공급자에게 뉴스 생산의 기준은 뉴스 소비자이다.[9] 하지만 인간을 어떤 하나의 모습으로 표현하고 정의하기는 쉽지 않다. 때문에 뉴스 미디어와 뉴스 시장을 연구하는 이론 경제학자들도, 뉴스를 소비하는 인간을 여러 모습으로 가정한다. 이를테면, 많은 학자는 경제학의 여느 분야처럼 뉴스 소비자는 '합리적'이라고 가정한다. 즉, 뉴스 소비자는 이성적 판단으로 뉴스 상품을 선택한다는 것이다. 다른 학자들은 뉴스 소비자들이 '자신의 편향에 부합하는 뉴스'를 선호하는 만큼 '불합리하다'고 가정한다. 또 어떤 학자는 뉴스 소비자를 다양한 편견에 사로잡혀 있고 이성적 사고능력에 한계를 지닌 '제한적으로 이성적인boundedly rational' 존재로 가정한다.

경제학자들에 따라 다른 이런 가정들은, 이 모든 가정들과 그에 따른 결과

7 5.3.① 나라마다 다른 편향의 그림 5-3 참고.

8 5.3.① 나라마다 다른 편향의 그림 5-4 참고.

9 뉴스 공급자가 뉴스 소비자의 사고와 판단에 영향을 끼치려 자신의 의도를 뉴스에 담는 경우에도, 뉴스 소비자는 뉴스 생산의 핵심 준거다. 뉴스 소비자가 읽지 않는 신문에 의도와 편향을 담는 것은 부질없는 짓이기 때문이다.

들을 함께 보아야 언론과 인간의 본모습에 더 가까이 다가갈 수 있다는 뜻이기도 하다. 지금부터는 뉴스 미디어 경제학에서 자주 등장하는 뉴스 소비자에 관한 가정들과 그와 관련된 개념들을 좀 더 깊이 살펴보자.

① 이성적으로 추론하는 소비자

뉴스 소비자들에 대한 경제학자들의 가장 대표적 가정은 "뉴스 소비자는 자신의 편향에 일치하는 정보(뉴스)를 합리적으로 선호한다"는 것이다. 이때 '합리적으로 선호한다'는 뜻은 뉴스 소비자들은 각기 편향을 지니고 있지만, 새 정보(뉴스)를 접할 때마다 이성적 추론을 통해 생각(판단)을 업데이트하고 이를 바탕으로 뉴스와 뉴스 미디어를 선택한다는 것이다.

예를 들어, 특정 뉴스 미디어의 보도를 80% 정도 신뢰하는 뉴스 소비자가 있다고 하자. 이 소비자가 만약 합리적이라면, 특정 뉴스 미디어의 보도를 부정하는 사실이 드러날 경우 그 뉴스 미디어에 대한 신뢰도를 80%보다 낮추고, 반대로 보도에 부합하는 사실이 추가로 드러나면 80% 이상으로 신뢰도를 높인다는 것이다.

경제학에선 이처럼 새로운 정보를 바탕으로 기존의 신뢰 수준을 업데이트하는 소비자를 '베이지안 소비자Bayesian Consumer'라고 부른다. 18세기 영국의 통계학자 토머스 베이즈Thomas Bayes(1701~1761)가 새로운 데이터를 바탕으로 애초의 추정을 수학적으로 업데이트 하는 추론법(베이즈 추론Bayes inference)을 증명했는데, 여기서 유래한 말이다.

모든 뉴스 소비자는 자신의 확증 편향에 뉴스 미디어의 편향이 부합할수록 정확한 보도라고 여기고 그만큼 신뢰한다. 하지만 이들이 합리적인 추론을 하는 베이지안 소비자들이라면, 새로운 정보들을 통해 애초 가졌던 뉴스 미디어들에 대한 신뢰 수준을 지속적으로 업데이트한다. 즉, 드러난 사실에 부합하는 보도를 한 뉴스 미디어의 신뢰도는 높이고, 부합하지 않는 보도를 한 뉴스 미디어의 신뢰도는 낮춘다. 이를 통해 더 신뢰할 수 있는 뉴스 미디어들을 선택해 소비한다는 것이다.

② 사람의 판단을 변화시키는 힘, 설득

사람들의 의사결정과 선택을 연구해 온 경제학은 사람들이 애초의 선택을 바꾸는 이유나 바꾸게 하는 방법에 대해서도 연구해 왔다. 경제학자들이 폭력 같은 강제력을 동원하지 않고 사람들의 생각을 바꾸게 하는 방법으로 꼽는 것은 두 가지다. 하나는 돈이나 명예 같은 '인센티브'이고, 다른 하나는 정보를 제공하는 '설득'이다. 경제학자들이 인센티브의 효과를 연구한다는 것은 너무도 잘 알려져 있다. 하지만 설득의 효과도 연구해 왔다는 것은 상대적으로 덜 알려져 있다.

'설득에 관한 경제학Economics of persuasion'은 1960년대 초 이후 경제학의 주요 주제 중 하나였다. 그 기점은 광고를 '잠재적인 구매자에 대한 설득(정보 공급)'으로 해석한 조지 스티글러George Stigler(1911~1991, 1982년 노벨 경제학상 수상)의 1961년 논문(Stigler, 1961)이 꼽힌다. 이듬해에는 마크 널러브Marc Nerlove와 케네스 애로Kenneth Arrow가 소비자가 구매 의사를 유지하도록 지속적으로 설득하는 최적의 광고 공급 모형을 발표했다(Nerlove and Arrow, 1962). 이후 설득에 관한 경제학자들의 연구는 끊이지 않고 이어져 왔다.

경제학에서 말하는 설득의 의미는 정보의 제공 혹은 정보를 제공하는 방식을 통해 이성적으로 사고하는 사람(들)의 판단과 행동을 바꾸게 하는 것을 말한다. 뉴스 미디어 경제학에 국한해 보자면, 뉴스 미디어의 보도라는 정보 제공 행위는 뉴스 소비자의 신념 혹은 확증 편향을 바꾸고 나아가 소비할 뉴스 미디어들의 선택에도 영향을 끼친다는 것이다.

설득에 관한 경제학자들의 초기 연구 이외에 소개할 만한 연구로는, 1980년대 샌포드 그로스만Sanford Grossman과 올리버 하트Oliver Hart, 그리고 폴 밀그롬Paul Milgrom과 존 로버츠John Roberts 등의 연구가 있다. 이 연구들에 따르면, 피설득자에게 없는 정보를 갖고 있는 설득자가 거짓말을 할 수 없다면, 설득을 위해선 '일부 정보'만이 아닌 '모든 정보'를 피설득자에게 밝혀야 한다. 만약, 정보의 일부가 전달되지 않으면 피설득자는 설득자가 '가장 나쁜 사실(들)'을 숨기는 것으로 받아들일 수 있기 때문이다. 정보의 '선택적 생략'은 피설득자에게 '진실은 드러난 것보다 더 추할 것'이라고 생각하게 만든다는 것이다(Grossman and Hart, 1980; Milgrom and Roberts, 1986a).

이런 연구 결과는 '설득에 나선 이는 요령껏 필요한 정보만을 제공할 것'이라는 통념에 비춰보면 역설적인 결과다. 따라서 그로스만 등의 경제학자들에 따르면 '추한 진실'도 '선택적 생략'보다 낫다. 누군가를 설득하려는 사람이 할 수 있는 가장 좋은 방법은 모든 것을 밝히는 것이다.

2000년대 들어서는, 에미르 카메니카Emir Kamenica와 앞 장에서도 소개한 매튜 젠츠코우Matthew Gentzkow가 설득자와 피설득자 모두 '베이즈 추론'을 하는 합리적인 사람이라면, 사소한 정보를 피설득자에게 제공하는 것만으로도 효과적인 설득이 가능하다는 것을 증명했다(Kamenica and Gentzkow, 2011).[10]

이런 연구 결과들은 돈이나 명예 같은 유무형의 보상이 아닌 정보의 제공만으로도 사람의 생각과 행동을 바꾸는 게 가능하다는 것을 보여준다. 적어도 합리적 인간을 전제한 경제학적 관점에서는 그렇다. 이를 뉴스 미디어에 적용하면, 뉴스 미디어가 보도에 대한 설득력을 높이는 가장 이상적인 방법은 뉴스 소비자들에게 정보를 전달할 때 특정 정보를 선택적으로 생략하지 않는 것이다. 또한 뉴스 소비자들은 사소한 정보에도 생각을 바꿀 수 있다.

③ 부주의하고 편견에 사로잡힌 인간 - 제한된 합리성

지금까지는 사람들이 정보를 주고받는 행위와 이를 판단하는 행위가 모두 이성적이라는 가정 아래 전개된 경우에 관한 설명이었다. 하지만 사람들은 완

10 카메니카와 젠츠코우는 이 논문에서, 피고인이 30% 정도 유죄일 것이라고 여기는 판사에게 검사가 유무죄를 가를 수 없는 사소한 추가 정보만을 제공해, 판사의 유죄 심증을 50% 이상으로 끌어올리는 흥미로운 사례를 제시한다. 수학을 즐기는 법률가는 한번 살펴볼만 하다.

전하게 이성적이지 않다. 일상에서 이뤄지는 설득 행위도 마찬가지다. 때로는 감성에 호소하고 때로는 곧 거짓으로 드러날 정보까지 동원한다. 그 이유는 인간이 완벽하게 이성적이지 않을뿐더러, 감성과 본능, 직관에 의해 정보를 판단하고 의사결정을 하기 때문이다.

앞서 1.1.② 인간의 선택에 관한 경제학 이론에서, 사람은 다양하고 일상적인 편견에 사로잡혀 있고, 감정적이며, 이성적 사고에는 한계를 갖는다는 행동경제학자들의 견해를 소개한 바 있다. 이들에 따르면, 인간은 합리적으로만 사고하지 않는다. 되레 깊은 생각 없는 어림짐작(휴리스틱Heuristics)에 일상적으로 의존하고 있으며, '제한적으로만 합리적boundedly rational'이다.

행동경제학자 대니얼 카너먼Daniel Kahneman과 아모스 트버스키Amos Tversky는 인간은 '직관(본능)'과 '이성'이라는 두 가지 독립적인 인지 체계Dual system를 통해 생각을 형성한다고 말한다. 사람들이 이성적 판단을 하는 것은 맞지만 완벽하지 않은 허점투성이인데, 그 이유는 직관과 '이성적 사고'라는 독립적인 두 인지 체계를 통해 정보를 판단하고 행동하기 때문이라는 것이다(Kahneman, 2002).

뉴스와 정보를 소비할 때도 마찬가지다. 사람들은 자신이 합리적으로 뉴스나 정보를 평가한다고 말하지만 일반인들은 물론 전문가들도 많은 경우 올바르게 판단하지 못한다. 인간이면 누구나 부주의하고 편견에 사로잡혀 있는 탓이다.

실제로, 인간은 정보를 인지할 때 이성과 직관 모두를 동원한다. 또, 이성적으로 타당한 정보로부터 효용을 얻지만, 불합리하더라도 감성 혹은 직관에 부합하는 정보에서도 심리적 효용을 얻는다. 이성과 직관의 두 인식 체계를 카너먼과 트버스키는 인지 과정에서 사람들이 노력을 들이는지 여부로 구분했다. 본능적으로 혹은 직관적으로 인지할 때는 별다른 수고를 하지 않지만, 이성적으로 이해해야 할 때는 반드시 생각하고 따져보는 노력이 필요하다는 것이다.

:: 한 걸음 더 2-1 :: 직관과 경험에 바탕한 즉흥적 추론, 휴리스틱

행동경제학의 대표적 개념 중 하나가 '휴리스틱Heuristics'이다. 발견하다는 뜻의 그리스어에서 비롯한 개념으로, 허버트 사이먼Herbert Simon이 처음 소개했다. 휴리스틱은 직면한 문제를 가능한 한 빨리 풀기 위해 쓰는 어림짐작을 뜻한다. 즉, 이성적 사고 대신, 직관과 경험에 바탕을 둔 단순하고 즉흥적인 추론이다. 휴리스틱은 살아남기 위해서는 신속한 판단이 중요했던 원시인 시절부터 유래한 인간의 본성이라 할 수 있다.[11] 사람들은 합리적으로 깊은 생각 없이 바로 판단하는 다양한 휴리스틱에 일상적으로 의존한다. '부주의한 인간의 비합리적 판단'은 뉴스의 생산과 소비 전 과정에서도 일상적으로 반복되는데, 몇몇 휴리스틱을 소개하면 다음과 같다.

- **대표성 휴리스틱**Representativeness heuristic "하나를 보면 열을 안다"는 판단법이다. 인종, 출신 지역 등을 기준으로 어떤 인물을 판단하는 게 대표적 예다.[12] 매번 동전을 던질 때 앞이나 뒤가 나올 확률은 50%인데도 이전에 앞면이 많이 나왔으면 이번에는 뒤가 나올 확률이 높다고 생각하는 이른바 도박사의 오류Gambler's fallacy도 이 휴리스틱에 속한다.

- **가용성 휴리스틱**Available heuristic 어떤 일이 일어나는 빈도를 판단할 때 객관적인 정보에 입각하기보다는 친숙하거나 깊은 인상을 받았던 같은 사례를 떠올려 판단하는 것이다. 많은 사람들은 항공기 추락 뉴스에 더 깊은 인상을 받는 탓에 자동차 여행보다 항공기 여행이 더 위험하다고 생각하는 경우다.

- **감정 휴리스틱**affect heuristic 두려움과 쾌감 같은 감정에 기반해 신속히 판단하는 심리다. 생존 확률 80%와 사망 확률 20%는 같은 뜻이지만, 전자를 들은 이들이 더 안도하는 게 그 예다. "부작용을 겪을 확률이 20%"라는 표현보다 "1000명 중 200명에게 부작용이 발생한다"는 표현에 사람들이 더 우려하는 것도 유사한 예다. 확률(20%)보다 빈도(200명)에 사람들이 더 감정적으로 반응하기 때문이다.

---

11 "인류는 약 200만 년 전에 지구상에 등장한 이후 99% 이상의 세월을 수렵채취 시대에서 보냈는데, 이 때문에 인간의 뇌는 수렵채취 시대에 적합하게 진화했고, 그렇게 형성된 '원시인 심리'가 지금도 영향을 미치고 있다는 것이다 .… 대표 원시인 심리는 '직감이 우선이고 생각은 나중'이라는 심리다"(김창욱, 2011).

12 트버스키와 카너먼은 린다라는 가상의 여성에 대해 "철학을 전공한 31세 독신으로, 인종차별 반대와 반핵 운동에 참여했다"고 피험자들에게 설명한 뒤, 린다가 '은행 직원일 확률'(a)과 '은행 직원이면서 여성 운동가'(b)일 확률 중에 어느 쪽이 크다고 생각하는지 물었다. 대부분의 사람들은 (b)가 더 크다고 답했지만 논리적으로는 (a)가 (b)보다 언제나 크다. 이처럼 사람들이 비합리적 판단을 한 이유는 린다에 대한 설명을 바탕으로 '여성 운동가'가 린다의 특성을 대표한다고 여긴 탓이다(Tversky and Kahneman, 1983).

다시 말해, 사람들이 자신의 감정이나 편견에 부합하는 정보를 접할 때는 이성적으로 따질 필요 없이 곧바로 심리적 효용을 얻지만, '복잡한 계산 '이나 '논리적 맥락의 파악'이 필요한 정보를 소비할 때는 '이성적 사고'라는 '비용(노력)'을 치르고 효용을 얻는다. 전자는 이성 혹은 진실에 부합하는 뉴스가 아니라 자신이 듣고자 하는 뉴스를 원하는 뉴스 소비자의 모습을, 후자는 좋은 소식이든 나쁜 소식이든 객관적인 사실에 부합하는 정보를 원하는 뉴스 소비자의 모습을 설명한다.

2.2. | 뉴스 공급자의 숙명과 한계

이번에는 뉴스 공급자에 대해서 알아보자. 오늘날의 저널리스트나 뉴스 미디어에 해당하는 역할을 한 이들은 근대적 뉴스 시장이 생기기 전에도 여러 가지 모습으로 존재했다. 마라톤 평원에서 페르시아와 벌인 전투의 승전보를 전한 고대 그리스군의 전령 페이디피데스Pheidippides나, 멀리 떨어진 이들에게 소식을 전하기 위해 북을 두드리거나 봉화를 피우던 이들이 바로 그들이다. 통신을 위해 훈련된 비둘기인 전서구傳書鳩, homing pigeon를 다룬 이들도 마찬가지다. 이들을 포함해, 인류가 이 세상에 등장한 이래 지금까지 존재했던 모든 뉴스 공급자에게는 예나 지금이나 공통된 속성들이 있다.

① '더 빨리, 더 멀리, 더 정확하게' – 피할 수 없는 숙명 '경쟁'

사회가 원시적 수준에서 부족사회 이상으로 발전하고 사회의 권력 체계가 잡히면서부터 부족장과 귀족, 왕 등 사회의 권력자들은 자신의 권력을 유지·확대하기 위해 자신의 뜻을 사회 구성원들에게 알리거나 '돌아가는 사정'을 알아야 할 필요가 있었다. 권력자의 뜻이나 돌아가는 사정, 즉 뉴스를 신속하게 전달해야 하는 이들은 잘 달리거나, 말을 잘 타거나, 교통 및 통신수단을 잘 다뤄야 했고, 메시지를 정확하게 전달할 수 있어야 했다.

근대적인 뉴스 시장이 등장하고 나서도, 뉴스 공급자들의 가장 근본적인 과제는 경쟁자들보다 더 신속하게, 그리고 더 먼 곳까지 전달하는 것이다. 이를 통해, 더 많은 뉴스 소비자와 더 큰 뉴스 시장을 확보할 수 있기 때문이다.

하지만, 아무리 신속하게 전달했더라도 '부정확한 뉴스'나 '사실과 다른 뉴스'는 뉴스 공급자의 신뢰를 결정적으로 추락시켰다. 때문에 뉴스 공급자들은 뉴스 소비자를 속여야 하는 특별한 이유가 없는 한, 경쟁자보다 더 정확하게 뉴스를 전달하려 한다. 그러나 신속하게 전달하기 위해선 정확성을 희생해야 하고, 정확하게 전달하기 위해선 신속성을 희생해야 한다. 뉴스 공급자라면 누구도 벗어날 수 없는 딜레마다.

그리고 뉴스 공급자들은 경쟁자를 이기기 위해 가능한 한 모든 수단을 동원해 왔다. 오래전 경쟁 상대의 전서구를 활로 쏘아 떨어뜨리던 뉴스 공급자들은, 신문의 시대가 시작되자 경쟁 상대의 신문이 실린 기차를 납치했고, 우편 마차의 마부에게 뇌물을 줘 경쟁자의 마차를 앞지르게 했다. 또 신문의 초창기에는 뉴스를 경쟁자보다 빨리 얻기 위해 역마차, 전서구, 열기구, 열차, 고속 범선 등에도 투자했다(Gentzkow and Shappiro, 2008: 142). 그뿐만 아니라, 경쟁자가 한 보도의 허점을 공격하고, 설령 허점이 없더라도 다른 시각으로 비판하는 것은 가장 흔한 일이었다. 경쟁자의 보도 내용에 흠집을 내려는 시도는 지금까지 변함없이 이어지는 뉴스 공급자들의 행태다.

이처럼, 예나 지금이나 뉴스를 공급하는 이에게는 '더 빨리, 더 멀리, 더 정확하게' 뉴스를 전달하는 것이 변함없는 지상 과제다. 아울러, 이 과정에서 뉴스 공급자 간의 경쟁은 피할 수 없는 숙명이다.

② 권력과 금력 앞에서 작아지는 뉴스 공급자

근대 민주주의 사회가 등장하기 전까지 뉴스 공급자는 권력자 혹은 재력가에 종속되어 복무하는 이들이었다. 이들은 왕과 영주나 귀족, 혹은 위정자나 재력가의 필요에 따라, 정보나 뉴스를 수집해 그들에게 전했다. 이렇게 지배 계층에 전해진 뉴스 가운데에는 일반인에게까지 다다른 뉴스가 없지는 않았다. 하지만 그 뉴스들은 왕과 영주 같은 지배자들이 허용하거나 선택한 극히 적은 숫자의 뉴스들이었다.

인류 역사에서 뉴스 공급자의 역할은 그들이 살던 당대의 사회 체제와 긴밀히 연관되어 있었다. 근대 민주주의 체제가 확립되기 전에는 뉴스(정보)를 직업적으로 수집하고 이를 필요로 하는 이에게 제공하는 뉴스(정보) 공급자들은 노예나 피고용인의 신분으로 지배 계층에 일상적으로 포획되어 있었다.

그렇다면, 근대 민주주의 체제가 확립되고 근대적 뉴스 시장이 등장한 뒤에는 달라졌을까? 안타깝게도 그 뒤로도 힘 있고 돈 있는 이들이 뉴스 공급자를 포획하는 일은 다반사였다. 힘 있고 돈 있는 이들이 물리력으로 뉴스 공급자를 통제하는 일은 크게 줄었다. 그러나 뉴스 공급자를 포획하는 데 쓰인 물리력은 경제적 수단을 포함해 다양한 방식으로 대체됐다. 시대가 변하고 사회가 달라졌지만, 뉴스 공급자를 돈이나 권력을 가진 이들이 포획하는 일은 여전히 이어지고 있다.

③ 뉴스 공급자의 인간적 한계

뉴스 공급자의 일을 소명으로 삼는 저널리스트들은 편향되지 않고 정확한 사실에 입각해 진실을 전하려 애쓴다. 하지만 이들 또한 인간의 한계를 넘어설 수는 없다. 뉴스 공급자도 저마다의 확증 편향을 지니고 있고, 각기 다른 자신만의 경험과 정치적 신념, 혹은 경제적 이해관계에 묶여 있는 경우가 일반적이다. 인간이면 누구나 그렇듯 감정에 휩쓸리고, 부주의하며, 자신의 이기적 욕망에서도 자유롭지 못하다.

또한 뉴스 공급자는 누구나 시간의 제약을 일상적으로 겪는다. 학자나 일상적인 시간 제약을 겪지 않는 다른 전문가들과는 다른 뉴스 공급자의 숙명이다. 수험생이 시간이 부족해 정답을 찾지 못한 채 확신 없는 선택을 하는 것과 같은 상황이 일상적으로 벌어지는 것이다. 시간의 제약은 뉴스 공급자들의 인간적 한계를 더욱 도드라지게 만든다.

그렇지만, 뉴스 공급자가 겪는 시간의 제약을 이해해 주는 뉴스 소비자는 드물다. 사실을 수집하고 진실을 추구하는 이에게 시간만큼 필요한 게 없지만, 그 시간이 충분히 주어지는 경우가 거의 없다는 것은 뉴스 공급자의 태생적 운명이라 하겠다.

더욱이, 통념에 부합하지 않는 뉴스나 진실을 보도해야 하는 뉴스 공급자는 뉴스 소비자들의 '통념'이라는 장벽을 넘어야 한다. 통념은 뉴스 소비자들이 공통으로 갖고 있는 확증 편향이다. 이 통념은 통념에 부합하지 않는 뉴스를 뉴스 소비자들이 거부하게 한다. 경쟁하는 뉴스 공급자들도 이런 뉴스 소비자들의 통념에 편승해 통념에 부합하지 않는 뉴스를 비판한다. 따라서 통념의 장벽을 넘어 새로운 진실을 전하려는 뉴스 공급자는 평소보다 더 완벽하게 자신의 뉴스가 진실임을 입증해야 한다. 그리고 이를 위해서는 더 많은 시간과 노력이 필요하지만, 주어지는 시간은 언제나 부족하다.

이 때문에 진실에 다다르는 길에 놓인 '사회적 타성'과 '경쟁 뉴스 미디어의 훼방'이라는 장벽은 언제나 새로운 진실을 발견한 뉴스 공급자의 인간적 한계를 시험한다. 안타까운 일이지만, 공정하고 객관적인 저널리즘을 구현하기 위해 훈련을 받은 저널리스트도 인간인지라 이런 인간적 한계를 완전히 극복하는 것은 쉽지 않은 일이다. 또한 진실이 드러나는 것을 원치 않는 정치·사회·경제 세력이 유력 뉴스 미디어들을 대거 포획하면, 진실이 빛을 보기는 더욱 어려워진다.

요컨대, 이처럼 더 빨리, 더 멀리, 더 정확하게 뉴스를 전해야 하는 뉴스 공급자들은 뉴스 소비자와 마찬가지로 자신의 확증 편향과 이기심에서 자유롭지 못한 감정의 동물이다. 게다가 시간의 제약이라는 숙명을 지니고 있다. 돈과 권력의 그물에 포획되기도 일쑤다. 이런 모습은 어제오늘의 일이 아니다.

수십 년, 아니 수백, 수천 년 동안 반복적으로 이어져 온 일이다.

2.3. | 뉴스 시장의 구조와 주요 현상

뉴스 미디어 정치경제학이 대상으로 하는 시장은 '뉴스 시장Market for news'이다. 근현대의 뉴스 시장에서 공급자인 뉴스 미디어는 소비자들에게 뉴스 콘텐츠를, 그리고 소비자들은 그에 대한 '대가'나 '페이지 뷰page view: PV'를 뉴스 미디어에 제공한다(페이지 뷰는 미디어가 광고주로부터 얻는 광고 수입의 원천이다).[13] 이를 통해 공급자인 뉴스 미디어는 '이윤의 극대화'를 추구하고, 소비자인 독자나 시청자들은 뉴스를 듣고 보는 행위로 '효용의 극대화'를 꾀한다.

이처럼 뉴스 시장의 기본 구조는 여느 시장의 그것과 다를 바가 없다. 하지만 뉴스 시장은 시장 안의 주체인 뉴스 미디어와 뉴스 소비자 말고도, 시장 밖에 존재하는 정부, 정당과 정치인, 기업은 물론이고 각종 이익단체들의 영향도 크게 받는다. 이를테면, 정치권력이나 대기업은 뉴스 미디어에 유무형의 대가를 제공해 자신에게 '비우호적 보도'를 막거나 '우호적 보도'를 이끌어낸다. 이 때문에 뉴스 시장은 뉴스 소비에 영향을 끼치려는 시장 밖의 주체들이 일상적으로 개입하고 교란하는 시장이다. 이는 다른 일반 상품이나 서비스 시장과는 구별되는 특징이다. 과일 시장에서는 소비자들이 특정 과일만 사먹도록 정부나 대기업이 개입하는 일이 없지만, 뉴스 시장에서는 정부나 대기업 등이 특정 뉴스가 시장에 공급되지 않도록 하거나 공급되도록 일상적으로 개입한다는 것이다.

뿐만 아니라 뉴스 시장 안에서 소비자들에게 공급된 정보는 필연적으로 한

---

13 뉴스 시장의 소비자에는 콘텐츠를 소비하는 뉴스 소비자 이외에 뉴스 미디어가 제공하는 시공간을 사서 광고를 게재하는 광고주도 포함된다. 이때의 광고 수입은 일반적으로 해당 뉴스 미디어의 뉴스 소비자 수에 비례한다. 따라서 광고주는 일반적으로 뉴스 콘텐츠 소비자에 비해 뉴스 미디어의 부차적 소비자다.

사회의 정치적·사회적 의사결정에 영향을 끼친다. 사과를 사고파는 시장에서는 사과를 생산해 공급하고 이를 사먹는 소비자의 행위가 전부이지만, 뉴스 시장에서는 소비자의 뉴스 소비로 끝나지 않는다. 뉴스 소비자, 즉 시민의 뉴스 소비는 개개인의 생각과 행위에 직접적 영향을 끼치고, 이는 한 사회의 정치적·경제적 선택이라는 결과로 이어진다.

2.3.1. | 뉴스 미디어 정치경제학이 다루는 현상들

뉴스 미디어 정치경제학은 이런 뉴스 시장을 대상으로 뉴스 시장 안과 밖의 각 주체들이 주고받는 행위와 영향을 다음과 같은 분야에서 이론과 실증을 통해 연구하고 이해한다.

첫째, 대의 민주주의 아래서 정치인들의 '정치적 책무성political accountability'을 추동하는 뉴스 미디어의 구실을 연구한다. 뉴스 미디어의 보도가 정부 정책이나 정치인의 행동과 선택, 그리고 대중의 정치적 선택에 어떤 영향을 어떻게 끼치는지에 관한 분야다. 이 분야에서는 뉴스 미디어가 뉴스 소비자들의 정치적 선택에 유용한 정보를 제공하도록 하는 뉴스 시장의 조건과 정부의 정책이 무엇인지 탐구한다.

둘째, 정치권력이나 자본(대기업)과 이익 집단들이 뉴스 미디어가 자신들에 유리하게 보도하도록 하는 행위인, '미디어 포획media capture'에 관한 분야다. 이 분야에서는 정치 세력이나 정부 혹은 대기업 등이 자신의 이익을 위해 뉴스 미디어를 어떻게 포획하는지, 또 포획의 결과는 어떻게 나타나는지를 연구한다.

셋째, '미디어 권력media power'에 관한 분야다. 뉴스 미디어 혹은 그 종사자들이 자신들의 목적을 위해 어떻게 미디어를 통한 영향력의 극대화를 추구하는지, 또 이런 뉴스 미디어의 행위는 어떻게 규제해야 하는지를 연구하는 분야다.

대체적으로 뉴스 소비자나 뉴스 미디어의 힘이 약하고 정치권력이나 자본권력이 강하면 '미디어 포획' 현상이, 반대로 뉴스 미디어의 힘이 강하면 '미디어 권력' 현상이 나타나기 쉽다. 두 경우 모두 '권력'이나 '권력이 된 미디어'에 의해 정직한 보도가 감소하며 뉴스 시장이 왜곡되는 경향을 낳는다. 따라서 뉴스 미디어와 관련한 이 두 현상을 줄이는 방안은 뉴스 미디어 경제학의 주된 논의 대상이다.

끝으로, 뉴스 미디어의 보도 편향은 왜, 어떻게 생겨나는지를 따지는 '미디어 편향Media bias'에 관한 연구다. 뉴스 시장의 모든 현상이 편향과 관련되어 있다는 점에서 뉴스 미디어 정치경제학의 핵심 분야다. 넓게 보면, '미디어 포획'이나 '미디어 권력'도 결국 뉴스 미디어의 편향을 낳는 현상이기 때문이다. 좁게 보면, 뉴스 공급자와 뉴스 소비자 사이의 상호작용에 따른 뉴스 편향을 연구하는 분야다.

그림 2-1은 지금까지 간략히 살펴본 뉴스 시장의 기본 구조와 미디어 정치경제학의 주요 현상인 ⓐ 미디어 포획, ⓑ 미디어 권력, ⓒ 미디어 편향을 도식화해 표현한 것이다.

그림 2-1 뉴스 시장의 구조와 현상

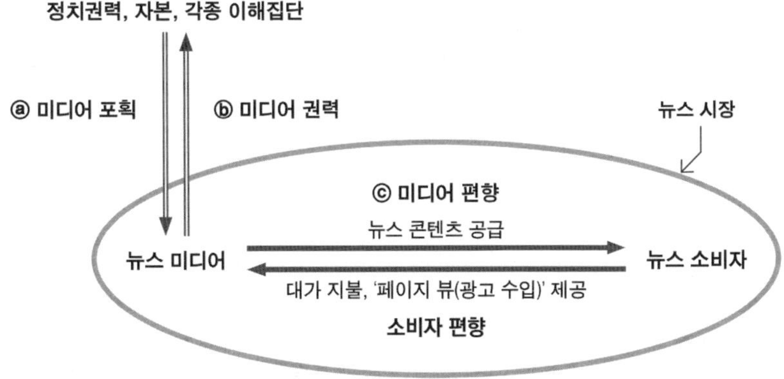

지금까지 뉴스 시장의 기본적인 특징과 구실, 그리고 일반적인 시장의 소비자와 공급자와는 다른 뉴스 시자의 소비자와 공급자에 대해서 개괄적으로 살펴보았다. 본격적인 설명은 다음 장 이후로 미루고, 이번 장에서는 끝으로 뉴스 시장의 또 다른 특징인 양면 시장에 대해서 알아보자.

2.3.2. | 양면 시장인 뉴스 시장

당신이 대가를 치르지 않고 상품을 사용하고 있다면, 상품은 바로 당신이다.
— 넷플릭스 다큐, 〈소셜 딜레마The Social Dilemma〉(2020)

누군가 어떤 상품에 대한 대가를 치르지 않고 이용하고 있다면, 바로 그 사람이 상품인 세상에 우리는 살고 있다. 디지털 시대에 들어와 수많은 사람은 구글Google이나 네이버NAVER 같은 웹 포털이나 페이스북Facebook 같은 소셜 미디어를 대가를 치르지 않고 이용한다. 그러나 '세상에 공짜는 없다'는 말이 있듯이, 웹 포털이나 소셜 미디어를 이용하는 이들은 이용하는 매 순간, 자신들이 웹 포털이나 소셜 미디어에 의해 광고주들에게 팔리는 상품이다.

이런 시장은 전형적인 '양면 시장Two-sided market'이다. 프랑스 출신의 경제학자, 장 티롤Jean Tirole(2014년 노벨 경제학상 수상)과 장 샤를 로세Jean-Charles Rochet가 주로 이론화한 양면 시장은 서로 다른 이용자 집단이 플랫폼platform에서 상호작용하는 시장이다. 플랫폼의 대표적 예로는 웹 포털이나 소셜 미디어 혹은 아마존Amazon이나 쿠팡Coupang 등의 인터넷 쇼핑몰을 들 수 있다. 구매자 집단과 판매자 집단, 둘만 존재하는 인터넷 쇼핑몰 사이트는 '양면 플랫폼Two-sided platform'으로, 청중audience(사용자 혹은 구매자)과 콘텐츠 공급자, 광고주, 인터넷 서비스 공급자, 판매자 등 이용자 집단이 더 많은 플랫폼은 '다면 플랫폼Multi-sided platform'으로 부르기도 한다.

근래 대부분의 뉴스 콘텐츠가 소비되는 디지털 온라인 뉴스 시장은 양면

그림 2-2 **미국 신문 산업 광고·판매 수입의 상대적 비중 변화**(1956~2020) (단위: %)

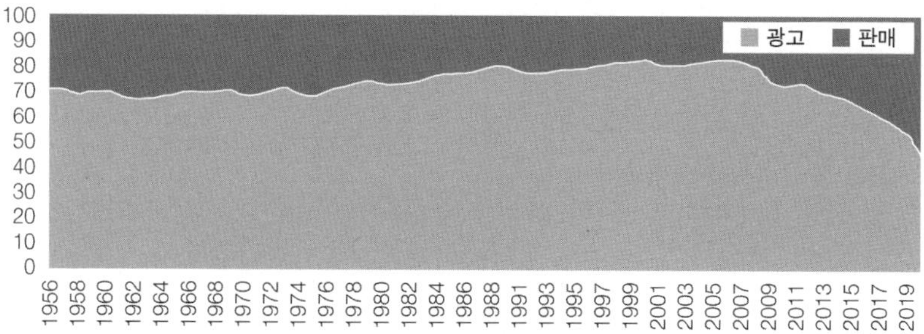

출처: Pew Research Center, https://www.journalism.org/fact-sheet/newspapers/

그림 2-3 **각국 신문들의 광고 수입과 판매 수입 비중**(2008, 2009) (단위: %)

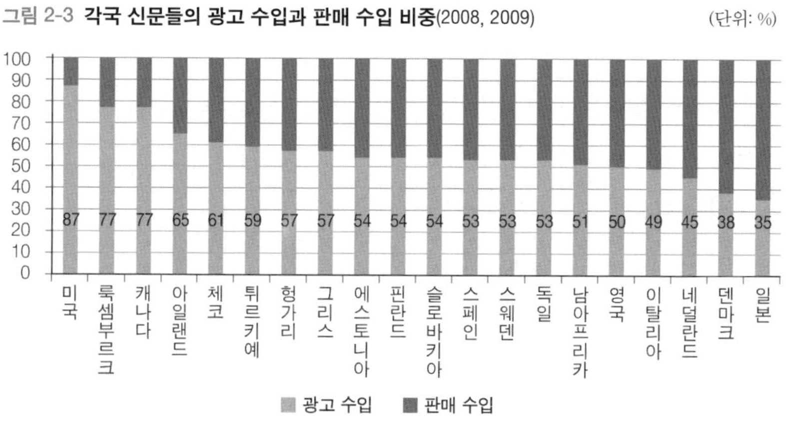

출처: OECD(2010).

혹은 다면 시장이다. 전통적인 뉴스 시장도 이런 양면 시장의 특성을 갖고 있다(Anderson and Gabszewicz, 2006; Armstrong, 2006). 대중 뉴스 미디어가 광고를 싣지 않던 신문의 초창기에는 뉴스 시장에 오직 뉴스 콘텐츠를 소비하는 뉴스 소비자만 존재했다. 하지만 신문에 광고가 등장한 이후 종이 신문과 방송의 고객은 서로 다른 두 집단인 독자(시청자)와 광고주였다.[14] 즉, 대중 뉴스 미디어는 뉴스 소비자와 광고주들 사이의 플랫폼으로, 뉴스 소비자를 상대로 콘텐츠를 팔고 광고주에게는 뉴스 소비자들을 팔아왔다.

이런 양면 시장이라는 뉴스 시장의 특징은, 뉴스 미디어들이 뉴스 소비자만이 아니라 광고주로부터도 자유롭지 않게 한다. 뉴스 미디어가 얻는 수입과 이윤의 원천은 뉴스 소비자와 광고주 둘 다이기 때문이다. 따라서 뉴스 미디어는 뉴스 소비자뿐만 아니라, 광고주의 선호에 부합하는 편향 보도를 할 수도 있다.

다만, 뉴스 소비자와 광고주 중에서는 뉴스 소비자가 뉴스 미디어에 더 근본적 존재다. 광고 수입은 뉴스 소비자의 양과 질에 의해 의존하기 때문이다. 광고주의 선호와 뉴스 소비자의 선호가 다를 경우, 광고주의 선호만을 의식해 보도하는 뉴스 미디어는 뉴스 소비자를 잃는다. 또한 뉴스 소비자가 줄어들면 광고주가 그 뉴스 미디어에 광고할 이유도 그만큼 사라진다. 따라서 모든 뉴스 미디어는 일반적인 상황이라면 뉴스 소비자의 관심과 선호를 광고주보다 우선해 콘텐츠에 반영한다.

그러나 현실에선 광고주의 선호에 맞춘 보도를 통해 얻는 수입이 이 때문에 잃게 되는 뉴스 소비자 쪽의 수입보다 클 때도 있다. 이를테면, 뉴스 미디어가 특정 대기업에 대한 보도 내용을 우호적으로 변경해 얻는 광고 게재 수입 증가분이 특정 기간 동안 100인데 반해, 뉴스 소비자 감소에 따른 수입 감소분이 같은 기간 동안 50이라면, 이 뉴스 미디어는 광고주의 선호에 부합하는 쪽으로 보도 논조를 바꿀 수 있다는 것이다.

이런 일은 장기간 지속되기보다는 (뉴스 소비자가 미디어의 논조 변화를 눈치채기 어려운) 짧은 기간 동안 생기기 쉽다. 특히 뉴스 미디어가 광고주에 대한 비우호적인 보도를 삼가거나 우호적 보도를 하는 대가로 매우 큰 보상을 광고주가 제시한다면, 이론적으로는 충분히 가능한 일이다.[15]

---

14 뉴스 시장이 양면 시장으로 거듭난 기점은 1830년대 대량인쇄술에 힘입어 신문 값은 크게 낮추고 그 대신 광고를 본격적으로 싣기 시작한, 이른바 페니 페이퍼(Penny paper) 또는 페니 프레스(Penny press)로 불리는 값싼 대중 신문의 등장 이후다.

한편, 양면 시장 혹은 다면 시장에서는 경제학에서 '네트워크 효과network effect' 혹은 '네트워크 외부성network externalities'으로 부르는 중요한 현상이 있다. 특정 상품에 대한 어떤 사람의 수요가 '다른 사람들은 그 상품을 얼마나 많이 쓰느냐'에 영향을 받아 특정 제품을 사용하는 소비자가 많을수록 해당 상품의 가치가 더욱 높아지는 현상이다. 이를테면, A라는 인터넷 메신저 앱의 기능이 B보다 훨씬 못하더라도 이를 사용하는 사람이 많으면, A는 (네트워크 효과 때문에) 상품 가치가 높아지고, 사람들은 A를 쓰게 된다. 이런 네트워크 효과는 다면 시장으로 갈수록 훨씬 더 다양하고 복잡하다.[16]

15 광고주의 선호에 맞춰 뉴스 미디어가 보도 편향을 조정하는 현상에 대해선 9.3. 두 얼굴의 광고주에서 다시 자세히 설명한다.

16 '다면 플랫폼'으로서 미디어에 대한 논의는 Gabszewicz, Resende, and Sonnac(2015)을 참고.

3
뉴스 시장의 발전과 저널리즘의 변천

"저널리즘은 지성이자 문명 그 자체다."[1]

— 오노레 드 발자크

아프리카나 아시아, 라틴아메리카 등지의 일부 저개발 지역을 제외하면 대부분의 현대 인류는 역사상 가장 풍요롭게 살고 있다. 이 풍요는 무엇보다도 산업혁명을 기점으로 생산 비용이 극적으로 낮아져 대량생산이 가능해진 데서 연유한다. 근래 우리가 정보의 풍요를 누리는 이유도 이와 크게 다르지 않다. 서양에서 금속활자가 인쇄에 쓰이기 시작한 이래, 정보를 만들고 저장하고 전달하는 데 드는 비용과 정보를 얻기 위해 치러야 할 가격은 모두 시간이 흐를수록 점점 더 큰 폭으로 하락했다.

특히 디지털 시대에는 수많은 정보 콘텐츠의 가격이 무료 혹은 무료나 다름없을 만큼 싸졌고, 유통량도 폭발적으로 증가했다. 바다는커녕 강 건너편의 정보를 얻는 데도 독초의 유혹과 맹수의 공격이라는 값비싼 대가를 치렀던 원시 시대를 생각하면, 인류가 소비하는 상품과 서비스 가운데 인류의 등장 이후 값

1 발자크(1843[1999]).

이 가장 크게 떨어진 품목이 바로 뉴스와 정보 상품이라 해도 지나치지 않다.

3.1. | '정보 민주화'의 나선형 진화

경제학의 관점에서 재화나 서비스의 공급은 생산 비용과 시장 가격에 좌우된다. 공급자는 시장 가격이 생산 비용을 밑돌면, 손실을 감수해야 할 이유가 없는 한 누구도 상품이나 서비스를 시장에 내놓지 않는다. 반대로 필요한 재화나 서비스라고 해도 시장의 가격이 감당할 수 없을 만큼 비싸면, 소비자들도 살 엄두를 내지 않는다.

뉴스 시장에서도 이런 원리는 다르지 않다. 정보의 공급은 정보를 수집하고 가공해 전달하는 데 드는 비용에 직접적인 영향을 받는다. 캐내기 어려운 보석 같은 광물이 희귀하고 매우 비싸듯, 정보를 얻기가 힘들수록 정보는 희귀해지고 값비싸진다. 정보를 저장할 방법이 아예 없다면, 정보의 저장 비용은 하늘의 별을 따오는 비용만큼이나 커질 것이다. 정보의 저장 수단이 인간의 기억력뿐이라면 시간이 흐르면 정보 자체가 망각 속으로 사라질 수도 있다. 그뿐만 아니라 정보의 전달에는 통신이나 교통의 수단이 반드시 필요한데, 이 수단들의 발전 수준도 정보의 비용과 가격에 직접적 영향을 미친다.

이처럼 정보의 수집·저장·전달에 드는 비용이 클수록 정보의 가격은 높아지고, 정보는 그 값을 치를 수 있는 소수 사람들의 전유물이 된다. 상황이 이렇다면 시장다운 뉴스 시장은 등장하기 어렵고, 실질적인 뉴스 소비자도 극소수에 불과할 수밖에 없다. 정보의 수집과 저장, 가공과 전달 비용을 낮추는 데는 다양한 요인이 있지만, 가장 결정적인 것은 미디어 기술이다. 정보의 생산에서 소비에 이르는 전 과정은 전적으로 미디어에 의존하기 때문이다. 먼 옛날의 사정부터 보자.

정보 공급 비용의 극적인 감소. 원시 사회에서 정보는 인간이 획득할 수 있는 자원만큼이나 희소했다. 새로운 정보를 수집하고 전달하는 일은 목숨을 걸어야 할 만한 일이었다. 그 시절에는 불과 몇십 킬로미터 밖을 탐험하는 것도 생명을 위협하는 자연환경의 장애를 극복해야 가능했다. 원시 사회에서 '정보의 획득'을 위한 비용은 매우 높을 수밖에 없었다(Posner, 1980). 또 목숨을 걸고 새로운 정보를 획득했다고 해도 미디어가 오직 말(언어)뿐이던 시대에는 인간의 기억 말고는 정보의 저장 수단도 존재하지 않았다.[2] 정보를 일상적으로 사고팔던 시대가 아니었으니 값을 추정하기는 어렵다. 그렇지만, 새로운 정보는 언제나 희소했고 저장도 어려웠던 만큼 새로운 정보에 가격을 매긴다면 대단히 비쌌을 것이다. 따라서 원시 시대에는 뉴스의 생산과 소비가 모두 극도로 적었다. 그러나 귀한 정보와 뉴스를 독점하는 이는 없었고, 모두가 공유한 시대였다. 모든 이가 공급자인 동시에 소비자여서 정보의 공급자와 소비자가 미분화된 시기였다.

문자 미디어가 등장하자, 정보는 인간의 기억력 범주에만 머무르지 않게 됐다. 정보의 수집·저장·전달 비용 가운데, 저장 비용은 문자에 힘입어 크게 감소했다. 하지만 문자로 인해 낮아진 정보 저장 비용의 혜택은 글을 읽을 수 있었던 극소수인 지배 계층에게만 돌아갔다. 정보의 저장이 가능해지며 한 사회가 보유하는 정보의 양도 급격히 증가했지만, 그 과실은 지배 계층의 구성원들에게만 집중된 것이다. 이는 사회 전 구성원들이 정보를 공유했던 원시 구두 미디어 사회와 달리, 소수가 사회 전체의 정보를 독점하는 시대를 열었다. 일반 사회 구성원들은 접근할 수 있는 문자 정보나 뉴스가 있었다고 해도, 거의 대부분이 문맹이었던 그들에게는 '그림의 떡'이나 다름없었다.

2 인간의 기억과 구전(口傳)으로 전승되는 가장 긴 정보는 중앙아시아 키르기스스탄의 민족 영웅 마나스(Manas)에 대한 3부작 서사시라고 한다. 그 양은 원고지로 환산해 4만 2000장 이상이고 행으로는 50만 행이 넘는다. 이는 고대 그리스, 호메로스(Homeros)의 장편 서사시 『일리아스(Illias)』와 『오디세이(Odyssey)』를 합친 것의 20배 이상이고, 인도의 대서사시 『마하바라타(Mahabharata)』의 2.5배에 해당한다(전병호, 2022.10.22).

고대와 중세 시대를 거치며 자연에 대한 이해가 높아지고 사회가 발전함에 따라 수집되고 유통되는 뉴스의 양과 저장되는 정보의 양도 점점 더 많아졌다. 여기엔 과학기술의 발전, 문자 미디어, 교통망, 정치사회 체제 등이 직접적 영향을 끼쳤다. 이들은 모두 뉴스와 정보의 수집·저장·전달 비용을 낮추는 요소들이었다. 하지만 정보의 생산과 전달 비용은 아직도 여전히 높았다. 뉴스 시장은 아직도 깊은 어둠 속에 있었다. 이 때문에 시장다운 뉴스 시장이 등장할 수 있었던 것은 정보를 생산해 소비자에게 도달시키기까지 드는 비용이 훨씬 더 줄어든 인쇄혁명 이후에나 가능했다.

인쇄혁명은 인쇄물을 통한 뉴스와 정보의 대량 배포를 가능하게 했다. 이어 근대적 신문들도 속속 등장했다. 비로소 최초의 근대적 뉴스 시장인 신문 시장이 생겨났다. 20세기에는 방송까지 가세한 대중 미디어의 시대도 열렸다. 이 과정에서 뉴스의 공급 비용은 급격히 감소했고, 직업적 뉴스 공급자들이 크게 증가했으며, 뉴스 시장은 빠르게 성장했다.

뉴스 공급자의 증가와 뉴스 소비자의 폭발적 증가는 동전의 양면 같았다. 그 전까지 일부 특권층에 국한됐던 뉴스 소비자는 미디어와 정보통신 기술의 비약적 발전에 힘입어 사실상 사회의 모든 사람으로 확대됐다. 이처럼 많은 뉴스 소비자들과 공급자들이 등장한 뉴스 시장은 전형적인 자유경쟁 시장이 됐다. 하지만 그 기간은 길지 않았다.

신문과 방송 등 대중 미디어의 몸집이 커지면서 뉴스 시장에는 진입 장벽이 생겨났다. 대규모 시설 투자라는 진입 장벽은 신문과 방송의 수적 증가를 억제했고, 뉴스 공급자들 사이의 경쟁은 일정 수준 이내로 유지됐다. 아울러 신문과 방송 같은 대중 미디어의 영향력은 이전 시대의 뉴스 공급자들과는 비교할 수 없을 만큼 비약적으로 커졌다.

디지털 시대 이후에는 뉴스와 정보의 저장 및 배포 비용이 또다시 극적으로 감소했다. 디지털 공간에서는 뉴스 등 정보 콘텐츠의 가격이 많은 경우 사실상 무료가 됐다. 그와 동시에 막대한 초기 투자 비용으로 진입 장벽을 쌓았던 대중 미디어의 뉴스 독과점도 무너졌다. 디지털 인프라가 뉴스 시장의 진입 장벽을 허물며 모든 이가 뉴스 소비자인 동시에 뉴스 생산자인 시대를 열었기 때문이다. 이처럼 뉴스 시장에서 신문과 방송 같은 전통 미디어의 독과점이 무너지자, 뉴스 공급자의 힘은 과거보다 감소했고 뉴스 소비자의 힘은 그만큼 커졌다.[3]

이처럼 미디어 기술의 발전과 정보 획득(공급) 비용의 변화는 '정보와 지식 민주화'의 '나선형 진화'로 이어졌다. 뒤 페이지의 그림 3-1은 이를 표현한 것이다. 원시 구두 미디어 시대는 누구나 정보 공급자인 동시에 정보 소비자였고, 모두가 정보를 평등하게 공유했던 시대였다. 그러나 문자가 발명된 뒤에는 한 사회가 생산해 낸 대부분의 지식과 정보를 지배 계층이 독점하는 시대가 도래했다. 이어 인쇄 미디어가 등장하며 지배 계층의 정보독점 시대가 무너지기 시작했고, 대중 미디어 시대에 이르러서는 대중 미디어가 정보의 생산과 공급을 독점했다. 이어 등장한 디지털 미디어의 시대에는 디지털 플랫폼에서 공급자이자 소비자인 수많은 사람과 대중 미디어가 공존하고 있다.

---

3 이런 역학 관계의 변화에 대해, 저널리즘 학자 톰 로젠스틸(Tom Rosenstiel)은 "과거에 뉴스 미디어와 저널리스트가 독자에게 '나를 믿으라(trust me)'라고 했다면, 이제는 독자가 당신이 전하는 뉴스를 왜 믿어야 하는지 납득할 수 있도록 '내게 보여 달라(show me)'고 요구하고 있다"고 말한다(이재경, 2012: 53).

그림 3-1 미디어의 발전과 정보와 지식의 민주(대중)화

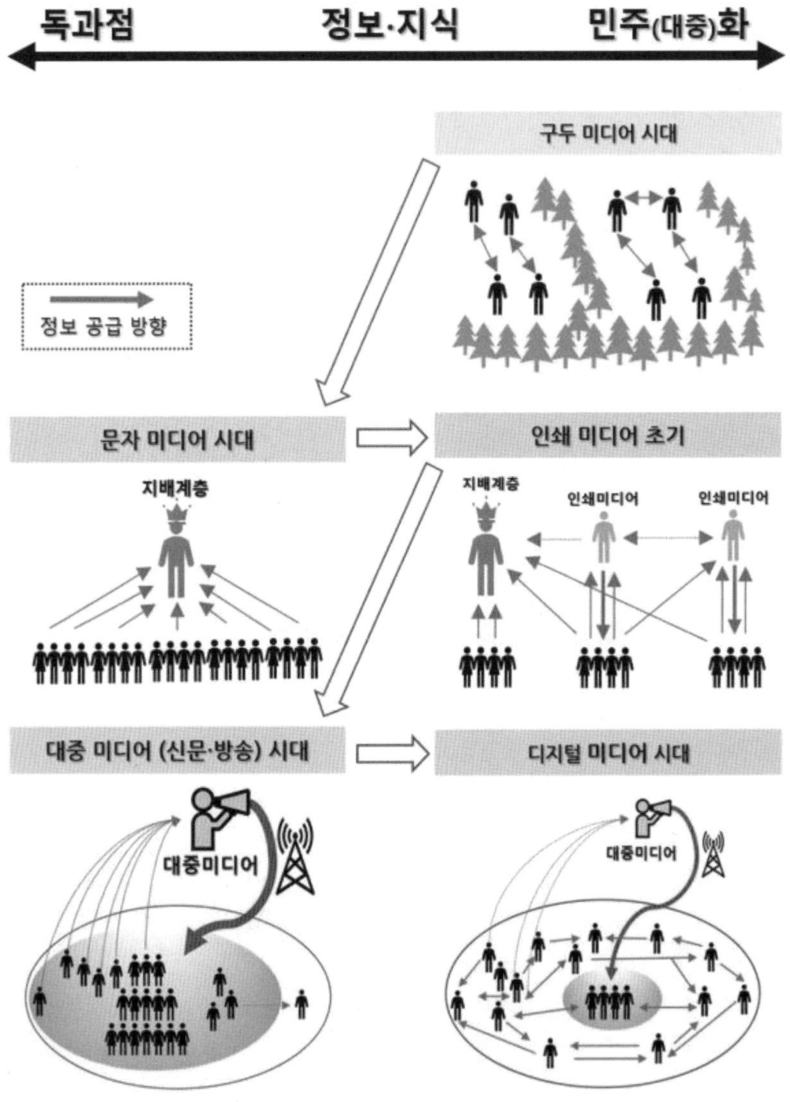

:: 한 걸음 더 3-2 :: 재화로서의 뉴스, 정보재

재화로서의 뉴스는 어떤 특성을 갖고 있을까? 먼저 뉴스는 이른바 정보재情報財, information goods다. 뉴스에 포함된 정보의 결과로 소비자에게 가치를 제공하는 재화라는 것이다. 정보재에는 책, 잡지, 음악, 영상, 신문과 방송의 콘텐츠 등이 모두 포함된다. 정보재는 누군가 소비했다고 해서 남은 재화의 총량이 줄어들지 않는다. 재화의 이런 성질을 **비경합성**非競合性, non-rivalry이라고 한다. 이는 재화의 희소성에 의존하는 수요와 공급의 법칙이 정보재에는 잘 적용되지 않는다는 뜻이다.

일반적으로 정보재는 생산을 위한 고정 비용이 매우 크지만, 추가 한 단위의 생산이나 공급에 드는 한계비용은 전혀 없거나 매우 낮다(종이 신문 한 부나 방송 시청자 한 명이 더 느는 상황을 생각해 보라). 정보재의 이런 비경합성은 미디어와 정보통신기술의 질적 발전 때마다 정보 콘텐츠 생산과 전달의 한계비용을 급격히 떨어뜨렸다.

또한, 과거에는 대부분의 정보재가 대가를 지불한 사람만이 독점적으로 사용할 수 있는 성질인 '**배제성**排除性, excludability'을 지니고 있었다. 그러나 근래에는 공급 주체나 공급 방식에 따라 **비배제성**非排除性, non-excludability을 띠기도 한다. 비배제성은 배제성과는 반대로 재화의 생산과 공급이 이뤄지면 누구도 소비에서 배제시킬 수 없는 특성이다. 구독료를 내야 볼 수 있는 넷플릭스Netflix나 유료 방송 채널의 콘텐츠는 배제성을 띠고 있다. 반면, 무상 교육이나 방송수신기만 있으면 누구나 시청가능한 지상파 방송 채널, 그리고 인터넷에서 무료로 접할 수 있는 콘텐츠들은 비배제성을 지닌 재화다. 배제성은 **사적재**私的財, private goods의 대표적 특징인데, 정보재의 경우 공급 주체와 방식에 따라 사적재가 되기도 하고, **공공재**公共財, public goods가 되기도 하는 것이다.

동시에 정보재는 직접 경험하기 전에는 품질이나 가치를 알 수 없는 **경험재** 經驗財, experience good다. 따라서 경험재 시장에서는 선택 대상인 경험재의 **평판** reputation이 중요하다. 진단과 치료를 받아 보기 전에 먼저 선택해야 하는 의사나, 볼지 말지를 먼저 결정해야 하는 뉴스 미디어는 모두 소비자들이 다른 이들의 평판에 의해 선택하는 일이 흔하다.

3.2. ı 대중 미디어 시대와 저널리즘의 탄생

무릇 재화와 서비스의 공급과 소비가 그렇듯, 뉴스의 공급과 소비도 당대의 경제적 환경과 토대 위에서 변화해 왔다. 뉴스의 형식은 물론 내용도 뉴스가 담기는 그릇인 미디어와 뉴스 공급자가 마주한 그 시대의 경제적 조건에 영향을 받았다. 대중 미디어를 통해 사실이나 사건에 관한 정보를 보도하고 논평하는 활동인 저널리즘도 예외가 아니었다. 저널리즘의 전제 조건인 대중 미디어가 이미 미디어 기술의 발전과 경제적 환경 변화의 산물이기 때문이다. 이는 저널리즘의 운명 또한 미디어 기술이나 뉴스 시장의 경제적 환경으로부터 결코 자유로울 수 없음을 뜻한다. 이어지는 내용을 보면 확인할 수 있겠지만, 저널리즘도 뉴스 시장의 사정에 따라 여러 모습으로 나타났고 변화했으며 특징 지워졌다.

지금부터는 근대 신문의 등장 이후 지금까지, 뉴스 공급자들이 뉴스 시장의 변화에 어떻게 적응해 왔는지, 기업적 측면은 물론 저널리즘적 측면에서 설명하고자 한다.

본론에 앞서, 먼저 근대 신문 등장 이전의 상황을 간략히 보자. 산업화 이전 시대에도 지금의 신문과 같은 구실을 한 원형原形은 동서양 모두에 있었다. 로마에서는 원로원의 의사록이나 민회民會의 의결 사항 등을 금속이나 돌에 새겨 공공장소에 게시했고,[4] 중국의 당唐나라에서는 비단에 손으로 쓴 소식지를 중앙정부가 지방의 관리들에게 보냈다.[5] 그 뒤로도 동양이나 서양에선 유사한 소식지들이 있었지만, 이를 소비한 사람은 정부 관리나 매우 비싼 값을 치를 수 있었던 권세가나 재력가 등에 한정됐다.

필사본筆寫本 소식지가 근대 신문으로 발돋움할 수 있었던 기술적 계기는

4 이런 게시물들은 '악타(Acta)' 혹은 '악타 디우르나(Acta Diurna)'라고 불렸다.

5 8세기의 ≪개원잡보(開元雜報, Kaiyuan Za Bao)≫. 일종의 관보(官報)였다. 정보의 수집과 소식지의 배포라는 신문의 원형에선 중국이 서구에 앞서 있었다(Murphy, 1930).

15세기 독일의 요하네스 구텐베르크Johannes Gutenberg(1397~1468)의 금속활자 발명이었다. 이후, 인쇄물은 한동안 팸플릿pamphlet(소책자) 형태였으나, 지금의 신문과 유사한 최초의 신문이 1605년 프랑스와 독일의 접경 지역 스트라스부르Strasbourg에서 등장했다. 이후 신문은 유럽 전역으로 확산됐고, 1702년에는 영국에서 최초의 일간지 ≪데일리 쿠란트Daily Courant≫가 나왔다.

그러나 신문업은 그 뒤로도 200여 년 동안 크게 변하지 않았다. 18세기 중엽부터 시작된 산업혁명기에도 인쇄 기술은 그다지 나아지지 않은 탓이다. 신문업자들은 여전히 구텐베르크 때와 다르지 않은 평판 인쇄기로 신문을 인쇄했다. 평판 인쇄는 매우 노동 집약적이었고, 발행 가능한 지면 수나 부수도 제한되어 있었다. 장거리 운송 수단도 제대로 없어, 신문의 배포 지역도 협소했다. 신문 발행 부수는 100부에도 미치지 못하는 경우가 대부분이었고, 신문업자들의 수입원은 고정적인 극소수 구독자들이었다.

3.2.1. | 인쇄 기술의 혁신과 신문의 변신

19세기, 산업혁명 말기가 되자, 신문 산업에도 인쇄 기술 변화의 물결이 꼬리에 꼬리를 물고 밀려들었다. 새로운 제지 기술도 등장해 인쇄용지 가격을 크게 낮췄다.

1814년에는 인쇄기에 증기 기관이 적용됐고, 1846년에는 원통이 돌아가며 인쇄가 이뤄지는 회전식 인쇄기가 등장하며 평판 인쇄에서 벗어나기 시작했다. 수백 부 수준에 머물던 시간당 인쇄량은 수천 부 수준으로 개선됐다. 철도와 운하 등 교통수단도 비약적으로 발전했고, 산업화된 도시에는 수많은 사람이 몰려들었다. 뉴스 공급자들의 뉴스 생산 및 배포 비용은 급감하고, 잠재적 뉴스 소비자들은 급증한 것이다.

저렴한 비용으로 대량생산이 가능해지자 그동안의 신문 산업의 모습도 바뀌었다. 인쇄 미디어가 등장한 지 두 세기만이었다. 변화는 단순히 윤전 인쇄 시

1860년대 회전식 인쇄기. 인쇄판은 중앙의 큰 실린더에 있다.
출처: Wikipedia.

설이나 신문 상품의 형태와 생산량 등 하드웨어적 측면에만 그치지 않았다. 신문의 비즈니스 모델이 바뀌었고 그 변화 속에 근대적 저널리즘이 탄생했다. 신문의 콘텐츠는 신문이 처한 시장의 환경에 본격적으로 영향을 받기 시작했다.

신문 산업의 변화는 신문사의 조직과 인적 구조의 변화도 불러왔다. 과거에는 불과 몇 사람이 신문의 제작과 배포에 필요한 모든 일을 했다. 사주이자 기자였고 편집자인 동시에 영업 사원이었던 시대였다. 하지만 1850년대에 이르자 미국이나 유럽의 큰 신문사에서는 고용 인원이 많게는 100명 안팎까지 늘어났다. 이 시기에는 기사를 쓰고 편집을 하는 구성원들과 인쇄와 영업 및 관리를 담당하는 구성원들의 분업이 뚜렷해졌다. 뉴스의 취재와 보도, 편집에만 종사하는 전문 직업인인 저널리스트가 처음 등장한 것도 이때다. 오늘날 많은 저널리스트들이 자신이 속한 뉴스 미디어 기업의 경제적 사정과 무관하게 저널리즘을 말하지만, 저널리스트라는 직업도 신문의 기업적 사정과 경제적 토대의 변화에 따라 생겨난 것이다.

아울러, 신문 산업에는 거대한 진입 장벽도 생겨났다. 증기 기관으로 작동하는 인쇄기는 수작업 인쇄기와는 비교할 수 없이 비쌌다. 인쇄기의 성능 향

1890년대, 미국 오하이오주 ≪톨레도 블레이드(Toledo Blade)≫의 윤전기. 시간당 8페이지 신문 4만 8000부를 찍을 수 있었다.
출처: Wikipedia.

상으로 더 많은 지면을 대량 인쇄하게 되자, 인쇄와 배포는 물론 콘텐츠를 만드는 데 필요한 인적 투자도 크게 늘었다. 이렇게 투자 자본 규모가 급격히 늘어난 신문업은 이제 막대한 자본이 없으면 쉽게 시작할 수 없는 사업이 됐다. 이처럼 높고 두터운 진입 장벽이 생겨나자, 공급자 사이의 경쟁은 '무한 경쟁'으로 치닫지 않고 일정 수준 이하로 유지될 수 있게 됐다. 특히, 인쇄 시설과 많은 고용 인력 등 고정 비용이 커, 첫 한 부를 발행하는 데 드는 비용은 매우 비쌌지만, 발행 부수가 커질수록 신문 한 부당 배분되는 고정 비용은 크게 감소했다. 신문업은 규모가 수익성을 좌우하는 산업이 된 것이다.

① 객관주의 저널리즘의 탄생

우리는 '객관적 보도'를 윤리적 혹은 직업적 규범으로 얘기하지만, '객관적 보도'는 시장의 힘에 의해 태어난 상업적 제품이다.[6]

— 제임스 해밀턴

대량 인쇄를 가능하게 한 윤전 기술의 혁신으로 1830년대 미국에서 신문 한 부의 가격은 6페니penny에서 1~2페니로 떨어졌다. 시작은 뉴욕에서 발행되던 ≪더 선the Sun≫이 1833년 신문 한 부당 가격을 1페니로 낮추면서다. 이때를 언론학자들은 값싼 대중 신문의 시대, 이른바 '페니 프레스penny press'[7]의 시대라 한다. 이 시대에는 그 전과는 다른 두 가지 양상이 신문들에 나타났다.

첫째, 신문 비즈니스 모델의 변화다. 신문 값이 싸지자, 사볼 수 있는 소비자가 이전과는 비교할 수 없이 많아졌다. 페니 프레스 신문들은 그 전에 비해 들고 나르기 편하게 작아졌고, 신문팔이 소년들이 거리에서 이 신문들을 팔았다. 낮은 가격이 더 많은 독자를 끌어모으자, 신문 1부당 한계비용은 또다시 낮아졌다. 신문들은 상품과 서비스 광고도 본격적으로 싣기 시작했다. 늘어나는 독자들을 기반으로 광고 가격을 인상한 신문 기업은 신문 독자들보다 광고주들로부터 더 많은 수익과 이익을 얻게 됐다. 신문의 이런 비즈니스 모델은 지금까지도 변함이 없다.

둘째, 값싼 신문과 그에 따른 독자의 증가, 그리고 이에 기반한 광고 수입의 등장과 증가는 새로운 규범을 지닌 저널리즘을 낳았다. 이른바 '프로페셔널 저널리즘'과 '객관주의 저널리즘'이다. 페니 페이퍼 이전까지, 신문 독자는 비싼 신문을 사볼 경제적 능력을 지녔던 정파성 강한 소수의 사람들이었다. 그 때문에 당시의 신문은 강한 정파성을 띨 수밖에 없었고 "특정 정당에 소속된 기관지나 다름없었다(Hamilton, 2003)."

그러나 값싼 신문의 등장과 함께 '규모의 경제'에 눈뜬 신문들은 비싼 신문값을 치르며 강한 정파적 논조를 요구하는 소수의 독자들로부터 벗어나기 시작했다. 그 대신, 싼값의 신문을 구매하는 더 많은 독자에 눈을 돌렸다. 정파나 정파적 독자들은 신문의 생존에 더 이상 필수적이지 않았고, 새로운 수입

---

6 Hamilton(2004: 37).

7 '페니 페이퍼(penny paper)'로도 불린다. 당시 미국에선 1센트(cent) 동전을 페니(penny)로 불렀다.

원인 '더 많은 독자'를 확보하려면 그때까지 지녀온 신문의 정파성은 오히려 약화시켜야 했다. 신문들이 '객관주의 저널리즘'을 추구하게 된 배경이다. 이와 함께 등장한 '객관성'이라는 뉴스의 품질 기준도 뉴스 시장을 더욱 활성화했다.

저널리스트들은 스스로를 '공익을 대변하는 프로페셔널(전문 직업인)'로도 자리매김했다. 프로페셔널 저널리즘의 등장은 대형화한 신문 조직에 취재와 보도를 전문으로 하는 직업군이 생겨난 현실에 기인했다. 여기에 뉴스 시장이 성장하며 존재 의미와 정당성을 스스로 확보해야 했던 저널리스트들의 필요도 더해졌다. 또한 객관주의 저널리즘과 프로페셔널 저널리즘은 상호 보완적인 구실을 했다. 객관적 보도를 위해선 전문적인 능력이, 공익을 대변하기 위해선 객관적 태도가 필요하다는 인식이 현대 저널리즘에 깊이 뿌리를 내린 것이다.

② 신문들의 차별화 전략

신문의 발행 부수, 즉 독자의 규모는 시간이 갈수록 더욱 커졌다. 19세기 후반이 되면, 미국이나 유럽의 도시민들은 최신 소식이 담겨 몇 만 부씩 발행되던 일간 신문들을 싼값에 볼 수 있었다. 뉴스 미디어는 신문이 유일했고, 신문은 '황금알 낳는 거위'처럼 매우 수익성이 높은 사업으로 자리 잡았다.

이 과정에서 신문 기업들은 제품(신문)의 논조나 내용을 타깃 소비자들에 맞춰 차별화하는 방식으로 이익의 극대화를 추구했다. 신문들의 차별화 전략은 전체 신문 시장의 독자를 더 늘렸고, 신문 산업을 거듭 성장시켰다. 영국에선, 유력 신문들이 서로 논조와 내용을 차별화해 계층별로 독자들을 공략했다. ≪더 타임스The Times≫가 사회 지도층 독자들을 겨냥한 반면, ≪데일리 텔레그래프The Daily Telegraph≫는 신흥 중산층을 타깃 독자로 삼은 것도 이때다.

미국에선 윌리엄 랜돌프 허스트William Randolph Hearst(1863~1951)와 조셉 퓰리처Joseph Pulitzer(1847~1911)를 포함한 1세대 미디어 부호들이 선정적 보도로 '황

'신문 왕'으로 불렸던 윌리암 랜돌프 허스트(왼쪽)**과 조셉 퓰리처**(오른쪽)
출처: Wikipedia.

색 저널리즘Yellow journalism'[8]의 시대를 열었다. 반면 다른 상당수의 신문들은 객관주의 저널리즘의 영향을 받으며 덜 선정적이고 덜 당파적인 논조로 자신들의 신문을 차별화했다. 대중지大衆紙와 정론지正論紙로 신문 시장의 제품 차별화가 전개된 것이다.

후자의 대표적인 예는 아돌프 옥스Adolph Ochs(1858~1935)가 1896년 인수한 ≪뉴욕 타임스The New York Times≫였다. 자금난에 처한 ≪뉴욕 타임스≫를 인수한 옥스는 한 부당 가격을 3센트에서 1센트로 낮췄지만, 고품질 저널리즘을 추구했고 인수 당시 1만 명에도 미치지 못했던 독자 수를 20여 년 만에 100만 명 수준으로 늘렸다.

≪뉴욕 타임스≫의 아돌프 옥스
출처: Wikipedia.

그뿐이 아니다. 이 시기의 신문들은 신문에 담기는 정보들의 범주나 편집 형식, 기사와 제목의 양이나 형식 등도 뉴스 소비자들의 수요에 따라 바꾸고 확대하며 발 빠르게

8 신문 용지의 색이 노르스름했던 그들의 신문이 선정적인 얘기들과 만화, 팀 스포츠 등에 관한 뉴스, 그리고 범죄 뉴스를 비중 있게 취급한 데 따른 것이다.

대응했다. 1860년대와 1870년대 미국 신문들에는 주로 사설, 정치인들의 연설, 소설과 시, 그리고 일부 광고가 담겼을 뿐이었다. 그러나 그 이후 1900년대 초까지 신문들은 보도 분야와 내용들을 크게 확대했다. 대량생산 체제 아래 수많은 상품이 쏟아져 나오면서 이런 상품을 소비하는 독자들을 상대로 관련 보도의 양도 크게 늘었다. 여성들의 사회적 지위와 활동이 확대되면서 패션이나 가사, 가족 문제 등을 다룬 콘텐츠도 증가했다. 가판대에 진열된 신문들이 소비자의 눈길을 끌도록 여러 단으로 된 제목들을 사용하는 등 신문 지면의 형식도 개선했다. 경제적 변화는 저널리즘의 형식과 내용에 이처럼 큰 영향을 미쳤다.

다양한 측면에서 19세기 후반과 20세기 초반은 유럽과 미국에서 신문의 황금기였다. 신문이 다루는 정보의 범주와 내용이 확대되고, 신문들은 상품 차별화 전략으로 소비자의 다양한 취향에 부응했다. 신문의 발행 부수는 기하급수적으로 증가했다. 신문의 숫자 또한 역사적 수준에 이르렀다. 일례로, 1914년 파리에는 ≪르 피가로Le Figaro≫를 포함해 80개의 일간지가 있었다.

3.2.2. | 방송의 등장과 신문의 응전(應戰)

20세기 전반에는 라디오가, 중반에는 텔레비전이 등장했다. 라디오와 텔레비전은 신문보다 훨씬 더 많은 청취자와 시청자들에게 더 빠르게 다가갔다. 뉴스 미디어 선진국이던 서구 각국에서 신문의 유일 체제는 종식됐다. 최초의 정규 라디오 방송은 1920년 미국에서 시작됐다. 그로부터 20년 만인 1940년에는 미국 가정의 라디오 보급률이 80%를 넘었다. 텔레비전의 보급 속도는 이보다 더 빨랐다. 1936년 세계 최초의 정규 텔레비전 방송BBC이 나온 지 24년 만인 1950년 미국 가정의 텔레비전 보급률은 90%에 이르렀다.

그러나 방송 미디어의 소유와 운영 형태는 유럽과 미국이 서로 달랐다. 이는 그 후 지금까지 유럽과 미국이 뉴스 시장과 미디어 환경에 큰 차이를 노정하게 된 이유가 됐다. 많은 서유럽 국가들의 경우, 시청료와 정부 지원 등으로 운영되는 비영리 공영방송이 중심을 이뤘지만, 미국에서는 무료 시청에 광고로 수익을 얻는 영리 민간방송이 주류였다. 이 때문에 미국의 방송 저널리즘은 유럽에 비해 더욱 선정적이 됐고, 광고주들의 영향도 더 크게 받았다.

① 신문 산업의 재편과 탐사 저널리즘의 등장과 쇠퇴

방송의 등장으로 각국의 신문 산업은 큰 영향을 받았다. 방송 광고의 등장은 신문 광고 수입에 영향을 끼치며 신문사들의 수익성 악화와 경영난을 초래했다. 영리 기업인 방송사들이 청취자와 시청자 확대를 위해 공격적으로 나섰던 미국에서는 더 심했다. 제2차 세계대전 종전 뒤 불과 몇 년 사이 경영난을 겪던 수백 개의 신문이 폐간했다. 많은 중소도시에는 하나의 신문만이 살아남았다. 아울러, 상대적으로 여력이 있었던 대형 신문사 중심으로는 인수합병을 통한 덩치 키우기가 전개됐다.[9] 여러 신문사를 묶어 방송에 맞선 광고 수주 여건을 개선하려는 심산이었다. 미디어 재벌들도 여럿 생겨났고, 1960년대엔 하나의 신문 기업이 여러 신문을 발행하는 '신문 체인Newspaper chain'에 미국 신문의 3분의 1이 속하는 수준에 이르렀다. 이후로도 거대 신문 미디어 체인들은 지속적으로 규모를 키워, 2000년에는 미국 신문의 90% 이상을 소유하기에 이르렀다(Abernathy, 2016).

이런 인수합병에는 막대한 자본이 필요했고, 신문 체인들은 주식을 팔아 이 자본을 조달했다. 그런데 수익을 기대하고 자금을 댄 주주들이 늘어나자, 신문들이 언론의 역할을 제대로 할 것인가에 관한 사회적 우려도 생겨나기 시작했다. 신문들이 언론의 소명보다 주가나 배당 같은 '주주의 이해', 즉 돈을 우선하게 될 것이라는 걱정이었다. 시간이 흐르며 이런 우려는 신문 기업들이

---

9 미국 정부는 엄격한 반독점 정책을 펴왔지만, 신문들이 별도의 뉴스룸을 유지하면서 다양한 관점을 유지한다는 조건으로 사업 운영을 병합하는 협약을 승인하는 경우가 많았다.

방치하기 어려울 만큼 커졌다.

물신주의의 노예가 되는 신문에 대한 사회적 우려, 그리고 방송 뉴스와의 경쟁 등 두 상황에 대처해 신문들이 추구하기 시작한 게 바로 탐사 저널리즘Investigative journalism이다. 대표적 신문 체인인 '뉴욕 타임스 컴퍼니The New York Times Company'와 '나이트 리더Knight Ridder' 등은 뉴스룸에 집중적인 투자를 하기 시작했다. 뛰어난 심층 취재 보도 경험이 있는 저널리스트들을 고용하고 이들의 취재 보도 활동을 적극적으로 뒷받침했다. 이미 세간의 주목을 받은 탐사 보도물을 생산한 저널리스트들은 몸값도 크게 뛰었다. 이런 노력을 통해 잇따라 세상에 나온 탐사 보도물들은 사회적 가치가 큰 뉴스였다. 또 시간의 제약이 큰 방송 뉴스에서는 복제도 쉽지 않은 콘텐츠였다(Whitaker, 2019).

탐사 보도가 뉴스 소비자들로부터 각광을 받으면서 탐사 저널리즘은 신문뿐만 아니라 통신사와 방송 등 전통 뉴스 미디어 전반으로 확대됐다. 1917년 생긴 미국의 퓰리처상에도 1953년부터 '탐사 보도 부문'이 추가됐다. 베트남전 당시 미군의 은폐된 양민학살을 세상에 알린 미라이 양민 학살My Lai Massacre 보도(1970년 퓰리처상 수상)[10]와 미국 대통령 리처드 닉슨Richard Nixon의 사임을 불러온 워터게이트Watergate 보도(1972년 퓰리처상 수상)는 가장 널리 알려진 탐사 보도다. 이 밖에도 숱한 탐사 보도물들이 나오며, 20세기 중반 이후 미국의 탐사 저널리즘은 신문의 평판과 영향력을 높이고 뉴스 소비자들의 이목을 끈 대표적 상품이었다. 또한 미국의 탐사저널리즘은 여러 나라의 뉴스 공급자들에 의해 모방됐고 지금까지도 가장 중요한 뉴스 생산 방식으로 평가받고 있다.

그러나 탐사 저널리즘이 등장하고 각광을 받을 때와 마찬가지로 탐사 저널리즘이 쇠퇴할 때도 핵심 동인은 신문 기업을 둘러싼 경제적 환경의 변화였

10 베트남전 당시 남베트남의 한 마을 미라이에서 1968년 3월 벌어진 양민 학살의 은폐된 진상에 관한 보도. 이를 보도한 시모어 허시(Seymour M. Hersh)는 그로부터 얼마 뒤 ≪뉴욕 타임스≫에 스카웃됐고, 이후 소련에 의한 대한항공 007편 피격 사건(1983년)의 진상 보도(1986년) 등 많은 탐사 뉴스를 생산했다.

1968년 미군의 미라이 양민 학살 현장.

미군 소속 사진사, 로널드 해버를(Ronald L. Haeberle)이 촬영한 모습. 여성과 어린 아이들의 주검들이 길에 방치되어 있다.
출처: Wikipedia.

다. 20세기 말, 디지털 시대가 도래하며 신문 산업의 성장이 정체되기 시작하자 탐사 저널리즘에 대한 뉴스 미디어의 관심도 전과 같지 않았다. 무엇보다도 최고의 저널리스트들과 장기간의 탐사 취재 활동에 드는 막대한 비용은 뉴스 미디어 경영자들에게 더 이상 매력적인 투자로 보이지 않았다. 장기간 파헤칠 필요 없이, 날마다 드러나는 사건이나 정보를, 덜 숙련된 저널리스트들을 고용해 신속하게 보도하는 게 수지타산을 맞추는 데 갈수록 더 유리해진 것이다.

또한, 수입의 광고 의존도가 크게 높아지면서 신문 시장을 중심으로 광고주들인 대기업의 영향력은 점점 더 커졌다. 그 대신, 대기업들의 부조리를 파헤치는 탐사 보도는 위축되기 시작했다.

이런 변화에 대해 저널리즘 학자 로버트 맥체스니Robert McChesney는 2004년 발간한 저서 『미디어의 문제The Problem of the Media』에서 "자유 사회에서 한때

왕성한 언론의 품질보증 마크와 같았던 탐사 보도는 멸종 위기 종의 목록에 있다"고 말했다(McChesney, 2004: 81). 또 저널리즘 학자 매리언 저스트Marion Just 등도 2002년 "탐사 보도는 그 가치에도 불구하고 지속적으로 감소하고 있다"고 얘기했다(Just, et al., 2002). ≪뉴욕 타임스≫나 ≪워싱턴 포스트Washington Post≫, ≪가디언the Guardian≫ 등 세계적인 유력 미디어와 각국의 몇몇 뉴스 미디어들은 여전히 탐사 보도를 위해 노력했다. 하지만 20세기 후반 수많은 신문과 방송에 유행처럼 번졌던 탐사 보도의 열기는 세기가 바뀔 즈음에는 지구촌 대부분의 지역에서 크게 식어 있었다.

21세기에 들어서자, 세계 곳곳에 비영리 탐사 저널리즘 전문 뉴스 미디어들이 새로이 생겨났다. 2006년 ≪위키리크스WikiLeaks≫, 2007년 미국의 ≪프로퍼블리카ProPublica≫,[11] 2008년 프랑스의 ≪메디아파르트Mediapart≫, 그리고 2012년 한국의 ≪뉴스타파Newstapa≫ 같은 경우가 그 예다. 이제는 우리의 귀에 익숙해진 비영리 탐사 보도 미디어들의 탄생도 기성 뉴스 미디어의 대표적 상품이었던 탐사 보도가 21세기 들어 극적으로 약화된 사정과 무관하다고 보기 어렵다.

새로 생겨난 독립 탐사 보도 미디어들은 적어도 지금까지는 대부분 안정적으로 활동하고 있다. 하지만 일정 수준 이상으로 성장도 하지 못하고 있다. 기부와 후원으로 마련되는 재정 형편이 소규모 뉴스룸의 운영을 뒷받침하는 수준에 머물고 있기 때문이다. 따라서 비영리 탐사 보도 미디어들은 기존 영리 뉴스 미디어들이 포기한 탐사 보도의 공백 가운데 극히 일부만을 메우고 있다.

요컨대, 저널리즘의 탄생 이후 지금 이 순간까지 다양한 저널리즘이 생겨나

11 ≪프로퍼블리카≫는 근래의 가장 대표적인 탐사 저널리즘 미디어다. 공공의 이익을 위한 '돈과 권력으로부터 독립'을 표명한다. 후원자의 기부로, 100여 명에 이르는 저널리스트들이 탐사 보도물을 생산하고 ≪로스앤젤레스 타임스≫, CNN, ≪뉴욕 타임스≫ 등 90여 개 협력 언론사에 무료로 배포한다. https://www.propublica.org/

고 쇠퇴한 첫 번째 이유는 언제나 뉴스 미디어들이 마주한 경제적 환경 때문이었다. 정파적 저널리즘, 프로페셔널 저널리즘, 객관주의 저널리즘, 그리고 탐사 저널리즘에 이르기까지 모든 저널리즘의 명멸明滅은 변화한 뉴스 시장 여건에 적응한 뉴스 미디어들의 선택의 결과였다. 다만, 각 나라마다 뉴스 시장 환경이 달랐던 만큼, 각 나라의 저널리즘들도 각 나라의 뉴스 시장 환경에 걸맞은 모습으로 전개됐다.

② 공존과 성장

방송이 등장하며 그동안 신문만 있었던 뉴스 시장은 큰 변화를 겪었다. 민주주의 체제의 국가들 가운데에선 서유럽이나 동아시아가 상대적으로 안정적 변화를 겪은 반면, 세계 최대의 뉴스 시장이었던 미국은 '적자생존'의 논리가 지배했다. 그렇지만, 새로운 미디어였던 방송이나 살아남은 신문들은 모두 성장했다. 전체 대중 미디어 시장이 성장을 거듭했기 때문이다.

그림 3-2와 그림 3-3을 통해 미국의 예를 보자. 1940년 미국의 신문 발행 부수는 평균 3675만 부(평일판 4113만 부, 주말판 3237만 부)에서 1990년에는 평균 6248만 부까지 증가했다. 구독 매출은 1960년 16억 400만 달러에서 2003년 112억 2000만 달러까지 성장했다. 1960년 36억 8000만 달러였던 광고 매출은 더 급격히 성장해 2005년 사상 최고치인 494억 3500만 달러를 기록했다(Pew Research Center, 2021). 이런 수치들로 보면, 신문 기업들이 2000년대 초반까지는 대형화와 독과점화를 이뤄내면서, 당시의 '뉴미디어'였던 방송과의 공존에도 결국 성공했음을 알 수 있다.

공존의 구체적 양상에선 지역에 따라 적지 않은 차이가 있었다. 특히, 공영방송 위주였던 유럽의 뉴스 시장은 영리 방송 위주의 미국과는 많이 달랐다. 또, 억눌렸던 언론 자유가 비약적으로 확대된 몇몇 나라들에서는 방송의 등장에도 불구하고 신문이 주도한 뉴스 시장의 부흥기가 안정적으로 이어졌다. 선진국 중에서도 제2차 세계대전 종전과 함께 파시즘 정권으로부터 벗어난

그림 3-2 **미국의 일간 신문 발행 부수 변화**(1940~2020)

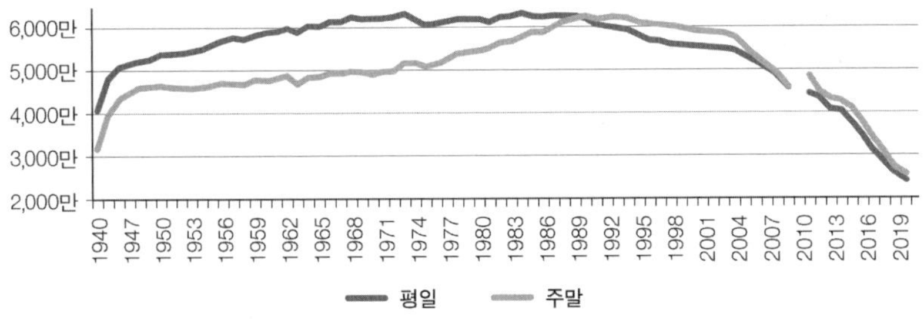

출처: Pew Research Center, https://www.journalism.org/fact-sheet/newspapers/

그림 3-3 **미국 신문 산업의 매출 변화**(1956~2020) (단위: 억 달러)

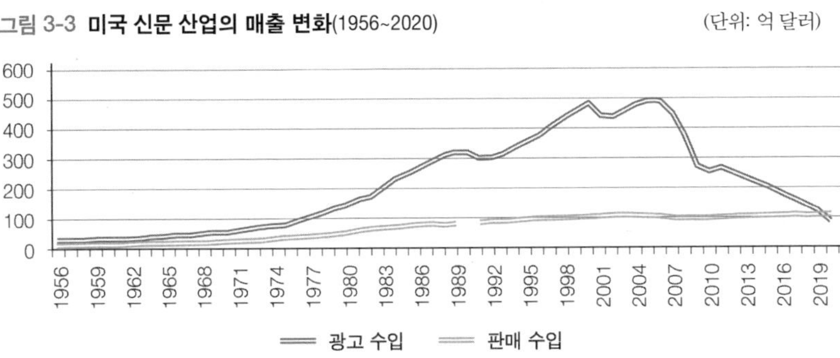

출처: Pew Research Center, https://www.journalism.org/fact-sheet/newspapers/

독일과 이탈리아, 군국주의의 언론 통제에서 벗어난 일본 등이 그런 나라들이고, 식민 통치와 군부독재 등에서 벗어난 대부분의 개발도상국 등도 마찬가지다.

실례를 보면, 미국의 신문 산업이 위축되고 있을 때, 유럽과 아시아의 민주주의 국가에서는 많은 신문이 재탄생했다. 1944년 12월과 1946년 4월 각기 창간된 프랑스의 ≪르몽드Le Monde≫나 독일의 ≪디 벨트Die Welt≫는 세계적 명성을 얻는 유력 신문으로 성장했다. 일본에서는 19세기에 창간된 ≪아사히신문朝日新聞≫과 ≪요미우리신문讀賣新聞≫은 20세기 후반까지 각기 1000만 부 안팎의 발행 부수를 기록하며 세계에서 가장 많이 읽히는 신문이 됐다. 군부

독재 시대가 막을 내린 한국에서도 1988년 독립 언론인 ≪한겨레≫[12]를 비롯해 ≪국민일보≫, ≪세계일보≫, ≪문화일보≫ 등이 새로 창간됐다. 이 신문들은 그 뒤로도 디지털 뉴스 미디어의 시대가 본격화되기 전까지 비록 짧은 기간이기는 했지만 활황을 누렸다. 이들 나라의 신문들이 상대적으로 오랫동안 황금기를 누린 이유는 뉴스 시장에서 방송과 신문 사이의 간섭 효과가 미국만큼 크지 않았던 게 주효했다.

뿐만 아니라, 초국적 미디어 기업들도 나왔다. 타임스 오브 인디아The Times of India의 소유주인 자인Jain 가문은 인도에서 다른 신문들을 창간하고 수많은 지역판을 만들어 아시아 전역에 걸친 미디어 제국을 일궜다. 호주에서도 1950년대에 두 개의 신문을 상속받았던 루퍼트 머독Rupert Murdoch이, 이후 40년 동안 메이저 영화사와 텔레비전 네트워크를 포함해 미국과 영국의 주요 신문사를 보유한 세계 최대의 미디어 왕국을 건설했다.

그러나 무릇 인간과 자연의 이치가 그러하듯 쇠락은 정점에서 시작됐다. 20세기 말, 디지털 미디어의 거대한 물결은 신문과 방송이 공존의 시대를 구가하던 지구촌 대부분의 뉴스 시장에 쓰나미처럼 상륙했다. 전통 미디어들은 이제 규모를 키워서도, 탐사 저널리즘을 통해서도 생존을 보장할 수 없는 거대한 지각변동의 시대를 맞은 것이다.

3.3. | 정보통신기술 혁명과 뉴스 시장의 지각변동

인터넷을 비롯한 디지털 정보통신기술ICT 혁명은 신문이나 방송을 가리지 않고 기존 전통 미디어 모두를 거세게 뒤흔들었다. 반세기 이상의 역사를 지닌 방송이나 수백 년 역사의 신문 모두 지금껏 경험해 보지 못한 일이었다. 어

12 창간 당시의 제호는 ≪한겨레신문≫이었다. 1996년 ≪한겨레≫로 제호를 바꿨다.

디서나 전통 미디어의 쇠락은 속도와 순서의 차이가 있었을 뿐, 날개 없는 추락은 다를 바가 없었다.

① 전통 미디어의 오판과 추락

퓨 리서치 센터Pew Research Center에 따르면, 1990년 6248만 부로 정점을 찍었던 미국의 신문 발행 부수는 30년 만인 2020년 2504만 부로 주저앉았다.[13] 이런 수치는 80년 전인 1940년(3675만 부)의 70%에 불과한 것이다. 더욱이 감소 추세는 갈수록 가팔라지고 있다. 2000년 이전까지는 한 해 평균 50만 부가 줄었으나, 2005~2010년에는 150만 부, 2010년 이후엔 300만 부를 넘나드는 규모로 해마다 감소하고 있다.

종이 신문의 소비 감소는 시차를 두고 신문 산업의 수입에도 그대로 전이됐다. 구독 매출은 2003년 112억 2400만 달러 이후 내리막길을 걷기 시작했다. 광고 매출은 2005년 사상 최고치인 494억 3500만 달러를 기록한 이후 급격한 감소세에 접어들었다. 신문의 광고 수입에서 차지한 디지털 광고 수입의 비중은 2011년 17%에서 2020년 39%까지 늘었지만, 종이 신문 광고와 디지털 광고를 합친 전체 광고 수입은 속절없이 추락을 거듭했다.

게다가 2008년의 세계 금융위기는 전통 미디어 산업의 추락에 가속도를 붙였다. 수익은 급감했고, 대형 뉴스 미디어 체인들마저 잇따라 파산했다. 노스캐롤라이나대학University of North Carolina at Chapel Hill 연구진에 따르면 2004~2018년 미국에선 다섯 개 신문 중 한 개가 사라졌다. 이처럼 많은 지역에서 뉴스 미디어들이 사라지자, 뉴스 취재의 사각지대인 '뉴스 사막news desert'[14]들이 광대한 지역에 생겨났다(Abernathy, 2018).

---

13 발행 부수 수치는 평일판과 주말판의 평균치이다.

14 '뉴스 사막'은 더 이상 뉴스 미디어에서 다루지 않는 지역 공동체를 뜻한다. 2000년대와 2010년대에 미국에서 수백 개에 이르는 지역의 뉴스 미디어들이 문을 닫은 후 등장한 용어다. 우리말로는 '뉴스 소멸 지역'이라는 표현이 어울릴듯하다.

그림 3-4 **신문·TV 뉴스 이용률 변화**
(주요 35개국 평균)

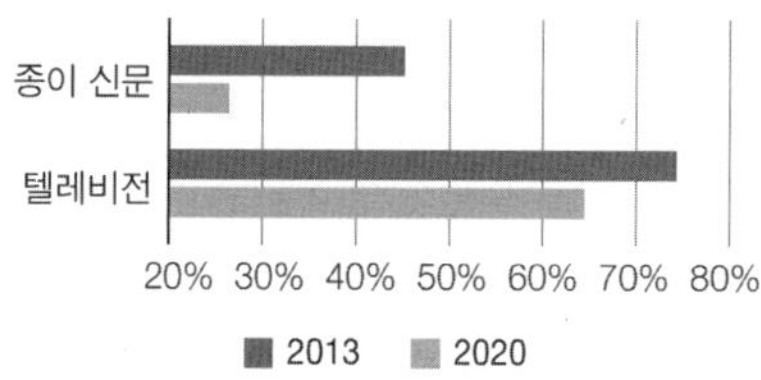

출처: Reuters Institute for the Study of Journalism (2013, 2020).

결국, 미국 신문 산업의 매출은 역사상 정점을 찍은 2005년(602억 달러) 이후 불과 15년 만인 2020년 199억 달러로 2005년의 3분의 1로 주저앉았다. 특히 광고 수입은 1975년, 80억 달러대에서 2005년 역사상 최고치에 이르는 데는 30년이 걸렸지만, 다시 2020년 80억 달러대로 주저앉기까지는 딱 그 절반인 15년이 걸렸다.

방송은 신문에 비해 사정이 낫지만, 결국 사람들이 대중 미디어인 신문과 방송을 통해 뉴스를 접하는 비율도 갈수록 낮아지고 있다. 로이터저널리즘연구소Reuters Institute for the Study of Journalism의 「디지털 뉴스 리포트Digital News Report」에 따르면, 조사 대상 주요 35개국에서 지난 한 주간 뉴스를 접한 미디어로 텔레비전과 신문을 꼽은 뉴스 소비자는 2013년 평균 75%와 46%에서 2020년에는 65% 와 27%로 각각 낮아졌다.

그림 3-5 **일본의 일간신문 발행 부수**
(각 연도 10월 기준)

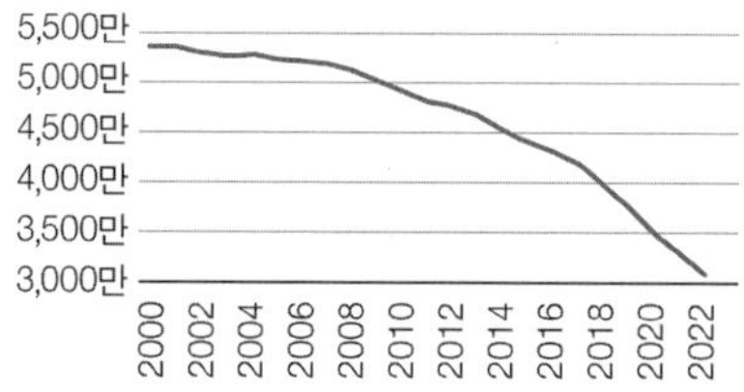

출처: The Japan Newspaper Publishers & Editors Association.

이런 초유의 변화는 지구촌 어디에서나 말 그대로 '시간의 문제'였다. 세계 최대의 신문 제국이자 전통 미디어 최후의 보루로 여겨져 온 일본에서도 2020년 신문 발행 부수는 3509만 부로 2000년 5371만 부에 비해 3분의 1 이상 감소했다.[15] 그 대신, 그 빈자리는 구글과 네이

15 세계에서 두 번째로 큰 신문 시장인 인도의 신문들만이 이 추세에서 한동안 벗어나 있었다. 8000개 신문의 발행 부수는 2006년 4000만 부에서 2016년 6000만 부 이상으로 급증했다. 그러나 저개발 지역이 많은 국가들에서도 전통 미디어의 퇴조는 시간의 문제다.

버 같은 포털, 페이스북 같은 소셜 네트워크 서비스SNS, 수많은 블로그, 팟캐스트와 유튜브 등을 통해 매 순간 쏟아지는 뉴스들이 차지했다.

비록 우여곡절은 있었지만, 앞서 신문과 방송은 공존의 시대를 열었다. 이 때문에 디지털 미디어가 앞다퉈 등장하던 20세기 말만 해도, 많은 사람은 신문과 방송이 뉴미디어와 공존할 것으로 점쳤다. 디지털 미디어들이 어떻게 뉴스와 미디어 시장을 흔들지, 전통 미디어에 얼마나 파괴적인 영향을 줄지 미처 생각하지 못한 것이다. 설사 '공존'에 이르더라도 그를 위해 겪어야 할 우여곡절의 폭과 깊이는 가늠하는 이들은 찾아보기 힘들었다. 공존은커녕 '새것이 옛것을 대체할 것'이라는 '불온한' 생각은 신문이나 방송 어느 쪽도 하길 꺼려했다.

1990년대 인터넷이라는 문명의 이기利器가 뉴스 소비자와 공급자 모두에게 다가왔을 때, 거의 대부분의 신문과 방송은 무료로 인터넷 서비스를 제공했다. '온라인 미디어가 오프라인 미디어를 밀어낼 것'이라는 대체 효과(Gentzkow, 2007)는 깊이 생각하지 않았고, 새로운 온라인 광고 수익만을 기대했다. 하지만 이는 전통 미디어들의 '희망 사항'이었을 뿐 '현실'이 아니었다. 디지털 소비가 증가하면, 종이 신문이나 정규 방송의 수요가 감소할 수밖에 없다는 통찰은 부족했던 것이다. 미국이든, 한국이든 많은 저널리스트와 전통 미디어의 경영진은 '그래도 전통 미디어는 살아남을 것'이라는 '주관적 희망'을 '합리적 예측'이라고 여겼다. 그러나 이런 순진한 기대가 물거품이 되는 데는 많은 시간이 걸리지 않았다.[16]

디지털 정보통신기술은 사람들의 일상을 바꾸고 미디어 소비 방식에도 큰 변화를 낳았다. 이런 변화는 신문과 방송 등 전통 미디어들의 물적 토대를 시시각각 무너뜨렸다. 뉴스 미디어의 하부 구조infra-structure가 무너지기 시작하

16 온라인 뉴스의 수요 증가는 종이 신문의 본격적 수요 감소를 동반했다. 2020년 미국과 일본의 평일 일간 신문 발행 부수는 각각 2000년의 44%와 65%로 주저앉았다. 이런 추세는 가속도가 붙은 상태로 지금도 진행 중이다.

그림 3-6 **세계 35개국 텔레비전 뉴스 이용률의 변화**(2013년 vs 2020년)

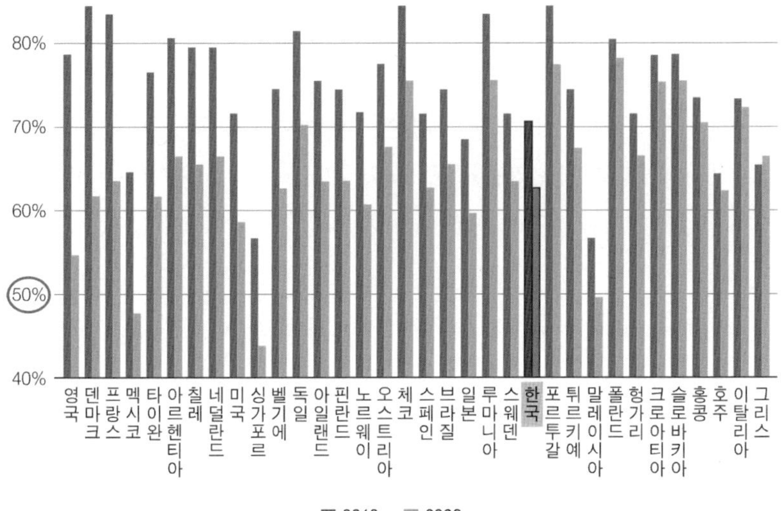

출처: Reuters Institute for the Study of Journalism(2013, 2020).

그림 3-7 **세계 35개국 종이 신문 뉴스 이용률의 변화**(2013년 vs 2020년)

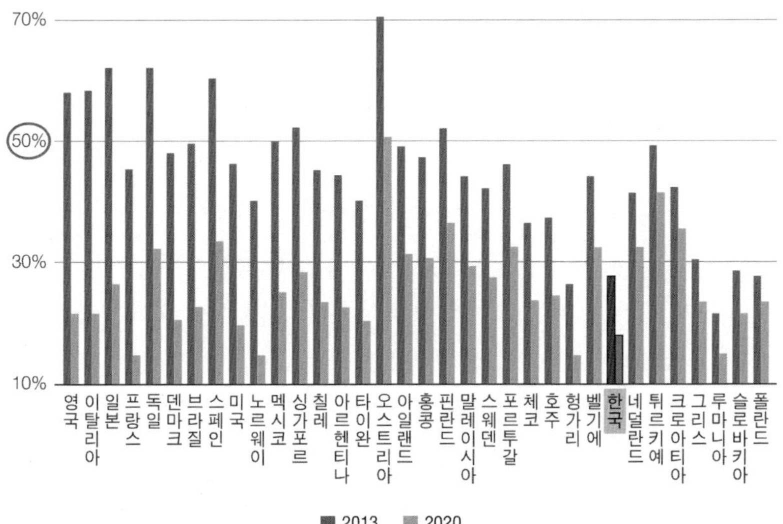

출처: Reuters Institute for the Study of Journalism(2013, 2020).

자 상부 구조super-structure인 객관주의 저널리즘, 프로페셔널 저널리즘, 탐사 저널리즘 등 한 시대를 풍미해 온 저널리즘들도 위축되거나 빛을 잃어가기 시작했다.

② 축소재생산의 악순환에 빠진 전통 미디어

온라인과 오프라인 뉴스가 대체재 관계에 있다는 것을 깨닫지 못한 대가는 혹독했다. 많은 전통 미디어의 경영자들이 경쟁적으로 인터넷에 무료로 콘텐츠를 제공한 일을 뒤늦게 후회했지만, 때는 이미 늦었다. 무료 인터넷 서비스는 영향력 확대를 위해 불가피했지만, 만약 오늘의 상황을 예측했다면, 전통 미디어들은 경쟁(무료 서비스) 대신 담합(유료 서비스)을 선택했을지도 모를 일이다. 하지만 대중 미디어의 막강한 영향력을 오랜 기간 체감하며 자만에 빠져 있던 전통 미디어들은 당시 코앞으로 다가와 있던 미래도 내다보지 못했다.

1991년 아메리칸 온라인American Online: AOL을 시작으로 넷스케이프Netscape, 엠에스앤MSN, 라이코스Lycos, 야후Yahoo, 그리고 구글에 이르기까지 1990년대 내내 인터넷 웹 포털이 잇따라 등장했다. 한국에서도 1997년과 1999년, 다음Daum과 네이버가 각각 디지털 플랫폼의 문을 열었다. 이뿐 아니라 1990년대엔 미국의 아마존, 한국의 인터파크Interpark, 옥션Auction 같은 전자상거래 사이트들이, 2000년대 들어선 페이스북 등의 소셜 네트워크 서비스 기업들이 새로운 뉴미디어 공간인 온라인 디지털 공간에 줄지어 자리 잡았다.

그림 3-8 1990년 이후 등장한 웹 포털

디지털 플랫폼 기업들은 점점 더 많은 사람을 텔레비전과 신문에서 멀어지게 하며 자신들의 플랫폼으로 끌어들였다. 결국, 2010년을 전후로 미국이나

한국 등 세계 곳곳에서 인터넷을 통한 뉴스 소비가 종이 신문을 앞서기 시작했다. 인터넷 공간에서는 사람들이 수많은 정보와 견해들을 자유롭게 주고받았다. 거대한 윤전 설비나 방송 시설이 없더라도 원하는 사람은 누구나 콘텐츠만 있으면 거대 언론사와도 경쟁할 수 있게 됐다. 대중 미디어가 전일적으로 지배하던 뉴스 시장도 역사의 뒤안길로 사라졌다.

소비자가 온라인 공간으로 이동하자, 광고주들도 소비자들을 따라 움직였다. 전 세계적 차원에선 구글과 페이스북이, 한국에선 네이버와 다음 같은 이른바 플랫폼 기업이 전통 미디어의 광고주들을 흡수하기 시작했다. 온라인 시장 조사 기업인 e-마케터e-Marketer의 추정에 따르면 2017년 구글과 페이스북, 두 거대 기업은 미국에서 모든 디지털 광고 수입의 약 60%를 차지했고, 2016년 광고 시장 성장분의 99%를 획득했다(Whitaker, 2019). 한국에서도 네이버와 다음이 디지털 콘텐츠 소비 공간에서 확고한 과점 체제를 구축했다.

반면, 미국의 예를 보면, 뉴스의 품질과 직결되는 뉴스룸의 인력은 2008년과 2018년 사이에 절반으로 줄었다. 가장 많은 인력이 줄어든 신문의 경우

그림 3-9 미국 뉴스 산업의 '뉴스룸 인력' 변화 (단위: 명)

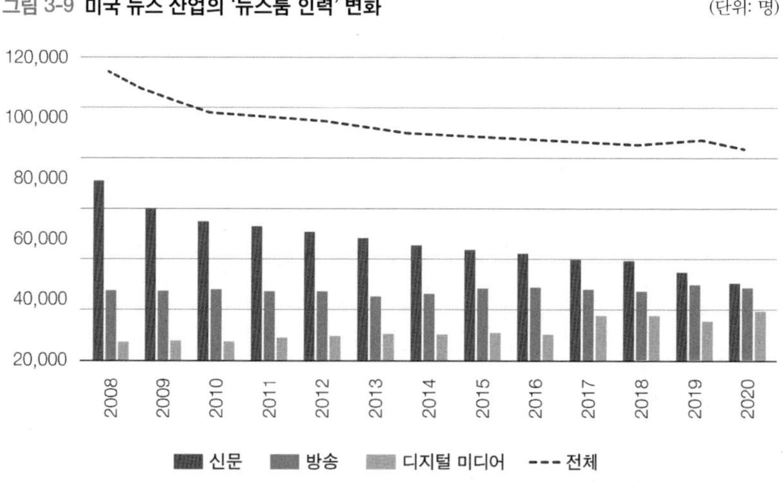

출처: Pew Research Center, https://www.journalism.org/fact-sheet/newspapers/

2006년 7만 4410명으로 정점을 찍은 이후 지속적으로 줄어 2020년에는 3만 820명에 그쳤다. 뉴스 시장에서 경쟁하는 뉴스 미디어들의 숫자가 여론 다양성을 나타내는 지표라면, 뉴스룸 인력은 뉴스의 품질과 직접 연관된 지표다. 따라서 뉴스룸 인력의 급격한 감소는 뉴스 품질의 추락을 뜻했다. 이런 사정은 뉴미디어들에 비해 품질의 우위를 내세워 온 전통 뉴스 미디어의 지속 가능성에도 의문을 던졌다. 특히, 뉴스룸 인력의 감소는 근대 신문이 등장한 이후 처음 있는 일이었다.

컴퓨터 조판 시스템computer typesetting system: CTS이 신문에 도입되며 활자를 골라 뽑고 인쇄판을 짜던 문선공文選工과 조판공組版工이 사라진 것처럼, 뉴스룸의 구성원인 저널리스트들이 사라지기 시작했다는 것은 저널리즘 자체의 운명도 예측 불가의 영역에 접어들었음을 뜻했다. CTS가 도입될 당시만 해도 CTS로 인해 뉴스룸 이외의 일부 직역이 없어졌을 뿐 뉴스룸의 인력은 늘거나 변화가 없었고 신문의 품질은 오히려 개선됐다. 하지만 지금은 뉴스룸 인력이 줄어들며 곧바로 뉴스의 품질 저하로 이어지고 있다. '뉴스룸 인력 감소 → 품질 저하 → 수요(수입) 감소 → 비용 감축 → 뉴스룸 인력 감소'라는 악순환에 빠진 것이다.

이런 현실에 대해 경제학자 줄리아 카제Julia Cagé는 "디지털 시대에는 뉴스 미디어들이 생존을 위해 필사적으로 수익에 매달리고 있다"고 진단했다(Cagé, 2016). 또, 미디어 학자 아냐 쉬프린Anya Schiffrin도 "(디지털 시대가 낳은) 더 많은 경쟁이 더 높은 품질의 뉴스로 이어질 수 있다고 기대했지만, 실제로는 그 반대의 일이 일어났다"고 말했다(Schiffrin, 2018). 이런 언급들은 디지털 시대가 도래한 뒤 전통 뉴스 공급자들이 겪고 있는 악순환의 심각성과 함께, 저널리즘을 뒷받침해 온 경제적 기반이 무너지고 있음을 여실히 보여준다. 이런 뉴스 미디어의 경제적 기반 와해는 저널리즘에 대한 신뢰 추락에 다시 가속도를 붙이고 있다(그림 3-10과 그림 3-11 참고).

그림 3-10 **언론에 대한 미국인의 평가**(1985~2011)

(단위: %)

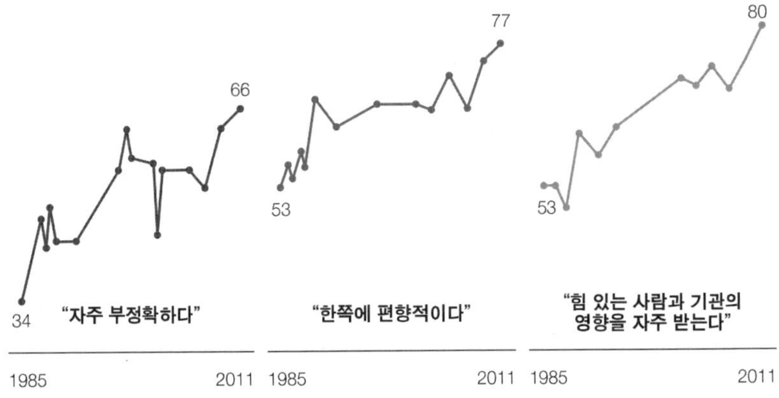

출처: Kohut et al.(2011).

그림 3-11 **뉴스 무관심층의 비율**(2017~2022)

(단위: %)

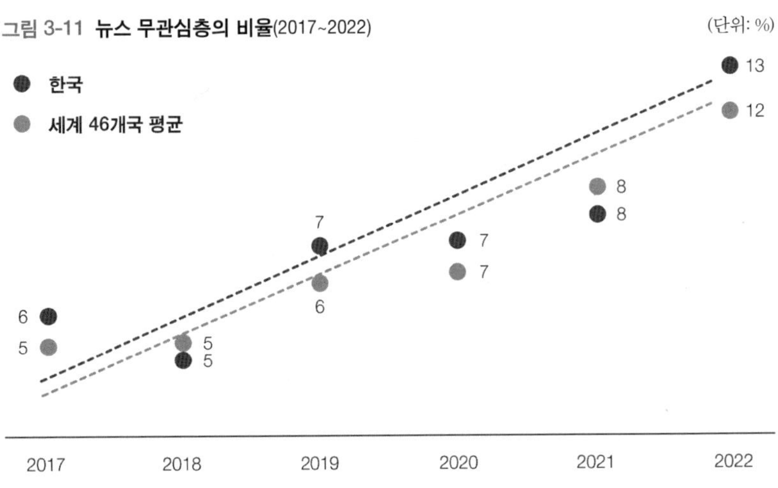

출처: 한국언론진흥재단(2022).

:: 한 걸음 더 3-1 :: **한국의 상황**

한국은 전통 미디어, 특히 종이 신문이 가장 급격히 쪼그라드는 나라다. 한국언론진흥재단이 펴낸 「2021 신문잡지 이용조사」를 보면, '지난 일주일 동안 종이 신문을 읽었는지'를 나타내는 한국인의 종이 신문 열독률은 1996년 85.2%에서 2021년 13.2%로 25년 만에 6분의 1 이하로 줄었다. 이런 실정은 인접국인 일본과 비교해도 두드러진다. 로이터저널리즘연구소의 2021년 2월 조사에 따르면 '지난 1주간 뉴스를 접한 출처'로 온라인(소셜 미디어 포함)과 인쇄 신문·잡지를 답한 비율이 일본인의 경우 각각 63%와 24%였던 데 비해, 한국인은 81%와 18%로 그 차이가 적지 않았다.

종이 신문의 위기가 이처럼 다른 나라들보다 더 일찍 심각하게 다가온 가운데, 한국의 신문 시장을 과점하고 있던 주요 신문들은 같은 전통 미디어인 방송 진출로 활로를 모색했다. 발행 부수 기준 4대 메이저 신문인 ≪조선일보≫, ≪중앙일보≫, ≪동아일보≫, ≪매일경제≫는 2011년 12월 TV조선, JTBC, 채널A, MBN으로 이름 붙인 종합편성채널(종편) 방송을 각기 시작했다. 이들 신문 기업들이 종이 신문에 비해 시장 규모가 더 크고 공영방송 중심이었던 방송 시장에 진출한 것은 영리 기업으로서는 효과적 선택이 될 수 있었다.

그러나 부작용을 우려하는 목소리도 크다. 영리 방송들이 대거 등장하면서, 방송에 공공성보다는 영리 추구의 색채가 크게 강화됐다. 종편들은 선정적인 저비용 프로그램과 정치적 양극화에 기댄 정파성 강한 보도 프로그램으로 시청자를 확보하고 있다는 평가도 적지 않다. 반면, 공영방송의 경영 사정은 디지털 미디어에 이어 종편까지 등장하면서 더욱 악화됐다. 또한, 종편들이 대부분 보수적 편향을 보이고 있다는 점에서 '여론 다양성 훼손'과 관련한 지적도 반복적으로 나오고 있다.

③ 올드미디어와 뉴미디어의 공존은 가능할까?

이제 대부분의 뉴스 소비자들은 이제 종이 신문 대신 온라인 사이트에서, 정규 방송 대신 유튜브에서 뉴스와 정보 콘텐츠를 소비한다. 2018년 수치를 보면, 매달 유럽 뉴스 미디어 웹사이트를 방문하는 방문자가 2억 명이 넘었고 ≪데일리 메일Daily Mail≫과 ≪가디언≫이 각각 2000만 명과 1600만 명으로 가장 많은 방문자를 끌어모았다. 튀르키예의 ≪후리예트Hürriyet≫와 ≪밀리예트Milliyet≫, 독일 신문 ≪빌트Bild≫ 등 세 개 사이트에도 매달 1000만 명 이상이 몰렸다. 다른 대부분의 나라들도 사정은 비슷하다.

그림 3-12 뉴욕 타임스 컴퍼니 매출액 추이 (단위: 100만 달러)

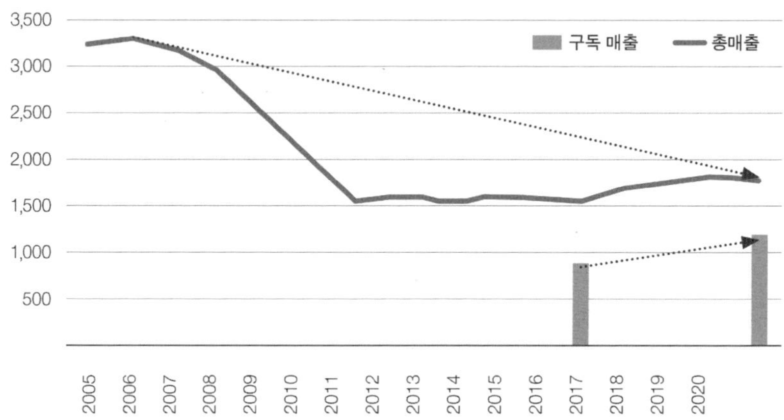

출처: 매크로트렌드 홈페이지(https://www.macrotrends.net/stocks/charts/NYT/new-york-times/revenue).

이 와중에 영국의 가디언 미디어 그룹Guardian Media Group과 ≪뉴욕 타임스≫를 운영하는 뉴욕 타임스 컴퍼니New York Times Company 등 극소수의 세계적 신문 기업들은 많은 온라인 유료 독자를 확보하며 디지털 비즈니스 모델에서 성과를 냈다. 이들의 디지털 구독 수입(후원 수입 포함)은 2010년대 중반 이후 광고나 종이 신문의 수입을 능가하기 시작했고 지속적인 성장세를 보이고 있다.

그러나 ≪뉴욕 타임스≫나 ≪가디언≫의 성공 사례에는 (1) 이들이 일국 차원을 넘는 세계적 규모의 시장을 갖고 있으며, (2) 디지털 분야와 주력 브랜드에 역량을 집중하며 많은 자회사와 사업을 대부분 접거나 매각했고,[17] (3) 디지털 유료 구독 수입이 증가해도 그 이상으로 광고 수입이 감소해 전체적으로는 아직도 전성기의 매출을 크게 밑돌고 있는 점 등이 간과되고 있다.

17 ≪뉴욕 타임스≫의 모기업인 '뉴욕 타임스 컴퍼니'는 한 때 ≪뉴욕 타임스≫ 말고도 ≪인터내셔널 헤럴드 트리뷴(International Herald Tribune)≫, ≪보스턴 글로브(The Boston Globe)≫ 등 18개에 이르는 신문들과 여러 라디오 방송국 등을 운영한 복합 미디어 기업이었다. 그러나 2011년 ≪보스턴 글로브≫를 매각하고 2013년 ≪인터내셔널 헤럴드 트리뷴≫을 폐간하는 등 계열 미디어 다수를 정리하고 ≪뉴욕 타임스≫에 주력하고 있다.

그림 3-13 **콘텐츠 소비 패턴의 변화**

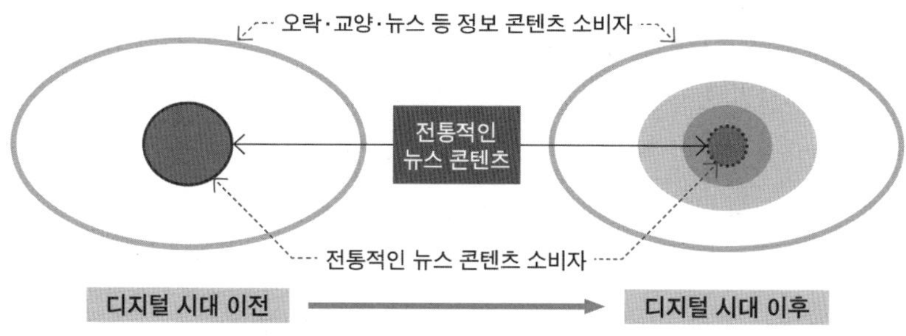

일반적인 전통 뉴스 미디어의 사정은 ≪뉴욕 타임스≫나 ≪가디언≫과는 크게 다르다. 위 (1)과 (2)의 조건을 갖추지 못한 대부분의 전통 미디어들은 지구촌 곳곳에서 보이지 않는 활로를 찾으려 골몰하고 있지만 전망은 여전히 매우 불투명하다. 그 이유는 다양한데 대표적인 두 가지만 살펴보면 다음과 같다.

첫째, 신문만 존재하던 뉴스 시장에 방송이 등장할 때만 해도 전통적인 뉴스 콘텐츠와 오락이나 교양 등의 콘텐츠 사이엔 분명한 구별이 존재했다. 또 뉴스 콘텐츠를 제외한 대부분의 방송 콘텐츠는 신문 콘텐츠와 그다지 경쟁적 관계도 아니었다. 하지만 디지털 시대에는 텍스트와 음성, 영상 등 미디어의 융복합화를 통해 모든 올드미디어와 뉴미디어는 다차원적 경쟁 환경에 놓이게 됐다. 오락물을 포함한 콘텐츠와 전통적인 뉴스 콘텐츠 사이의 경계도 그림 3-13에 표현된 것처럼 흐려졌다. 또한 그림 3-11에 나타나 있는 것처럼 젊은 층을 중심으로 뉴스에 대한 무관심층이 증가하고 있다.

둘째, 온라인 디지털 공간에는 과거부터 오늘날까지의 거의 모든 정보 콘텐츠들이 저장되어 있고, 누구나 언제든 접근할 수 있다. 방송 시장도 더 커진 동영상 콘텐츠 시장의 일부가 되면서 소비자 중심 시장으로 탈바꿈했다. 미디어 상품 저장과 전달 방식 및 소비 패턴이 이처럼 소비자 중심으로 완전히 변화한 가운데, 공급자 중심의 대중 미디어가 얼마나 지속될지는 가늠하기 어렵다.

이처럼 전통 미디어와 뉴미디어의 공존에 대한 '비관론'이 만만치 않지만, 변화한 뉴스 콘텐츠 소비 환경에 전통 미디어가 어떻게든 적응할 수만 있다면, 올드미디어와 뉴미디어의 공존도 가능할 것이다. 지난 20세기를 돌아보면, 처음엔 신문뿐이었고 다음엔 신문과 방송이 공존했다. 그리고 3.2.2. 방송의 등장과 신문의 응전에서 설명한 것처럼, '덩치 키우기'와 '탐사 저널리즘'이라는 신문의 변신이 이런 공존을 가능하게 했다. 따라서 전통 미디어가 디지털 기술로 무장한 뉴미디어들과 공존하려면, 또 한 번의 변화가 불가결하다. 그 변화가 어떤 것일지 구체적으로 말하기는 어렵다. 하지만 최소한 그 변화는 경제적 동인動因에서 비롯할 것이라고는 단언할 수 있다.

④ 경제적 동인이 결정하는 미래

뉴스 시장의 경제적 동인들은 쉼 없이 뉴스 미디어 산업의 여건과 구조를 바꿔왔다. 뉴스를 생산하고 전달하는 규범인 저널리즘을 탄생시키고 또 변화시켰다. 특히 현대 저널리즘은 대중 미디어를 바탕으로 발원했다. 이 때문에 대중 미디어의 쇠락은 저널리즘의 위기로도 그대로 이어지고 있다.

디지털 시대에 대중 미디어가 맞닥뜨린 가장 근본적 문제는 비즈니스 모델이 무너지고 있는 것이다. 콘텐츠의 판매 가격은 사실상 무료나 다름없이 떨어졌고, 한 번 떨어진 가격은 회복이 쉽지 않다. 많은 뉴스 미디어가 디지털 콘텐츠의 유료화 시도를 해왔지만, ≪뉴욕 타임스≫를 포함한 극소수의 뉴스 미디어들을 제외하고는 '의미 있는 성공'을 거둔 경우가 아직 없다. 대중 미디어의 주 수입원인 광고 수입에 경고등이 켜진 지도 오래다. 신문과 방송은 20세기 내내 수십만~수천만 명의 독자와 시청자에게 광고를 노출해 수입을 올려왔다. 하지만 이제는 더 효과적이고 다양한 디지털 광고 플랫폼이 등장해 대중 미디어는 과거의 영화榮華를 더는 기대하기 어렵다.

이 모든 변화의 구조적 이유는 대중 미디어의 '단선적 양면 시장'이 디지털 플랫폼 기업들이 주도하는 '다차원 다면 시장'으로 바뀌고 있기 때문이다(그림

그림 3-14 **뉴스와 정보 플랫폼의 진화**

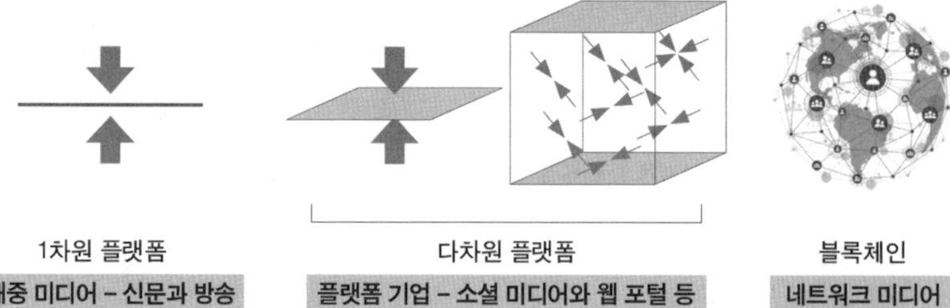

3-14 참고). 그뿐만 아니라, 챗GPT 같은 인공지능Artificial Intelligence: AI이나, 블록체인Blockchain 같은 신기술, 또 메타버스Metaverse[18] 같은 새로운 플랫폼들도 등장해 나날이 발전하고 있고, 그 끝이 어디일지도 가늠하기 어렵다. 하지만 적어도 이 기술들이 정보의 수집·저장·가공·전달 방식에 영향을 끼쳐 뉴스 시장의 환경을 지속적으로 바꿀 것은 분명하다.

그럼에도 불구하고, 대다수의 저널리즘 학자와 저널리스트들은 여전히 전통 미디어가 최고의 뉴스 공급자라고 여긴다. 그 이유는 전통 미디어만 있던 뉴스 시장에 수많은 뉴스 공급자들이 새로이 참여했음에도 그 하나하나는 전통 미디어와는 여전히 비교가 되지 않기 때문이다. 하지만 뉴스룸이 쪼그라드는 지금의 상황을 역전시키지 못한다면, 전통 미디어의 경쟁력은 계속해 추락할 것이라는 점도 분명하다.

또한, 소셜 미디어의 등장으로 다대다多對多, many to many 의사소통 방식이 전면화한 디지털 시대에는 대중 미디어의 '일대다一對多, one to many' 의사소통 방식이 이전만큼 유효하지 않다. 이 점도 전통 미디어의 구실이 줄어들 수밖에

18 '메타버스'란 가상(假想, meta)과 우주(universe)를 조합한 신조어다. 현실 세계와 같은 사회·경제·문화 활동이 이뤄지는 3차원 가상 세계를 뜻한다. 대표적 플랫폼으로는 로블록스(Roblox), 제페토(Zepeto), 마인크래프트(Minecraft) 등이 있다. 이 책을 쓰기 시작할 때만 해도 페이스북이 회사 이름을 메타(Meta)로 바꿀 정도로 선풍적 관심을 끌었지만, 2년 만에 메타는 관련 사업의 조직과 인력을 축소하고 디즈니(Disney)는 아예 관련 사업부를 폐쇄하는 등 메타버스에 대한 기대는 급격히 식었다(윤다빈, 2023.03.31). 그만큼 디지털 시대 이후 기술적 발전과 시장의 변화 속도는 빠르다.

그림 3-15 '일대다'와 '다대다' 의사소통 시대

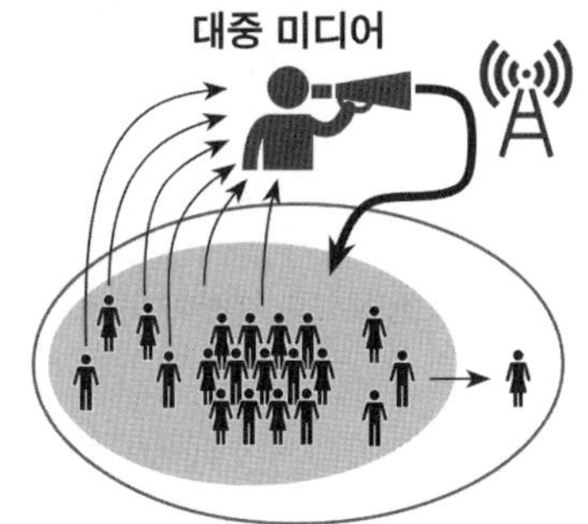

없음을 보여준다(그림 3-15 참조).

요컨대, 근대 신문을 낳은 인쇄 기술의 혁신, 방송 미디어를 탄생시킨 원격 통신기술, 인터넷과 소셜 미디어의 시대를 연 디지털 정보통신기술, 그 어느 것의 등장에도 뉴스의 생산자들은 기여한 바가 없다. 오히려 뉴스 생산자들은 언제나 미디어 기술이 발전과 경제적 환경 변화의 수동적인 존재였다. 이 때문에 지금까지의 뉴스 생산자들은 미디어 기술과 경제적 환경의 변화에 적응하면 살아남았고, 적응하지 못한 이들은 역사의 뒤안길로 사라졌다. 마찬가지로, 20세기의 전통 뉴스 미디어들이 21세기에도 살아남으려면 시시각각 변화하는 뉴스 시장의 경제적 동인을 명확히 인식해야 한다. 이는 저널리즘에 관한 논의보다 더 근본적이다. '변치 않아야 할 것'은 '저널리즘'이 아니라 저널리즘을 만들고 변화시키는 뉴스 시장의 '경제적 동인'에 관한 이해다.

4

민주주의를 위한 뉴스 미디어의 역할

"민주주의는 오직 시민들이 정보를 얻을 수 있을 때만 의미가 있다."

— 허버트 간스

"우리 공화국의 흥망성쇠는 언론과 함께 할 것이다."

— 조셉 퓰리처

세상에 뉴스 미디어가 없다면 어떤 일이 벌어질까? 이럴 경우, 사람들은 자신의 삶에 필요한 모든 정보를 직접 관찰하고 획득해야만 할 것이다. 그러나 이런 일은 작은 마을 사회가 세상의 전부라면 가능할 수 있겠으나, 현대사회에서는 거의 불가능하다. 홀로 혹은 몇몇이 정보 수집에 나선다고 해도 수집한 정보의 한계는 분명할 것이고 이를 다른 이들과 공유하는 것도 쉬운 일이 아니다. 정보를 얻고 전달하는 과정에서는 수없이 많은 장애물을 맞닥뜨리게 될 것이기 때문이다. 발 디딜 틈 없이 사람들로 꽉 들어찬 종로 거리를 끝에서 끝까지 사람들 사이를 비집고 부대끼며 간다고 생각해 보자. 얼마나 마찰이 심하겠는가? 이에 빗대어, 경제학자들은 개인들이 대중 미디어 없이 정보 획득을 위해 치러야 할 수고를 '정보 마찰information frictions'이라 부른다.

이런 정보 마찰은 뉴스 미디어에 의해 크게 줄어든다. 뉴스 미디어가 개개인을 대신해 정보를 수집하고 전달함으로써 사람들은 정보 마찰을 극적으로 감소시키기 때문이다. 또, 정보 마찰의 정도는 정보통신기술ICT의 발전 수준에 결정적으로 좌우된다.[1] 정보통신기술이 발전할수록 사람들이 겪어야 하는 정보 마찰을 덜 겪게 된다. 따라서 앞으로 정보통신기술이 더욱 발전한다면 사람들이 겪어야 할 정보 마찰은 더 감소하고, 뉴스 미디어에 대한 사람들의 의존도도 함께 낮아질 것이다. 그러나 아직은 뉴스 미디어가 없으면 겪어야 할 정보 마찰이 매우 크다. 따라서 뉴스 미디어는 여전히 사람과 사회에 필수 불가결한 존재다.

지금부터는 정보 마찰을 줄여주는 뉴스 미디어와 뉴스 시장에 관한 경제학 이론 및 실증 연구들을 여러 주제와 분야별로 살펴보려 한다. 이번 장에서는 그 첫 번째로 민주주의 정치 과정에서 뉴스와 뉴스 미디어가 하는 구실에 관해 설명한다.

뉴스의 형태로 전해지는 정보는 인간의 생존에 필수적일 뿐만 아니라, 인간들이 모여 영위하는 사회의 운영에도 불가결하다. 사회적 차원에서도 공동의 과업을 도모하려면 정보의 공유가 필요하고, 정보는 공동체의 의사결정을 해야 하는 이들에게 없어서는 안 되는 요소다. 특히 민주주의 사회에서 의사결정의 주체는 모든 사회 구성원들이다. 따라서 뉴스는 민주주의 체제를 지탱하는 기본 바탕이다.

학자들과 저널리스트들도 같은 얘기를 한다. 미국 사회학회장을 지낸 저명한 사회학자 허버트 간스Herbert Gans는 저서 『민주주의와 뉴스Democracy and the News』(2003)에서 "민주주의적 프로세스는 오직 시민들이 정보를 얻을 수 있을 때만 의미가 있다"며 "저널리즘의 일은 시민들에게 정보를 전하는 일"이라고

1 미디어는 말(語)뿐이었고 교통수단도 기껏해야 말(馬)이었으며, 통신기술은 봉화나 북(drum)밖에 없었던 오랜 옛날에 비해보면 디지털 시대인 오늘날 인간이 겪어야 할 정보 마찰은 매우 크게 감소했다.

말했다(Gans, 2003: 1). 퓰리처상을 두 번이나 수상한 ≪뉴욕 타임스≫의 칼럼리스트 앤서니 루이스Anthony Lewis(1927~2013)도 "민주주의는 시민들이 궁극적인 주권자라는 뜻"이라며 "오늘날 세계에서는 고대 아테네처럼 개인들이 직접 사건을 관찰하고 토론회에서 결정을 내릴 수 없어, 그들은 반드시 언론에 의존해야 한다"라고 얘기했다(Lewis, 1997: 62). 또 다른 퓰리처상 수상자인 언론인, 잭 풀러Jack Fuller도 "(뉴스를 전하는) 저널리즘의 가장 중요한 목적은 사람들이 주권자가 되기 위한 정보를 얻을 수 있도록 진실을 말하는 것"이라고 했다(Kovach and Rosenstiel, 2014: 20).

경제학자들도 비슷한데, 조지프 스티글리츠Joseph Stiglitz는 '뉴스 미디어는 견제와 균형의 민주주의 시스템'이라고 했고(Stiglitz, 2017), 지아코모 코르네오Giacomo Corneo는 뉴스는 "(사회 구성원의) 집합적 의사결정collective decisions을 가능하게 한다"고 말했다(Corneo, 2006).

민주주의와 뉴스 혹은 저널리즘의 상관관계를 연구한 학자들은 이들 말고도 셀 수 없이 많다. 그들은 예외 없이 뉴스와 저널리즘이 민주주의에 미치는 영향이 지대하며 '뉴스 없는 민주주의'는 상상할 수 없다고 말한다. 뉴스 미디어의 구실은 주권자인 사회 구성원들에게 그들의 의사결정에 필요한 정보를 전달하는 일이고, 이는 민주주의 체제가 작동하기 위해선 필요 불가결하다는 것이다.

민주주의에 대한 뉴스 미디어의 구실에 관한 경제학자들의 이론과 실증적 연구를 살펴보기에 앞서, 이 분야의 연구에서 경제학이 다른 사회과학들과 구별되는 특징부터 확인해 보자.

4.1. | 뉴스 미디어의 구실에 관한 경제학 연구의 특징

1930년대 파시스트 독재자들인 독일의 히틀러Hitler와 이탈리아의 무솔리니

Mussolini는 정치 선전에 미디어를 효과적으로 사용했다. 당시는 라디오의 보급과 이용이 급격히 증가하던 시기였다. 이런 사정은 사회학자들이나 커뮤니케이션 학자들이 정치 과정에 대중 미디어가 미치는 효과를 알아보게 한 계기였다. 이에 따른 초기의 연구 결과들은 뜻밖에도(?) '사람들의 생각을 바꾸는 데 대중 미디어의 효과는 없거나 그다지 크지 않다'는 것이었다. 따라서 '미디어의 효과는 (사람의 생각을 바꾸기보다는) 사람들이 지닌 애초 생각을 강화한다'는 해석을 낳았다.

미국의 사회학자이자 커뮤니케이션 학자였던 폴 라자스펠드Paul Lazarsfeld와 버나드 베렐슨Bernard Berelson, 그리고 헤이즐 고젯Hazel Gaudet이 1944년 발표한 연구가 대표적이다. 이들은 미국의 대통령 선거가 있던 1940년 오하이오Ohio 주의 유권자 3000여 명을 대상으로 애초의 지지 후보와 실제로 투표한 후보가 변화했는지 여부와 변화의 이유를 조사했다. 결과는 라디오와 인쇄 미디어가 사람들의 투표에 직접적으로 영향을 끼치기는 했지만 영향의 크기는 작았다는 것이었다(Lazarsfeld, et al., 1944).

몇 년 뒤, 심리학자 칼 호블랜드Carl Hovland, 아서 럼스데인Arthur Lumsdaine, 그리고 프레드 세필드Fred Sheffield는 2차 세계대전 당시 정치 선전propaganda의 효과를 연구했다. 그 결과도 라자스펠드 등의 결과와 비슷했다. 호블랜드 등은 당시 사이 미 육군에서 군인들과 일반인들에게 공급한 선전 영화들이 군인과 일반인 두 집단 모두에서 사람들을 세뇌시키는 데 실패했다고 진단했다(Hovland, et al., 1949).

20세기 후반에 접어들자 '미디어의 효과가 별 볼 일 없었다'는 앞선 연구들과는 다른 견해와 이론들이 나오기 시작했다. 좀 더 구체적인 관점에서, '미디어가 사람들에게 적지 않은 영향을 미친다'는 것이었다. 가장 널리 알려진 이론으로는, '의제 설정 이론Agenda setting theory'이 있다. 저널리즘 학자 맥스웰 맥콤Maxwell McCombs과 도널드 쇼Donald Shaw가 주창한 이 이론은 '어떤 문제에 대한 언론의 보도가 사람들로 하여금 그 문제가 중요하다고 믿게 만든다'는 것이다(McCombs and Shaw, 1972). '사람들이 미디어에서 다뤄지는 이슈들에 기초하여 정치인들을 평가한다'는 샨토 아이엔거Shanto Iyengar와 도널드 킨더Donald R. Kinder의 '예열 효과Priming effect'도 의제 설정 이론과 같은 맥락으로 볼 수 있다(Iyengar and Kinder, 1987). 이 이론들의 함의를 쉽게 말하면, "(언론이) 사람들에게 '무엇을' 생각할지 말하는 것은 그다지 효과적이지 않지만, '무엇에 대해' 생각할지에 대해선 놀랄 만큼 효과적이다"는 것이다(Cohen, 1963: 13).[2]

뉴스 미디어가 어떤 사안을 특정한 프레임에 담아 보도함으로써 뉴스를 접하는 시청자나 독자들의 뉴스 해석과 이에 따른 여론 형성에 영향을 미친다는 '프레이밍 이론Framing theory'도 이들 이론 이론만큼이나 유명하다. 사회학자 어빙 고프먼Erving Goffman의 '프레임 분석'에서 발전한 이론이다(Goffman, 1974). 예컨대, '코비드covid 19'로 사회적 거리 두기가 한창일 때 노동단체나 종교단체의 대규모 거리 집회에 대한 사람들의 의견은 대규모 거리 집회가 '집회의 자유' 문제인지 '공공의 안전' 문제인지에 따라 달라질 수 있다. 이때 미디어가 어떤 프레임으로 접근하느냐가 뉴스 소비자들의 생각과 판단에 영향을 끼친다는 게 프레이밍 이론이다.

민주주의 정치 과정에서 뉴스 미디어가 수행하는 구실과 관련해서는 사회학, 정치학, 심리학, 커뮤니케이션과 미디어학 등 비경제학 분야의 학문적 성과는 깊고 풍부하다. 미디어에 대한 경제학자들의 연구도 이런 성과들에 기초해 있다. 그러나 경제학자들의 연구에는 비경제학 분야 학자들의 연구와는 결이 다른 특징들이 있다. 대표적인 미디어 정치경제학자인 안드레아 프랫Andrea Prat과 데이비드 스트롬버그David Strömberg가 설명하는 그 특징들은 다음과 같다(Prat and Strömberg, 2013). 이 설명들은 당장은 조금 어렵게 느껴질 수 있지만, 이 책을 읽어나가다 보면 무슨 뜻인지 이해가 될 것이다.

---

2 "(The press) may not be successful much of the time in telling people what to think, but it is stunningly successful in telling its readers what to think about."

첫째, 경제학의 연구들은 대중 미디어의 **'정보 제공 역할'** 에 초점을 두는 경향이 있다. 아울러, 정보는 사람들의 투표(선택)에 영향을 끼치고, 유권자들이 선거에 사용하는 정보의 대부분은 뉴스 미디어가 제공하기 때문이다.

둘째, 미디어의 정보 제공에 따른 '(경제적) **결과물**'을 중시한다. 경제학자들이 갖는 궁극적 관심의 대상은 '정치 세력의 승패'나 '정치 시스템의 작동 양태'보다 '정책의 변화'나 '(시민에 대한) 공공재의 제공' 같은 유권자들이 원하는 구체적 결과다.

셋째, 경제학자들은 뉴스 미디어와 뉴스 소비자(유권자), 그리고 정치인 등 뉴스 시장 안팎 주체들의 상호작용을 모형화하고 분석하는 데 **계약 이론**Contract theory[3]이나 **게임 이론**Game theory,[4] **결정 이론**Decision theory[5] 같은 **현대 경제학의 주요 이론**들을 활용한다. 이 이론들은 뉴스 시장에서 벌어지는 여러 주체들 사이의 현상과 복잡한 상호작용을 함축적으로 이해할 수 있게 한다.

넷째, 실증적 연구에서도 경제학자들은 미디어로 인해 생겨나는 **'인과관계'** 파악에 중점을 둔다. 새로운 대중 뉴스 미디어의 시장 진입 혹은 뉴스 채널의 신설 같은 원인을 찾아보고 그에 따라 생겨나는 정치적·사회적 결과를 예측하거나 검증하는 연구 등이 그 예다.

---

3 계약 이론이란 알고 있는 정보에 차이가 있는 '정보 비대칭' 상황에서 다양한 계약을 맺는 주체들의 최적 의사결정과 계약 형태를 연구하는 이론이다. 계약 이론에 따르면, 모든 경제 행위의 근본을 이루는 계약의 과정이 투명하고 계약 당사자가 모두 최대한 만족할 수 있는 계약이 이뤄질수록 사회 전체의 효용은 증대한다. 널리 알려진 계약 이론의 사례로는, '주인-대리인 문제(Principal-agent problem)'가 있다. 대리인은 '주인을 위해 일할 것'을 약속하고 그에 따른 보상을 받는 계약을 맺지만, 대리인이 주인보다 더 많은 정보를 알고 있는 정보의 비대칭 상황에서는 대리인이 주인이 아니라 자신의 이익을 위해 일하는 일이 생길 수 있다. 경제학자들은 정치경제학이나 뉴스 미디어 경제학 연구에서 유권자(뉴스 소비자)는 '주인'으로, 정치인은 '대리인'으로 상정하는 분석틀을 흔히 쓴다.

4 '게임 이론'은 대리인인 정치인의 의사결정이 주인인 유권자의 뜻에 일치하도록 (게임의) 규칙을 변경하는 문제나 뉴스 시장의 여러 주체들 사이에 벌어지는 경쟁, 협력, 거래 등의 행위를 분석하는 데 유용하게 쓰인다.

5 결정 이론은 불확실한 상황에서, 다양한 상황이 발생할 확률을 따지고 이에 입각해 기대할 수 있는 (효용의) 최대치를 얻을 수 있는 결정을 수학적 혹은 통계학적으로 찾아내는 이론이다.

4.2. | '더 많은 정보'는 사람들에게 언제나 유익한가?

다다익선多多益善이란 말은 항상 맞을까? 대중 미디어의 '정보 제공 역할'을 연구한 경제학자들의 첫 번째 의문은, 얼핏 어리석은 질문처럼 보일 수도 있지만, '유권자들이 더 많은 정보를 알게 되는 것이 유권자들에게 이득이 되는지'였다. 물질이나 정보의 빈곤은 일반적으로 고통스럽다. 하지만 지나치게 많은 물질과 정보는 부작용도 있을 수 있기 때문이다.

'더 많은 정보'의 구실에 관해 경제학자들이 기준으로 삼는 이론은 핀란드의 경제학자 벵트 홀름스트룀Bengt Holmström(2016년 노벨 경제학상 수상)이 제시한 계약 이론이다. 그는 '대리인의 어떤 도덕적 해이 상황에서도, 주인이 대리인의 성과에 대한 정보를 더 많이 알수록 이 정보를 모를 때에 비해 대리인이 얻을 수 있는 이득을 줄이고 주인의 이득은 늘릴 수 있다'는 것을 수리적으로 증명했다(Holmström, 1979).

선출직 공무원이나 정치인은 주권자의 위임을 받은 일종이 대리인이다. 따라서 주인은 모르고 자신만이 아는 정보를 이용해 자신의 이익을 극대화하는 대리인의 도덕적 해이 문제에 관한 경제학의 통찰은 '정부가 하는 모든 일이 시민들과 언론의 감시에 열려 있어야 한다'는 '열린 정부open government'의 원칙과도 일맥상통한다.[6] 또 이는 '뉴스 미디어가 제공하는 정보의 효과'를 설명하는 동시에 ''민주주의 국가에서 정보공개법이 생겨난 이유'를 경제학적 관점에서 이해하는 기초다.

물론, 이런 정보 공개의 원칙에도 불구하고 평범한 시민의 세세한 사생활이나 국익을 위태롭게 할 수 있는 정보까지 공개해야 할 '좋은 정보'라고 할 수는 없다. 그럼에도 선진 민주주의 사회에서는 정보 공개에 관한 의지가 매우 강

---

6 '열린 정부'에 대한 법규는 18세기 스웨덴에서 처음 등장했다. 미국에선 1966년 정보공개법(Freedom of Information Act)을 제정해 열린 정부의 원칙을 입법화했다.

하다. 특히 이들 사회에서는 정보 공개의 예외를 불가피하게 추가할 때도 이 예외를 악용하는 대리인(정부나 정치인)의 도덕적 해이 가능성을 먼저 생각해야 한다는 사회적 합의가 형성되어 있다.

그렇다면, 평범한 개인의 사생활과 국익을 침해하는 정보가 아니라면 무슨 정보이든 '더 많은 정보'가 무조건 유권자에게 유익할까? 경제학자들은 정보 공개에 관한 일반론에서 한 걸음 더 나아가 정보의 특성에 따른 공개의 효과를 연구했다. 그 결론은, 어떤 정보는 유권자들에게 전해지는 게 대의 민주주의 구현에 유익하지 않다는 것이었다.

단초를 제시한 연구는 에릭 매스킨Eric Maskin(2007년 노벨 경제학상 수상)과 장 티롤Jean Tirole(2014년 노벨 경제학상 수상)에 의해 이뤄졌다. 두 학자는 유권자를 위한 일을 '선출된 공무원'(정치인)에게 맡겨야 하는지 아니면 '선출되지 않은 공무원'(판사)에게 맡겨야 하는지를 연구했다(Maskin and Tirole, 2004).[7]

이 연구에 따르면, 선출직 공직자는 유권자들보다 더 풍부한 정보를 갖고 있지만, 유권자가 모르는 정보는 무시하고 유권자들이 알고 있는 정보에만 부합하는 정책을 선택했다. 유권자로부터 다시 선택받는 게 최우선 목표인 선출직 공직자는 자신의 이익을 위해 유권자에게 아첨하려 했기 때문이다. 유권자의 공직자 선출 권한이 정치인들의 유권자 영합 행위를 낳는 것이다. 그러나 정치인들이 최선의 정책이 아니라 유권자들에게 영합하는 정책을 펴는 것은 되레 유권자들에게 명백하게 해롭다고 매스킨과 티롤은 지적했다.

그러면, 정치인이 유권자에게 영합하는 위험을 줄이는 방법은 없는 걸까? 미디어 정치경제학자 안드레아 프랫은 이 질문에 답을 찾아냈다. 프랫이 찾아낸 답은 정치인들의 행위에 따른 '결과'가 알려지는 것은 언제나 유권자들에게 유익하지만, 행위의 결과가 아닌, 과정 속에 있는 정치인의 행위가 공개되는

7 매스킨과 티롤은 논문에서 판사에게는 이어지는 두 번의 임기를 선거 없이 보장하고 정치인은 첫 번째 임기 말에 유권자들의 투표로 해임할 수 있다고 가정했다.

것은 유권자에게 해롭다는 것이었다(Prat, 2005).

프랫에 따르면, 정치인의 '행위가 낳은 성과performance'는 유권자들이 더 많이 알수록 유권자들에게 항상 이익이다. 유권자들이 해당 정치인에 의해 얻은 효용을 확인할 수 있고, 이를 기초로 정치인을 평가할 수 있기 때문이다. 그러나 아직 진행 중이어서 '성과를 알 수 없는 정치인의 행위'가 유권자들에게 알려질 때는 그렇지 않다. 이때는 정치인들이 유권자들에게 해로운 유권자 영합 행위를 할 수 있기 때문이다. 태생적으로 정치인은 유권자들에게 능력 있는 인물로 보이는 행위를 하려 한다. 그런데 어떤 정보가 능력 있는 정치인으로 보이는 데 보탬이 안 될뿐더러 유권자도 모르는 정보라면, 정치인들은 이런 정보는 무시한 채 행동한다.

예컨대, 적성국의 화학 무기 보유 가능성이 극히 낮다는 정보를 정치인은 알고 있고, 유권자들은 모르고 있다면, 정치인은 이 정보를 무시하고 적성국에 대해 전쟁을 일으킨 뒤 승전보를 대중에게 전하려 든다는 것이다. 미국이 1964년 통킹만Gulf of Tonkin 사건[8]을 계기로 벌인 북베트남에 대한 전면전이나, 이라크에 화학무기가 있다며 시작한 2003년 미국의 이라크 전쟁[9]은 모두 그

---

8 1964년 8월 미 해군 정보수집함 매독스(Maddox)호가 북베트남 통킹만의 공해상에서 북베트남군의 공격을 받았다고 미국 정부가 발표한 사건이다. 이 사건을 계기로 미국은 1965년 2월부터 북베트남을 대대적으로 폭격하며 전면전을 시작했다. 그러나 통킹만 사건은 1972년 미 국방성의 비밀문서를 입수한 미국 언론에 의해 거짓이었음이 드러났다. 전쟁의 대가는 혹독했다. 1995년 베트남 정부의 발표에 따르면 이 전쟁으로 민간인 200만 명과 북베트남군과 베트콩 110만 명이 숨졌다. 미국 쪽 자료로도 남베트남군 사망자는 20만~25만 명, 참전한 미군 전사자는 5만 8200명에 이르렀다. 전쟁을 시작한 민주당의 린든 존슨(Lyndon Johnson) 대통령은 통킹만 사건 발표 3개월 뒤 치러진 대통령 선거에서 공화당의 배리 골드워터(Barry Goldwater) 후보를 '486 대 52'라는 압도적 표차로 누르며 재선에 성공했다.

9 미국의 조지 W. 부시(George W. Bush) 대통령은 2002년 9월부터 언론 앞에서 "후세인 정권이 생화학 무기를 보유하고 있다"고 밝혔다. 이어 미 중앙정보국(CIA)도 보고서들을 통해 이를 기정사실화했다. 급기야 부시 행정부는 이라크의 대량살상무기를 없애 세계 평화와 미국인 보호에 기여한다는 명분으로 영국·호주와 함께 2003년 3월 이라크의 사담 후세인(Saddam Hussein) 정권을 향한 전쟁을 시작했다. 그러나 이라크의 대량살상무기는 끝내 발견되지 않았다. 2016년 영국의 '이라크조사위원회'에 따르면 이라크 대량살상무기 정보는 과장·조작됐고, 이 전쟁으로 영국군 179명과 미군 4487명이 전사했으며, 이라크인 15만 명이 숨지고 100만 명의 난민이 발생했다. 반면, 부시 대통령은 이라크전 개전 이듬해 치러진 선거에서 민주당의 존 케리(John Kerry) 후보를 누르고 재선에 성공했다.

사례다. 또 검찰이나 경찰 같은 수사·기소 기관이 유무죄가 확정되지 않은, 혹은 기소조차 되지 않은 피의 사실을 대중에 알려지게 하는 행위 가운데 적지 않은 경우도 유사한 맥락으로 풀이할 수 있다

이처럼 정치인의 행위가 (행위의 결과가 나오기 전에) 유권자들에게 바로 알려지면 (1) 정치인들은 너나 할 것 없이 유권자에게 영합하는 방식으로 행동하게 되어 유권자들은 정치인들을 비교 평가하기 어려워지고, (2) 정치인들의 대중 영합 행위는 대부분 사회적으로 바람직하지 않은 결과로 이어진다. 특히 정치인의 '행위에 대한 정보'가 공개되는 시점과 '행위로 인한 결과'가 알려지는 시점 사이의 시간이 길수록 정치인들이 유권자들에게 해로운 영합 행위를 할 위험은 더 커진다.

'행위의 결과'가 관찰되기 전에 '행위'가 알려지는 게 바람직하지 않다는 경제학자들의 이론적 견해는 현실에서도 뒷받침되고 있다. 정보공개법의 역사가 가장 오랜 스웨덴의 경우, 공공기관의 결정이 시행되기 전에는 그 결정에 대한 정보를 얻을 수 있는 시민의 권리를 인정하지 않는다. 정보공개법을 입법화한 다른 나라들도 '결정을 위한 과정'이 진행 중일 때는 비공개를 허용하는 것도 그 예다.

요컨대, 정치인들이 유권자의 관심을 끌려 경쟁하는 상황에서 정치인의 행위가 낳은 결과에 관한 정보는 언제나 유권자에게 이롭지만, '결과를 알 수 없는 행위'에 관한 정보는 정치인의 유권자 영합 행위를 조장해 궁극적으로 유권자에게 이롭지 않을 수 있다고 경제학자들은 생각한다.

물론, 경제학자들도 중장기적으로는 모든 정보가 공개되어야 하고, 유권자 영합 행위를 줄이려 정치인의 행위 정보를 공개하지 않을 때도 비공개 기간이 불필요하게 길어지면 안 된다고 말한다. 벵트 홀름스트룀, 올리버 하트, 에릭 매스킨, 장 마르셀 티롤 등 노벨 경제학상 수상자들의 이론에 따르면, 예외적인 경우를 빼면 '더 많은 정보'는 언제나 유권자들에게 유익하기 때문이다. 이

는 현실에서도 쉽게 확인된다. 각국의 정보공개법과 '열린 정부'를 위한 다양한 제도, 그리고 예외적인 비공개 사안들도 최소화하려는 노력 등이 예다. 또한, 경제학자들의 여러 실증적 연구에서도 '더 많은 정보'의 유익함은 다각적으로 확인된다.

한편, 정치인과 정부에 대한 '더 많은 정보'가 유권자들에게 이득이 된다는 것은 거꾸로, 유권자들에게 '더 적은 정보'가 전달되게 하려는 동기가 정치인들과 정부에게 있다는 뜻이기도 하다. 실제로 정치인들이나 정부가 뉴스 미디어의 부정적 보도를 막는 행위인 이른바 '미디어 포획'은 이런 동기에 따른 현상이다. 미디어 포획에 대해선 9장 포획되는 미디어, 스스로 권력이 되는 미디어와 10장 지구촌 곳곳의 다양한 미디어 포획에서 따로 자세히 살펴본다.

4.3. | 미디어의 편향은 민주주의에 유해한가?

뉴스 소비자들에게 뉴스 미디어들이 편향된 뉴스를 공급하는 상황은, 민주주의 체제의 주역인 정치인들과 유권자들에게 어떤 영향을 끼칠까?

중국 상하이대학의 지미 찬Jimmy Chan과 홍콩대학의 윙 수엔Wing Suen은 뉴스 미디어의 편향이 정당들의 정치적 포지셔닝이나 정책의 선택 등에 미치는 영향을 연구했다. 두 학자는 유권자들의 결정에 도움이 되는 두 가지 유형의 뉴스를 뉴스 미디어가 제공한다고 가정했다. 첫 유형은 정당이 제시한 정책을 사실 위주로 단순하게 보도하는 뉴스다. 이 유형의 뉴스는 왜곡이나 조작 등을 통해 미디어의 편향이 담길 여지가 거의 없다. 두 번째 유형은 정당이 제시하는 정책에 대한 '배경 분석', '비판적 논평' 등 다양한 해석과 분석, 비평이 담기는 뉴스다. 검증이 어려운 이런 유형의 뉴스에는 뉴스 미디어의 정치적·이념적 편향이 담긴다.

찬과 수엔의 연구에 따르면, 첫 번째 유형인 편향 없는 뉴스만 보도될 때는,

정당들은 유권자의 지지를 얻기 위해 정견(공약)을 상대 정당과 최대한 차별화한다. 그런데 이런 차별화는 정당들이 양극화된 정견(공약)을 내거는 경향으로 이어진다. 반대로, 정당의 정견(공약)에 대한 비판이나 분석 등을 담은 두 번째 유형의 뉴스가 추가되면, 편향적인 뉴스라 해도 유용한 사회적 기능을 할 수 있다. 편향적인 보도로 비판을 받게 되는 정당들이 더 중도적인 정책을 추구할 동기를 갖게 되기 때문이다. 따라서 두 학자는 일반적으로 좀 더 중도적인 정책을 유도하는 한 방법은 (정치권력이나 정당으로부터) 독립적인 목소리를 내는 뉴스 미디어가 많아지는 것이라고 밝혔다. 즉, 비판적인 편향을 담은 뉴스가 많을수록 정당의 양극화는 감소한다는 것이다(Chan and Suen, 2009).[10]

찬과 수엔, 두 학자의 얘기는 편향 보도라도, 민주적 선택 과정에서 유해하다고 볼 수만은 없다는 것이다. 이런 견해는 다른 경제학자 존 더간John Duggan과 시저 마르티넬리Cesar Martinelli도 유사했다. 더간과 마르티넬리는 "각 사안에 대해 동등한 보도를 제공하는 균형 잡힌 뉴스 미디어는 정파적 뉴스 미디어보다 유권자에게 더 나쁠 수 있다"고 주장했다(Duggan and Martinelli, 2011).

찬과 수엔은 이보다 앞선 연구에서도, '편향된 뉴스 미디어'가 정당들이 '덜 편향된 정책'을 채택하게 하는 역설을 낳는다고 주장했다. 이 연구에 따르면, (1) 정당의 정책은 주로 이념적 편향이 유사한 뉴스 미디어의 영향을 받지만 (2) '약간 당파적인' 미디어가 '완전히 중도적인' 미디어보다 정당들을 덜 당파적이 되게 하는 데 더 효과적이며 (3) 극단적인 뉴스 미디어들은 (한 사회의) 정치적 선택 결과에는 영향을 미치지 않는다는 것이었다. 아울러 두 학자는 저마다 다른 편향을 지닌 뉴스 소비자들을 만족시키는 다양한 편향의 뉴스 미디어들이 존재할수록 바람직하다고 말했다. 자유주의자들은 폭스 뉴스Fox News가 편파적이라고 생각할 수 있지만 보수적인 시청자들에게는 믿을 수 있는 뉴스 미디어이며, 폭스 뉴스가 없다면 이 시청자 가운데 많은 사람은 훨씬 더 보

10 찬과 수엔은 미디어의 이런 역할은 미묘해 실증 연구로 확인하기 어려울 수 있다고 말한다.

수적인 뉴스 미디어를 소비하거나 뉴스 소비 자체를 완전히 중단할 수 있다는 것이다(Chan and Suen, 2008).

반면, 미국 일리노이대학의 댄 베른하르트Dan Bernhardt, 스테판 크라사Stefan Krasa, 그리고 마티아스 폴본Mattias Polborn은 정치적으로 양극화된 뉴스 소비자와 뉴스 미디어의 편향이 선거에서 '차악' 대신 '최악'의 선택을 낳을 수 있다는 흥미로운 견해를 제시했다(Bernhardt, Krasa and Polborn, 2008).

베른하르트 등은 다음과 같은 상황을 가정했다. 좌파 소비자들은 좌파 정치인들에 대한 긍정적 뉴스와 우파 정치인들에 대한 부정적 뉴스를 읽을 때 더 큰 효용을 얻는다. 이 때문에, 좌파 미디어는 (좌파 소비자들이 반기지 않는) 좌파 정치인에 대한 부정적인 뉴스를 보도하지 않는다. 그러나 좌파 소비자들도 좌파 미디어가 좌파 정치인에 대한 부정적 보도를 누락하고 있다는 것을 안다. 따라서 좌파 소비자들은 좌파 정치인들이 정치인들의 평균 정도로 부패해 있다고 여긴다.

그런데 좌파 미디어와 좌파 소비자들의 이런 태도는 결과적으로, 평균보다 더 부패한 좌파 정치인이 선거에서 당선될 수 있게 한다. 부패 관련 정보가 제대로 보도되지 않아, 더 부패한 정치인이 덜 부패한 정치인과 똑같이 유권자들에게 인식되기 때문이다. 이유로, 평균보다 덜 부패한 좌파 정치인은 그의 부패에 대한 정보가 제공되지 않아 낙선할 수 있다. 이런 상황의 전개는 우파 소비자와 우파 미디어들에서도 마찬가지다.

즉, 정파적 뉴스 소비와 뉴스 미디어의 양극화는, 더 부패한 정치인과 덜 부패한 정치인의 우열을 선거에서 사라지게 할 수 있다. 베른하르트 등 세 학자는 "당파적 미디어들은 자신이 지지하는 당파의 정치인들을 그들의 부패 정도에 합당하게 대우하지 않는다"며 이 때문에 유권자들의 선택을 왜곡한다고 지적했다. 특히 베른하르트 등은 뉴스 소비자들의 이념적 편향이 좌나 우 어느 한쪽에 더 많이 치우쳐 있을 때, 이런 왜곡된 선택이 더 쉽게 나타날 것으로 예측했다. 우리의 현실에 비춰 생각해 본다면, 국회의원 총선거에서 좌파 정당이나 우파 정당 어느 한쪽이 압승한 경우를 떠올려 볼 수 있다. 이런 선거 결과는 선거 당시 뉴스 소비자인 유권자들의 정치적 편향 분포가 한쪽에 몰려 있었다는 뜻이다. 그리고 이런 때는 압승을 거둔 정당의 당선자들 가운데는 평균 이상으로 부패한 후보들의 숫자도 더 많을 수 있다는 것이다.

한편, 안드레아 프랫과 데이비드 스트롬버그는 유권자인 뉴스 소비자들이 얻는 정보의 양이 미디어가 편향을 담는 방식에 따라 늘거나 줄어든다고 말했다. 두 학자에 따르면, 미디어가 허위 정보를 제공하거나 유권자가 반기지 않는 뉴스를 외면하는 방식으로 편향을 드러낸다면 유권자들이 얻는 정보는 감소한다. 반면 미디어가 뉴스 소비자들이 선호하는 이슈와 사실을 다루는 방식으로 편향을 보인다면 유권자들의 정보 획득은 증가한다(Prat and Strömberg, 2013).

4.4. | 뉴스 소비가 '선거'와 '정치적 책무'에 미치는 영향

앞서 우리는 일반적으로 '더 많은 정보'가 사회적으로 유익하지만, 행위의 결과를 알 수 없는 상태에서 정치적 행위가 공개되는 것은 정치인들의 유권자 영합 행위를 낳을 수 있다는 점을 확인했다. 또 뉴스 미디어의 편향적인 보도가 민주주의에 미치는 뜻밖의 효과들도 알아봤다. 이번 절에서는 사람들의 뉴스 소비가 선거와 정치인들의 '정치적 책무政治的 責務'에 미치는 영향을 살펴보자. 정치적 책무란 정치인이 자신의 정치 행위에 대해 유권자들에게 져야 하는 책임과 의무를 뜻한다.

경제학자들이 생각하는 이 상황의 주인공은 '정치인'과 뉴스 소비자인 '유권자', 그리고 '뉴스 미디어' 셋이다. 유권자는 자신에게 가장 많은 효용을 줄 정치인을 선출하려 하고, 정치인은 선출직에 당선되어 '정치적 지대political rent'[11]를 향유하려고 하며, 뉴스 미디어들은 뉴스 보도 활동을 통해 이익을 극대화하려 한다.

그렇다면, 이 상황에서 뉴스 미디어는 보도할 뉴스를 어떻게 선택할까? 경제학자들의 그간 연구의 결과들을 종합해 정리한 안드레아 프랫과 데이비드 스트롬버그에 따르면, 뉴스 미디어가 특정한 이슈에 대한 뉴스들을 더 많이 보도하는 조건들은 다음과 같다(Prat and Strömberg, 2013).

① 어떤 뉴스 소비자 그룹의 규모가 클수록, 혹은
② 어떤 뉴스 소비자 그룹의 잠재 광고 효과가 클수록, 혹은
③ 어떤 뉴스 소비자 그룹이 가진 주요 관심사의 저널리즘적 뉴스 가치가 클수록, 혹은
④ 어떤 뉴스 소비자 그룹에 뉴스를 전달하는 비용이 저렴할수록

대중 뉴스 미디어는 '어떤 뉴스 소비자 그룹'이 관심을 갖는 이슈에 대한 보도를 늘린다.

'더 많은 정보'를 얻을수록 유권자들은 정치인에게 책임을 묻기가 더 쉽고, 이 때문에 '더 나은 정책'을 기대할 수 있다고 앞서 설명한 바 있다. 이에 더해 위의 조건들이 충족되면, 뉴스 미디어들은 해당 뉴스 소비자들의 관심사에 대한 보도를 늘린다. 그러면 어떤 일이 벌어질까?

결과를 얘기하면, 뉴스 미디어가 어떤 뉴스 소비자 그룹의 관심사에 대한 뉴스 공급을 늘리면, 해당 뉴스 소비자 그룹의 투표율은 높아지고 이들에게 인정받으려는 정치인들의 노력도 증가한다. 반면 정치인들의 부패는 감소한다. 이어 소개하는 경제학자들의 실증적 연구들은 이런 이론적 예측들을 상당 부분 뒷받침한다.

---

11 지대(rent)란 토지나 시설 등 소유로부터 얻는 소득(혹은 타인의 소유를 사용하는 대가)이다. '정치적 지대'란, 정치인이 '직책'을 차지하는 데서 나오는 유무형의 보상을 뜻하는 용어다.

① 정치적 참여(투표율)

경제학자들은 거의 대부분 '더 많은 정보', 즉 더 많은 뉴스 미디어와 뉴스를 접할수록 유권자들의 투표율이 더 높아진다고 말한다. 이론 연구로는 티모시 페더슨Timothy Feddersen과 볼프강 페센도퍼Wolfgang Pesendorfer가 게임 이론으로, 존 마츠사카John Matsusaka는 결정 이론으로 이런 결론을 내놨다(Feddersen and Pesendorfer, 1996; Matsusaka, 1995). 많은 실증적 연구도 뉴스 미디어가 유권자들의 정치적 참여를 증가시켰다는 사실을 보여줬다(Lassen, 2005; Green and Gerber, 2019; Degan and Merlo, 2011).

데이비드 스트롬버그는 1920년대의 라디오 도입이 미국의 투표율과 정부 정책에 미친 영향을 분석했다. 스트롬버그에 따르면, 종이 신문만 있던 시절, 신문 배달이 어려웠던 미국 농촌의 유권자들은 뉴스 미디어에 상대적으로 소외되어 있었다. 그러다 1930년대에 이르러서는 거의 대부분의 지역에 라디오가 보급됐고 농촌 지역도 뉴스 정보의 소외 지역에서 상당부분 벗어났다. 이처럼 라디오 청취자들이 늘어난 시기에 미국 주지사 선거 투표율은 5.5%나 증가했다(Strömberg, 1999, 2004a).

또, 펠릭스 오버홀저-지Felix Oberholzer-Gee와 조엘 왈드포겔Joel Waldfogel의 연구에 따르면 스페인어 텔레비전 방송이 도입된 미국의 지역에서는 히스패닉Hispanic(스페인어를 쓰는 중남미계의 이주민)의 투표율이 비히스패닉 유권자에 비해 5~10%p 증가했다. 스페인어 텔레비전 방송이 투표를 하지 않던 히스패닉 유권자 가운데 27%를 투표장으로 나오게 한 결과였다(Oberholzer-Gee and Waldfogel, 2009). 스트롬버그와 안드레아 프랫도 스웨덴에 상업 텔레비전 방송이 등장한 뒤 이를 시청한 사람들은 그렇지 않은 사람들보다 정치적 지식과 참여의 수준이 높았다고 밝혔다(Prat and Strömberg, 2005).

수십 년 이상의 장기간에 걸친 효과를 연구한 결과도 마찬가지였다. 매튜 겐츠코우Matthew Gentzkow와 제시 샤피로Jesse Shapiro, 그리고 마이클 신킨슨Michael Sinkinson은 1869~2004년의 136년에 걸쳐 미국에 존재했던 모든 영어 신문의 시장 진입(창간) 및 퇴출(폐간)과 유권자 투표율 사이의 상관관계를 분석했다. 결과는 "신문이 (사람들의) 정치 참여에 강력하고 긍정적인 영향을 미쳤"으며 "한 신문이 더 생기면 대통령과 하원의원 선거 모두에서 투표율이 약 0.3%p 증가했다"는 것이었다(Gentzkow, Shapiro, and Sinkinson, 2011).[12] 특히 연구 대상 기간 중 1869~1928년의 59년 동안은 라디오나 텔레비전 없이 신문만 있던 시기로, 이때의 결과는 통계적으로 더 신뢰할 만한 했다.

프란체스코 드라고Francesco Drago 등 세 명의 이탈리아 경제학자도 1993~2010년의 17년 사이 인구 1만 5000명 이상의 모든 이탈리아 도시에 존재한 신문들을 유사한 방식으로 분석했다. 이 연구에서도 새로운 신문이 시장에 등장하면 지방자치단체 선거 투표율이 높아지고 지방자치단체 행정의 효율도 향상된 것으로 나타났다(Drago, Nannicini, and Sobbrio, 2014).[13] 줄리아 카제와 발레리아 루에다Valeria Rueda는 19세기 사하라 이남 아프리카에서 인쇄 미디어들이 끼친 장기적 영향을 조사했는데, 당시 개신교 선교사들이 보급한 인쇄 미디어의 혜택을 접하기 쉬운 지역일수록 사회적 신뢰와 교육, 정치적 참여가 더 양호했다는 결과를 얻었다(Cagé and Rueda, 2016).

알렉산더 다이크Alexander Dyck 등도 뉴스 미디어가 투표를 기권하는 유권자를 줄일 수 있다고 주장했다. 1950년대 앤서니 다운스Anthony Downs는 유권자가 많을수록 선거 결과에 미치는 영향이 미미해지는 개별 유권자들은 투표보다 기권이 더 합리적이라는 '합리적 무시Rational ignorance' 현상을 제시한 바 있다.[14] 하지만 다이크 등은 이 현상을 미디어가 감소시킬 수 있다고 말했다(Dyck, Moss, and Zingales, 2013).[15]

---

12 이 연구에 따르면, 투표율 증가 효과는 주로 (미국 각 지역의) 신문 시장에 첫 번째로 등장한 신문에 의한 것이었고 두 번째 신문 이후부터는 효과가 미미했다.

13 드라고 등의 연구에서는 젠츠코우 등의 견해('앞의 각주' 참고)와는 달리, 투표율 증가 등의 효과가 첫 번째 신문 등장에만 한정되지 않고 지속됐다.

14 앤서니 다운스의 민주주의에 관한 경제학 이론은 1.1.① 민주주의의 경제학 이론 참고.

15 다이크 등은 20세기 초 추문 폭로 전문 잡지들이 뉴스를 오락 콘텐츠와 결합해 유권자에게 공공 정책의

신문이나 독자의 편향과 무관하게 신문을 구독하기만 하면 투표율이 높아졌다는 흥미로운 연구 결과도 있다. 알란 거버Alan Gerber 등 세 학자는 2005년 미국의 버지니아Virginia 주지사 선거를 앞두고 진보적 성향의 ≪워싱턴 포스트≫와 보수적 성향의 ≪워싱턴 타임스Washington Times≫를 유권자들이 보게 하는 실험을 했는데, 어느 신문이건 구독을 한 유권자들은 그들의 정치적 성향과 무관하게 투표율이 높아졌다(Gerber, Karlan, and Bergan, 2009).

리사 조지Lisa George와 조엘 왈드포겔은 뉴스 소비자의 존재가 뉴스 보도 내용에 영향을 끼치고 뉴스 보도 내용이 다시 뉴스 소비자를 증가시키는 메커니즘이 존재한다는 것을 실증적 연구를 통해 보여줬다. 두 학자는 미국에서 흑인이 신문을 읽을 가능성은 흑인 인구가 많은 도시에서 더 높다는 것을 발견했는데, 그 이유는 흑인 인구가 많은 지역의 신문들이 흑인이 관심 있는 문제에 대해 더 자주 보도하기 때문이었다(George and Waldfoge, 2003).

한편, 새로운 유형의 미디어가 등장해 정보 콘텐츠의 소비를 증가시켰을 뿐만 아니라 사회의 정치적 양극화도 감소시켰다는 연구 결과도 있었다. 필리페 캄판테Filipe Campante와 다니엘 호즈만Daniel Hojman의 연구에 따르면, 1930년대 라디오의 보급과 2차 세계대전 이후 텔레비전의 도입은 20세기 중반 미국 사회의 정치적 양극화 감소에 기여했다. 라디오와 텔레비전 방송이 사람들의 이념적 양극화를 완화했고, 이는 이들의 영향을 받는 하원의원들의 이념적 양극화 감소로 이어졌다는 것이다(Campante and Hojman, 2013).[16]

그러나 새로운 미디어의 등장이 뉴스 소비자들의 선거 참여에는 부정적인 영향을 미친다는 주장들도 없지 않았다. 매튜 겐츠코우는 텔레비전의 도입이 기존의 뉴스 미디어인 라디오와 신문에 대한 소비를 밀어내는 구축 효과驅逐效

문제에 대해 더 알렸고 그만큼 유권자들의 정치 참여는 개선됐다고 밝혔다.

16 하지만, 캄판테와 호즈만은 미국만큼 라디오가 보편적이지 않은 상태에서 텔레비전이 도입된 나라들이나, 비례 대표제 중심의 다당제 정치 시스템을 지닌 국가 등 정치 제도가 다른 국가들은 텔레비전의 도입 효과도 미국과는 다를 수 있다고 말했다.

果, crowding-out effect를 발생시켰고, 이에 따라 뉴스 소비자가 획득하는 정치 정보의 실질적 수준이 낮아져 투표율도 낮아졌다고 주장했다. 그에 따르면, 1950년대 이후 미국인의 투표율 감소 중 4분의 1에서 2분의 1은 텔레비전의 보급으로 인한 경성 뉴스 소비 감소 때문이었다(Gentzkow, 2006).

② 정책의 개선과 선출직 공직자의 부패 감소

뉴스 소비가 늘면 단지 투표율만이 아니라 정부의 정책에도 영향을 끼친다. 라디오의 도입이 투표율 증가로 이어졌다는 데이비드 스트롬버그의 앞의 연구에서도 이런 양상이 확인된다. 스트롬버그에 따르면, 미국에서 라디오 청취자들이 등장하자 뉴스 소비의 도농都農 간 불평등이 감소했고, 연방 정부의 지출도 증가했다. 특히 라디오의 도입으로 투표율이 도시에 비해 상대적으로 크게 증가 증가한 농촌 지역에는 같은 규모의 도시 지역보다 20%나 더 많은 사회 원조 기금이 돌아갔다. 라디오의 보급이 그 전까지 노정됐던 정치인들(정부)의 친도시 편향을 약화시키면서 농촌 유권자들에 대한 정부의 태도도 바꾼 것이다(Strömberg, 1999; 2004a).[17]

'뉴스의 소비량'과 '정부의 정책적 반응 속도' 사이의 관계를 연구한 학자들도 있다. 런던경제대학의 티모시 베슬리Timothy Besley와 로빈 버지스Robin Burgess는 1958년부터 1992년까지 30여 년 동안 인도의 주 정부들이 주민의 식량 부족 사태에 대응한 양상을 분석했다. 이에 따르면, 부유한 주 정부라고 해서, 빈곤한 주 정부보다 대처가 더 빠르지 않았다. 하지만 신문의 발행 부수가 많은 주의 주 정부들일수록 식량 부족에 더 신속하게 대처했다(Besley and Burgess, 2002).[18]

이탈리아의 농업경제학자 알렉산드로 올퍼Alessandro Olper와 국제식량정책연

---

17 스트롬버그는 이론 모형을 통해서도 정치에 관한 주요 정보 제공원이 신문에서 방송으로 변화하면서 빈곤층과 시골 지역 유권자들에 대한 정부 지출이 증가하는 현상을 설명해 냈다(Strömberg, 2004b).

18 신문의 발행 부수는 문맹 퇴치 수준과 투표율과도 긴밀한 상관관계를 보였다.

구소The International Food Policy Research Institute: IFPRI의 요한 스위넨Johan Swinnen은 2009년, 텔레비전의 보급이 농민에 대한 세금과 보조금에 미친 영향을 연구해 눈길을 끌었다. 전 세계 69개국을 대상으로 한 연구에서, 두 학자는 텔레비전의 가구 보급률의 증가는 (농민이 대다수인) 가난한 나라에선 농민에 대한 세금의 감소와, (농민이 소수인) 부유한 나라에선 농민에 대한 보조금의 감소와 상관관계가 있었다고 밝혔다. 텔레비전의 보급 증가는 사회의 다수에게 더 큰 혜택을 주는 정책으로 이어졌다는 것이다(Olper and Swinnen, 2013).

한편, 뉴스 미디어의 보도가 없어서 생기는 현상에 대한 연구도 있다. 제임스 스나이더James Snyder와 데이비드 스트롬버그는 1991년부터 2002년까지 10여 년 동안, 미국 하원의원 선거구 중 385곳을 배포 지역으로 하는 161개 지역 신문사가 하원의원들에 대해 쓴 기사들을 분석했다. 그 결과를 보면, 선거구와 신문 배포 지역이 덜 겹칠수록 해당 선거구의 하원의원에 대한 지역 신문들의 보도는 더 적었다. 이 지역 유권자들은 적은 보도량 탓에 자신이 뽑은 하원의원에 대한 인식 수준도 낮았다. 또 언론에 덜 보도되면, 하원의원들도 덜 활동적이었다. 연방 정부의 지출 또한 지역 하원의원에 대한 보도가 적은 지역에서 더 적었다(Snyder and Strömberg, 2010).

젠츠코우와 하버드대학의 경제학자 에드워드 글레이저Edward Glaeser, 클라우디아 골딘Claudia Goldin은 2006년 함께 쓴 책 『부패와 개혁: 미국 경제사의 교훈Corruption and Reform: Lessons from America's economic history』에서, 신문 독자의 증가가 정치인들의 부패도 현저하게 줄였다고 말했다. 이들은 1870년부터 1920년까지 '인구 상위 100대 도시'의 신문 발행 부수, 신문들의 보도 성향 및 정치적 부패 사건의 발생 등의 추이를 분석했다. 그 결과, 미국의 100대 도시의 신문 발행 부수는 1870년 137만 부에서 1920년에는 2050만 부로 증가했다. 인구 증가를 감안한, 1인당 신문 발행 부수는 같은 기간 0.194부에서 0.606부로 세 배 넘게 늘어났다. 뉴스 소비가 크게 증가한 것이다. 반면, "1870년에서 1920년까지 미국의 정치적 부패는 현저하게 감소했다". 이와 관련해 젠츠코우 등은 "부패가 감소한 이유 중 하나가 '정보를 제공하는 언론의 부상'이라는 게 합리적 가설로 보인다"고 밝혔다(Gentzkow, Glaeser, and Goldin, 2006: 221).

정치경제학자 클라우디오 페라즈Claudio Ferraz와 프레데리코 피난Frederico Finan에 따르면, 2004년 브라질의 지방 선거에서 선거 전 감사를 받고 그 결과가 언론에 공개된 지방자치단체장의 재선 가능성은 20%가량 낮았다. 특히 이런 영향은 라디오 방송국이 있는 지역의 지자체장 선거에서 더 두드러졌다(Ferraz and Finan, 2008). 또, 핀란드와 스웨덴 태생의 경제학자 리트바 레이니카Ritva Reinikka와 제이콥 스벤손Jakob Svensson은 아프리카의 저개발국 우간다에서 학부모들에게 교육 보조금 관련 정보가 제공되는 신문을 보게 하는 캠페인을 벌이는 실험을 진행했다. 그랬더니, 공금 착복 등 공무원들의 부패가 감소한 것으로 나타났다(Reinikka and Svensson, 2005).

③ 미디어의 선정적 '뉴스 선택'과 그 영향

경제학자들의 연구에 따르면 뉴스 미디어는 재난 보도에서 실제 고통받는 사람들의 상황보다 얼마나 특이한 사건이냐에 보도의 우선 순위를 둔다. 그리고 이는 정부의 정책에도 영향을 미쳐 불합리한 정부의 대처로 이어진다. 예를 들어 '기근飢饉'이나 '화산 폭발'은 '기아飢餓'나 '가뭄'에 비해 피해가 적더라도 뉴스 미디어가 보도할 확률은 훨씬 크다. 가뭄이나 기아에 비해 더 드문 일이기 때문이다(기아는 심각한 만성적인 영양실조 상태를, 기근은 급격히 발생한 식량 부족 사태를 말한다).

이를 실증적으로 설명해 낸 경제학자로는 아시아인으로서는 최초로 1998년 노벨 경제학상을 받은 인도의 아마르티아 센Amartya Sen과 벨기에 경제학자 장 드레즈Jean Dreze가 있다. 센과 드레즈는 함께 쓴 저서 『기아의 정치경제학The Political Economy of Hunger』에서 언론이 자유롭게 보도하는 민주주의 국가에선 '풍토성 기아endemic hunger'보다 '기근famine'에 더 효과적으로 대처할 것이라고 주장했다(Drèze and Sen, 1991). 왜냐하면, 뉴스 미디어의 입장에서는 기근이 풍토성 기아에 비해 훨씬 더 뉴스 가치가 크고,[19] 뉴스 가치가 큰 탓에 뉴스 보도가 많아지면 정부의 대처도 그에 비례하기 때문이다.

토머스 아이젠시Thomas Eisensee와 데이비드 스트롬버그도 미국 뉴스 미디어의 재난 보도 태도와 그에 따른 미국 정부의 재난 대처 수준을 분석했다. 두 학자는 1968~2002년 사이에 전 세계에서 일어난 약 5212건의 자연재해에 대한 미국 정부의 대응을 뉴스 미디어의 역할과 관련지어 살폈다. 재해들은 해마다 평균 6만 3000명의 생명을 앗아갔고 1억 2500만 명에게 영향을 끼쳤지만, 미국 정부의 대외 재난 지원은 재난의 규모에 비례하지 않았다. 두 학자는 그 이유를 재난에 대한 미국 언론의 보도가 달랐기 때문으로 해석했다. 두 학자의 연구에 따르면, 올림픽 게임이 있던 해에는 없던 해에 비해 자연재해에 대한 미국 언론의 뉴스 보도가 감소했다. 올림픽 게임에 대한 보도에 관심을 쏟는 바람에 자연재해에 대한 뉴스 보도를 줄인 것이다. 그리고 재해 보도의 감소는 미국 정부의 구호 감소로 이어졌다(Eisensee and Strömberg, 2007).

또 뉴스 미디어의 재난 보도 기준도 발생한 지역에 따라 차이가 있었다. 이를테면, 아프리카에서 일어난 재난이 텔레비전 뉴스에 보도되려면 동유럽에서 일어난 유사한 재난보다 약 50배 많은 사람이 사망해야 했다. 그뿐만 아니라, 재난의 종류 사이에도 차이가 있었는데, 가뭄이 화산 폭발과 동일한 수준으로 보도되려면 화산 폭발에 비해 2000배 이상의 사상자가 발생해야 하는 것으로 추정됐다.

결과적으로 가뭄이나 아프리카 지역의 재난 피해에 대한 미국의 구호는 화산 폭발이나 동유럽 지역의 재난에 비해 그만큼 소홀했고, 이유는 뉴스 미디어의 보도 때문이었다. 이런 연구 결과들은 뉴스 보도의 양과 비중이 정책에 인과적 영향을 미친다는 것을 드러낸 것이었다.

---

19 '뉴스 가치'는 2.1.1. 뉴스 시장의 원초적 조건, 인간의 '본능'과 '무리'의 '각주 3'에서 간략히 설명한 바 있다. 여러 뉴스 가치 기준 가운데서도 '특이성(Unexpectedness/The unusual)', 즉 특이한 일, 더 드문 일은 현대 언론의 가장 중요한 기준 중 하나다.

지금까지의 내용을 정리하면, 먼저 민주주의 사회에서 뉴스 미디어의 핵심 구실은 정부(정치)와 정책에 관한 정보를 유권자들에게 제공하는 것이다. 즉, 유권자들이 올바른 투표를 하기 위해서는 누가 어떤 정책을 제안하는지, 정책의 시행에 책임이 있는지, 또 정책에 어떤 영향을 미치는지 알아야 하는데 뉴스 미디어는 바로 이런 정보를 제공한다. 이런 정보는 정치인의 자질과 노력 등을 평가하는 유권자들의 '정치적 참여'(투표율)를 높인다. 또 이는 정치인들이 주어진 책임을 다하도록 하는 동시에 정책을 통해 유권자들의 편익을 향상시킨다.

그러나 동시에 이런 연구 결과들을 거꾸로 생각하면, (1)뉴스 미디어에 접근할 수 없거나 (2)('뉴스 가치'가 떨어진다는 이유로) 뉴스 미디어가 잘 다루지 않는 사안들과 관련됐거나, (3) 뉴스 미디어가 뉴스를 전달하는 데 비용이 많이 들거나, (4)광고주에게 가치가 없어 뉴스 미디어가 외면하는 사회 구성원들에게는 반갑지 않은 소식이다. 뉴스 미디어로부터 소외된다는 것은 정치인이나 정부에 무시당하고, 공공 안전망과 복지에서도 그만큼 멀어진다는 뜻이기 때문이다.

아울러, 민주주의에 대한 뉴스 미디어의 구실과 관련해서는 따로 유념해야 할 점들도 있다. 앞 장에서 확인했듯이 뉴스 미디어의 구실은 미디어 기술의 발전에 매우 큰 영향을 받는다. 19세기 후반 인쇄 기술의 잇단 혁신이나 20세기 들어 라디오와 텔레비전의 등장은 뉴스 미디어의 구실에 큰 영향을 미쳤다. 디지털 혁명의 시기가 계속되고 있는 지금도 우리는 다시 한 번 미디어 기술의 놀라운 발전을 경험하고 있다. 이는 민주적 정치 과정에 대한 뉴스 미디어의 구실이 또 한 번 크게 변화하고 있음을 뜻하는 것이다.

5

벗어날 수 없는 굴레, 미디어 편향

거장 구로자와 아키라黑澤明 감독이 만든 영화사의 걸작 〈라쇼몽羅生門〉(1950)은, 한 사무라이의 아내가 도적에게 겁탈당하고 사무라이는 가슴에 칼이 꽂힌 채 숨진 사건의 진실이 미궁에 빠지는 것을 보여준다. 당사자인 사무라이, 아내, 도적, 그리고 목격자인 나무꾼이 모두 각기 다른 진실을 전하기 때문이다. '그럴듯한 진실'이 네 개나 나왔지만, '진정한 진실'은 드러나지 않는다. 진실은 하나일지라도 사람마다 진실을 경험하고 이해하는 데에는 차이가 있기 때문이다. 이처럼 진실의 왜곡이 일어나는 이유는 인간의 이기심에 있음을 이 영화는 극적으로 표현하고 있다.

대다수의 사람들은 대중 뉴스 미디어가 편파적이라고 여긴다. 특정한 정치 세력이나 이해 집단 혹은 이념에 편향되어 있다는 것이다. 이런 현실은 사람들의 주관적 느낌으로만 존재하는 것은 아니다. 뉴스 미디어들은 실제로도 편향적이다. 대부분, 아니 모든 뉴스 미디어는 사실들을 선택하고 제시하는 방식이 서로 다르다. 정치적(이념적) 스펙트럼에서 보자면, 대부분 어느 한쪽에 더 우호적이다.

그렇다면, 뉴스 미디어의 편향은 없애거나 사라질 수 있는 것일까? 그 본연

本然의 특성은 무엇일까? 이 장에서는 '미디어 편향'이 생겨나는 이유에 대한 경제학자들의 여러 이론을 소개한다. 뉴스 소비자들이 뉴스의 내용을 완벽하게 검증할 수 없기 때문에 뉴스 공급자가 뉴스에 편향을 담게 된다거나, 뉴스 소비자나 뉴스 공급자(저널스트와 언론사 사주) 때문에 미디어 편향이 생겨난다는 경제학자들의 견해들은 일견 당연해 보이면서도 흥미롭다. 또한, 미디어 편향의 가장 주요한 원인인 뉴스 소비자들의 편향이 시대와 사회에 따라 변화하는 것도 눈여겨볼 만하다.

이 장의 〈한 걸음 더 5-1〉에서는 언론학자들의 미디어 편향 논의를 압축적으로 소개한다. 이를 통해 미디어 편향을 이해하는 언론학자들과 경제학자들의 차이를 좀 더 분명히 이해할 수 있을 것이다.

5.1. ǀ 미디어 편향이란?

5.1.1. ǀ 사마라 미군 전투 보도 – 폭스 뉴스, 뉴욕 타임스, 알 자지라

이라크 전쟁 당시인 2003년 12월 2일, 미군은 이라크의 한 도시 사마라Samarra에서 교전을 치렀다. 당시 세계적 유력 미디어인 폭스 뉴스와 ≪뉴욕 타임스≫, 그리고 알 자지라Al Jazeera는 이 소식을 다음과 같이 전했다(Gentzkow and Shapiro, 2006).[1]

---

1 인용한 각 뉴스 미디어의 기사 원문은 다음과 같다.

Fox News: In one of the deadliest reported firefights in Iraq since the fall of Saddam Hussein's regime, US forces killed at least 54 Iraqis and captured eight others while fending off simultaneous convoy ambushes Sunday in the northern city of Samarra.

The New York Times: American commanders vowed Monday that the killing of as many as 54 insurgents in this central Iraqi town would serve as a lesson to those fighting the United States, but Iraqis disputed the death toll and said anger against America would only rise.

폭스 뉴스 사담 후세인 정권이 무너진 이후 이라크(전쟁)에서 알려진 **가장 격렬한 총격전** 중 하나로, 일요일 북부 도시 사마라에서 벌어진 전투에서 미군은 호송대에 대한 동시다발적인 매복 공격을 막아내는 동안 **적어도 54명**의 **이라크인**을 사살하고 **8명을 생포**했다.

≪뉴욕 타임스≫ 미군 지휘관들은 월요일, 이라크 중심부에서 **54명이나 되는 저항 세력**을 사살한 것은 미국에 대항해 싸우는 이들에게 교훈이 될 것이라고 다짐했다. 그러나 이라크인들은 **사망자 수에 이의**를 제기하며 **미국에 대한 분노만 커질 것**이라고 말했다.

알 자지라 미군은 매복 공격에 맞서 **54명의 이라크인**을 사살했다고 밝힌 뒤 공격적인 전술을 계속 전개할 것을 다짐했다. 그러나 미군 지휘관들은 자신들의 말을 **뒷받침할 증거는 없다**고 인정했다. 사마라의 병원의 주검들은 **이란**Iran**인 노인 2명과 어린이 1명**을 포함한 **민간인들의 시신**이 전부였다.

세 뉴스 미디어의 보도는 모두 동일한 기본 사실들에 기초했다. 그러나 이 미디어들은 사실(들)의 선택적인 누락, 단어의 선택, 정보 출처에 대한 신뢰 부여 수준 등을 통해 사건에 대해 근본적으로 다른 인상을 전했다. 불과 40~48 단어(영어 원문 기준)의 짧은 기사 안에서도 뉴스 미디어들은 취재된 사실들 가운데 보도할 사실들을 제각기 선별filtering해 제시했고 서로 다른 프레임frame으로 사건을 전했다.

세 뉴스 미디어는 미군과의 전투에서 숨진 사망자 수를 전하는 데서부터 차이를 보였다. 폭스 뉴스는 "적어도 54명at least 54"으로, ≪뉴욕 타임스≫는 "54

Al Jazeera: The US military has vowed to continue aggressive tactics after saying it killed 54 Iraqis following an ambush, but commanders admitted they had no proof to back up their claims. The only corpses at Samarra's hospital were those of civilians, including two elderly Iranian visitors and a child.

명이나 되는as many as 54"이라고 표현하면서 "사망자 숫자에 이견이 제기되고 있다"고 썼고, 알 자지라는 "미군 발표를 뒷받침할 증거는 없다"고 보도했다.

기사에 담은 사실들도 차이가 있었다. 알 자지라는 "병원에는 노인 두 명과 어린이 등 민간인 주검이 전부"였다고 전했지만, 폭스 뉴스나 ≪뉴욕 타임스≫는 병원의 주검들에 대한 사실이 없었고, ≪뉴욕 타임스≫와 알 자지라에는 "8명을 생포했다"는 사실이 없었다. 교전 상대를 보는 프레임도 달랐는데, 폭스 뉴스는 그저 "이라크인들Iraqis"로 표현한 반면, ≪뉴욕 타임스≫는 "저항세력insurgents"으로 불렀다.

전체 문맥으로 보면, 폭스 뉴스는 "후세인 정권 몰락 이후 가장 격렬한 총격전"이었다는 미군의 전과戰果를 강조한 반면, ≪뉴욕 타임스≫는 "사망자 숫자에 이견이 제기되고 있다"며 '이라크인들의 분노'를 전했고, 알 자지라는 독자들로 하여금 '민간인의 무고한 죽음'을 떠올리게 했다. 이처럼 세 뉴스 미디어들의 뉴스에는 미국의 이라크 전쟁에 대해 비판적이었던 ≪뉴욕 타임스≫와 알 자지라, 그리고 그렇지 않았던 폭스 뉴스의 편향이 고스란히 담겨 있었다.

이렇듯, 높은 품질과 신뢰도를 인정받는 세계적인 유력 미디어들도 보도 편향에서는 결코 자유롭지 않다. 이 책의 독자 대부분은 한국의 유력 미디어들이, '더 심하면 심하지 덜 하지는 않다'고 생각할 것이다. 많은 이들이 편향 없는 뉴스를 원한다. 하지만 현실은 전혀 그렇지 않다. 그렇다면, 사람들은 뉴스 미디어의 편향을 어떻게 인식할까? 또 뉴스 미디어들의 이런 편향들을 사라질 수 있는 성질의 것일까?

5.1.2. | 뉴스 미디어 편향의 두 가지 본성

① 상반된 편향

뉴스 미디어의 편향에 대한 사람들의 인식에서 두드러진 특징은 하나의 뉴스나 뉴스 미디어가 지닌 편향을 놓고도 정반대로 생각한다는 것이다. 동서로 이어진 길 위에 건물을 놓고 건물의 동쪽 편에 있는 사람은 건물이 서쪽에 있다고 하고, 건물의 서쪽 편에 있는 사람은 건물이 동쪽에 있다고 여기는 것과 같은 이치다.

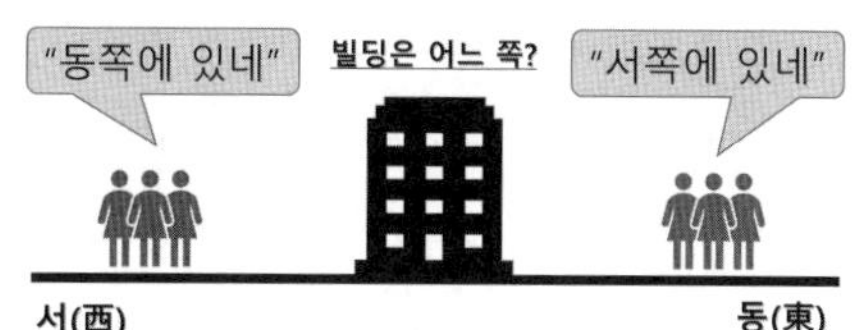

미디어 편향에 대한 정반대의 인식은 정치적 견해를 달리 하는 사람들 사이에서는 더 분명하게 드러난다. 특히 미국이나 한국처럼 자유주의 정당과 보수 정당의 양당 체제가 굳건한 나라에서는 더욱 그렇고, 같은 방향의 편향을 지닌 이들끼리는 서로 간에 호응도 크다.

미국 CBS 출신의 저명한 저널리스트, 버나드 골드버그Bernard Goldberg는 2001년 텔레비전 뉴스의 자유주의적 편향을 비판하는 책을 냈고(Goldberg, 2001), 보수 진영의 미디어 전문가이자 칼럼리스트인 앤 콜터Ann Coulter 역시 자신의 책을 통해 좌파가 뉴스 미디어 패권을 장악했다고 주장했다(Coulter, 2002). 골드버그의 책은 2001년 11월 비소설 부문 '뉴욕 타임스 베스트셀러 리스트'에 1위에 올랐고, 콜터의 책은 2002년 같은 부문에서 8주 동안이나 1위를 지켰다.

그러나 같은 시기, 경제학자 폴 크루그먼Paul Krugman(2008년 노벨 경제학상 수상)은 ≪뉴욕 타임스≫에 미국 뉴스 미디어의 보수적 편향을 지적하는 칼럼을 썼고(Krugman, 2002), 저명한 역사학자이자 저널리스트인 에릭 알터만Eric Alterman은 2003년 자신의 책에서 언론이 자유주의적 편향을 지녔다는 것은 신화에 불과하며 뉴스 미디어 전반은 보수적 편향을 갖고 있다고 주장했다. 특히 그는 '미디어가 자유주의적 편향을 지녔다"는 골드버그와 콜터의 견해를 신랄하게 비판했다(Alterman, 2003). 알터만의 책 역시 베스트셀러의 반열에 올랐다.

사람들 사이에, 특히 정치적 견해가 분명한 사람들 사이에, 뉴스 미디어의 편향을 반대로 인식하는 것은 일상적이라 할 만큼 매우 흔한 일이다. 특히 뉴스 미디어에 대한 정파적 인식은 정치 세력뿐만 아니라 정파적 뉴스 미디어들과 인플루언서influencer들은 물론, 언론의 편향을 모니터링하는 NGO 등 비영리 기관들[2]에 의해서도 지속적으로 재생산된다. 사람들 사이에 미디어에 대한 상반된 편향 인식은 정치적 양극화가 심할수록 그 정도가 더하다. 정치적 양극화가 심한 국가로 꼽히는 미국이나 한국은 언론의 보도를 '진영 논리'로 걸러서 보는 현상이 실제로 매우 심각하다.[3]

한국의 보수나 진보도 모두 "기울어진 언론 지형"을 주장한다. 물론 기울어진 방향은 서로 다르다. 우파 인사와 미디어들은 '언론 전반이 좌편향'이라고 주장하고, 좌파 쪽은 '우편향'이라고 주장한다.[4] 미디어가 상대편에 더 편향적이라고 주장하는 이런 모습은 미국 사회와도 닮아 있다. 그렇지만 한국의 언론 지형이 기울어진 방향까지 미국과 유사하다고 단정할 수는 없다. 진보와 보수, 중도 성향을 보이는 뉴스 미디어들의 시장의 점유율이나 지난 역사 등을 생각하면, 한국 언론이 어느 쪽으로 기울어진 운동장인지는 독자들도 가늠할 수 있을 것이다.

일반적으로 사람들은 누구나 자신의 편향은 의식하지 않은 채 자신의 생각을 기준으로 미디어의 편향을 평가한다. 하나의 뉴스 혹은 뉴스 미디어를 놓

---

2 미국의 경우, 언론의 보도 편향을 모니터링하는 기관으로는 자유주의적 시각을 지닌 'Center for Media and Democracy'와 'Fairness and Accuracy in Reporting', 'Media Matters for America' 등이, 보수적 관점을 지닌 'Media Research Center'와 'Accuracy in Media' 등이 있다. 이 밖에 정파적 색채가 옅은 'Ad Fontes Media', 'Center for Media and Public Affairs', 'FactCheck' 등이 있다. 한국에는 진보 성향의 '민주언론시민연합'(1984년 설립)과 보수 성향의 '공정언론국민연대'(2022년 설립) 등이 있다.

3 진영 논리는 뉴스가 자신의 진영에는 불리하게, 반대편에는 유리하게 작성됐다고 여기는 '적대적 미디어 지각(知覺)[Hostile media perception]도 작동시킨다. 이는 사람들이 미디어의 메시지를 있는 그대로 받아들이지 않고, 자신들의 당파적 입장에 따라 메시지의 공정성을 다르게 인식하는 현상이다. 어떤 사안에 대한 찬반 의견이 분명한 사람들일수록 미디어가 자신들과 반대되는 의견을 더욱 옹호한다고 생각하는 것을 이른다.

4 이를테면, 이관섭 대통령실 국정기획수석은 2023년 6월 2일 국민의힘 당협위원장 워크숍에 참석해 한국 언론이 좌파로 '기울어진 운동장'이라고 평가했고, 이와는 정반대로, 강훈식 당시 더불어민주당 대통령선거대책위원회 정무조정실장은 2021년 11월 16일 KBS의 한 시사 프로그램에 출연해 한국 언론이 우파에 '기울어진 운동장'이라고 말했다. 이런 상반된 인식과 주장은 지금도 여전히 반복되고 있다.

고도 사람들은 크든 작든 저마다 다르게 편향을 인식한다는 것이다. 따라서 사람들의 이런 미디어 편향 인식이 객관적이라고 할 수 없음은 물론이다.

② 사라지지 않는 편향

뉴스 소비자들이 제각각 편향을 느끼는 이유는 인간적 한계 때문이다. 인간은 해탈解脫과 득도得道를 통해 인간의 한계를 완전히 극복하지 못하는 한, 자신이 지닌 편향을 떨쳐낼 수 없다. 인간이 편향에서 벗어날 수 없다면, 사람들이 자신의 편향을 기준으로 인식하는 뉴스 미디어의 편향도 '사라지지 않는 편향persistent bias'이다. 편향 없는 뉴스는 과거에도 없었고 앞으로도 존재할 수 없다는 얘기다. 이를테면, 언론감시단체가 어떤 뉴스 미디어가 어떻게 편향적인지 항상 꼼꼼히 감시해 폭로하며 효과적으로 미디어를 견제한다고 해도 '편향 없는 뉴스 미디어'라는 꿈은 영원히 이뤄낼 수 없다는 얘기다.[5] 의사가 있다고 세상의 질병이 사라지는 게 아니듯 말이다.

저명한 저널리즘 학자인 존 메릴John Merrill의 연구에 따르면 시사주간지 ≪타임Time≫은 1945년부터 1963년까지 재임한 세 명의 미국 대통령 가운데 트루먼Truman에게는 강한 부정적 편향을, 아이젠하워Eisenhower에게는 강한 긍정적 편향을, 그리고 케네디Kennedy에 대해서는 긍정과 부정이 엇비슷한 편향을 보였다(Merrill, 1965). 이 연구가 파장을 불러온 이후 ≪타임≫의 에디터들은 시간이 지나며 ≪타임≫이 더 공정해졌다고 주장했다(Severin and Tankard, 1992). 그러나 이런 주장과는 달리, ≪타임≫의 정치적 편향은 여전히 과거와 유사한 패턴을 반복했고 그 사이 발행 부수는 40%가 증가했다는 연구 결과도 있다(Fedler, Meeske, and Hall, 1979). 이 연구들의 대상 시기는 21세기 중반 이후로 미국에서 대중 뉴스 미디어에 대한 뉴스 소비자의 신뢰도가 정점에 있을

5 그렇더라도, 언론감시단체들이 뉴스 미디어들을 모니터링해 감춰진 편향에 대한 정보를 뉴스 소비자들에게 제공하는 것은 언제나 유용하다.

때였다. 그런 시기에도 뉴스 미디어의 편향은 여전했던 것이다.

≪타임≫의 보도 편향에 대한 이런 연구들은 누군가에 의해 세밀한 감시와 평가를 받더라도 미디어 편향은 사라지지 않음을 시사한다. 실제로 지구촌 어느 나라나 편향을 드러내는 뉴스 미디어들의 모습은 오랜 기간 본질적 변화가 없었다. 뉴스 미디어의 편향은, 많은 경우 뉴스 소비자를 확대하고 뉴스 미디어의 영향력과 수익에도 긍정적 효과를 가져오기 때문이다(Anand, et al., 2007).

따라서 '편향이 없는 인간'이나 '편향이 없는 뉴스 미디어'는 '공기가 없는 진공 상태' 같은 얘기다. 지구상에서 진공 상태는 이론과 실험실에서만 존재하듯 '편향 없는 뉴스'도 마찬가지다. 편향에 대한 사람들의 인식은 제각각이고 뉴스 미디어에서 편향은 결코 사라지지 않는다. 아울러 4.3. 미디어의 편향은 민주주의에 정말 유해한가?에서도 확인했듯이 미디어 편향이 언제나 나쁜 게 아니라는 점도 기억할 필요가 있다. 모든 세균이 인체에 유해한 게 아닌 것처럼 말이다.

되레 뉴스 소비자의 무편향은 여론을 조작하는 이들에게는 가장 손쉬운 먹잇감이 될 수도 있다. 뉴스 소비자들의 무편향은 권력이나 언론이 마치 백지 위에 그림을 그리듯, 원하는 여론을 형성하는 데 효과적인 환경이기 때문이다. 나쁜 공기는 정화해야 하지만, 공기 자체는 없앨 수 없고, 없어도 안 되는 이치다.

5.1.3. | 미디어 편향에 관한 경제학의 정의

지금까지, 미디어 편향이 지닌 두 가지 근본적인 속성, 즉 미디어 편향은 사람에 따라 다르게 인식되며 사라지지 않는 성질을 지닌다는 점을 설명했다. 지금부터는 이런 미디어 편향은 구체적으로 어떻게 정의할 수 있으며, 미디어 편향이 생겨나는 이유는 무엇인지에 관한 경제학자들의 견해를 본격적으로 살펴보자.

미디어 편향에 관한 경제학자들의 연구는 저널리즘과 미디어 커뮤니케이션 학자들에 비해선 크게 뒤늦었다. 하지만 그 기여는 작지 않다. 저널리즘 학계에서도 인정할 정도다. "미디어 편향이 발생하는 원인에 대한 연구는 주로 미디어 경제학 분야에서 이뤄져 왔"기 때문이다(최선규·유수정·양성은, 2012: 73). 비단, 원인만이 아니다. 미디어 편향의 효과나 영향에 대해서도 이론적으로 예측하고 실증적으로 분석하는 경제학자들의 연구는 갈수록 늘고 있다. 실제로 저명한 커뮤니케이션 학자 사무엘 로버트 릭터S. Robert Lichter는 미디어 편향과 관련한 학문적 성과를 종합해 소개한 책에서 "경제학자들은 최근 몇 년 동안 미디어 편향의 새 모델을 발전시키는 데 점점 더 큰 역할을 해왔다"며 "저널리즘의 최근 변화는, 상당 부분at least partially 경제적 인센티브 때문으로 설명할 수 있다"고 밝혔다. 특히 그는 "뉴스 공급자가 제공하는 편향과 소비자가 원하는 편향이 일치할 때 (뉴스 소비자의) 효용이 극대화되기 때문에, 뉴스 소비자들이 자신의 견해를 반영하는 뉴스에 끌리고 자신들의 견해에 도전하는 뉴스를 편향된 것으로 여긴다는 사실은 더욱 중요해지고 있다"고 설명했다(Lichter, S. R., 2017: 8).

미디어 편향과 관련해, 저널리즘과 커뮤니케이션 학자들에게 처음으로 강한 인상을 남긴 경제학자는 제임스 해밀턴James Hamilton이다. 그는 2004년 저서 『판매할 수 있는 모든 뉴스All the news that's fit to sell』[6]에서 뉴스 미디어들이 뉴스에 담기는 정치적 편향을 서로 차별화하는 것은 일반 제품 시장에서 기업들이 소비자들의 서로 다른 선호를 겨냥해 제품을 차별화하는 것과 유사하다고 주장했다(Hamilton, 2004). 예컨대, 진보적 관점이 담긴 뉴스는 유사한 관점을 공유하는 사람들에게 인기를 얻고, 반대로 보수적 관점이 담긴 뉴스는 보수적인 뉴스 소비자들에게 환영을 받는다는 것이다. 그리고 뉴스 미디어는 이처럼

---

6 이 책의 제목은 1896년 ≪뉴욕 타임스≫를 인수한 아돌프 옥스가 이 신문의 슬로건으로 삼은 '보도하기에 적합한 모든 뉴스(All the news that's fit to print)'에서 따온 것이다.

다른 편향을 지닌 뉴스 소비자들을 겨냥해 뉴스의 편향을 차별화하는 방식으로 이윤과 수요를 극대화한다고 해밀턴은 설명했다.

그렇다면, 경제학자들은 뉴스 미디어들의 이런 차별화 전략에 쓰이는 미디어 편향을 어떻게 정의할까? 미디어 편향에 관한 경제학자들의 정의를 소개하기 전에, 먼저 미디어가 편향을 드러내는 여러 형태를 간략히 확인해 보자.

앞서, 민주주의의 정치 과정에서 뉴스 미디어의 구실을 연구한 저명한 경제학자 안드레아 프랫과 데이비드 스트롬버그는 미디어 편향을 '사실 편향facts bias', '프레임 편향framing bias', '이슈 편향issue bias', 그리고 '이념적 편향ideological stand bias'으로 분류했다(Prat and Strömberg, 2013).[7] 뉴스 미디어가 어떤 이슈를 다루는지에 따라 '이슈 편향'이, 또 이슈의 어떤 측면을 포함하거나 배제하는지에 따라 '사실 편향'이, 사실들을 어떻게 제시하는지에 따라 프레임 편향이, 그리고 어떻게 논평하는지에 따라 '이념적 편향'이 생겨난다고 프랫과 스트롬버그는 설명했다.

매튜 젠츠코우와 제시 샤피로, 그리고 다니엘 스톤Daniel Stone은 2015년 미디어 편향에 관한 경제학계의 연구들을 종합해 소개한 논문에서 미디어 편향을 '명백한 왜곡distortion'과 '정보의 여과filtering of information'라는 두 유형으로 나눠 설명했다(Gentzkow, Shapiro, and Stone, 2015). 대체적으로 앞의 프랫과 스트롬버그가 얘기한 '사실 편향'과 '프레임 편향'은 젠츠코우 등의 편향 분류에선 '왜곡'에 해당되고, '이슈 편향'과 '이념적 편향'은 '정보의 여과'에 해당한다. 젠츠코우 등이 제시한 더 단순한 분류에 입각해 편향들을 구체적으로 설명해 보자

먼저 '명백한 왜곡'에는 특정 사안에 대한 보도를 아예 하지 않는 경우나 사실에 부합하지 않는 보도가 해당된다. 중요한 사실들을 고의로 누락시키거나

---

7 또 다른 경제학자 Sobbrio(2014)의 편향 분류도 이와 유사하다. 그는 '정보의 선택적 생략(Selective omission of information)', '프레이밍(Framing)', '이슈의 선택/의제 설정(Issue selection/Agenda Setting)', '이념적 선입견(Slanted endogenous information acquisition)'의 네 가지로 미디어 편향을 분류한다.

사실 자체를 왜곡하거나 조작·날조하는 류의 편향이다. 이 때문에 편향의 확인은 상대적으로 쉽다. 이를테면, 5.1.1. 사마라 미군 전투 보도에서, 만약 폭스 뉴스의 보도에 "(미군에 의해 사살된) 민간인들의 주검이 없다"는 내용이 들어 있었거나, 알 자지라에 "미군에 의해 사살된 사람들은 이라크 반군이 아니었다"는 내용이 들어 있었다면, 폭스 뉴스와 알 자지라의 보도 가운데 최소한 하나는 명백한 왜곡에 해당된다.[8]

두 번째 유형인 '정보의 여과'는 쉽게 말해 (취재와 보도 과정에서 벌어지는) 사실들을 취사선택하는 행위다.[9] 이로 인한 편향은 사실들의 요약과 함께 뉴스에 스며드는 탓에 상대적으로 감춰진 편향이다. 저널리스트들이 의식적으로 혹은 무의식적으로 뉴스에 담는 편향으로, 뉴스 미디어에 만연한 편향이다.

다시 앞서 이라크 미군 전투 보도의 예에서 '정보의 여과'에 따른 편향을 설명하자면, 폭스 뉴스는 '이라크인 8명의 생포'를, ≪뉴욕 타임스≫는 '이라크인들의 분노'를, 그리고 알 자지라는 '병원에 있는 주검들'을 각각 유일하게 보도했다. 세 뉴스 미디어들이 서로 다르게 여과한 사실들이다. 미군이 사살한 사람의 수를 "적어도 54명"(폭스 뉴스)과 "54명이나 되는"(≪뉴욕 타임스≫) 서로 다르게 표현한 것도 크게 보면 실제 사살한 사람의 수가 54명보다 많거나 적을 수 있는 가능성과 관련한 정보를 여과한 것이다.[10]

사실, 정보의 여과로 인한 편향은 뉴스 공급자 본연의 모습에서 비롯되는 편향으로, 뉴스 공급자가 의도하지 않더라도 생겨나는 편향이라고 할 수 있

---

8 '명백한 왜곡'을 편향에 의한 미디어를 연구한 경제학자들은 Milgrom and Roberts(1986b), Mullainathan and Shleifer(2005), Baron(2006), Besley and Prat(2006), Gentzkow and Shapiro(2006), Bernhardt et al.(2008) 등이 있다.

9 정보의 여과를 처음 개념화한 이는 일본계 미국인으로 연방 상원의원까지 지냈던 저명한 언어학자 사무엘 하야카와(Samuel I. Hayakawa, 1906~1992)이다. 그는 편향과 같은 뜻을 지닌 slanting(기울어짐)을 "기술하려는 내용에 우호적이거나 혹은 비우호적인 세부 사항들을 선택하는 프로세스"로 정의했다(Hayakawa, 1964: 13).

10 Strömberg(2004b), Chan and Suen(2008), 그리고 Duggan and Martinelli(2011) 등이 정보의 필터링을 미디어 편향의 정의로 삼았다.

다. 이를, 민주주의를 경제학으로 설명한 앤서니 다운스Anthony Downs는 아래와 같이 설명했다.

> 기자는 현존하는 사실 중 일부만을 선택해야 하기 때문에 모든 뉴스 보도는 편향적이다. … 정보는 사용할 정보와 그렇지 않은 정보를 결정하는 규칙을 통해 수집되는데, 모든 사람이 지닌 이 규칙은 사람마다 다르다. 무작위로 선택할 때조차 마찬가지다. 따라서 (사람들이 저마다 수집한) 모든 정보는 선택 가능한 방대한 양의 데이터 가운데 일부에 불과한 탓에 본질적으로 편향되어 있다. … 특정 데이터의 선택에는 (주관적) 가치 판단이 수반된다. 요컨대, 어떤 상황이나 사건들에 대한 순전히 객관적인 보도 같은 것은 존재하지 않는다(Downs, 1957: 207, 212).[11]

미디어 편향의 형태 분류나 표현에선 경제학자들 사이에도 차이가 있다. 그러나 미디어 편향을 이해하는 방식은 근본적으로 크게 다르지 않다. 따라서 경제학자들마다 미디어 편향의 형태를 다르게 표현하더라도, 학자들의 견해는 서로 배타적이지 않다. 또 현실에서 우리가 접하는 미디어의 편향은 다양한 형태의 이 모든 편향들이 종합된 결과라고 할 수 있다.

앞서 '명백한 왜곡'과 '정보의 여과'라는 두 종류로 미디어 편향을 분류했던 젠츠코우와 샤피로, 그리고 스톤은 경제학자들이 제시한 여러 유형의 편향을 포괄할 수 있는 미디어 편향의 정의를 다음과 같이 제시했다. 경제학자들 간에도 대체로 이견이 없는 미디어 편향의 경제학적 정의다.

> 동일한 사건에 대한 보도라 할지라도, 뉴스 미디어들 사이에는 "**사실들을 뉴스에**

11 미국의 전설적인 저널리스트 월터 리프먼(Walter Lippmann)도 숫자로 표시되는 스포츠 점수를 뺀 모든 기사는 어떤 형식으로든 선택과 배제의 과정을 거친다고 그의 저서 『여론(Public Opinion)』(1922)에서 말한 바 있다.

담는 체계적인 차이systematic differences in the mapping from facts to news reports"가 있고, 이런 차이가 바로 뉴스 미디어의 편향이다. 또 이런 차이(편향)는 뉴스를 접한 순진한naive 뉴스 소비자들을 각기 다른 방향으로 동요하게 한다(Gentzkow, Shapiro, and Stone, 2015)."

이런 미디어 편향은 앞서 이라크 사마라의 미군 전투를 보도한 폭스 뉴스, ≪뉴욕 타임스≫, 그리고 알 자지라의 사례에서도 확인할 수 있었고, 이 책의 독자들도 평소에 접하는 뉴스 미디어들을 통해 늘 겪는 일일 것이다.

아울러, 젠츠코우 등은 "편향은 그 부정적인 어감에도 불구하고, 사회적으로 해로울 필요는 없다. 노골적인 왜곡이나 불필요한 생략 등의 사례에서 편향은 분명하게 부정적이다. 또 편향되지 않은 보도의 기준을 따져보는 것은 유의미하다. 그러나 (사실들에 대한) 정보의 여과나 선택 등을 통한 편향은 효율적인 시장에서도 다양하게 공급될 수 있으며, (미디어의) '무편향unbiasedness' 이라는 개념 자체는 성립하지 않는다"고 말했다(Gentzkow, Shapiro, and Stone, 2015: 643). 즉 미디어 편향은 사라지지 않으며, 언제나 사회적으로 해롭다고 할 수도 없다는 것이다.

5.2. | 미디어 편향은 왜 생겨날까?

그러면, 사실을 뉴스에 담는 체계적인 차이, 즉 뉴스 미디어의 편향은 왜 생기는 걸까? 동일한 뉴스를 놓고 서로 다른 편향을 느끼듯, 편향의 원인이나 편향을 낳는 주체를 두고도 사람들의 생각은 정반대인 경우가 흔하다.

이를테면, 한국의 진보적 정치인이나 시민단체 관계자, 또는 저널리즘과 미디어 커뮤니케이션 학자들 중 적지 않은 이들은 "언론사 사주"가 미디어 편향을 좌우한다고 말한다. 반면 많은 보수적 정치인과 시민단체나 학계의 인사들은 "언론사 노조(원)"를 편향 보도의 주범으로 지목한다. 미디어로부터 전자는 보수적 편향을, 후자는 진보적 편향을 인식하는 데 따른 자연스러운 결과다. 5.1.2.① 상반된 편향에서 소개했듯이 이런 사정은 미국 등 다른 나라들도 크게 다르지 않다.

그런데 경제학자들은 미디어가 편향되는 이유에 대한 생각이 이들과는 다르다. 미디어 편향은 언론사의 사주나 개별 저널리스트 등 뉴스 공급자들로 인해 생겨날 수도 있지만, 독자나 시청자인 뉴스 소비자는 물론이고, 뉴스 시장 외부의 정치인들이나 대기업 등 다양한 주체로 인해 생겨날 수 있다고 여긴다. 특정 이념 진영의 전유물이 아니라고 보는 것이다.

경제학자들에 따르면, 뉴스의 공급 측면에서는 언론사 소유주나 저널리스트들에 의해 미디어 편향이 생겨날 수 있다. 또 권력과 금력이 언론사나 저널리스트들을 포획할 때도 뉴스에는 권력과 금력이 원하는 편향이 담길 수 있다. 수요 측면에서는 독자나 시청자 등 소비자들이 지닌 편향에 뉴스 미디어가 부합하려는 과정에서 미디어 편향이 생겨난다. 경제학자들은 뉴스의 공급과 수요 두 측면 가운데 어느 쪽이 미디어 편향에 더 주된 원인인지에 대해 아직까지 명확한 증거를 얻지는 못했지만,[12] 시장 경쟁이 증가할수록 독자와 시청자 등 수요 쪽 요인이 더 우세해진다는 데 대체적으로 동의하고 있다.

이제, 경제학자들이 얘기하는 미디어 편향의 발생 원인을 하나씩 차례로 살펴보자.

---

12 "미디어 편향의 기원을 이해하는 것은 (뉴스 미디어 산업에 대한) 규제상의 이유로 잠재적으로 중요하지만, 현 단계에서는 (미디어 편향이 공급과 수요 어느 쪽에 의해 주도되는지에 대한) 증거가 혼재되어 있다"(Prat and Strömberg, 2013).

5.2.1. ı 뉴스의 검증 가능성

미디어 편향은 뉴스 미디어를 아무리 철저히 감시하더라도 사라지지 않으며, 편향의 방향이나 수준에 대한 사람들의 인식도 저마다 다르다는 점은 앞서 설명한 바 있다. 미디어 편향의 이런 경험적 특성을 바탕으로, 하버드대학 비즈니스 스쿨의 바라트 아난드Bharat Anand, 라파엘 디 텔라Rafael Di Tella, 그리고 스탠포드대학의 알렉산더 갈레토비치Alexander Galetovic 등 세 경제학자는 함께 한 연구를 통해 뉴스 미디어 편향의 발생 이유를 뉴스가 지닌 본연의 한계에서 찾았다(Anand, et al., 2007).

세 학자들은 뉴스의 내용이 뉴스 소비자들에 의해 완전히 검증될 수 있는 사실들만으로 구성되어 있다면, 뉴스 미디어들은 사실만을 보도하게 되어 편향을 지닐 수 없을 것이라고 생각했다. 뉴스 소비자들이 쉽게 검증할 수 있는 사실들을 왜곡하거나 여과해 보도하는 어리석은 짓을 뉴스 미디어들이 할 리 없기 때문이다. 하지만 뉴스의 내용에 검증이 불가능한 사실들이 있으면, 뉴스 소비자들은 뉴스 콘텐츠에 담기는 뉴스 미디어의 '의견opinion'에 관심을 갖게 된다. 그리고 뉴스 미디어는 이 의견에 편향을 담는다고 세 학자들은 생각했다. 완전하고 명백한 근거를 갖는, 즉 검증 가능한 사실들만이 담기지 않는 뉴스의 속성이 미디어 편향을 낳는 원인이라는 것이다.[13]

세 학자들은 이런 주장을 뒷받침하기 위해 그때그때 다르게 보이는 뉴스 미디어의 품질을 예로 들었다. 사실 하나의 뉴스 미디어도 어떤 때는 매우 객관적이고 어떤 때는 극도로 편향된 모습을 보이는 일이 흔하다. 뉴스 미디어들이 이런 두 모습을 보이는 이유는 정보가 항상 완전히 검증 가능한 것은 아

13 편향에 관한 이런 관점은 저명한 커뮤니케이션 학자 데니스 맥퀘일(Denis McQuail, 1935~2017)의 편향 정의와 일맥상통한다. 그는 미디어는 현실을 있는 그대로 보도해야 하는 영역 외에 사설과 해설 기사 등 주관적 판단과 평가를 자유롭게 담는 비객관적 뉴스 영역을 지니고 있고 이때의 비객관성이 바로 편향이라고 정의했다(McQuail, 2005).

니라는 사실 때문이라는 것이다.

아난드와 디 텔라, 그리고 갈레토비치에 따르면, 뉴스 소비자가 뉴스의 내용을 모두 검증할 수 없는 현실은 뉴스 공급자에게 뉴스 콘텐츠에 의견이나 해석을 추가할 수 있는 '여백'을 제공한다. 이 '여백'은 미디어 편향이 발생하는 필요조건이다. 또한 미디어 편향이 생겨나는 충분조건은 뉴스 미디어가 '여백'에 편향을 채워 넣을 때 의식하는 뉴스 소비자들의 편향이다. 이윤을 극대화하려면 더 많은 뉴스 소비자를 얻어야 하고, 이를 위해서는 소비자의 편향을 뉴스에 담아야 하기 때문이다.

세 학자들은 이처럼 뉴스에 포함된 정보는 항상 완전히 검증할 수 없으며, 뉴스 소비자들은 저마다의 편향을 갖고 있다고 가정하고 '미디어 편향'에 관한 경제학 이론 모형을 전개했다. 이 모형에서 뉴스 소비자들은 '뉴스의 검증 가능성product verifiability of news'에 따라 '정보'와 '의견'에 각각 상대적 가중치를 부여하면서 뉴스 콘텐츠를 소비한다.[14] 즉, 뉴스 소비자들은 뉴스의 검증 가능성이 높으면 정보에, 검증 가능성이 낮을 땐 의견(해석)에 더 큰 가중치를 부여한다. 이때, 미디어 편향은 쉽게 검증할 수 없는 사실들을 바탕으로 뉴스 미디어들이 (뉴스)제품을 차별화한 결과라고 아난드 등은 설명했다.

이 견해에 따르면 뉴스 내용에 대한 검증이 가능할수록, 뉴스 미디어 간의 편향 차이는 작아진다. 경쟁하는 양대 정치 진영 중 한쪽과 관련된 추문 보도의 경우, 대개는 진영 언론 사이의 편향 간극이 크다. 그러나 추문 보도에 담긴 사실들이 쉽게 검증 가능할수록 좌우파 진영 언론 사이의 보도 편향 차이도 작아진다는 것이다. 또 스포츠 경기처럼 사실 관계들의 진위가 간명하게 확인되는 사건에 대한 뉴스일수록 뉴스 미디어의 보도는 덜 편향된다는 점에서 아난드 등의 견해는 설득력이 있다.

---

14 뉴스 상품에서 정보와 의견은 각기 수직적(vertical) 차별화의 속성이고, 의견은 수평적(horizontal) 차별화의 속성으로 볼 수 있다. 두 가지 차별화에 관해서는 6.3. 편향과 품질로 차별화 경쟁을 하는 뉴스 미디어 참고.

뉴스 소비자들이 저널리스트들을 불신하는 이유도, 아난드 등은 뉴스의 검증 가능성에 반비례해 생겨나는 미디어 편향에서 찾는다. 이들은 "완전히 검증될 수 없는 사실들이 뉴스에 담겨 있는 경우, 뉴스 소비자들은 뉴스 미디어들이 동일한 정보에서 시작해 어떻게 극적으로 다른 결론에 도달하는지 관찰할 것"이라며 "이때 뉴스 소비자들은 자신들의 편향에 부합하는 저널리스트들의 말을 제외한 나머지 대부분의 저널리스트의 말에는 의심을 품게 된다"고 말했다.[15] 따라서 뉴스 소비자들에게 단순히 미디어가 편향적인지에 대해 묻는 것만으로는 실제로 미디어가 지닌 편향을 객관적으로 추론할 수는 없다고 세 학자는 설명했다.

5.2.2. ı 뉴스 공급자의 욕망과 한계

평범한 사람들의 가장 일반적인 인식은 뉴스 미디어의 편향은 뉴스를 생산·공급하는 뉴스 미디어와 저널리스트들에 의해서 생겨난다는 것이다. 여기에는 그럴 만한 충분한 근거가 있다. 언론사의 사주는 물론, 데스크 등 편집진, 그리고 일선에서 취재와 기사를 작성하는 기자들에 이르기까지, 모두 개인적인 이해나 신념, 경험 등에 근거한 저마다의 편향을 갖고 있다. 그리고 뉴스 공급자들의 이런 편향은 그들에게 주어진 권한과 역할에 따라 그들이 생산하고 공급하는 개별 뉴스들과 보도 전반에 담길 수 있기 때문이다. 실제로도 뉴스 공급자들이 미디어 편향을 만들어내는 이유는 그들이 뉴스 소비자의 특정한 행동을 원하기 때문이거나, 뉴스 공급자 자신들도 의식하지 못하는 인간적 혹은 직업적인 한계[16]에 기인한다.

---

15 영국의 정치철학자 오노라 오닐(Onora O'Neill)은 "언론이 정보에 쉽게 접근하게 하는 데는 능숙하지만, 정보를 쉽게 평가할 수 있게 하는 것은 그때그때 다르다. 이것이 영국의 대중이 다른 직업인보다 신문 기자를 덜 신뢰한다는 조사 결과가 나오는 이유일 것"이라고 말한다(O'Neill, 2002.5.1.).

16 2.2. 뉴스 공급자의 숙명과 한계] 참고.

뉴스 공급자에 기인하는 편향이 실제로 존재하는지 여부는 오보誤報의 예를 통해 어렵지 않게 확인할 수 있다. 만약 어떤 뉴스 미디어가 '새로운 사실'을 발견해 보도했다고 생각해 보자. 그런데 이 발견이 진실에 합치하지 않거나 (의도했건 안 했건) 일부 거짓 사실들이 포함된 오보로 밝혀졌다면, 그 배경에는 저널리스트(들)의 '정치적 편향'이나 '직업적 이해', 혹은 '전문성 부족'이나 '인간의 인지적 한계' 등에 기인한 편향이 있기 마련이다. 이 편향이 저널리스트들에게 사실 관계를 오인하거나 의도적으로 왜곡하도록 했고, 급기야 넘어선 안 될 선까지 넘게 한 것이다.

공급 측면에서 생겨나는 미디어 편향에는 이처럼 저널리스트와 언론사 사주의 이해나 편향, 인간적 한계 등에 의해 발생하는 편향도 있지만, 정치인, 정부, 대기업, 이익 집단 등 뉴스 시장 밖 주체들이 뉴스 공급자를 포획해서 생기는 편향도 있다. '미디어 포획'에 따른 편향이다.

조금 더 설명하면, 정치권력이나 대기업 등이 언론사 사주(경영진)나 일선 데스크와 기자 등을 물리적으로 위협하거나 경제적으로 회유해 사실 관계나 뉴스의 톤, 혹은 맥락을 자신들이 원하는 방향으로 수정하게 해 생기는 편향이다. 자신들에게 불리한 뉴스는 보도되지 않도록 하거나, 유리한 뉴스가 보도되도록 하는 게 흔한 예다. 많은 나라에서 공영방송들의 정치적(이념적) 보도 편향이 대체적으로 친정부적인 이유도 정치권력에 의한 미디어 포획과 무관하다고 말하기 어렵다. 또 뉴스 미디어들이 재벌이나 대기업 편향의 뉴스들을 보도하거나 이들에 관한 부정적 보도를 하지 않는 현상 또한 금력에 미디어가 포획된 때문일 가능성이 크다.

뉴스 공급자들이 벌이는 경쟁의 수준도 미디어 편향의 '정도'와 '방향'에 영향을 끼친다. 뉴스 시장에 오직 하나의 뉴스 미디어가 존재하는 독점 상황, 양대 미디어가 존재하는 복점複占, duopoly을 포함해 몇몇 뉴스 미디어들이 시장을 과점oligopoly하고 있는 상황, 그리고 많은 미디어가 치열한 경쟁을 벌이는 자유경쟁 상황을 생각해 보자. 만약, 하나의 뉴스 미디어가 뉴스 시장을 독점하고 있다면, 미디어 편향의 대부분은 뉴스 소비자를 그다지 의식할 필요가 없는 뉴스 공급자의 뜻에 의해 좌우된다. 하지만 복점과 과점, 그리고 자유경쟁 수준으로 경쟁이 심화할수록 뉴스 미디어는 뉴스 소비자와 시장의 더 큰 압력에 직면하게 되고 그에 따른 편향을 보이게 된다.

지금까지 설명한 뉴스의 공급 쪽 요인으로 생기는 미디어 편향을 표현해 보면 그림 5-1과 같다.

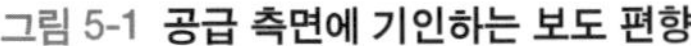

그림 5-1 공급 측면에 기인하는 보도 편향

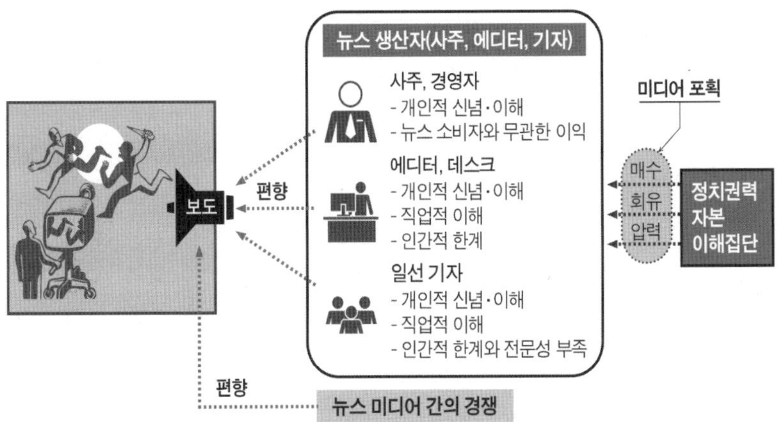

이어서, 저널리스트와 언론사 사주 등 뉴스 공급자에 기인하는 미디어 편향의 발생 원리를 좀 더 자세히 확인해 보자. 공급 측면에서 생겨나는 또 다른 미디어 편향들인 '경쟁의 수준'에 따라 달라지는 편향과 '미디어 포획'에 따른 편향은 이번 장에서도 일부 설명하지만, 더 자세한 내용은 이 책의 다른 부분에서 다룬다.[17]

17 경쟁에 따른 편향은 7장 자유롭게 경쟁하는 언론은 '진실'을 드러낼 수 있을까?에서, 미디어 포획에 따른 편향은 9장 포획되는 미디어, 권력이 되는 미디어에서 자세히 살펴본다.

① 저널리스트

스탠포드대학의 정치경제학자 데이비드 배런David Baron은 뉴스 소비자들이 언제나 '편향이 적은' 뉴스를 원한다고 생각했다. 그렇다면, 뉴스 소비자 획득 경쟁을 벌이는 뉴스 미디어들의 편향은 사라지거나 아주 작아져야 했다. 그러나 5.1.2.② 사라지지 않는 편향에서도 확인했듯이 미디어 편향은 미디어들의 치열한 경쟁 속에서도 결코 사라지지 않았다. 배런은 그 이유를 다음과 같이 찾았다(Baron, 2006).

배런은 영리 기업인 뉴스 미디어들이 정치적 편향을 드러내고 있지만, 이들이 수익을 희생하며 정치적 편향을 추구할 리는 없다고 보았다. 뉴스 미디어가 영리 기업이라면, 정치적 편향을 갖게 되는 데도 이윤 동기가 있어야 한다고 본 것이다. 이와 관련해 배런이 착목한 것은 뉴스 미디어 기업에 고용된 저널리스트들이었다.

일반적으로 뉴스 미디어의 경영진이나 사주는 뉴스 미디어가 영리 기업인 한 뉴스 소비자의 요구나 선호를 의식하지 않을 수 없다. 하지만 개별 저널리스트들은 사주나 경영자만큼 소비자를 의식하지 않는다. 저널리스트들에게는 자신이 속한 뉴스 미디어가 획득하는 이윤보다 저널리스트로서의 평가나 경력 등이 더 중요하다. 이 때문에 저널리스트들은 자신의 경력 향상에 도움이 되는 방식으로 뉴스를 보도하려 하고, 이런 태도가 뉴스 미디어의 편향을 낳는다고 배런은 생각했다.

배런에 따르면, 저널리스트의 입장에서는 특정 방향으로 뉴스를 편향되게 보도하는 게 자신의 명성fame을 높일 가능성이 높다. 편향은 기사를 더 그럴듯하게 만들기 때문이다. 이를테면, 'GMOs Genetically-Modified Organisms(유전자 변형 식품)'에 대한 기사에서 'GMO가 위험하다'는 기사는 신문의 1면에 실릴 수 있는 반면, 'GMO가 위험하지 않다'는 기사는 뒷면에 실리기 쉽다. 이런 상황에서 저널리스트들은 허용되는 범위에서 편향된 뉴스를 선택한다.[18] 반면, 뉴스 소비자들은 저널리스트들과는 달리 언제나 편향이 적은 뉴스를 원한다. 편향은 뉴스의 정확성을 떨어뜨리기 때문이다.

그런데 배런은 뉴스 미디어는 저널리스트들의 편향 보도를 어느 정도 허용할 수 있다고 생각했다. 편향에 관한 저널리스트들의 재량을 제한할수록 뉴스 미디어는 더 높은 임금을 지급해야 하고, 반대로 재량을 어느 정도 허용하면 그만큼 저널리스트들에 대한 인건비를 낮출 수 있다고 본 것이다. 즉, 뉴스 미디어는 고용된 저널리스트들의 재량권을 제한해 보도의 편향을 통제할 수 있지만, 그 경우 더 많은 임금을 지급해야 한다. 반대로 저널리스트들에게 재량권을 부여해 보도 편향을 용인하면 인건비를 낮출 수 있어 이익의 증대를 도모할 수 있다.

따라서 이윤 극대화를 추구하는 뉴스 미디어 기업은 저널리스트들에게 편향에 대한 재량권을 확대해 주는 대신 인건비를 줄이려 한다는 것이다. 이에 따라 미디어 편향은 자신의 경력 향상에 관심이 있고 미래의 기회를 위해 현재의 임금을 기꺼이 희생할 수 있는 저널리스트들에 의해 생겨난다는 게 배런의 통찰이었다.

또, 배런의 모형에 따르면, 뉴스 미디어 사이의 경쟁은 뉴스 미디어들의 편향을 증가시킬 수 있다. 경쟁으로 인한 비용 절감 압박으로, 뉴스 미디어는 저널리스트들에게 지급할 임금을 최소화하려 저널리스트들에게 더 큰 재량권을 부여하게 되기 때문이다. 따라서 다른 조건이 동일하다면, 배런의 견해에서는 편향이 많은 저품질 뉴스 미디어도 충분한 이익을 낼 수 있다. 그럴듯한 분석이다.

② 언론사 사주

더 많은 이익을 위해 언론사 사주가 저널리스트들의 편향을 허용한다고 한

---

18 뉴스 소비자와 다른 저널리스트의 이목을 끌려는 저널리스트들의 이런 태도가 낳는 최악의 경우는 조작된 뉴스다. 편향이 금도를 넘어 완전한 거짓 뉴스가 되는 예다.

데이비드 배런과는 달리, 신제도주의 경제학파의 선구자 중 한명인 해럴드 뎀세츠Harold Demsetz(1930~2019)와 케네스 렌Kenneth Lehn 같은 이들은, 미디어 기업의 소유주들이 미디어 콘텐츠에 자신들의 이념적 견해를 담을 수 있을 때는 낮은 이익도 감수할 수 있다고 보았다. 언론사 사주들이 이익 감소를 감수하며 자신들의 편향(이념)을 추구할 수 있다는 것이었다(Demsetz and Lehn, 1985).

미국 버지니아 주립대학의 사이먼 앤더슨Simon Anderson과 존 맥라렌John McLaren은 뎀세츠와 렌보다 한발 더 나아갔다. 두 학자는 언론사 사주들의 정치적 동기로부터 생겨나는 미디어 편향을 연구했는데, 미디어 기업의 소유주들은 상업적 이윤과 정치적 영향력 모두 추구할 수 있다고 생각했다. 이런 생각을 바탕으로 앤더슨과 맥라렌은 언론사 사주들이 이윤과 함께 뉴스 소비자들의 정치적 선택에서도 효용을 얻는 이론 모형을 제시했다(Anderson and McLaren, 2012).

이 모형에선 미디어 소유자들이 자신들의 정치적 이익을 위해 특정한 정보를 뉴스 소비자들에게 제공하지 않음으로써 여론에 영향을 미친다. 이것이 가능한 이유는 다음과 같다. 뉴스 소비자들은 뉴스 미디어가 얼마나 많은 정보를 갖고 있는지 모른다. 언론사 사주들은 (자신이 고용한 저널리스트들을 통해) 뉴스 소비자들이 모르고 있는 정보들을 뉴스에서 누락시키는 방식으로 뉴스에 자신들이 원하는 편향을 담는다. 뉴스 소비자들은 언론사 사주들의 정치적 편향을 알고 있더라도, 사실들의 누락을 통해 만들어진 미디어 편향에는 영향을 받는다. 어떤 사실들이 보도되지 않을 때 뉴스 소비자는 이것(들)이 원래부터 알려지지 않은 것인지, 뉴스 미디어에 의해 숨겨진 것인지 알 수 없기 때문이다.

앤더슨과 맥라렌은 이처럼 언론사 사주가 자신의 정치적 이해를 위해 뉴스에 편향을 담을 수 있지만, 소유주의 이런 행동은 뉴스 미디어 간의 경쟁을 통해 제어될 수 있다고 말한다. 두 학자에 따르면, 시장 경쟁을 벌이는 뉴스 미디어들은 뉴스 소비자의 요구에 앞다퉈 부응하려 한다. 뉴스 소비자가 뉴스의 정확성을 요구한다면, 뉴스 미디어들은 편향을 줄이고 정확성을 높이려 한다. 그러지 않으면 소비자를 잃기 때문이다. 따라서 뉴스 소비자들이 정확한 보도를 원하는 한, 경쟁의 증가는 뉴스 언론사 사주에 의해 생겨나는 미디어 편향을 줄이는 데 효과적이다. 경쟁의 감소는 반대의 효과를 낸다. 그뿐만 아니라, 소유한 미디어에 자신의 정치적 편향을 반영하는 언론사 사주들은 다양하고 차별화된 뉴스를 소비자들에게 제공할 수 없다. 따라서 콘텐츠에 개입하는 언론사 사주들이 있는 뉴스 시장에서는 경쟁이 증가할수록 더 바람직하다고 두 학자는 주장했다.

일반 제품 혹은 서비스 시장에서는 독과점의 진전 등 경쟁의 감소는 '낮은 품질'과 '높은 가격'을 낳는다. 이에 비해, 자신의 이해를 위해 뉴스에 편향을 담는 언론사 사주들이 있는 뉴스 시장에서는, 경쟁의 감소가 민주적 의사결정 등 사회적 선택까지 왜곡하는 결과까지 초래할 수 있다. 이는 뉴스 시장에서는 미디어 기업들의 합병과 소유 집중의 부작용이 다른 시장보다 훨씬 더 심각할 수 있음을 뜻한다.

5.2.3. | 편향된 뉴스에 대한 소비자의 수요

저널리스트들의 세계에서 "독자(시청자)는 진실을 원한다"는 말은, 마치 신앙인의 세계에서 '신은 살아 있다'는 말처럼 회자된다. 믿음이자 당위다. 과연 그럴까? 만약, 뉴스 소비자들이 진실을 원한다면, 그들은 뉴스의 진위를 어떻게 판단할 수 있을까? 그들이 예외 없이 저마다 지니고 있는 '확증 편향'이 뉴스의 진위를 판단하는 근본 기준 중 하나라면? 뉴스 소비자들의 확증 편향은 뉴스의 진위를 가리는 데 어떻게 작용할까?

경제학자들도 비슷한 고민을 해왔다. 뉴스 소비자들이 정확한 뉴스를 중시한다면, 경제학적 상식으로는 뉴스 미디어 사이의 경쟁이 심화할수록 편향은 사라져야 한다. 뉴스 소비자의 요구와 동떨어진 편향으로 뉴스를 왜곡하는 뉴스 미디어들이 경쟁에서 살아남는 것은 불가능하기 때문이다. 그러나 치열한 경쟁 속에서도 미디어 편향은 사라지지 않고 관찰된다. 이런 현실은 경제학자들로 하여금 '편향된 뉴스'를 추구하는 소비자들의 불합리한 행태를 이해하는 동시에, '편향된 뉴스 수요'의 메커니즘을 찾아 나서게 했다.[19]

① '진실'보다 '만족'을 원하는 뉴스 소비자

확증 편향은 기존에 형성된 사고나 가치, 신념에 일치하는 정보만을 받아들이려고 하고 이와 상반되는 정보는 무시하거나 배척하는 경향이다. 인간이 지닌 보편적 '인지 편향認知偏向, cognitive bias'이어서, 정보를 선택할 때나 해석할 때 모두 작동한다. 쉽게 말해, 사람은 보고 싶은 것만 보려 한다. 뉴스 소비자들은 '진실'을 원한다지만, 각자의 '편향'이라는 프리즘을 거쳐 진실인지 아닌지를 판단한다는 것이다. 그렇다면 확증 편향에 사로잡힌 뉴스 소비자들이 원하는 진실이란 도대체 무엇일까?

만약, '배우자의 불륜'을 전하는 소식과 이를 부정하는 소식을, 혹은 '갖고 있는 주식 가격 폭락'을 전망하는 뉴스와 그 반대의 뉴스를 함께 접한다면, 우리는 어느 뉴스를 진실이라고 여길까? 평범한 대부분의 사람들에게 답은 자명할 것이다. 사람들은 '진실'과 '거짓'의 다툼을 보기 전에 먼저 '믿고 싶은 뉴스'와 '믿고 싶지 않은 뉴스'를 접한다. 그리고 언제나 전자를 '진실'이라고 여긴다.[20]

또, 거짓일지라도 많은 사람의 확증 편향에 부합하면 며칠, 몇 년이 아니라 몇십 년, 혹은 몇백 년 이상 진실로 받아들여진 일도 인류 역사에선 드물지 않

---

19 프란체스코 소브리오(Francesco Sobbrio)는 "미디어 편향을 수요 측면, 즉 뉴스 소비자 쪽에서 주도한다는 논리의 암묵적인 출발점은 뉴스 시장이 경쟁적일수록 공급자가 주도하는 미디어 편향은 사라져야 한다는 생각에 뿌리를 두고 있다"고 말한다(Sobbrio, 2014).

20 경제학자(Rabin and Schrage, 1999)는 사람들이 '무한한 양'의 정보를 접하고도 확증 편향으로 인해 잘못된 가설을 믿게 될 수 있음을 보였다.

았다. 인도에 닿기를 원하던 대항해시대大航海時代, the age of discovery[21]의 유럽인들이 발견한 것은 아메리카 신대륙이었다. 하지만 당시 유럽인 대부분은 그들이 지니고 있던 확증 편향 때문에 신대륙의 존재를 상상조차 하지 못했다. 그로 인해 크리스토퍼 콜럼버스Christopher Columbus가 신대륙을 발견한 1492년부터 아메리고 베스부치Amerigo Vespucci가 이곳이 '신대륙'이라고 알린 1503년까지 최소 10여 년 이상 지금의 아메리카 대륙은 인도였다.

더 한 예도 있다. '태양이 지구를 돈다'는 2세기 그리스의 천문학자 프톨레마이오스Ptolemaeos의 천동설天動說은 코페르니쿠스Copernicus가 16세기 지동설地動說을 주장했을 때까지만 따져도 1400년간 흔들림 없는 진실이었다. 그 이후로도 대부분의 사람들이 지동설을 '진실'로 받아들이는 데에는 다시 수백 년이 더 필요했다. 이런 일이 벌어진 가장 큰 이유는 뉴스를 접하는 사람들이 지닌 천동설에 관한 확증 편향 때문이었다. 뉴스가 아무리 진실을 전하더라도, 뉴스 소비자의 편향에 부합하지 않거나 이 편향을 극복해 내지 못한다면, 뉴스 소비자의 선택을 받기 어렵고 '진실'이라고 받아들여지는 것은 더욱 어렵다. 요컨대, 뉴스 소비자는 '진실된 뉴스'를 원한다고 하지만, 자신의 생각과 비슷한 뉴스를 먼저 찾는다. 또 자신의 편향을 극복할 수 있을 때만 '진실'에 눈 뜰 수 있다.

또한, 뉴스에 대한 인간의 욕망은 이율배반적이다. 이성적 사고와 판단을 강조하면서도, 대부분의 사람들은 감성의 범주에 속한 선정적 뉴스에 본능적으로 눈길을 주고 귀를 기울인다. 신속한 뉴스는 정확하기 어렵고 정확한 뉴스는 신속하게 전달되기 어렵지만, 대부분의 사람들은 신속한 동시에 정확한 뉴스를 원한다. 때로 감성과 확증 편향은 이성을 압도하고, 신속하게 알고 싶은 욕망은 정확하게 알고 싶은 욕망을 능가한다. 이런 뉴스 소비자의 욕망은

---

21 15세기 초반~18세기 중반, 유럽인들이 발전된 항해술로 아메리카, 아프리카 남단, 인도와 동남아시아, 동아시아로 가는 항로를 개척해 다양한 지리상의 발견을 이룩한 시대.

뉴스 소비자들의 눈과 귀를 잡아야 하는 뉴스 미디어와 저널리스트들에게는 거부할 수 없는 강력한 힘이다. 독자 없는 신문이 존재할 수 없듯이, 뉴스 소비자들의 욕망을 외면하는 뉴스 미디어 또한 뉴스 시장에서 살아남을 수 없기 때문이다. 뉴스 소비자에 의한 미디어 편향이 생겨나는 이유다.

② '확증 뉴스'가 주는 효용

이처럼 뉴스 소비자들은 '객관적으로 가장 정확한 뉴스'가 아니라 자신의 선호나 선입견을 확인해 주는 '확증 뉴스confirmatory news'를 원한다. 커뮤니케이션 학자들에게도 사람들이 자신의 신념과 일치하는 이야기를 즐기고 신뢰한다는 견해가 일반적이다(Graber, 1984; Severin and Tankard, 1992). 심리학자들도 사람들이 경험적 증거를 아전인수식으로 활용하며(Lord, et al., 1979), 자신의 믿음과 일치하지 않는 정보보다 믿음과 일치하는 정보를 더 잘 기억하는 경향이 있고(Bartlett, 1932), 언제 어디서나 다양한 모습의 확증 편향을 지니고 있음을 다각적으로 설명해 왔다(Nickersonnd, 1998).

이런 소비자들의 뉴스 소비 행태는 뉴스 공급자들의 미디어 편향을 낳는다. 이와 관련해, 매튜 젠츠코우, 제시 샤피로, 다니엘 스톤 등 세 학자는 미디어 편향에 관한 경제학자들의 이론 연구를 집대성한 글에서 "미디어 편향을 낳는 (공급 측면 이외의) 또 다른 힘은 소비자들의 수요 그 자체"라고 말했다(Gentzkow, Shapiro, and Stone, 2015).

특히 경제학자들은 '비합리적으로 보이는 인간의 행동들'을 합리적으로 이해하려 노력해 왔다(Tirole, 2002; Caplan, 2000). 매튜 라빈Matthew Rabin과 조엘 쉬라그Joel Schrag는 사람들은 자신의 믿음과 일치하지 않는 데이터를 덜 신뢰해 자신의 생각을 일상적으로 업데이트할 때 덜 반영한다는 것을 밝혀해 주목을 끌었다(Rabin and Schrag, 1999). 사람들은 새로운 정보를 자신들이 지닌 편향을 뒷받침하는 쪽으로 해석한다는 것이다. 또, 센드힐 물라이나탄Sendhil Mullainathan은 사람들이 정보를 받아들일 때 큰 범주의 기존 생각을 바꿔야 할 만한 정보가 아니면 무시하는 경향이 있다고 주장했다(Mullainathan, 2002).

이처럼 인간이 확증 뉴스를 선호하는 이유로 경제학자들이 지금까지 내놓은 설명은 크게 두 가지다. 첫째는, 뉴스 소비에서 사람들이 얻는 '심리적 효용psychological utility'이다. 뉴스 소비자들은 자신들의 확증 편향에 부합하는 편향을 지닌 뉴스를 보고 듣는 데서 직접적인 효용을 얻는다는 견해다. 이를테면 자신이 지닌 생각은 옳고 다른 이들의 생각은 틀리다는 것을 확인시켜 주는 뉴스, 즉 '확증 뉴스'를 접하는 것은 사람들에게 즐거운 일이다. 반대로 자신의 기존 생각을 바꿔야 하는 뉴스를 접하는 일은 관련된 사안들을 새롭게 인식해야 하는 수고가 불가피하다. 이 때문에 사람들은 자신의 확증 편향에 부합하지 않는 뉴스를 회피하려 한다.

따라서 뉴스 소비자가 확증 뉴스를 원하는 이유를 '심리적 효용'으로 보는 경제학자들은, 뉴스 소비자들이 '자신들의 정치적 이념 혹은 견해에 더 가까운 뉴스를 선호한다'(Gabszewicz et al., 2001; Yariv, 2002; Mullainathan and Shleifer, 2005; Yang, 2022)거나, '지지 정당에 관한 긍정적 뉴스와 반대하는 정당에 대한 부정적 뉴스로부터 효용을 얻는다'(Bernhardt, Krasa and Polborn, 2008)거나, 혹은 '인식의 불협화음을 회피하게 해주는 뉴스를 선호한다'(Schulz and Weimann, 1989)는 등으로 생각한다.

인간의 확증 뉴스 선호에 대한 경제학자들의 두 번째 설명은 '기대 효용expected utility'이다. 경제학에서 말하는 '기대 효용'은 미래가 불확실한 상황에서 어떤 행위를 할 때, 그 행위에 따라 합리적(확률적)으로 기대할 수 있는 효용을 뜻한다. 또 합리적인 사람들은 행위에 따른 기대 효용을 비교해 기대 효용이 큰 쪽으로 행동한다는 게 '기대 효용 이론Expected utility theory'이다. 이 이론에 입각하면, 미래가 불확실한 상황에서는 소비자들이 자신의 선입견이나 선호에 부합하는 '편향된 정보'에 입각한 선택(행동)을 하는 것이 합리적이다(Calvert, 1985; Suen, 2004). 즉, 뉴스 소비자들은 자신의 선택과 행동에 따른 기대 효용을 크게 해주는 정보를 원한다. 그리고 이 정보는 자신의 선입견이나 선호, 이른

바 확증 편향을 만족시켜 주는 '확증 뉴스'라는 것이다.[22]

따라서 뉴스 소비자가 '심리적 효용' 때문에 확증 뉴스를 선호한다고 여길 때의 소비자는 불합리한 인간이지만, '기대 효용' 때문에 확증 뉴스를 선호한다고 가정할 때의 뉴스 소비자는 매우 합리적인 인간이다.

5.3. ❘ 시대와 사회에 따라 다른 뉴스 소비자의 편향

뉴스 미디어의 편향을 낳는 가장 중요한 원인인 뉴스 소비자의 편향은 시대에 따라 변화한다. 또 같은 시대라고 해도 사회마다 다르다. 특히 한 사회의 정치적 대립과 갈등, 부의 분배 수준, 오랜 기간에 걸쳐 형성된 관행과 전통 등은 그 사회 뉴스 소비자들이 지닌 확증 편향의 양상에도 그대로 투영되어 있다. 시대나 사회에 따라 사람들의 삶과 사고의 방식에 차이가 있고 문화도 다르듯 뉴스 소비자가 뉴스를 대하는 태도에도 차이가 있는 것이다. 격렬한 정치적 대립이 반복되는 사회의 구성원들과 상대적으로 안정된 사회의 구성원들이 지닌 정치적 편향의 양상이 서로 같다면 그게 더 이상한 일이다. 또, 뉴스 소비자들의 이런 편향은 끊임없이 변화한다. 정치 세력이나 이념의 흥망성쇠, 경제적 환경의 변화 등 사회의 모든 변화가 뉴스 소비자들의 편향에 언제나 반영되기 때문이다.

① 나라마다 다른 편향

로이터저널리즘연구소는 매년 전 세계 주요 국가들의 뉴스 소비자들을 대상으로 뉴스와 미디어에 대한 인식과 이용 행태를 조사해 「디지털 뉴스 리포

22 뉴스 소비자들이 '기대 효용'의 관점에서 편향된 뉴스를 원한다는 가정을 채택한 경제학자들의 미디어 편향 연구로는, Gentzkow and Shapiro(2006), Chan and Suen(2008), Burke (2008), Strömberg(2004b), Duggan and Martinelli(2011) 등이 있다.

트」라는 조사분석서를 발간한다. 2020년 발간된 「디지털 뉴스 리포트 2020」에 따르면, 한국 뉴스 소비자들의 뉴스 편식은 세계적으로도 심각한 수준이다. 한국은 '나의 관점과 같은 뉴스'를 선호하는 사람들이 세계에서 가장 많은 편(44%)에 속하고, 반면 '나의 관점과 다른 뉴스'를 선호하는 사람은 가장 적은 편(4%)에 속했다. 그림 5-2를 보면 알겠지만, 다른 나라 뉴스 소비자들에 견줘 볼 때 한국 뉴스 소비자들의 뉴스 소비 행태는 '극단적'이라 할 수 있다. 예사로운 일이 아니다.

한국 뉴스 소비자들의 이런 배타적인 뉴스 소비, 즉 자신의 생각만을 확인하려 하고, 반대편의 생각은 알고자 하지 않는 뉴스 소비는 단연 세계에서 가장 심각하다. 이는 한국에서는 뉴스 미디어를 향해 '나의 편향에 부합하는 보도를 하라'는 뉴스 소비자들의 압력이 그만큼 크다는 뜻이다. 동시에 중도적 관점의 보도를 하는 뉴스 미디어가 상대적으로 가장 환영을 받지 못하는 나라다. 조사 시점은 2020년이지만, 그 후로도 이런 양상에는 큰 변화가 없었다.

대부분 한국인일 이 책의 독자들도 '자기 생각과 반대인 뉴스를 왜 보나? 스트레스만 받을 텐데, 보려는 사람이 적은 건 당연한 것 아닌가'라고 생각할지도 모르겠다. 만약 그렇다면, 그것은 독자들이 한국에 살고 있기 때문일 것이다. 시야를 넓혀 핀란드나 노르웨이 같은 북유럽 국가의 사정을 보자. 로이터 저널리즘연구소의 같은 조사에 핀란드와 노르웨이 사람들 가운데 '나의 관점과 같은 뉴스'를 선호한다는 사람들은 각각 11%와 12%에 불과했다. 한국인의 4분의 1 수준이다. 더 눈에 띄는 것은 '나의 관점과 다른 뉴스'를 선호한다는 사람들은 각각 12%와 17%로 '나의 관점과 같은 뉴스를 선호한다는 사람들보다 더 많았다. '내 생각'보다 '남의 생각'을 더 알고 싶어 하는 핀란드와 노르웨이 사람들의 태도는 자신의 뜻에 반하는 의견을 가진 이들에 대해 더 개방적임을 보여주는 것이다. 이처럼 나라마다 다른 뉴스 소비자들의 편향이나 뉴스 미디어를 대하는 태도는 그림 5-3에 나타나 있는 것처럼 뉴스 미디어의 이념적 편향 포지셔닝이 나라마다 다른 결과를 낳는다.

그림 5-2 **각국 뉴스 소비자의 뉴스 선호**(40개국) (단위: %)

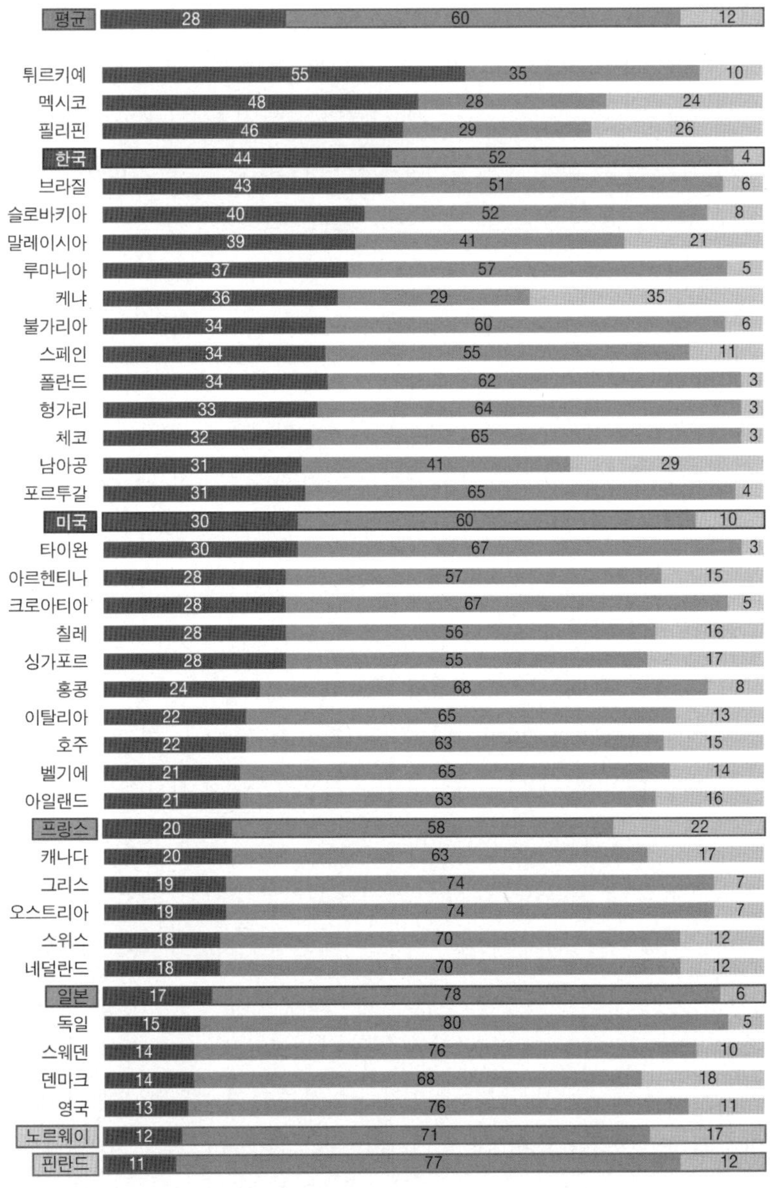

출처: Reuters Institute for the Study of Journalism(2020).

그림 5-3 미국, 영국, 노르웨이 3개국 주요 온라인 뉴스 미디어의 이념적 편향

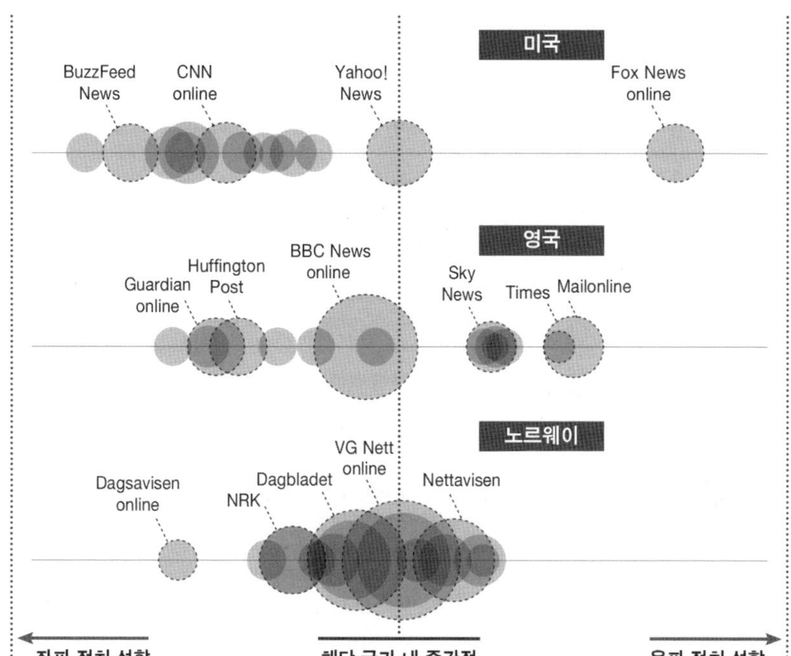

주: 뉴스 미디어 브랜드를 나타내는 원의 크기는 온라인 뉴스 시장에서의 상대적 점유율을 나타낸다.
출처: Reuters Institute for the Study of Journalism(2017).

그림 5-2의 한국이나 브라질에서 쉽게 확인되는 배타적 뉴스 소비는 지속적인 정치적 양극화, 그에 편승한 뉴스 미디어들의 편파적 보도가 켜켜이 쌓인 결과다. 배타적 뉴스 소비와 뉴스 미디어의 양극화된 편향 보도 사이에 어느 쪽이 먼저인지는 단언하기 쉽지 않다. 하지만 적어도 두 현상이 서로 영향을 끼쳤다는 데에는 반론의 여지가 없어 보인다.

요컨대, 그림 5-2와 그림 5-3에서 보듯이, 각 나라마다 다른 뉴스 미디어들의 편향 포지셔닝은 그 나라 뉴스 소비자들의 모습과 깊은 관련이 있다. 그러나 이런 모습은 불변이 아니다. 독일이 언젠가 스페인처럼 바뀔 수 있고, 브라질이 스위스처럼 바뀔 수도 있다. 앞서 얘기한 대로 시간이 흐르며, 정치적·

경제적 지형이 바뀌고 기술과 환경, 그리고 문화가 변화화면서 사람들의 인식과 편향도 바뀌기 때문이다.

② 시대마다 다른 편향

시대에 따라 사람들의 정치적 편향이 변화하는 모습을 객관적으로 확인하는 일은 쉽지 않다. 사회 구성원 전반의 편향이 시기에 따라 변화하는 양상을 확인하는 것은 장기간에 걸쳐 일관된 문항의 조사들이 축적되어야 가능하다. 이 때문에 어떤 사회 혹은 국가에서 구성원 전반의 정치(이념)적 편향의 분포가 세월이 흐름에 따라 변화할 것이라는 상식적 추정은 할 수 있더라도 이를 뒷받침할 객관적 근거를 제시하는 것은 쉽지 않다. 한국은 물론 많은 나라에 이런 종류의 데이터는 아직 존재하지 않는다. 그러나 미국의 경우, 사회조사기관 '퓨 리서치 센터'가 관련 조사를 20여 년 이상 해오고 있어, 미국인의 정치적 편향 분포를 시대별로 비교해 볼 수 있다.

2017년 퓨 리서치 센터는 1994년 이후 매번 동일한 10개 항의 설문으로 지

그림 5-4 **미국 뉴스 소비자들의 정치적 편향 양극화 추이**(1994~2017)

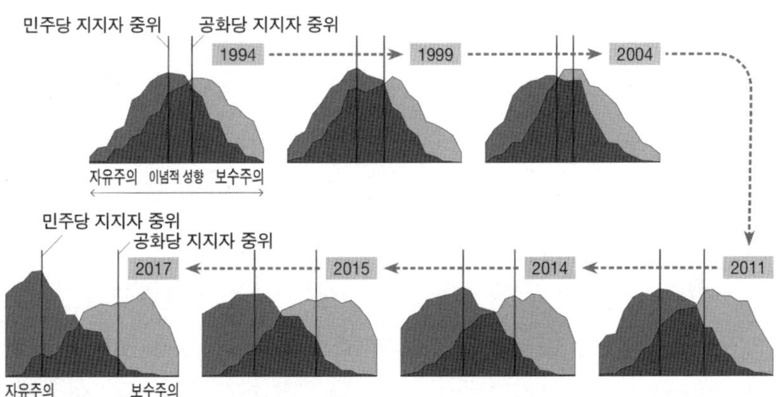

주: '중위'는 각 당의 지지자 가운데 이념적 성향이 중위에 있는 사람을 뜻한다.
출처: Pew Research Center(2017.10.20).

난 20년 동안 일곱 차례에 걸쳐 미국인들의 이념(정치)적 편향이 어떻게 변화했는지 조사한 결과를 발표했다. 이에 따르면 이 기간 동안 이념적 성향을 묻는 10개의 설문에서 자유주의 혹은 보수주의에 일관된 편향을 갖는 미국인들은 지속적으로 증가했다. 민주, 공화 양대 정당에 대해 당파적 태도를 지닌 미국인들이 늘어난 것이다. 그림 5-4에서도 확인할 수 있듯이 1994년은 미국 뉴스 소비자들 사이에서는 중도층이 두터웠고, 정치적 양극화도 진전되지 않았었다. 그러나 도널드 트럼프Donald Trump가 대통령에 취임했던 2017년은 나라가 두 쪽이 나 있다고 할 만큼 정치적 양극화는 매우 심각한 상태였다는 게 확인된다. 어쩌면 최근 몇 년 동안 한국의 뉴스 소비자들도 이런 모습을 하고 있을지 모른다. 또 양대 정당이 아닌 제3의 정당을 표방한 중도 정당에 대한 한국 유권자들의 지지가 상대적으로 많았던 2011~2013년 등의 시기에는 뉴스 소비자들의 정치적 양극화가 지금보다 덜 했을 수 있다.

미국이나 한국 같은 나라들도 미래에는 정치적 양극화가 완화되고 사람들의 정치적 편향 분포도 변화할지 모른다. 거꾸로, 사회 구성원들의 정치적 양극화가 심하지 않은 나라들이 그 반대의 길을 갈 수도 있다. 지금도 지구촌 어디에서나 사람들의 생각과 편향은 변화하고 있기 때문이다. 그리고 뉴스 미디어들의 편향도 뉴스 소비자의 편향 변화에 앞서거니 뒤서거니 하면서 변화할 것이다.

:: 한 걸음 더 5-1 :: **언론학자들의 미디어 편향**

학문적 특성 탓에 경제학자들과 언론학자들은 미디어 편향에 대한 이해와 정의定義, definition에 서로 차이가 있다. 경제학이 탈규범적이고 연역적인 방법론을 추구하는 데 비해, 언론학은 규범을 중시하며 귀납적 방법론을 쓴다. 즉, 경제학은 합리주의적 경향을, 언론학은 경험주의적 경향을 보인다.

그렇다 보니, 미디어 편향에 대한 언론학자들의 정의나 이해는 경제학자들에 비해 훨씬 다양하다. 이는 다양한 미디어 편향들을 제각기 설명하고 이해하는 데에는 효과적이다. 하지만 미디어 편향에 대한 표준화된 학문적 정의가 명확하게 존재하지 않는다는 단점도 있다. 실제로 언론학자들 스스로도 "미디어 편향 개념이 광범위하게 쓰이는 탓에 편향의 의미나 측정과 영향에 관한 불일치가 그만큼 광범위하다"거나(Lichter, S. R., 2017), "(미디어) 편향은 매우 진지한 실증적 관심의 대상이었음에도 아직 명확하게 정의되지 않았다"고 말한다(Entman, 2007). 미디어 편향이 언론학의 핵심 연구 대상임에도 이처럼 언론학자들 사이에는 보편적으로 통용되는 '정의'를 확인하기 어렵다. 그러다 보니, 미디어 편향에 대한 논의는 언론학에서 그만큼 더 다채롭고 풍부하다고 할 수 있다. 여기서는 언론학자 사무엘 로버트 릭터가 정리한 '미디어 편향 이론들Theories of Media Bias'(Lichter, S. R., 2017)을 중심으로 미디어 편향에 대한 언론학계의 견해와 논쟁을 압축적으로 살펴본다.

객관성과 이념적 편향

객관주의 저널리즘은 3.2.1.① 저널리즘의 탄생에서 설명한 것처럼 신문들의 만연한 정파성이 되레 기업적 성장의 장애가 됐고, 정파성을 약화시켜 더 많은 독자를 획득할 수 있었던 시기에 태어났다. 객관주의 저널리즘은 뉴스 미디어들이 정치와 공공의 이슈를 다룰 때 편파적이지 않고 객관적이어야 한다는 저널리즘 사조였다. 이를 바탕으로 미국의 저널리스트들과 언론학자들은 저널리스트의 보도 행위를 당파적인 정보 조작과 구별하는 직업적 규범과 정체성을 확립했다(Kaplan, 2009). 이후 뉴스의 객관성Objectivity은 공정fairness, 균형balance, 불편부당impartiality 등의 동의어이자 미디어 편향을 판단하는 기준으로 통용되어 왔다.

그러나 '뉴스가 객관적이어야 한다'는 견해는 언론학자들 사이에서도 처음부터 논쟁의 대상이었다. 많은 학자가 '객관적 보도'라는 언론 규범은 '달성할 수 없는 이상'이라거나, 객관성이라는 허울을 쓴 '주관적인 관행' 혹은 '개인적 또는 정치적 이해를 감추는 가면假面, mask'에 불과하다고 비판했다(Lichter, S. R., 2017).

특히, 적지 않은 언론학자들은 '대중 미디어가 이념적 편향 Ideological Biases을 지니고 있다'고 주장해 왔다. 한쪽의 학자들은 대중 미디어가 '보수적 편향'을 지니고 있다고 주장하고, 다른 한쪽에선 '자유주의적 편향'을 지니고 있다고 주장한다. 명망 있는 학자들의 양립 불가능한 이런 지적들은 어느 쪽이 타당하든 대중 뉴스 미디어들이나 저널리스트들이 표방하는

'객관주의 저널리즘'에 대해 근본적인 의구심을 자아내는 것이다.

① 보수적 편향

일군의 사회학자나 언론학자들은 대중 미디어가 보수적 편향Conservative Bias을 지니고 있다고 주장한다. 사회 지배 계층의 이익과 헤게모니를 유지할 수 있도록 대중의 의식을 형성하는 데 뉴스 미디어가 핵심적 역할을 한다는 것이다.

가장 대표적인 이는 널리 알려진 언어학자이자 사회학자인 노엄 촘스키Noam Chomsky다. 그는 동료 학자인 에드워드 허먼Edward Herman과 함께 쓴 저서 『여론 조작: 매스 미디어의 정치경제학 Manufacturing Consent: The Political Economy of the Mass Media』에서 미디어는 현실을 왜곡하는 방식으로 대중의 동의同意, consent를 조작해 사회의 지배 엘리트들의 이익에 봉사한다고 역설했다(Herman and Chomsky, 1988).[23] 언론의 가장 중요한 구실은 권력을 견제하고 감시하는 것이지만, 실상은 언론이 권력을 비판하고 견제하기보다는 권력과 이익 집단을 위한 선전propaganda의 기능을 하고 있다는 것이다.

저널리스트이자 캘리포니아대학 버클리 캠퍼스University of California, Berkeley의 교수를 지낸 벤 바그디키안Ben Bagdikian(1920~2016)도 미디어의 소유주와 광고주는 뉴스 생산 과정에 얽힌 구조적 편향을 통해 부유하고 힘 있는 사람들에게 유리한 관점에서 일상적으로 뉴스를 만들게 한다고 주장했다(Bagdikian, 1983, 2004). 커뮤니케이션 역사학자인 로버트 맥체스니도 미국에서 현대 저널리즘의 질이 떨어지는 것은 궁극적으로 미국의 자본주의에 그 뿌리를 두고 있기 때문이며(McChesney, 2008), 기성 질서에 대한 반대 의견은 지배적 언론들에 의해 공론의 장에서 소외된다고 말했다(McChesney, 1995).

이처럼 미디어가 보수적 편향을 가졌다는 주장을 뒷받침하는 이론들은 대체적으로 미디어를 지배 계층이나 엘리트들이 사회를 통제하는 데 활용하는 수단으로 취급한다. 일부 학자들은 저널리스트들이 힘 있는 사람들에 대해 '애완견lapdog'이 아닌 '경비견watchdog'의 구실도 하지만, 사회 체제에 근본적 위협이 발생할 때는 체제를 방어하는 행동에 나선다고도 주장한다(Olien, et al., 1995).

② 자유주의적 편향

반면, 뉴스가 자유주의적 편향Liberal Bias을 지닌 저널리스트들의 명시적 혹은 묵시적 산물이라는 언론학자들도 있다. 이런 견해는 저널리스트들의 의식 조사 결과나, 저널리스트와

23 촘스키와 허먼은 대중 미디어가 다섯 가지 필터링을 통해 지배 계층의 '선전 기관' 구실을 한다고 주장했다. 그 필터링은 (1) 언론사 소유주의 이윤추구(coporate ownership), (2) 광고(주)의 영향(advertising), (3) 보도를 위한 정보 조달(sourcing), (4) 권력과 이익 집단의 협박과 회유(flak), (5) 공동의 적 만들기(anti-communism and fear)였다.

일반인 사이에 나타나는 이념적 태도 차이를 근거로 삼는다. 그러나 이들은 뉴스 생산 과정에서 차지하는 언론사 사주의 영향(력)은 중시하지 않는다.

로버트 릭터와 스탠리 로스만Stanley Rothman, 그리고 린다 릭터Linda Lichter는 저널리스트들 일반의 이념 성향을 조사한 뒤 그들이 생산한 뉴스와 비교해 분석했다. 그 결과를 바탕으로, 이들은 뉴스에는 저널리스트들의 자유주의적 편향이 반영되고 있다고 주장했다(Lichter, S. R., et al., 1990).

또 토머스 패터슨Thomas E. Patterson과 볼프강 돈스바흐Wolfgang Donsbagh도 미국, 영국, 독일, 이탈리아, 스웨덴 등 5개국 저널리스트들을 상대로 한 연구에서 "서구 민주주의 국가에서 저널리스트들은 객관성과 정치적 중립성을 견지하는 것으로 스스로 규정하고 있지만, 그들 또한 정치적 신념을 뉴스에 담는 정파적 행위자였다"고 지적했다(Patterson and Donsbagh, 1996). 저널리스트들과 뉴스 미디어의 자유주의적 편향에 대한 주장은 이들 외에도 앤드류 코후트Andrew Kohut(1942~2015), 짐 쿠이퍼스Jim A. Kuypers 등 다른 학자들에 의해서도 제기됐다.

이처럼 많은 학자에 의해 저널리스트들이 자유주의적 성향을 지니고 있다는 사실은 분명하게 확인됐다. 그러나 저널리스트들의 자유주의적 성향이 실제로 이들이 생산하는 뉴스에 담기는지 여부를 확인하는 데는 대체로 실패해 왔다. '예상됐던' '저널리스트의 전반'의 자유주의적 편향을 선거 보도 내용 등을 통해 객관적으로 실증해 내지 못했기 때문이다(Niven, 2002; D'Alessio and Allen, 2000). 그러나 금세기 들어 뉴스 미디어들이 '자유주의적 편향'을 보인다는 경제학자들의 실증적 연구 결과들[24]이 나온 뒤, 미디어의 자유주의적 편향에 대한 언론학계의 논쟁도 다시 이어지고 있다.

구조적 편향

언론학자들은 뉴스 미디어나 저널리스트들의 본성과 환경에 기인하는 다양한 미디어 편향을 발견했다. 뉴스의 생산·공급 과정에 구조적으로 내재하는 편향들이다. 미주리대학 저널리즘 교수 앤드류 클라인Andrew R. Cline이 제시한 다음의 10가지의 구조적 편향Nonideological Structural Biases을 보면, 구조적 편향이 어떤 편향들을 뜻하는지 이해할 수 있다(Cline, 2009).

- **상업적 편향**Commercial bias　뉴스 미디어는 이익을 내기 위한 뉴스를 추구한다.
- **시간적 편향**Temporal bias　뉴스 미디어는 최근의 소식을 전하는 데 치우쳐 있다.
- **시각적 편향**Visual bias　TV방송은 뉴스의 시각적 묘사에 치우쳐 있다. 영상의 뒷받

24　언론이 자유주의적이라는 경제학자의 대표적인 연구는 Groseclose and Milyo(2005)이다. 이 연구는 8.3. ① "미국 언론은 자유주의적"에서 다루고 있다.

침이 없는 뉴스는 주목받지 못하는 까닭이다.

- **나쁜 뉴스 편향** Bad news bias 좋은 소식은 지루하게 여겨진다. 나쁜 소식을 전하려는 편향은 세상(특히 정치인)을 실제보다 더 위험하고 부정적으로 보이게 한다. '미디어의 부정성 편향Media Negativity'으로도 불린다.[25]
- **내러티브 편향** Narrative bias 뉴스 미디어는 시작, 중간, 끝이 있어야 하는 이야기의 관점에서 뉴스를 다룬다. 즉, 주인공과 그의 적대자라는 줄거리가 필요하지만, 세상의 많은 일은 모호하다. 뉴스 미디어는 모호한 일인데도 명확한 인과관계가 있는 일로 묘사하려 든다.
- **현상 유지 편향** Status quo bias 주류 뉴스 미디어는 기성의 사회 시스템에 의문을 제기하지 않는다.
- **공정성 편향** Fairness bias 공정해야 한다는 저널리즘의 윤리적 관행은 사람이나 사안에 대한 긍정과 부정의 정보를 기계적으로 맞추려 든다. 이를테면 정치인 A가 긍정적 성과를 발표하면, 뉴스 미디어는 정치인 B에게 부정적인 논평을 구한다.
- **편의 추구 편향** Expediency bias 저널리스트들은 가장 빠르고 쉽고 저렴하게 얻을 수 있는 정보를 우선 추구한다. 이를테면, 기사의 마감이 가까워질수록 잘 알려진 출처에서 쉽게 구할 수 있는 정보를 수집하게 된다.
- **영예 추구 편향** Glory bias 저널리스트들, 특히 TV방송 기자들 가운데 많은 이들은 자신들이 보도하는 뉴스의 주인공 혹은 등장인물이 되려 한다. 이런 편향은 실제 사실을 왜곡한다.
- **계층 편향** Class bias 저널리스트들은 애초 노동자 계층이었다. 하지만 20세기를 거치면서 고학력 중산층 이상이 됐다. 뉴스 미디어도 저소득 계층보다 고소득 계층의 뉴스 소비자를 원한다. 그 결과 대부분의 저널리스트들은 정치·경제·문화적으로 빈곤층과 노동자 계층보다 중산층과 엘리트 계층에 더 가깝다.

요컨대 구조적 편향들은 뉴스 소비자나 공급자의 정치적 편향과 무관하게 뉴스를 생산해 공급하는 과정에 구조적으로 내재하는 편향들이다. 그런데 구조적 편향들은 내용적으로 서로 겹치기도 하고, 종류가 워낙 다양하다 보니 편향들 전반을 관통하는 이론의 구축을 어렵게 한다(Lichter, S. R., 2017). 저널리스트들이 긍정적 보도보다 비판적 보도에 집착하는 편향인 '나쁜 뉴스 편향'만 해도 '공정성 편향'으로 보이기도 하고, 영상 뉴스라면 '시각적 편향'에 속할 수도 있으며, 기존 체제에 도전하는 사실이 포함된 뉴스라면 '현상 유지 편향'이나 '계급 편향'이라는 인상을 줄 수도 있기 때문이다.

---

25 미디어 부정성 편향과 관련해 학자들은 저널리스트들의 지닌 직업적 속성에서 그 원인을 찾았다. Jamieson and Waldman(2003)의 '냉소주의(cynicism)'나 '갈등 지향적인 프레임' 등이 그 예다.

6

뉴스 품질의 '내로남불'과 객관적 기준

"흥미로운 건 '나의 기레기는 누군가에겐 '참언론'이고, 나의 '참언론'은 누군가에겐 기레기'라는 사실이다."[1]

소비자에게 선호(취향)가 제품이나 서비스 선택의 기준이듯이, 뉴스 소비자에게는 그가 지닌 확증 편향이 뉴스(미디어) 선택의 기준이 된다. 그런데 뉴스 소비자의 선택에서는 이 말고도 또 다른 기준이 있다. 뉴스의 품질이다. 같은 값이면 사람들은 품질 좋은 쪽을 선택한다. 이를테면, 같은 맛의 일반 우유와 유기농 우유, 둘 다 창가 좌석인 항공기의 이코노미석과 비즈니스석이 각기 같은 값이라면 보통의 소비자라면 누구나 유기농 우유와 비즈니스석을 주저 없이 선택할 것이다. 일반 우유보다는 유기농 우유가, 이코노미석보다는 비즈니스석의 품질이 더 좋기 때문이다. 이처럼 선택에 있어 선호는 저마다 다른 주관적인 기준이지만, 품질은 누구에게나 다르지 않은 객관적 기준이다. 적어도 경제학에서는 그렇다.

그렇다면, 뉴스 혹은 뉴스 미디어의 품질은 무엇일까? 뉴스 소비자에게 뉴

1 강준만(2020.11.22).

스나 뉴스 미디어의 품질이란 말은 낯설지 않다. 뉴스 소비자는 누구나 뉴스 혹은 뉴스 미디어의 품질을 일상적으로 평가하는 까닭이다. 대부분의 뉴스 소비자들은 선정적인 타블로이드 잡지를 저(품)질 황색지黃色紙, yellow paper라고 여기고, ≪뉴욕 타임스≫ 같은 세계적 유력 신문을 고급지高級紙, quality paper로 여긴다. 뉴스의 품질에 대한 소비자들의 인식은 디지털 시대 이후 등장한 저품질 뉴스에 관한 신조어들에서도 확인할 수 있다. 저널리스트들이 보도 자료나 앞선 보도를 마구 베끼는 행태를 빗댄 '처널리즘churnalism',[2] 디지털 뉴스 플랫폼에서 클릭을 유도하는 낚시성 기사인 '클릭베이트clickbait',[3] 저널리스트를 향한 멸칭蔑稱으로 쓰이는 '기레기'[4] 같은 용어들이 대표적이다. 뉴스(미디어)에 대한 품질 인식이나 평가는 뉴스 소비자들에게 이렇게 흔한 일상이다.

그런데 보통사람들에게는 '인상 비평'에 따른 주관적 품질 평가가 자연스러운 일이지만, 경제학자들에게는 단순한 일이 아니다. 품질에 관한 정의부터 내려야 하는데, 이 일은 인간과 뉴스에 깊은 이해를 필요로 하기 때문이다. 학자들은 명징한 객관적 기준으로 뉴스나 뉴스 미디어의 품질을 정의하고 설명해야 한다. 하지만 상품으로서 뉴스의 성격은 독특하다. 여느 상품과 달리 무형의 다양한 요소로 이뤄졌고, 어찌 보면 개별 뉴스들이 모두 서로 다른 상품이라 할 수 있다. 이런 뉴스에 대해 품질을 정의하는 일은 쉽지 않은 일이다.

뉴스 미디어의 품질 논의에서 가장 큰 어려움은 뉴스 소비자들이 각자의 편향을 기준으로 제각각 뉴스나 뉴스 미디어의 품질을 판단하는 것처럼 보인다는 점이다. 이를테면 보수적 이념 편향을 지닌 사람들은 진보적 편향의 뉴스 미디어를 고품질로 인식하기 어렵다. 그 반대도 마찬가지다. 동일한 편향

---

2 취재 대신 보도 자료나 홍보 자료를 그대로 재구성하여 기사화하는 것을 뜻하는 말로, 제품을 대량 생산한다는 뜻의 '천 아웃(churn out)'과 '저널리즘(journalism)'의 합성어다.

3 인터넷에서 자극적 제목이나 이미지 등으로 클릭을 유도하는 별 볼 일 없는 콘텐츠를 뜻한다. 클릭(Click)과 미끼(Bait)의 합성어다.

4 기자와 쓰레기를 합친 말.

을 지닌 미디어들을 대상으로 할 때나 비로소 두 뉴스 미디어 사이의 품질 차이를 느끼는 것이다. 이런 제각각의 품질 인식은, 누구에게나 우열이 동일하게 인식되어야 하는 품질을 논의하기 어렵게 하는 핵심 요인이다.

이번 장에서는 뉴스 품질 이해의 이런 문제들을 극복하면서, 뉴스에 대한 소비자들의 객관적인 평가 기준인 '뉴스의 품질'에 관해 논의한다. 먼저 보통 사람들은 어떤 경우에 뉴스 혹은 뉴스 미디어의 품질을 좋거나 나쁘다고 평가하는지 생각해 본다. 이어 뉴스 (미디어)의 품질에 관한 경제학자들의 그간 견해들을 확인해 보자. 품질에 관한 논의 뒤에는 소비자들의 '객관적 선택 기준'인 품질과 '주관적 선택 기준'인 편향의 두 요소로 뉴스 상품을 차별화해 이윤을 극대화하는 뉴스 미디어들의 사례들도 살펴본다.

이 장의 맨 끝에 있는 〈한 걸음 더 6-1〉에서는 뉴스의 품질에 관한 언론학자들의 논의를 압축해 담았다. 뉴스와 뉴스 미디어의 품질에 관한 경제학과 언론학의 차이를 이해하는 데 도움이 될 듯싶다.

6.1. | 평범한 사람들의 뉴스 품질 인식

사람들은 A라는 제품이 B라는 제품보다 '더 낫다'는 비교를 일상적으로 한다. 그런데 '더 낫다'는 평가가 사람들에 따라 다른 경우도 흔하다. 이몽룡은 'A보다 B가 낫다'고 생각하는데 성춘향은 'B보다 A가 낫다'고 여기는 것이다. 어떤 이는 부드러운smooth 맛의 와인을, 어떤 이는 떫은tannic 맛의 와인을 좋아한다. 항공기의 좌석도 창가 좌석과 통로 쪽 좌석 사이에서 사람들의 선호가 나뉜다. 사람마다 다른 '선호'가 '더 낫다'는 판단으로 이어지는 사례들이다.

이와는 달리, 한쪽이 '더 낫다'는 판단을 대부분의 사람들이 동일하게 하는 경우도 있다. 항공기의 이코노미석과 비즈니스석, 일반 우유와 유기농 우유 등은 성능 혹은 효능의 우열을 대부분의 사람들이 동일하게 인식하는 경우다.

값이 같다면 사람들이 어느 쪽을 선택할지는 자명하다. 비교의 기준이 객관적이기 때문이다.

소비자들은 이처럼 '주관적 선호(취향)'와 '객관적 기준'의 잣대로 재화나 서비스를 평가하고 비교해 선택한다. 기능이나 구성 요소가 많은 재화나 서비스일수록 평가와 비교는 더 어렵다. 단순한 자전거를 고를 때와 승용차를 고를 때, 선택을 위해 소비자가 겪는 고충 차이는 매우 크다. 승용차라면, 외관, 내부 인테리어, 주행 기능, 편의 기능, 안전장치 같은 큰 범주의 기능에서부터 색깔, 좌석 시트, 엔진 출력, 가속 능력, 핸들링, 내비게이션, 에어백의 숫자 같은 많은 세부 항목까지 따져봐야 한다. 이런 상황에서 주관적 취향과 객관적 기준 각각에 의거해 승용차의 많은 기능과 속성을 일일이 비교 판단하는 일은 쉽지 않다.

이 때문에 사람들은 비교 평가를 위해 다각적으로 노력하지만, 결국은 만족할 만한 어느 선에서 비교 평가를 멈추고 무언가를 선택하는 결정을 내리게 된다.[5] 사람들이 주관적 취향과 객관적 기준에 따른 평가를 뭉뚱그려, 선택하는 상품이 '더 낫다'는 포괄적 결론만 내고 마는 것도 같은 이유다.

'더 낫다'는 말은 '품질이 더 낫다'는 뜻으로 통용되지만, 대부분은 객관적 품질과 주관적 취향이 모두 반영된 표현이다. 뉴스 소비자들이 어떤 뉴스가 '더 낫다'거나 '더 고품질'이라고 말할 때도 마찬가지다. 사람들은 주관적 취향인 '편향'과 객관적 기준인 '품질'에 의한 평가를 종합해 어떤 뉴스가 '더 낫다'는 판단에 이르게 되는 것이다. 이를 감안하면서, 평범한 사람들이 '더 나은 뉴스'를 판단하는 몇몇 대표적 준거들을 살펴보자.

---

5 행동경제학에서는 이런 인간의 성향을 만족화(satisficing)라고 한다. 이를 처음 제시한 허버트 사이먼(Herbert Simon)에 따르면, 사람은 자신이 얻을 효용을 극대화하려 끝까지 이성적으로 따져보지 않고 '충분하다'고 생각하는 적당한 선에서 선택하고 만족한다. 그는 이를 'satisfy'(만족시키다)와 'suffice'(충분하다)를 합성한 'satisfice'라는 신조어로 표현했다.

① 신뢰

사람들은 누구나 신뢰할 수 있는 뉴스일수록 고품질이라고 여긴다. 따라서 뉴스를 신뢰하는지 여부는 논란의 여지가 없는 뉴스 품질의 보편적 준거다. 여기서 '보편적'이라는 뜻은 '누구에게나 두루 통한다'는 뜻으로 '자기와의 관계에서 벗어나 제3자의 입장에서 사물을 보거나 생각한다'는 '객관적'이라는 말과는 다른 의미다.

그렇다면 뉴스 소비자들은 뉴스와 뉴스 미디어에 대한 신뢰trust를 어떻게 형성할까? 비교적 최근인 2021년, 뉴스 소비자들이 뉴스를 신뢰하게 되는 이유에 관한 로이터저널리즘연구소의 연구 보고서에 따르면 다음과 같다(Toff, et. al., 2021).[6]

사람들은 뉴스의 신뢰도를 판단하는 데 과거의 경험과 '뉴스 미디어 브랜드brand'의 인상에 의존하는 경향이 강했다. 뉴스의 신뢰 여부에 사람들이 저마다 지닌 확증 편향과 뉴스 미디어의 평판이 중요한 구실을 했다는 것이다. 저마다 다른 주관적 기준인 확증 편향이 뉴스 미디어에 대한 신뢰를 낳고, 이 신뢰가 해당 미디어를 고품질로 인식하게 하는 것이다. 그러나 이런 품질 인식에서는 앞서 얘기한 것처럼 소비자들의 편향이 서로 다른 만큼 느끼는 품질도 서로 달라질 수밖에 없다.

그런데 신뢰의 형성에 이처럼 주관적인 요소 말고도, 객관적인 요소도 영향을 끼쳤다. 뉴스의 형식이나 문체 등 '뉴스가 제공되는 방식'도 사람들의 뉴스 미디어 신뢰도에 영향을 줬다는 것이다. 뉴스 소비자들은 전하는 메시지가 분명하며 깔끔하고 정확하게 논리적으로 잘 작성된 뉴스일수록 더 신뢰했다. 또 내용이 심층적이거나, 수치나 통계, 그래픽 등 시각적 자료 등이 담겨 있고, 다양한 관점에서 보도 사안에 접근한 뉴스들에 대해서도 소비자들은 더 높은

---

6 로이터저널리즘연구소는 이 연구를 위해 브라질, 인도, 영국, 미국 등 4개국 뉴스 소비자 132명을 대상으로 포커스그룹인터뷰(70명)와 개별 심층인터뷰(62명)를 진행했다. 이를 통해 사람들이 어떤 기준과 근거로 뉴스를 신뢰하는지 조사했다.

신뢰를 보였다. 아울러, 팝업 광고 등 광고가 과도하게 노출되는 웹사이트나 뉴스 미디어일수록 그다지 신뢰하지 않았다. 이는 뉴스의 제공 방식, 즉 전달 능력이 뉴스 미디어를 신뢰하게 하고, 이런 신뢰는 다시 해당 미디어와 해당 미디어의 뉴스를 고품질로 인식하게 한다는 것을 뜻한다. 여기서 '뉴스 제공 방식' 혹은 '뉴스 전달 능력'은 (편향과 무관하게) 객관적인 관찰이 어느 정도 가능하다는 점에서, 뉴스 품질의 객관적 기준이라 할 수 있다.

이런 연구 결과는 사람들이 주관적 기준인 '확증 편향'과 객관적 기준인 '뉴스 전달 능력' 둘 다를 바탕으로 뉴스에 대한 신뢰를 형성하는 것을 보여준다. 쉽게 다시 설명하면, 사람들은 '나의 생각'에 부합하는 뉴스일수록 믿을 만한 고품질 뉴스라고 생각한다. 하지만 그와 동시에 논리 정연한 뉴스, 누락된 사실들이 없는 뉴스, 그리고 통계나 수치, 그래픽 등 시각적 자료를 바탕으로 한 뉴스도 그렇지 않은 뉴스보다 더 믿을 만한 고품질의 뉴스라고 여긴다.

② 다다익선과 '정보 밀도'

사람들은 일반적으로 같은 조건이면 더 많은 정보가 담긴 뉴스를 '더 낫다'고 생각한다. 즉, 동일한 시간 혹은 공간에 얼마나 많은 정보량을 전달하는지를 나타내는 '정보 밀도Information Density'가 높을수록 '더 낫다'고 여기는 것이다.

과거에는 정보 밀도를 계측할 수 없었다. 정보를 생각할 때 정보에 담긴 '의미'만을 따지는 질적質的, qualitative 관점만 있었던 탓이다. 그러나 디지털 시대 이후에는 양적量的, quantitative 관점으로도 정보를 평가할 수 있게 됐다. 대부분의 정보가 디지털화되면서, 다양한 미디어에 담긴 정보를 비트bit나 바이트byte 단위로 계량하는 게 가능해진 덕분이다. 정보의 양을 계량할 수 있게 되자 정보가 담긴 시간이나 공간을 기준으로 정보 밀도도 계측할 수 있게 됐고, 정보 밀도는 정보의 질을 평가할 수 있는 기준의 하나가 됐다.

'백 번 듣는 것이 한 번 보는 것보다 못하다(百聞不如一見)'는 고사성어를 생각하면, 과거에도 사람들은 시각 정보와 청각 정보 사이의 질적 차이를 인식했다. 하지만 그 시절에는 이 둘의 차이를 수량적으로 표현하는 것은 불가능했다. 그렇지만 지금은 디지털 '음성 정보'와 '동영상 정보'의 질적 차이는 이를 재생할 때 단위 시간당 정보량byte인 정보 밀도의 차이로도 쉽게 표현할 수 있다.

청각 정보보다는 시청각 정보가 더 낫듯이, 청각과 시각에 촉각이나 후각과 미각 등 더 많은 감각으로 인지할 수 있는 정보일수록 더 많은 사람에게 환영받는다. 사람들의 실감實感 수준이 높을수록 정보는 더 충실하고 생생하게 전달될 수 있기 때문이다. 읽고, 듣고 보는 데 각기 1분이 걸리는 동일한 메시지가 담긴 텍스트 뉴스와 동영상 뉴스가 있다면, 보통의 경우 어느 뉴스가 사람들의 선택을 받을지는 자명하다. 같은 장면의 영상 정보라 하더라도 단순 영상보다는 입체(3차원) 영상, 가상현실Virtual Reality: VR 영상 등이 더 낫고, 4D 영화[7]처럼 인간의 감각을 더 많이 만족시켜 주는 정보를 사람들은 '더 낫다'고 생각한다. 다양한 감각 정보가 담길수록 정보량은 그만큼 는다.

따라서 더 많은 감각을 통해 인식할 수 있는 정보는 언제나 정보 밀도가 높다. 일반적으로 평범한 사람들은 동일한 메시지를 담은 정보라도 정보 밀도가 높을 때 더 높은 품질이라고 여긴다.

③ 본능과 이성의 만족

인간이 '더 낫다'고 생각하는 정보는 더 많은 감각을 만족시키는 정보지만, 더 큰 범주에서 보면 본능을 만족시키는 정보다. 본능을 만족시키는 뉴스는 인간이 가진 본능만큼이나 다양하다. 흔한 예로는 '불륜에 관한 뉴스'들이나 '포르노 콘텐츠' 같은 정보를 떠올릴 수 있다. 이들 뉴스와 콘텐츠에 대해 드러

---

7 4차원(Dimension) 영화. 영상 속 장면과 관련된 감각을 시청자가 느끼게 해주는 영화를 말한다. 특수 장비를 통해 영화 장면에 따라 의자가 움직이고, 비바람이 치는 장면에선 관객에게 안개가 뿌려지고 바람이 부는 등 영화 속 장면을 실감하게 한다.

내 놓고 호의적으로 반응하는 사람은 드물다. 그렇지만 사람들 대부분은 고상한 콘텐츠보다 본능을 자극하며 흥미를 유발하는 콘텐츠에 더 끌린다. 그렇지 않다면, 선정적인 미디어들이 사라지지 않는 이유를 설명할 길이 없다.

그렇다고 해서, 누구도 선정적인 잡지를 고품질이라고 하지 않는다. 국악國樂을 다루는 방송 프로그램을 저품질이라고 하지 않듯이 말이다. 이때의 '품질'에는 사회문화적 혹은 사회윤리적 의미가 담겨 있기 때문이다. 그러나 따분한 경제 뉴스보다 유명인의 불륜에 관한 뉴스에 먼저 눈이 가는 게 현실이다. 뉴스와 정보가 인간의 본능적 욕구를 얼마나 만족시키느냐는, 많은 이들이 드러내 놓고 얘기하지 않을 뿐이지 뉴스 평가의 주요한 객관적 기준이라는 점은 부인할 수 없다. 따라서 인간이면 누구나 지닌 본능적 욕구를 얼마나 충족시키느냐는, 모든 뉴스 소비자에게 동일한 객관적 품질 기준의 하나다.

뉴스와 정보가 이성에 얼마나 부합하느냐도 뉴스의 품질을 평가하는 객관적 기준이다. 지금까지 뉴스와 정보의 질을 평가할 때 가장 중요하게 받아들여져 온 기준이다. 사람들은 이성보다 감정이 앞서고, 진실의 여부를 이성적으로 따지기 전에 확증 편향에 부합하는 정보를 신뢰한다. 그렇지만, 동시에 사람들은 이치에 맞는 뉴스와 정보도 추구한다. 실제로 사람들은 똑같은 정치적 편향을 지닌 뉴스들 가운데선 불합리한 내용이 담긴 뉴스보다 합리적 사실들과 맥락으로 구성된 뉴스를 '더 낫다'고 여긴다. 앞서, 로이터저널리즘연구소의 보고서에서 사람들이 신뢰하는 뉴스로 언급한 논리적으로 잘 작성된 뉴스, 심층적인 뉴스, 수치나 통계, 그래픽 등 시각적 자료 등이 담긴 뉴스, 다양한 관점에서 접근하는 뉴스 등도 모두 인간이 이성적으로 따져보고자 하는 욕구를 잘 충족시켜 주는 것들이라고 할 수 있겠다.

정리하자면, 사람들은 신뢰할 수 있는 뉴스를 고품질 뉴스로 여긴다. 이때 신뢰는 사람들이 저마다 지닌 편향에 뉴스에 담긴 편향이 부합할수록 커진다. 그러나 확증 편향은 사람들마다 제각각이어서 뉴스 품질 평가에서 객관적 기준이 될 수는 없다. 반면, 사람이면 누구나 이해하기 쉽게 전달되는 뉴스에도 신뢰를 보낸다. 또 사람들은 높은 정보 밀도로 인간의 오감을 만족시킬수록, 인간의 본능과 이성에 각기 부합할수록 '고품질 뉴스' 혹은 '더 나은 뉴스'라고 여긴다. 사람이면 누구나 더 낫다고 여기는 효과적인 정보 전달 능력, 정보 밀도, 본능과 이성에 부합하는 정도 등은 모두 뉴스 품질의 객관적 기준이라 하겠다.

6.2. | 뉴스 품질에 대한 경제학적 이해

언론학에서 말하는 고품질 뉴스란 편견 없이 진실을 추구하는 언론(인)이 있을 때 가능하다. 확증 편향에서 벗어나려는 사려 깊은 뉴스 소비자가 있다면 더욱 좋다. 이 때문에 뉴스 품질에 관한 언론학의 논의는 항상 이상적인 뉴스 공급자와 소비자의 구체적 실천 규범을 제시하는데 기여해 왔다. 그러나 당위와 현실 사이엔 언제나 큰 괴리가 있다. 경제학은 이런 '있는 그대로의 현실'을 먼저 이해하려 한다. 언론(인)에 관해서도 이상理想보다는 언론이 그들의 생업生業이라는 현실에 천착한다. 뉴스 미디어 기업은 시장 경쟁에서 살아남아야 하고, 저널리스트도 미디어 기업의 경제적 논리에서 자유로울 수 없다는 것이다.

따라서 언론학이 주로 뉴스 공급자의 이상과 규범이 되어야 할 뉴스 품질을 주로 논의한다면, 경제학자의 뉴스 품질 논의에서는 뉴스 시장과 뉴스 소비자가 기준이 된다. 경제학에서는 특히 뉴스 소비자의 인식과 평가가 뉴스 품질 논의의 필수 불가결한 요소다.

① '정확한 보도 능력'과 '정직한 보도 태도'

많은 경제학자들은 뉴스 미디어의 품질을 따지는 기준은 보도의 정확성

accuracy이라고 생각해 왔다. 또, 이 정확성은 자연과 사회에 존재하는 사실들을 관찰하는 뉴스 미디어의 능력에 좌우된다고 여겼다. 이런 맥락에서, 데이비드 배런David Baron은 '뉴스 미디어의 품질'을 "'세상의 실제 상태the true state of the world'를 조사하는 (뉴스 미디어의) 능력"으로 정의했다(Baron, 2006). 여기에 매튜 젠츠코우Matthew Gentzkow와 제시 샤피로Jesse Shapiro는 취재한 사실을 왜곡하지 않고 그대로 보도하는 '정직한 보도honest reporting'를 추가했다(Gentzkow and Shapiro, 2006). 고품질 뉴스 미디어는 뉴스를 보도할 때 의도적으로 편향을 주입하지 않는다는 것이다. 이에 따라 이들은 "고품질 뉴스 미디어는 (자연과 사회의) 상태를 직접 관찰해 정직하게 보도하고, 보통의 뉴스 미디어는 잡음이 섞인 신호를 관찰하며 전략적(편향적)으로 보도한다"고 가정했다(Gentzkow, Shapiro, and Stone, 2015). 고품질 미디어와 저품질 미디어 사이에는 정확성과 정직함에서 차이가 있고, 이 차이는 완전하게 이성적으로 사고하는 뉴스 소비자들에 의해 관찰된다는 것이다.

그러나 이런 방식의 품질 이해에는 따져볼 문제가 있다. 이런 식으로 뉴스나 뉴스 미디어를 이해하게 되면, '더 높은 품질은 더 작은 편향'을 뜻하게 된다(Yang, 2020). '세상의 진실을 직접 관찰해 정확하게 보도한다'는 것은 의도하지 않는 편향이 없거나 매우 작다는 것을 의미하고, '정직하게 보도한다'는 것은 의도한 편향이 없다는 뜻인 까닭이다. 그러나 앞서 여러 차례 언급했듯이 뉴스 소비자는 자신의 편향을 기준으로 품질을 판단한다. 즉, 뉴스 미디어의 편향이 크더라도 뉴스 소비자는 자신의 편향에 부합한다면 고품질로 여긴다. 완전히 이성적인 뉴스 소비자를 가정하는 것도 현실과는 동떨어져 있다. 이 때문에 정확성과 정직함을 기준으로 뉴스 미디어의 품질을 이해하는 데 대한 비판적 견해도 있다. 그 요지는 다음과 같다.

(1) 전통적으로 경제학은 '합리적 인간'을 가정한다. 하지만 뉴스 시장의 현실에는 '인간은 제한적으로만 이성적'이라는 행동경제학의 관점이 더

적합하다.[8] 행동경제학에 따르면, 인간은 완벽한 이성적 사고를 하는 존재가 아니라 '직관과 본능', 그리고 '이성'이라는 서로 독립된 '두 체계'를 통해 정보를 인지한다(Kahneman, 2002). 전자는 확증 편향과 본능에 부합하는 뉴스를 추구하는 행동으로, 후자는 이성적 사고를 통해 진실을 알고자 하는 행동으로 이어진다.

(2) 뉴스 소비자가 '제한적으로 이성적'이라면, 뉴스 미디어의 정확성은 객관적으로 판단되기 어렵다. 제한적으로 이성적인 사람들은 저마다 다르게 품질을 인식하기 때문이다. 하나의 뉴스에 대해 두 가지 이상의 품질이 존재하게 되면, '품질의 차이는 모든 소비자에게 동일하다'는 경제학의 품질 개념은 성립하지 않는다.

(3) 고품질의 요건인 '세상의 실제 상태the true state of the world'를 조사하는 (뉴스 미디어의) 능력'이 아무리 출중하다고 해도, 조사의 주체가 인간인 한, '편향 없는 보도'를 구현할 수는 없다. 정치경제학자 앤서니 다운스의 언급처럼, "(사람들이 저마다 수집한) 모든 정보는 수집 과정의 '취사선택filtering'으로 인해 본질적으로 편향되어 있다."[9] 즉, 뉴스 공급자가 아무리 정직하게 보도한다고 해도, 의도하지 않은 편향은 남는다.

(4) 품질을 정확성으로 보는 기존 견해의 암묵적 귀결은 '더 높은(낮은) 품질 = 더 작은(큰) 편향'이 된다. 이런 이해에서는 편향의 조정(변화)은 품질의 조정(변화)과 같은 뜻이 되어, 편향과 품질을 각기 따져 볼 이유도 없다. 그러나 현실에선 편향과 품질은 별개로 인식된다. 이를테면, 세계적 고급지인 ≪뉴욕 타임스≫와 선정적 대중지인 영국의 ≪데일리 미러Daily Mirror≫는 유사한 수준의 정치적 편향을 보이는 것으로 평가된다.[10]

---

8 인간의 제한된 합리성에 대해서는 1.1.② 인간의 선택에 관한 경제학 이론과 2.1.2.③ 부주의하고 편견에 사로잡힌 인간 - 제한된 합리성 참고.

9 5.1.3. 미디어 편향에 관한 경제학의 정의, 앤서니 다운스의 언급 참고.

10 미국의 중립적 미디어 감시 단체인 애드 폰테스 미디어(Ad Fontes Media)의 평가에 의하면 극단적인 좌

DAILY Mirror

3 great extras

ANDREW COURT PAPERS SHOCK: 'He's in lot of trouble'

BRITAIN'S VIRUS CHAOS

LOCKDOWN MELTDOWN

PM slams brakes on easing restrictions

Firms' fury as they are told to stay shut

"All the News That's Fit to Print"

The New York Times

Late Edition

VOL. CL . . . No. 51,874

NEW YORK, WEDNESDAY, SEPTEMBER 12, 2001

75 CENTS

U.S. ATTACKED

HIJACKED JETS DESTROY TWIN TOWERS AND HIT PENTAGON IN DAY OF TERROR

A CREEPING HORROR

Buildings Burn and Fall as Onlookers Search for Elusive Safety

President Vows to Exact Punishment for 'Evil'

같은 편향, 다른 품질 – ≪뉴욕 타임스≫와 ≪데일리 미러≫

그러나 두 신문의 품질도 유사하다고 여기는 이는 없다. 글이나 필자의 수준에서부터 사진과 그래픽, 활자와 레이아웃, 인터넷 사이트 등에 이르기까지 두 신문의 품질 차이는 분명하기 때문이다.

② 정보 전달 능력

그렇다면, 뉴스 미디어의 품질을 정확성으로 보는 전통적 견해보다 더 현실에 부합하면서 이치에 맞는 뉴스 미디어의 품질 정의는 가능할까? 근래에 제시한 필자의 대안적 견해는 다음과 같다(Yang, 2020, 2021, 2022).

(1) 뉴스 소비자는 '제한적으로만 합리적'이다. 이 때문에 행동경제학 이론에 따르면 뉴스 소비자가 어떤 정보를 이성적으로 인지하려면 '이성적 사고'라는 '노력'을 일종의 '비용'으로 치러야 한다. 이때, 뉴스 공급자가 논리 정연한 맥락, 탄탄한 사실 관계, 효과적인 그래픽 요소 등을 제공한다면, 소비자는 정보를 이성적으로 이해하는 데 드는 수고를 덜게 된

편향(-42)과 극단적인 우편향(42)의 좌우 이념 스펙트럼상에서 ≪뉴욕 타임스≫와 ≪데일리 미러≫의 위치는 (-8) 안팎으로 엇비슷하다.

다. 이처럼 이성적 이해를 위한 소비자의 노력을 절감시켜 주는 뉴스일수록 사람들은 더 높은 품질로 여긴다.

(2) 뉴스의 품질과 편향은 서로 별개라고 간주할 수 있다. 정치적 편향이 동일한 뉴스들이라도 품질을 비교할 수 있는 다양한 요소가 있다. 실제로, ≪뉴욕 타임스≫와 ≪데일리 미러≫는 유사한 정치적 편향을 지닌 것으로 평가되지만, 많은 뉴스 소비자는 두 신문 뉴스 사이에 매우 현격한 품질의 차이를 느낀다. 정치적 편향 수준이 같더라도 거친 논리의 뉴스보다는 맥락과 논리가 정연한 뉴스가 이해하기 쉽고 호소력(설득력)도 크다. 탄탄한 사실 관계를 제시하는 뉴스가 성긴 사실들을 엉성하게 담은 뉴스보다 나은 것은 불문가지다. 같은 내용이라면 길고 장황한 뉴스보다 그래픽 등을 이용해 효과적으로 이해를 돕는 뉴스를 소비자들은 더 선호한다. 이들은 모두 뉴스 품질을 높이는 객관적 요소들이다.

(1)과 (2)에 입각하면, 뉴스와 뉴스 미디어의 품질은 "편향과 무관하게, 뉴스 소비자가 정보를 이해하는 데 들여야 하는 이성적 추론의 수고를 줄이는 능력"으로 정의할 수 있다(Yang, 2022: 1). 즉, 뉴스 소비자에게 이성적 추론의 수고를 덜어주는 방식으로 전달되는 뉴스일수록 고품질이라는 것이다.

이런 품질 정의는 디지털 뉴스 시대의 새로운 현상과 요소를 반영해 더 확대할 수도 있다. 이를테면, 특정 사안에 관해, 여러 미디어의 뉴스들을 비교하며 볼 수 있는 웹 포털의 뉴스 서비스는 개별 뉴스 미디어의 인터넷 홈페이지보다 뉴스 소비자들에게 더 낫다. 다른 뉴스 소비자들의 반응까지 알 수 있는 '많이 본 뉴스' 같은 기능이나, 보고자 하는 정보나 뉴스에 쉽고 편하게 접근할 수 있는 효율적인 인터페이스 등도 뉴스 소비자들에게 더 환영받는다. 여기에 네트워크의 속도나 디지털 서버 용량 등 뉴스를 서비스하는 다른 조건들도 뉴스 소비자들에게는 더 나은 뉴스 미디어를 선택하는 기준이 된다.

따라서 디지털 시대의 이런 새로운 특징들을 반영하면, 뉴스 미디어 품질은

"소비자가 뉴스에 접근하고 이해할 때 겪는 비효용을 줄이거나 효용을 증가시키는 뉴스 제공자의 전달 능력"으로 다시 정의할 수 있다(Yang, 2020: 2).

이런 뉴스 품질 정의에 입각하면, 뉴스 품질의 평가는 편향이나 진실을 염두에 둔 관점에서 벗어나게 된다. 또, 편향이 적을수록 진실에 가깝다고 여길 필요도 없다. 좌나 우의 극단적인 편향이 담긴 뉴스라도 진실일 수 있고, 좌우 편향이 없는 중도적 뉴스도 거짓일 수도 있다는 것이다. 실제로 편향 없는 정보나 지식이 꼭 진실인 것은 아니다. 이를테면, 17세기까지 '지구가 태양을 돈다'는 지동설地動說은 대부분의 사람들에게는 극도로 편향된 주장이었지만, 근대 이후의 사람들에게 너무도 당연한 진실이다. 진실은 양극단의 편향 사이 어디든 있을 수 있다.

'정확성'이 아닌 '전달 능력'이 뉴스 미디어의 품질일 때는 품질을 객관적으로 관찰할 수도 있다. 논리 정연한 맥락, 탄탄한 사실 관계, 효과적인 그래픽 요소에서 서버 용량에 이르기까지 품질을 구성하는 대부분의 요소들은 객관적인 기준을 통해 계측할 수 있기 때문이다.

이처럼 뉴스의 품질을 정보 전달 능력으로 이해하면, 뉴스 소비자는 뉴스 미디어가 지닌 '편향'과 '품질'이라는 서로 독립적인 두 요소를 종합적으로 판단해 뉴스를 선택하고 소비한다는 설명이 가능해진다. 뉴스와 뉴스 미디어의 선택도, 항공기 승객들이 좌석을 선택할 때 '창가 좌석'과 '통로 좌석'의 주관적 취향과 '이코노미석-비즈니스석'이라는 객관적 품질을 각기 따져본 뒤 이를 종합적으로 판단해 좌석을 선택하는 것과 다르지 않은 것이다.

물론, 앞에서도 여러 차례 언급한 것처럼 대다수의 뉴스 소비자들은 자신과 편향이 유사한 뉴스 미디어를 고품질로 여기는 경향이 있다. 하지만 이는 미디어의 편향과 품질을 뭉뚱그려 인식한 까닭일 뿐 편향과 품질이 같은 범주인 탓은 아니다. 사람들이 자신에게 부합하는 미디어 편향을 기준으로 품질을 인식하는 듯 보이는 것은, 마치 '잉크가 섞인 물'의 색깔은 물(품질)과 잉크(편향) 각각의 양에 의해 결정되지만 사람들은 잉크(편향)의 농도만을 인식하는 것과 유사하다고 하겠다.

요컨대, 대안적 견해에서는 뉴스 혹은 뉴스 미디어의 품질은 뉴스의 전달delivery 혹은 재현presentation 능력이며, 넓은 뜻으로는 소비자가 뉴스에 담긴 정보에 더 쉽게 접근하고 이해할 수 있게 하는 제반 능력이다.[11] 아울러, 이런 정의는 객관적으로 확정하기 어려운 '진실'이나 '정확성' 같은 개념에 입각한 게 아니라, 현실에서 일반적인 뉴스 소비자들이 어떤 뉴스 혹은 뉴스 미디어가 '더 낫다'고 여기는 객관적 속성들과 기준들에 바탕을 둔 것이다.

6.3. | 편향과 품질로 차별화 경쟁을 하는 뉴스 미디어

≪뉴욕 타임스≫는 지구촌에서 가장 영향력이 큰 것으로 평가받는 세계적인 유력 미디어다. 이 신문은 수천 명의 저널리스트들 고용하고 있으며 취재와 보도의 정확성이나 표현과 전달 능력 등 앞에서 거론한 뉴스 품질을 좌우하는 요소들 대부분에서 세계 최고 수준이다.

반면, ≪뉴욕 타임스≫와는 비교조차 어려운 〈가로세로연구소〉나 〈너알아TV〉 같은 영세한 유튜브 기반의 미디어도 있다. 이 미디어들은 기껏해야 두세 사람이 출연해 극단적인 우파 편향bias의 조악하고 선정적인 뉴스 콘텐츠를 공급한다는 게 많은 사람의 평가다.

즉, ≪뉴욕 타임스≫는 '고품질-작은 편향', 〈가로세로연구소〉나 〈너알아

11 안드레이 쉴라이퍼와 센드힐 물라이나탄은 "청중은 뉴스가 설명하고, 해석하고, 설득하고, 즐겁게 해주길 원한다. 그래서 언론은 순수한 정보를 제공하는 것이 아니라 이야기를 전한다"고 말했다(Mullainathan and Shleifer, 2005: 1031). 미디어가 지닌 능력으로 '표현력(presentation ability)'도 고려한 것이다. 그러나 두 학자는 이 표현 능력을 미디어의 편향과 무관한 객관적 능력으로 이해하지는 않았다. 이유는 첫째, 뉴스 미디어 사이에 표현 능력의 차이가 있을 수 있다고 생각하지 않았고, 둘째 표현 능력을 뉴스 미디어가 자신의 편향을 뉴스에 효과적으로 담는 수단으로만 여겼기 때문이다.

TV〉는 '저품질-큰 편향'의 뉴스 미디어다. 그런데 다음의 두 보도를 보면, 정반대의 특징을 지닌 두 종류의 뉴스 미디어들이 '뉴스 상품의 차별화'를 통해 각자 성과를 내고 있음을 확인할 수 있다.

> 고 박원순 시장과 고 노무현 전대통령 죽음을 조롱하는 등 막장 논란을 일으킨 가로세로연구소의 경우, 슈퍼챗(실시간 후원금)으로 7억 원 넘는 수익을 거둬들였다. 플레이보드에 따르면, 가로세로연구소는 올해만 7억 1000만 원으로 국내 1위, 세계 5위를 기록했다. 아울러 극단적 주장을 하는 보수 유튜버들이 대거 슈퍼챗 상위권에 자리했는데, 전광훈 목사가 운영하는 '너알아TV'도 2억 6000만 원을 벌었던 것으로 추산됐다(이진욱, 2020.12.24).

> ≪뉴욕 타임스NYT≫ 최고경영자CEO 러디스 코핏 레비엔Meredith Kopit Levien은 "우리의 놀라운 성장과 실행에 대해 설명하겠다"고 운을 뗐다. 그러고는 쉽지 않은 목표를 달성했으며 더 큰 야망을 꿈꾸고 있다고 덧붙였다. "우리는 2025년까지 1000만 유료 구독 건수를 확보한다는 목표를 조기에 달성했다. 이제 우리는 2027년까지 1500만 명의 유료 구독자를 만든다는 새 목표를 정조준하고 있다." NYT는 2012년 이후 처음으로 연 매출 20억 달러(약 2조 4000억 원)도 달성했다(류현정, 2022.2.16).

뉴스 미디어들도 뉴스 시장에서 소비자를 획득해 영리 활동에 성공해야 지속 가능하다. 뉴스 미디어들도 일반적인 기업들처럼 경쟁자(들)에 대한 '제품의 차별화'를 추구하며 이윤의 극대화와 생존을 모색한다는 것이다.

경제학에서는 이익을 극대화하려는 기업들이 행하는 제품 차별화를 '수직적 차별화vertical differentiation'와 '수평적 차별화horizontal differentiation'로 나눈다. 수직적 차별화는 제품의 품질이나 기능 혹은 가격을, 수평적 차별화는 소비자들의 주관적 취향에 따라 제품의 속성을 경쟁 기업과 차별화하는 것이다. 여기서 주관적 취향이란, 바닐라 맛과 초콜릿 맛의 밀크쉐이크 가운데 어떤 것을 더 좋아하느냐 같은 것이다.

더 구체적으로 설명하면, 수직적 차별화는 경쟁자의 제품에 비해 기능적 혹은 가격적 가치를 높이는 차별화다. 쉬운 예는 경쟁자의 제품과 유사한 품질의 제품을 더 저렴하게 공급하거나, 같은 값에 더 높은 품질의 제품을 공급하는 것이다. 또 가격이 높더라도 그 이상의 가치를 소비자가 느낄 수 있는 고품질 제품, 즉 경쟁자에 비해 가성비價性比가 우수한 제품을 시장에 내놓는 것도 해당된다. 이처럼 수직적 차별화가 된 제품이나 서비스에 대해서는, 모든 소비자의 우열 판단이 동일하다.

그런데 품질을 높이는 수직적 차별화에는 투자가 불가피하다. 투자 여력이 없는 영세한 기업은 낮은 품질의 제품 말고는 선택지가 없다. 반면, 투자의 여력이 있는 기업은 투자를 통한 품질 향상으로 더 많은 이익을 얻을 수 있다고 판단하면, 투자를 통한 고품질 제품을 생산한다.

반면, 수평적 차별화는 투자 여력이 없는 기업이라도 대부분 가능하다. 수평적 차별화란 더 나은 품질이 아니라, '경쟁자에게 없는' 속성을 제품에 담는 차별화 전략이기 때문이다. 이를테면, 드라이dry한 맛의 와인과 단sweet 맛의 와인, 맵시가 나는 옷과 편한 옷 사이의 차별화가 그런 예다. 뉴스 미디어들의 경우엔 경쟁 미디어의 정치적 편향과 다른 정치적 편향으로 차별화하는 게 대표적이다. 뉴스 미디어의 이런 수평적 차별화에는 정치(이념)적 편향뿐만 아니라 지역이나 연령층 등 타깃 소비자층을 차별화하는 것도 포함된다.

통상의 기업들은 수직적 차별화와 수평적 차별화를 적절하게 섞어 시장 경쟁을 펼친다. 뉴스 미디어 기업들도 마찬가지다. 그림 6-1은 이처럼 수직적 차별화 요소인 '품질'과 수평적 차별화 요소인 '편향'으로 경쟁 미디어들과 저마다 차별화하는 뉴스 미디어들을 잘 보여준다. 그림 6-1의 차트를 만든 기관은 탈정파적 뉴스 미디어 평가를 표방하는, 미국의 미디어 감시 기관, '애드 폰테스 미디어Ad Fontes Media'다. 이 기관은 지금까지 200개 이상의 영미권 뉴스

그림 6-1 **애드 폰테스 미디어의 미디어 편향 차트**

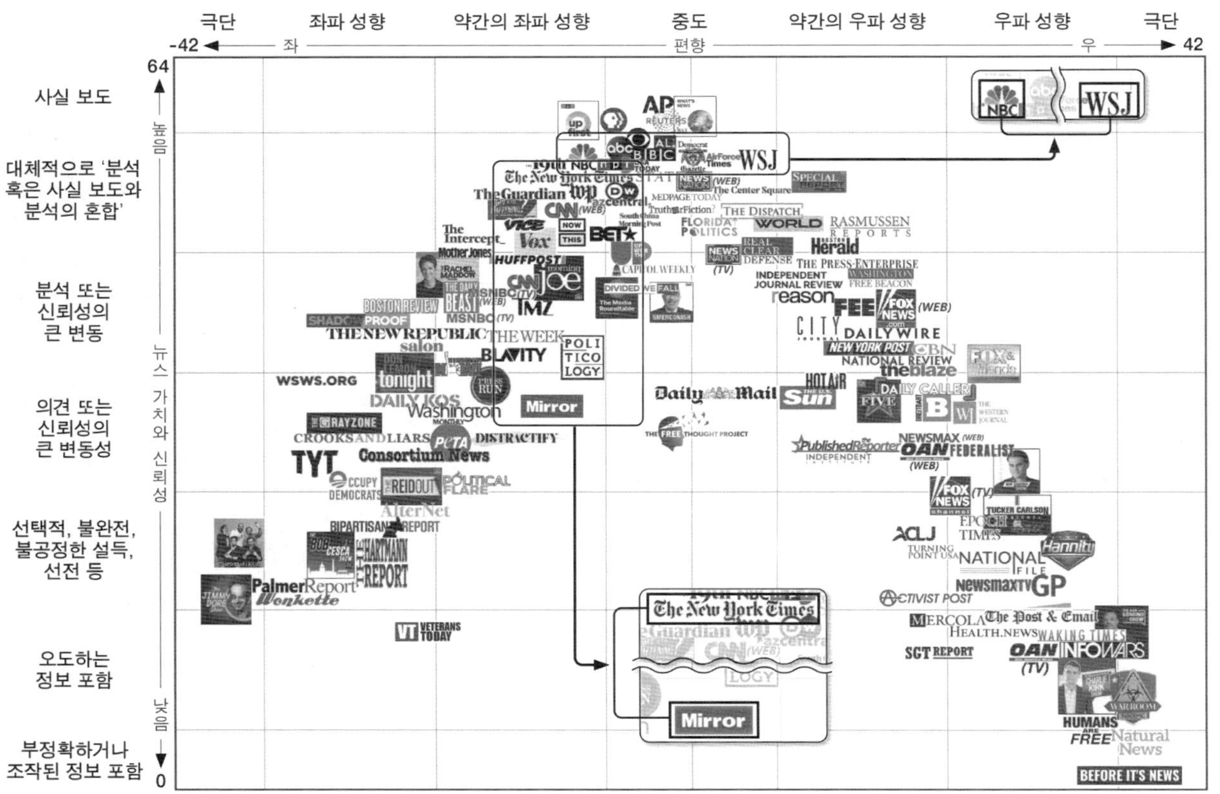

출처: Ad Fontes Media, Media Bias Chart 9.0; https://adfontesmedia.com

미디어들이 보도한 2만 5000여 개 개별 뉴스 콘텐츠들을 대상으로 품질(신뢰도Reliability)와 편향을 평가해 왔다.[12]

그림 6-1에서, 가로축은 극단적인 좌편향(-42)에서 극단적인 우편향(42) 사이의 정치(이념)적 편향을, 세로축은 '사실 보도'(64)에서 '조작된 콘텐츠가 섞인 보도'(0) 사이의 품질(신뢰도)을 나타낸다. 독자들도 평소 알고 있던 뉴스 미디어들을 찾아 '편향-품질(신뢰도)' 평면상에서 어디에 있는지 확인해 볼만하다.

평면상의 미디어들을 보면, 먼저, 뉴스 미디어들이 '거꾸로 된 V'의 모습으로 분포하고 있음을 확인할 수 있다. 저품질 미디어일수록 큰 편향, 고품질 미디어일수록 작은 편향으로 차별화하고 있는 것이다. 이런 양상은 뉴스 미디어들에 대한 일반적 통념과 다르지 않다.

하지만, 동일 수준의 정치(이념)적 편향을 지녔으나 신뢰도가 다른, 즉 품질이 다른 경우가 있고, 반대로 품질은 같지만 정치(이념)적 편향이 다른 미디어들도 있다. 전자의 예로는 세계적으로 널리 알려진 유력 뉴스 미디어인 블룸버그 뉴스Bloomberg news와 신생 디지털 뉴스 미디어인 ≪불워크Bulwark≫다. 블룸버그 뉴스와 ≪불워크≫는 각각 (-2.66)과 (-2.73)으로 거의 같은 경미한 좌파 편향을 보이지만, 신뢰도는 (-45.72)와 (-34.15)로 적지 않은 차이가 있다. 세계적인 유력지 ≪뉴욕 타임스≫와 대표적 타블로이드 신문인 ≪데일리 미러≫도 정치적 편향은 둘 다 (-8) 안팎이지만, 신뢰도에선 역시 큰 차이가 난다. 반면, NBC 방송과 ≪월스트리트 저널The Wall Street Journal≫은 후자의 예다. 신뢰도에선 (45.80)과 (45.34)로 거의 같지만, 정치적 편향에선 (-6.90)과 (5.17)로 각기 좌파 편향과 우파 편향을 보이기 때문이다. 이런 모습들은 모두, 뉴스 미디어들이 편향과 품질을 각기 차별화하며 뉴스 시장을 공략하는

12 애드 폰테스 미디어는 자유주의적 성향의 심사위원과 보수적 성향의 심사위원, 그리고 중도적 성향의 심사위원들로 이뤄진 심사조들에 의해 분석 대상 뉴스 콘텐츠의 편향과 품질을 계량화하는 방식을 쓴다.

그림 6-2 ≪한겨레≫의 시장 포지셔닝

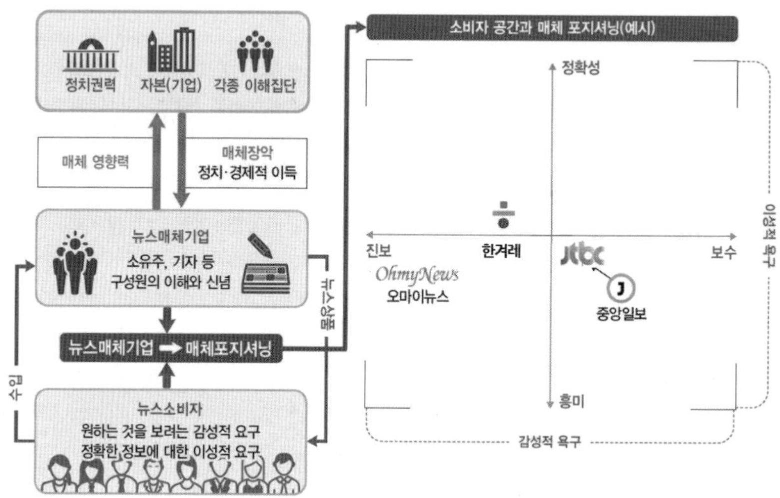

출처: 2017년 한겨레신문사의 대표이사로 선출된 후보(양상우)의 공약집, 55쪽.

실상을 잘 보여준다.

또 그림 6-2는 2017년 당시 한국의 몇몇 뉴스 미디어의 품질과 편향 수준을 보여준다. 이 그림을 보면, 당시 ≪한겨레≫ 경영진은 ≪한겨레≫를 ≪중앙일보≫나 JTBC에 비해서는 좌편향으로, ≪오마이뉴스≫에 비해서는 중도적으로 인식하고 있다. 품질에서는 ≪중앙일보≫나 ≪오마이뉴스≫보다는 고품질, JTBC와는 유사한 품질이라고 여기고 있다.

:: 한 걸음 더 6-1 :: 언론학자들의 '뉴스 품질'

언론학자들은 크게 두 가지 범주에서 뉴스 품질을 논의해 왔다. 하나는 뉴스 소비자가 인식하고 평가하는 뉴스의 품질이다. 이는 뉴스 소비자를 중시하는 경제학자들의 이해 방식과 유사하다. 다른 하나는 뉴스 공급자가 언론의 이상을 지향하며 실천해야 하는 품질이다. 이때의 품질 논의는 언제나 저널리스트들이 지녀야 할 규범에 관한 논의로 이어진다. 이 중에는 후자가 역사도 길고 관련 문헌의 양도 더 많다. 여기에는 언론학이 뉴스 공급자인 저널리스트의 직업 규범에서 발전한 학문이라는 사정도 작용했을 듯싶다. 뉴스 소비자와 공급자의 관점에서 각기 제시되어 온 뉴스 품질에 관한 언론학자들의 견해들을 차례로 살펴보자.

① 소비자 관점의 뉴스 품질

저널리즘 학자 스티븐 레이시Stephen Lacy와 톰 로젠스틸Tom Rosenstiel은 함께 쓴 논문에서 '수요 측면의 뉴스 품질'이란 "개별 뉴스 소비자들이 저마다 다른 자신의 필요와 욕구에 뉴스 혹은 저널리즘이 얼마나 잘 충족하는지를 따지는 것"이라고 정의했다. 그러나 이처럼 "소비자들이 느끼는 품질이 각기 주관적이라는 '상대주의적 접근relativistic approach'은 품질을 (객관적으로) 측정할 수 없다는 주장의 논거가 된다"고 두 학자는 설명했다(Lacy and Rosenstiel, 2015: 14).

두 학자에 따르면, 뉴스 품질에 대한 소비자들의 인식 차이는 개인의 필요와 욕구의 차이에 기초한다. 예를 들어 자신의 집 근처 도로의 정비에 대해 알고 싶어 하는 사람에게 도로 정비에 대한 뉴스는 고품질로 여겨지지만, 다른 지역에서 사는 사람에게는 쓸모없는 정보일 뿐이다. 소비자들은 미디어들이 다루는 분야나 비중의 적절성에 대해서도 자신의 관심을 기준으로 평가한다. 저마다의 편향을 지닌 소비자들은 뉴스들의 정확성이나 공정성 같은 요소에 대해서도 각기 생각이 다르기 일쑤다. 또 개인적 차원과 사회적 차원의 품질이 다른 경우도 흔하다. 어떤 뉴스는 개인의 편견을 뒷받침해 그에게는 만족감을 주는 고품질 뉴스지만, 사회적으로는 무익하거나 유해한 뉴스다. 요컨대, 뉴스에 대한 필요나 욕구는 소비자 개개인이 다르고, 개인 차원과 사회적 차원에서도 서로 다를 수 있다. 이는 뉴스 품질에 대한 사람들의 서로 다른 인식을 낳는다(Lacy, 1989).

고품질의 뉴스가 충족시켜야 할 뉴스 소비자들의 필요와 욕구는 언론학자들 사이에서도 다양하게 제시됐다.

사례를 들어보자면, 크리스틴 퍼셀Kristen Purcell 등은 ① 가족 친구 동류 등 주변 지인에 대한 정보, ② 시민의 책임을 다하게 하는 정보, ③ 삶에 도움이 될 정보, ④ 기분 전환과 안정감 또는 즐거움을 주는 정보, 그리고 ⑤ 직업적으로 도움이 되는 정보 등 다섯 가지를 제시했다(Purcell, et al., 2010). 이어 로젠스틸 등은 퍼셀 등의 기준들을 더 세분화해 정리한 여덟 가지를 뉴스 소비자들이 지닌 필요와 욕구를 확인하는 준거로 삼았다(Rosenstiel, et al., 2015).

② 공급자 관점의 뉴스 품질

저널리즘 윤리학자 존 메릴은 저널리스트와 에디터 등 뉴스 생산 조직의 '내부적 요소들'과 뉴스가 정책 입안자들에게 얼마나 자주 영향을 끼치는지 같은 '외부적 요소들'을 기준으로 미디어 품질을 따졌다(Merrill and Lowenstein, 1971). 또 레오 보가트Leo Bogart(1921~2005)는 1980년대 말, 746개 일간 신문의 에디터들의 의견을 조사해 고품질 신문을 위한 23가지 항목을 순위를 매겨 제시했다(Bogart, 1989). 이 항목들에는 '정치 칼럼리스트의 다양성', '텍스트에 비한 시각물의 비율', '가독성' 등이 포함돼 있었다. 2000년대 들어선, 저명한 언론학자 데니스 맥퀘일Denis McQuail(1935~2017)이 자유, 평등, 다양성, 진실 및 정보 품질, 사회 질서와 연대의 다섯 가지를 고품질 뉴스를 위한 기본 가치로 제시했다(McQuail, 2005).

공급자 관점의 뉴스 품질 기준 가운데 가장 널리 알려진 것은 빌 코바치Bill Kovach와 톰 로젠스틸이 2001년 발표한 '저널리즘의 10대 원칙'이다(코바치·로젠스틸, 2021). 이 원칙들에는 '정파로부터의 독립', '사실 확인의 저널리즘', '권력에 대한 독립적인 감시자', '포괄적이면서도 비중에 맞는 보도' 등이 들어 있었다.[13] 코바치와 로젠스틸의 10대 원칙은 언론학계와 일선의 저널리스트들 모두로부터 큰 호응을 받았다. 이 10대 원칙은 1947년 미국의 '언론 자유 위원회Commission on the Freedom of the Press'가 언론이 충족시켜야 한다고 명시한 5개 항[14]을 더 체계화하고 진일보시켰다는 점에서도 높은 평가를 받았다.

한편, 뉴스 공급자 관점에서 추구되는 언론학의 뉴스 품질 논의들은 나라마다 차이가 있다. 서로 다른 뉴스룸의 관행이 뉴스의 품질 기준을 그만큼 달라지게 하기 때문이다. 그뿐만 아니라 비슷한 품질 기준들을 갖고 있더라도 기준들 사이의 우선순위에선 제각각인 경우도 흔하다.

공급자의 입장에서 품질을 정의하는 것은 뉴스 미디어를 연구하는 경제학자들에게는 있기 어려운 일이다. 공급자 측면의 관점은 언제나 소비자들을 수동적인 존재로 여기는 특징이 있다. 이 때문에 뉴스 품질을 공급자 중심으로 생각하는 언론학의 전통적인 견해는 뉴스 소비자의 힘이 비약적으로 커진 디지털 시대에는 과거보다 더 큰 현실적 한계를 노정하고 있는 것으로 보인다.

---

13 저널리즘의 10대 원칙 중 본문에서 빠진 원칙들은 (실천적·기능적 형태의) 진실, 시민들에 대한 충성, 공공의 비판과 타협을 위한 포럼의 제공, 중요 사안들을 흥미롭게 보도, 뉴스에 대한 시민들의 권리와 책임 등이 있다.

14 미국의 '언론 자유 위원회'는 위원장이었던 로버트 허친스(Robert Hutchins, 1899~1977)의 이름을 따 허친스 위원회(Hutchins Commission)로도 불린다. 1942년 발족해 '언론 자유의 책무'에 관한 연구를 진행한 뒤 1947년 보고서를 발표했다. "사실(the fact)을 성실하게 보도하는 것만으로는 불충분하며, '사실에 대한 진실(the truth about the fact)'을 보도하는 게 필요하다"는 내용과 함께 언론이 추구해야 할 5개 항을 다음과 같이 발표했다. ① A truthful, comprehensive, and intelligent account of the day's events in a context which gives them meaning ② A forum for the exchange of comment and criticism ③ The projection of a representative picture of the constituent groups in society ④ The presentation and clarifications of the goals and values of the society ⑤ Full access to the day's intelligence(Chafee, 1947).

7

자유롭게 경쟁하는 언론은 '진실'을 드러낼 수 있을까?

"진리와 거짓이 서로 다투게 하라. 자유롭게 개방된 대결에서 진실이 진 것을 어느 누가 보았는가?"[1]

— 존 밀턴

"환한 대낮에 있지도 않았던 것에 대한 신문들의 끔찍한 추측과 거짓을 40년간 경험하며, 나는 신문들이 읽을 가치도, 주목할 가치도 거의 없다고 생각한다."[2]

— 토머스 제퍼슨

"만약 지금 언론이 존재하지 않는다면, 절대로 만들어내지 말아야 한다. … 언론을 죽이는 방법은 그들에게 자유를 주면 된다."[3]

— 오노레 드 발자크

1 Milton(1644[2006]).

2 Jefferson(1816).

3 발자크(1843[1999]).

사람들은 언론의 자유와 경쟁이 언제나 진실을 전해줄 것으로 믿고 기대한다. 실제로 인류 역사에서 자유로운 언론의 공헌은 혁혁하다. 하지만 예나 지금이나 언론은 사람들에게 참담한 실망도 자주 안긴다. 역사에 남긴 오점도 적지 않다. 피 흘려 얻어낸 '언론의 자유'였지만, 언론은 그 자유를 만끽하며 말초적이고 선정적인 뉴스를 쏟아 놓았고, 심한 정치적 편향으로 여론을 동강내기 일쑤였다. 때로는 심대한 오보와 가짜 뉴스로 세상을 어지럽히며 사람들의 신뢰를 배신했다. 이런 언론의 모습들은 언론의 자유와 경쟁이 지닌 지킬 박사와 하이드 같은 양면성을 드러낸 것이었다.

경제학자들은 자유로운 언론들의 경쟁이 빚어내는 이런 현실을 이론과 실증을 통해 연구해 왔다. 언론의 자유로운 경쟁은 우리를 언제나 '진실'에 다다르게 해줄까? 아니면 그저 희망 사항에 불과한 것일까? 뉴스 공급자들의 경쟁은 그들이 공급하는 정보의 질과 양에 어떤 영향을 끼칠까? 이 장에서는 크게 두 가지 범주에서 이런 의문들에 답하는 경제학자들의 견해를 살펴본다. 먼저, 뉴스 미디어들의 '너무 많은 경쟁'과 '너무 적은 경쟁'이 각기 야기하는 역기능과 부작용, 그리고 이를 개선하기 위한 방안에 관해 생각해 본다. 이어서는 뉴스 미디어들의 경쟁이 우리를 진실에 다다르게 하는지에 대해 엇갈리는 학자들의 견해들을 소개한다.

7.1. ı 뉴스 시장의 딜레마 – '시장의 실패'와 '정부의 실패'

우리가 시장에 기대하는 구실은 최적의 자원 배분이다. 뉴스 시장으로 보자면 그 구실은 사회 구성원들에게 꼭 필요한 정보가 고루 전달되는 일이다. 하지만 뉴스 시장은 이런 기대에 부응하지 않는 경우도 흔하게 관찰된다. 이런 상황은 크게 두 가지이다. 하나는 과열 경쟁으로 선정적인 '연성 뉴스soft news'나 '가짜 뉴스fake news' 같은 부정확한 뉴스가 증가하고, 민주주의와 유권자들의 정치적 선택에 필요한 정보, 즉 '경성 뉴스hard news'의 공급은 불충분해지는 경우다. 다른 하나는 뉴스 시장이 독과점 심화로 충분한 경쟁이 이뤄지지 않아 정보의 다양성이 사라지는 때다. 즉, 너무 적은 경쟁으로 '여론 다양성Diversity of public opinion'과 '미디어 다양성Media plurality'[4]이 훼손되는 경우다.

그렇다면 이런 불충분한 정보 공급의 문제는 어떻게 풀어야 할까? 과열 경쟁이 문제라면 경쟁을 완화(제한)해야 하고, 시장의 독과점이 문제라면 보다 경쟁적 시장을 만들어야 한다. 이를 위해선 정부의 개입, 즉 규제regulation를 생각해야 한다.

그러나 경쟁의 역기능을 제어하거나 순기능을 강화하기 위한 정부의 개입을 놓고는 경제학자들 사이의 의견도 크게 엇갈린다. '규제가 불가피하다'는 의견과 '규제는 효과도 없고 되레 부작용만 부른다'는 상반된 의견이다. '시장의 실패'와 '정부의 실패'라는 경제학의 전통적인 논쟁이 뉴스 미디어 정치경제학에서도 어김없이 재연되는 것이다. 먼저 '지나친 경쟁'이 '불충분한 뉴스 공급'을 낳는 상황부터 확인해 보자.

① '너무 많은 경쟁'과 불충분한 뉴스 공급

연성 뉴스는 인간의 본능을 자극하고 인간적 흥미를 유발하며 오락적 요소가 강한 뉴스다. 가십gossip 뉴스가 전형적인 예다. 반면, 경성 뉴스는 삶을 이어가는 데 필요한 '실용적 뉴스'다. 일반적으로 정치, 경제, 국제관계, 복지 등을 다루는 뉴스다. 민주주의 사회에서 사람들의 정치적 선택과 사회 참여에 긴요한 정보는 대부분 경성 뉴스에 담긴다. 그리고 사람들은 경성 뉴스를 통해서 자신과 사회의 현안들에 대한 견해를 형성한다. 이에 반해 연성 뉴스는 사람들의 호기심을 단순히 충족시켜 주는 구실에 그친다.

경성 뉴스의 사회적 효능에 관해선 경제학자들 사이에서 이견이 거의 없

4 사회의 다양한 정치·사회·문화적 주장과 견해가 다양한 미디어를 통해 보장되는 상태.

다. 민주주의를 경제학으로 설명해 낸 앤서니 다운스를 비롯해, 미국의 대표적 법경제학자 리처드 포스너Richard Posner 등 많은 학자는 모두 '경성 뉴스를 접할 때 사회적 이득이 크다'고 말한다(Downs, 1957; Posner, 1986). 사람들이 사회적으로 가장 좋은 의사결정을 하는 데는 오락물보다는 뉴스를 보는 게 낫고, 뉴스 중에서도 자동차 추격전이나 유명인의 추문 같은 연성 뉴스보다는 정치적으로 유의미한 경성 뉴스를 소비하는 게 낫다는 것이다(Gentzkow and Shapiro, 2008a). 이런 견해는, "연성 뉴스가 공적 사안들과 정치에 관한 대중의 관심과 정보를 감소시켜 민주주의의 토대를 약화시킨다"(Patterson, 2000)는 정치학자들의 생각과 일맥상통한다. 연성 뉴스와 경성 뉴스의 공급과 소비에 관한 경제학자들의 일반적인 생각을 요약하면 다음과 같다.

(1) 뉴스 소비자는 본능적으로 연성 뉴스를 선호한다.
(2) 그러나 뉴스 소비자는 연성 뉴스보다 경성 뉴스를 접할 때 사회적 이득이 더 크다.
(3) 뉴스 공급자들의 경쟁은 뉴스 공급자들이 뉴스 소비자가 원하는 뉴스를 생산하게 한다.
(4) 경쟁에 상대적으로 덜 얽매이는 뉴스 생산자일수록 더 많은 경성 뉴스를 생산한다.
(5) 국영이나 공영 미디어 혹은 소유주가 공익을 추구하는 민영 미디어 기업들은 경쟁에 덜 얽매이는 반면, 민영 미디어 기업들은 경쟁에 몰두한다.

(1)~(5)을 한 문장으로 압축하면, 뉴스 미디어의 경쟁이 심할수록 연성 뉴스가 늘고 사회적 효능이 큰 경성 뉴스의 공급은 감소한다는 것이다. 이런 예측은 학자들의 실증적 연구로도 확인되어 왔다. 제임스 해밀턴의 연구에 따르면 케이블 TV 네트워크 간의 경쟁이 심화된 1980년대 초 이후 미국 텔레비전 뉴스 네트워크에서는 (대표적 경성 뉴스인) 정치 뉴스가 감소했다(Hamilton,

2004). 또 정치학자인 존 잘러John Zaller도 공영방송인 영국 BBC의 뉴스는 치열한 경쟁을 벌이는 미국 민영 방송들의 뉴스보다 더 품질이 높았고, 경쟁이 없는 지역의 독점 신문들도 치열하게 경쟁하는 텔레비전 방송들보다 더 고품질이었다며, '더 경쟁적인 시장'일수록 고품질 뉴스가 적었다고 주장했다(Zaller, 1999).

1944년에서 2014년까지 70년에 걸친 프랑스의 신문 시장을 연구한 경제학자 줄리아 카제는 "신문 수가 늘어나며 경쟁이 증가했을 때 신문당 저널리스트의 숫자와 기사 생산 건수가 감소하고, 경성 뉴스의 공급도 더 적어졌다"고 말했다. 또, 카제에 따르면 이런 정보 공급의 감소는 궁극적으로 선거 투표율의 하락으로 이어졌다(Cagé, 2020).

디지털 시대에는 뉴스 미디어 간의 경쟁이 불충분한 정보 공급을 낳는다는 우려가 더 커졌다. 디지털 플랫폼들의 등장으로, 거대한 신문 윤전 설비나 방송 시설 등 뉴스 시장의 진입 장벽이 사라지자 '설비투자 경쟁'은 크게 약화되고, '가격 경쟁'도 무의미해졌다. 그 대신, 소비자들의 눈과 귀를 잡기 위해 더 자극적이고 감각적인 콘텐츠 경쟁은 더욱 치열해졌다. 언론 사상가들은 '개방된 사상의 자유 시장'이 진실이 승리하는 무대라고 여겼지만, 현실에선 선정적인 연성 뉴스를 양산하는 공간이 되어버린 것이다.

그런데 연성 뉴스의 증가로 인한 경성 뉴스의 공급 부족을 개선할 해법은 뉴스 시장의 경쟁을 완화하는 것 말고는 없다. 이 때문에 '뉴스 시장의 실패'에 주목하는 경제학자들은 시장 경쟁으로부터 자유로운 '공영 미디어'의 도입 등으로 경쟁의 완화를 모색해야 한다고 주장한다.

반면, 경쟁의 인위적 완화에 비판적인 경제학자들은 뉴스 시장에 관해서도 마찬가지다. 정책적 개입으로 경성 뉴스의 생산·공급을 늘린다고 해도, 소비가 늘어난다는 보장은 없고 부작용만 겪게 된다는 것이다. 이런 견해의 대표적 학자인 매튜 겐츠코우와 제시 샤피로의 논거는 다음과 같다(Gentzkow and Shapiro, 2008a).

첫째, 경성 뉴스의 공급을 늘려도 뉴스 소비자들이 소비하지 않거나 뉴스에 담긴 정보가 소비자들에게 흡수되지 않을 수 있다. 미국의 공영 TV방송 PBS의 뉴스 프로그램인 〈뉴스아워NewsHour〉는 고품질 저널리즘의 대표적 사례로 언급된다. 하지만 이 프로그램의 시청자는 폭스 뉴스나 CNN 등에 비해 상대적으로 매우 적다. 이는 〈뉴스아워〉 같은 프로그램을 더 많이 만들어 공급하더라도 (뉴스 소비자들의 외면으로) 실질적인 뉴스 소비에는 별다른 영향을 끼치지 못한다는 뜻이다.

흥미와 오락 위주의 콘텐츠 공급을 줄이거나 소비를 제한하는 것도 매우 어려운 일이다. 이를 위해서는 민영 미디어들을 국영이나 공영으로 바꾸거나, 모든 주요 미디어의 콘텐츠를 규제해야 하기 때문이다. 설령, 연성 뉴스를 줄이고 경성 뉴스를 늘리는 정책이 가능하다고 해도 사람들이 연성 뉴스만을 본다면 그 정책은 별 효과를 보지 못할 것이다.[5] 더구나 실용적으로 유익한 뉴스를 소비자들이 더 많이 보게 하더라도 만약 이해가 쉽지 않거나 빨리 잊힌다면 효과는 반감된다. 이럴 때는 (정부의 정책적 지원을 받는) 어떤 뉴스 미디어가 경제 문제에 대해 전문적인 보도를 통해 많은 양의 정보를 제공해도 시민들의 지식과 의사결정을 개선하지는 못한다.

둘째, 어떤 뉴스가 사회적으로 더 유용한 뉴스인지 아닌지를 가늠하는 것은 쉽지 않은 일이다. 먼 나라의 전쟁 얘기는 내가 사는 지역의 선정적 범죄 뉴스보다 더 혹은 덜 유용한가? 대표적 연성 뉴스로 평가되는 빌 클린턴Bill Clinton 미국 대통령과 모니카 르윈스키Monica Lewinsky 추문 보도가 대통령 탄핵이라는 대표적인 경성 뉴스로 변화한 것은 또 어떻게 볼 것인가? 시간이 흐르고 난 뒤에는 바람직한 뉴스가 무엇인지에 대한 합의가 이뤄질 수는 있다. 그러나 복잡하고 다차원적 생산물인 뉴스를 만드는 생산자에게 실시간으로 유용한 뉴

---

5 뉴스는 한 사람이 소비해도 다른 사람이 소비할 수 있는 양이 감소하지 않는 비경합재(非競合財, non-rival goods)다. 따라서 연성 뉴스의 생산량이 줄어도 사람들의 소비량은 줄지 않을 수 있다.

스인지 아닌지를 가늠하는 판단의 기준이나 유용한 뉴스 공급에 적절한 인센티브를 제공하는 것은 매우 어렵다.

셋째, BBC의 사례를 제외하면, 공영 미디어나 정책적 규제가 대표적 경성뉴스인 정치 뉴스를 개선한다는 실증적 증거도 없다. 오히려 많은 나라에서 정부가 통제하는 미디어는 '덜 민주적인 정부', '더 낮은 수준의 언론 자유', 그리고 '더 건강하지 않은 보도'와 관련이 있다. 이런 나라들에서는 정부가 시장의 실패를 보완하기보다는 자신들의 권한을 강화하는 데 미디어를 이용하는 탓이다.[6] 서유럽 민주주의 국가에서도 정부의 개입은 성과가 없었다. 미국에서도 미연방통신위원회Federal Communications Commission: FCC가 1949년 '방송은 대립하는 정치적 관점을 공평하게 전해야 한다'는 '공정의 원칙Fairness Doctrine'을 도입한 뒤 라디오의 정치 토론이 급격히 감소했다(Hazlett and Sosa, 1997).

겐츠코우와 샤피로의 견해를 요약하면, 뉴스 시장의 경쟁을 제한하는 것은 효과는 불확실하고 경쟁 제한에 따른 대가는 클 수 있다는 것이다. 또 뉴스 시장에 대한 경쟁 제한 정책은 뉴스를 조작하려는 정부나 정치권력으로부터 결코 자유로울 수 없다. 특히 두 학자는 (미국의 경우) "정부의 보도 개입 시도는 워터게이트 보도 당시나 1·2차 세계대전 시기처럼 민주적 의사결정에 있어 정보의 중요성이 최고조에 이르는 때 이뤄졌다"며 "(정부의) 정치적 이해관계가 극대화할 때, 정부의 개입 아래 놓인 미디어의 정보는 가장 덜 정확했다"고 말했다.

② '너무 적은 경쟁'과 불충분한 뉴스 공급

뉴스 시장의 경쟁은 지나쳐도 문제가 될 수 있지만, 너무 적으면 더 심각한 문제가 된다. 어떤 나라의 뉴스 시장을 단 하나의 뉴스 미디어가 독점하고 있

---

6 시메온 잔코프(Simeon Djankov) 등은 미디어에 대한 높은 수준의 공적 소유가, 오히려 더 적은 언론 자유와 정치적·경제적 권리와 관련이 있다고 말했다(Djankov, et al., 2003). 10.4.① 열등한 사회 참고.

다고 생각해 보자. 뉴스 미디어 사이의 경쟁은 존재하지 않고, 뉴스 소비자들은 독점 미디어가 선택해 제공하는 뉴스를 보는 것 말고는 다른 선택을 할 수 없을 것이다. 정당이나 정부가 통제하는 소수의 관영 언론만 있는 독재국가들의 경우가 그 쉬운 예다.

지구촌 최대 뉴스 시장인 미국에서도 지난 수십여 년 이상 미디어 시장에서 끊임없이 인수 합병이 벌어지며 대중 미디어의 소유 집중이 심화되어 왔다. 특히 지난 세기 중반 텔레비전 방송의 등장은 이에 대응하기 위한 신문 업계의 인수 합병과 체인chain화 추세를 더 촉진했다.[7]

이에 따라 뉴스 미디어 소유의 집중이 낳는 폐해도 끊임없이 제기되어 왔다. 저널리스트이자 저널리즘 학자였던 벤 바그디키안Ben Bagdikian은 자신의 책 『미디어 독점The Media Monopoly』을 통해 미디어 집중이 표현의 자유와 독립적 언론을 위협하고 있다고 역설했다(Bagdikian, 2000).

이보다 앞서 미국의 법학자인 스탠리 잉버Stanley Ingber는 언론의 자유는 중립적인 사상의 시장을 만들며 진실을 발견하게 한다고 여겨져 왔지만, 언론 자유만으로는 새로운 생각과 인식 및 가치가 발전할 수 있는 환경이 보장되지 않는다고 주장했다. 그는 뉴스 소비자들은 정확한 보도와 부정확한 보도를 구별해 내기 어려울 수 있다며 "시장의 결함을 개혁하고 바로잡기 위해 노력해야 한다"고 말했다(Ingber, 1984). 이 밖에도 소유의 집중을 낳는 뉴스 미디어 시장의 결함은 많은 이들에 의해 제기됐고, 결국 미연방통신위원회FCC도 이를 방송 산업에 대한 정부 규제의 핵심 이유로 받아들였다(Federal Communicaitions Commission, 2003).

하지만 어떤 이유로든 정부가 소유 규제 등을 통해 뉴스 시장에 간섭하는 것은 부적절하다고 여기는 경제학자들이 있다. 이들은 설령 인수·합병 등으로 뉴스 미디어들의 집중이 진전되더라도 자유로운 뉴스 시장에선 언제나 충

---

7 3.2.2.① 신문 산업의 재편과 탐사 저널리즘의 등장과 쇠퇴 참고.

분한 경쟁이 만들어진다고 말한다. 뉴스 시장에 대한 개입에 반대하는 젠츠코우와 샤피로의 주장을 다시 들어보자(Gentzkow and Shapiro, 2008a).

먼저, 뉴스 시장은 '제품 시장product market'인 동시에 '정보 시장information market'이다. 제품 시장에서 경쟁하는 두 기업은 소비자 입장에선 완전한 대체 관계에 있다. 반면 정보 시장과 제품 시장의 성격을 함께 지닌 뉴스 시장에서는 제품 시장의 경쟁자와 정보 시장의 경쟁자가 별개로 존재한다. 예컨대, 미국 동부의 ≪워싱턴 포스트≫와 서부의 ≪로스앤젤레스 타임스Los Angeles Times≫는 제품 시장에선 경쟁자가 아니지만, 정보 시장에서는 경쟁자가 될 수 있다.

정보 시장은 제품 시장에 비해 범위가 훨씬 크다. 또 정보 시장에서는 제품 시장의 경쟁자로는 무의미한 작은 미디어들도 중요한 역할을 할 수 있다. ≪뉴욕 타임스≫ 같은 유력 미디어도 작은 미디어의 보도에 영향을 받기 때문이다. 특히 디지털 시대에는 온라인 플랫폼을 통해 뉴스는 매우 신속하게 확산되고, 작은 뉴스 미디어가 퓰리처상을 받기도 한다. 이처럼 정보 시장의 성격을 지닌 뉴스 시장의 독특한 현실은 제품 시장의 시장 점유율만으로 뉴스 시장의 경쟁을 평가하는 게 적절하지 않다는 것을 뜻한다.

둘째, 전체주의 국가들은 정보의 확산을 유의미하게 감소시킬 만큼 미디어의 집중이 큰 곳이다. 하지만 이처럼 극단적인 집중은 정부의 개입이 아주 적었기 때문이 아니라 아주 많았기 때문에 벌어진 결과다.

셋째, 미디어의 집중이 심화된다고 해도, 특정한 뉴스나 정보의 전파를 막을 수는 없다. 어느 개인도 특정 보도를 못하게 할 동기나 힘을 미국의 대통령만큼 갖고 있지 못하다. 그러나 워터게이트 보도를 막으려 했던 리처드 닉슨Richard Nixon 대통령의 노력도 결국 무의미했다. 게다가 인터넷 뉴스 미디어를 포함한 수많은 미디어가 등장한 요즘은 정보의 전파 속도가 과거보다 훨씬 빨라졌다.

요컨대, 시장은 가장 최선의 것을 이룰 수 있다거나 뉴스는 결코 왜곡되지 않는다거나, 소비자의 추론은 항상 정확하다고 말할 수는 없다. 하지만 젠츠

:: 한 걸음 더 7-1 :: **한국, 과다 경쟁과 과소 경쟁의 나쁜 공존**

한국에서는 ≪조선일보≫, ≪중앙일보≫, ≪동아일보≫ 3대 메이저 신문이 지난 수십 년간 50~70%의 시장 점유율(발행 부수 기준)을 유지해 왔다. 이 신문들은 모두 보수적 편향을 지니고 있었다. 또 방송 시장은 사실상 KBS와 MBC 등 공영 방송의 과점 시장이었다. 이런 상황에서 과점 신문들은 2011년 '종합편성채널(종편)'로 방송 시장에 진출했다. 이 과정에서 과점 신문들의 방송 진출에 대한 한국 사회의 여론은 크게 양분됐고 갈등은 격화했다. 보수 진영은 종편 도입에 적극적으로 찬성하고, 진보 진영은 이를 결사적으로 반대한 것이다. '뉴스 미디어 경제학'의 관점에서는 두 진영의 찬성과 반대 이유가 눈길을 끈다. 두 진영 모두 독과점의 폐해, 즉 너무 적은 경쟁의 폐해를 종편에 대한 찬성과 반대의 이유로 든 까닭이다.

종편에 찬성하는 보수 진영에선 종편의 등장으로 지상파 방송의 독과점 구조가 무너지며 경쟁이 촉진될 것이라고 주장했다. 반면 종편에 반대한 진보 진영에서는 3대 메이저 신문 기업들이 방송까지 겸영해 뉴스 시장과 여론 시장의 독과점이 심화될 것이라고 우려했다. 두 견해를 기계적으로 종합하면, 종편이 방송 시장의 경쟁은 촉진하지만, 여론 시장의 독과점 현상은 더 심화시킬 것이라는 얘기였다.

종편이 도입되고 나서 10여 년이 흐른 지금, 결과는 어떤가? 방송 시장의 경쟁은 분명히 전에 없이 격렬해졌다. 하지만 그에 따라 방송 콘텐츠의 품질이 더 나아졌다고 말하는 이는 드물다. 앞서 설명한 '너무 많은 경쟁'과 불충분한 뉴스 공급의 전형적인 사례라고 할 수 있다.

여론 시장에서 종편 출범 이후 보수적 뉴스 미디어들의 영향력이 더 커졌음을 부인하기 어렵다. 특히 공영방송의 보도 편향은 어떤 정치 세력이 집권하느냐에 영향을 크게 받는다는 점을 감안하면, 보수 정권 시기에는 한국 뉴스 시장 전반의 보수적 편향이 확대되는 경향을 보인다고 할 수 있다. 이런 경우는 '너무 적은 경쟁'과 불충분한 뉴스 공급의 사례다.

코우와 샤피로에 따르면, '미디어의 집중'도 (민주주의 사회에서는) 진실의 전파에 유의미할 만큼 장애가 된다고 생각할 수 없다는 것이다.

③ '뉴스 시장에 개입하지 말라'는 자유주의적 관점의 한계

이 책의 독자들 가운데는 겐츠코우나 샤피로의 견해에 공감하는 이들도 적지 않을 것이다. 겐츠코우나 샤피로 같은 경제학자들의 주장이 일면 타당하고 설득력도 있는 까닭이다. 여기에 진실과 거짓을 자유롭고 공개적인 환경에서 겨루도록 하는 게 진실을 얻는 최선의 길이라는 '언론 자유 사상'의 황금률[8]까지 생각한다면 뉴스 시장에 대한 정부의 개입은 무익할 뿐만 아니라 부적절한 일이라는 결론에 이를 수도 있다. 실제로, 미국 법경제학의 대부로 꼽히는 아론 디렉터Aaron Director(1901~2004)는 "자유로운 사상의 시장은 재화와 서비스 시장보다 선행한 시장"이며 시장에 대한 정부 개입의 필요성을 인정하더라도 "자유방임주의가 존중될 수 있는 유일한 영역"이라고 말했다(Director, 1964: 5).

그러나 뉴스 시장에 대한 정부 개입에 반대하는 자유주의적 관점은 뉴스 시장의 일부를 설명하는 데 효과적이지만, 모든 상황을 설명하지는 못한다. 이론과 실증 양 측면 모두에서 그렇다. 이 때문에, 생각이 다른 경제학자들도 적지 않다. 로널드 코스Ronald Coase(1910~2013, 1991년 노벨 경제학상 수상)는 '시장의 실패가 발생해도 정부의 개입은 불필요하다'는 '코스 정리Coase Theorem'의 창안자였다. 하지만 그조차도 외부 효과external effect,[9] 독점, 비대칭 지식(정보) 등에 대한 정부 개입이 바람직하다면, '사상의 시장market for ideas'보다 정부의 개입이 더 필요한 곳은 없다고 말했다(Coase, 1974). 이 말의 뜻은 최소한으로 이해해도, 뉴스 시장을 다른 일반 재화나 서비스 시장과 다르게 대우해야 할 이유가 없다는 것이다.

미디어의 집중과 관련해선 이탈리아의 미디어 재벌로 총리까지 지낸 실비오 베를루스코니Silvio Berlusconi의 미디어 장악에 따른 문제들은 널리 알려진 예다.[10] 한국에서도 보수적 편향의 신문 대기업들이 지난 2011년 종합편성채널

---

8 근대 언론 자유 사상의 시조로 꼽히는 존 밀턴(John Milton, 1608~1674)은 저서 『아레오파지티카(The Areopagitica)』에서 다음과 같은 기념비적 언급을 남겼다. "모든 주의나 주장이 자유로이 제기되면, 진실 또한 그 안에 있을 터인데, 우리는 허가와 금지로 진실의 힘을 의심하는 부당한 일을 하고 있다. 진실과 거짓이 서로 다투게 하라. 누가 자유롭고 개방된 대결에서 진실이 진 것을 본 적이 있는가"(Milton, 1644 [2006]).

9 외부 효과란 어떤 경제활동이 당사자가 아닌 제3자에게 끼치는 영향을 말한다. 사회간접자본인 도로 건설 등은 긍정적 외부 효과지만 수질오염 같은 공해는 부정적 외부 효과다. 외부 효과는 자원을 효과적으로 배분하는 시장의 기능이 제대로 작동하지 않는 '시장 실패'를 낳을 수 있다. 외부성(externalities)도 같은 말이다.

10 〈한 걸음 더 8-1〉 미디어 소유주의 두 모습 참고

로 방송에까지 진출해 여론 장악력이 커졌다는 게 일반적 평가다. 무엇보다도 미디어 소유 집중과 그에 따른 여론 다양성의 감소는 오랜 역사를 통해 이미 경험적으로 확인됐다. 미국과 달리, 서유럽의 많은 나라가 공영방송을 중시하고 미디어 집중을 강하게 규제하는 이유도 거기에 있다.

뉴스 시장에 대한 정책적 개입이 불가피한 이유는 또 있다. 뉴스 시장이 여느 시장과 달리 시장의 안과 밖 사이의 경계가 매우 불분명한 시장인 까닭이다. 시장의 안과 밖의 경계가 분명하지 않다는 말은 뉴스 시장은 시장에서 일어난 결과들이 시장 외부의 제3자에게 영향을 미치는 '외부 효과'가 일상적으로 발생한다는 뜻이다. 뉴스 공급자와 소비자가 뉴스 시장에서 뉴스를 공급하고 소비하는 활동은 뉴스 시장 안에 머물지 않고, 선출직 공직자를 뽑는 선거는 물론 정부의 정책 채택이나 기업의 상품 소비 등 뉴스 시장 외부에 끊임없이 영향을 끼친다.

뉴스 시장의 외부 효과는 정치인, 정부, 대기업 등 뉴스 시장 밖의 주체들이 뉴스 시장에 개입하려는 동기도 끊임없이 만들어낸다. 이를테면 사과 시장에서는 소비자들에게 특정한 품종의 사과를 사 먹게 하거나 사 먹지 않게 하려는 시장 밖의 주체를 상상하기 어렵다.[11] 하지만 뉴스 시장은 다르다. 특정 편향이나 사실(들)이 포함된 뉴스를 소비자들이 보게 하거나 보지 못하게 하려는 시장 외부자의 개입이 일상적이다.

자유주의 경제학의 정수精髓는 시장이 스스로 수많은 경제주체의 의사결정과 경제활동을 자동으로 조정해 최적의 결과를 낳는다는 것이다. '보이지 않는 손invisible hand'이라 일컫는 기능이다. 그러나 여느 시장처럼 뉴스 시장의 이

11 일반 시장에서도 시장 외부의 주체, 이를테면, 정부가 시장에 개입해 특정한 상품을 소비하거나 생산하도록 하는 경우가 없지는 않다. 계획경제 체제 아래서는 흔한 예다. 한국에서 쌀의 수급 불균형이 심각했던 1970년대, 한국 정부가 쌀의 수요를 감소시키려 '잡곡소비 장려운동'을 대대적으로 펼치며 정책적으로 뒷받침한 게 대표적이다. 계획경제적 색채가 사라진 지금도 많은 나라의 정부들은 에너지 시장에서 대체 에너지의 공급을 늘리려 대체에너지 생산·공급자에 대한 제도적 지원을 하고 있다. 그러나 이들 사례는 뉴스 시장에 대한 시장 외부의 교란과는 결이 다른 얘기다.

기능에도 장애가 생길 수 있다. 시장의 실패다.

더욱이 뉴스 시장에서 '보이지 않는 손'이 온전하게 기능할 가능성은, 일상적으로 개입하는 시장 외부자들 탓에 일반 시장보다 더 낮다. 비유적으로 말하자면, 뉴스 미디어 시장은 혼탁한 물줄기가 외부로부터 세차게 흘러드는 '호수'와 같다. 따라서 호수의 자정 능력만 믿고, 흘러드는 탁류를 방치하는 것은 현명한 처사가 될 수 없다. '사상의 자유 시장'이 무한대의 자정 능력을 갖고 있다고 믿을 수는 있다. 그러나 '믿음'은 '과학'이 아니다. 뉴스 시장에 대한 정책적·제도적 개입의 여부는 믿음이 아닌 객관적 현실 인식에 기초해야 한다. 그 현실 인식은 뉴스 시장이라는 '호수'에 이 호수의 자정 능력 이상으로 탁류가 흘러드는지에 대한 판단에서부터 시작된다.

이번 절을 정리해 보자. 뉴스 시장에서는 경쟁이 너무 많거나 너무 적은 경우 모두 시장의 실패를 낳는다. 선정적인 연성 뉴스가 증가해 개인과 사회에 꼭 필요한 경성 뉴스가 충분히 공급되지 않거나, 뉴스 미디어의 소유 집중으로 여론 다양성이 감소하는 것이다. 두 상황 모두 적정한 경쟁 수준을 유지하도록 하는 정책적 개입이 필요할 수 있다. 하지만 정책적 개입에 대해 자유주의적 학자들은 뉴스 시장에 대한 개입은 그 목적을 달성하기도 어려울뿐더러 심대한 부작용만 낳을 것이라고 주장한다. 그럼에도 경쟁의 심화로 언론 자유의 '물길'이 선정적 뉴스의 '탁류'로 변하고, 경쟁의 부족으로 물길이 막혀 '고인 물'이 된다면 이를 지켜만 볼 수는 없는 노릇이다. 특히 뉴스 시장이라는 호수에 미디어 포획자에 의해 자정 능력 이상의 탁류가 흘러드는 것을 방치할 수는 없다.

따라서 시장의 실패를 보완해 적정한 경쟁 수준을 유지하려는 정책적 노력은 언제나 필요하다. 경쟁이 과도하거나 부족해서 생겨나는 역기능은 언론의 존재 이유 자체를 부정하는 까닭이다. 그러나 뉴스 시장만큼 치료를 하려다 상처를 내기 쉬운 시장도 없다. 뉴스 시장에 대한 개입은 어린 아기의 상처에

연고를 바르듯 신중해야 하는 이유다. 따라서 뉴스 시장에 개입할 때는 자유주의적 학자들의 견해를 각별히 감안할 필요가 있다.

7.2. | 미디어 편향에 관한 경쟁의 효과

우리는 앞서 미디어 편향이 생겨나는 이유를 살펴본 바 있다. 공급 측면에서는 저널리스트와 언론사 사주(경영자), 수요 측면에서는 뉴스 소비자 등에 기인하는 여러 이유가 있었다. 이처럼 다양한 이유로 생겨나는 미디어 편향에 뉴스 미디어들 간의 경쟁은 어떤 영향을 미칠까? 경쟁의 많고 적음이 미디어 편향에 미치는 영향을 이해하는 것은 뉴스 소비자와 공급자, 시장의 원리 모두를 하나의 시야에 담는 것이라 할 수 있다. 따라서 미디어 편향에 대한 경쟁의 효과는 경제학이 미디어 편향을 이해하는 주된 경로다.

아쉬운 일이지만, 이에 관한 경제학계의 통설은 아직 없다. 경쟁의 효과에 대한 경제학자들의 이론과 견해는 엇갈린다. 그렇지만 다양한 학문적 견해가 현실에 대한 이해의 폭을 넓혀주듯, 경제학자들의 상반된 견해들도 언론의 실상을 다각적으로 이해하는 데는 도움을 준다.

경제학자들은 경쟁이 미디어 편향에 미치는 효과에 대해 엇갈리는 견해를 내놓고 있지만, 이들이 대체적으로 동의하는 내용도 있다. 이를 먼저 살펴보면, 경제학자들은 뉴스 미디어 사이의 경쟁이 증가하면, 자신의 편향을 뉴스에 담으려는 뉴스 공급자의 동기는 언제나 약화된다고 생각한다. 치열한 경쟁 속에서 한 명의 소비자라도 더 획득해야 하는 뉴스 공급자들은 자신의 편향보다 소비자의 편향을 중시할 수밖에 없기 때문이다. 즉, 경쟁이 증가할수록 공급에 기인하는 편향보다는 수요, 즉 뉴스 소비자에게 기인하는 편향이 미디어 편향의 지배적인 동인이 된다. 따라서 수요 측면에 기인하는 미디어 편향은, '경쟁'과는 떼려야 뗄 수 없는 관계다. 시장에서의 경쟁은 궁극적으로 수요자

(소비자)를 만족시키기 위한 경쟁이기 때문이다.

그러면, 지금부터는 미디어 편향에 관한 경쟁의 구실에 관해 엇갈리는 네 가지 이론적 견해를 살펴보자. 경쟁은 (1)"미디어 편향에 아무런 영향을 끼치지 못한다", (2)"미디어 편향을 심화한다", (3)"미디어 편향을 완화한다", 그리고 (4)"미디어 간 품질 차이에 따라 미디어 편향을 심화하거나 완화한다"는 견해다.

참고로, (4)는 (2)와 (3)을 하나의 이론 모형에 담아 이해하려는 시도지만, 최근에 제시되어 학문적 검토가 충분한 상태는 아니다. (1)도 '사라지지 않는 미디어 편향'에 대한 탁월한 통찰이지만, 일면적 접근이라는 한계를 지니고 있다. 따라서 이 분야에 대한 경제학자들의 이론 연구들은 대부분 견해 (2)와 (3)을 중심으로 이뤄져 왔다.[12]

① "경쟁은 미디어 편향에 영향을 끼치지 않는다"

앞서 5.2.1. 뉴스의 검증 가능성에서 뉴스 미디어 편향은 뉴스 소비자들이 뉴스의 내용을 완전하게 검증할 수 없기 때문에 생겨난다는 바라트 아난드, 라파엘 디 텔라, 알렉산더 갈레토비치 등 세 학자의 견해를 소개한 바 있다. 뉴스의 내용이 뉴스 소비자들이 쉽게 검증할 수 있는 사실들만으로 구성된다면, 뉴스 미디어들은 편향 없는 사실 보도만을 하겠지만, 뉴스의 내용에 검증이 불가능한 사실들이 있을 때는 뉴스 소비자들이 뉴스 미디어의 '의견'에 관심을 갖게 되고, 뉴스 미디어는 이에 부응하려 뉴스 콘텐츠에 묵시적 혹은 명시적으로 포함되는 의견에 편향을 담는다는 것이었다.

미디어 편향이 이런 이유로 생겨난다면, 뉴스 미디어의 경쟁은 미디어 편향에 영향을 주지 않는다. 경쟁이 "뉴스에 내재된 검증 가능성의 범위를 변경하

---

12 (2)와 (3)의 대표적 연구인 센드힐 물라이나탄과 안드레이 쉴라이퍼의 논문과 매튜 겐츠코우와 제시 샤피로의 논문은 각기 1600여 건과 1800여 건 이상의 후속 연구에 인용됐다[2023년 8월 1일 구글 스칼라(Google Scholar) 기준].

거나 뉴스 소비자들의 편향 분포에 영향을 줄 것으로 기대할 수 없기 때문"이다. 아난드 등은 "일반적으로 경쟁이 (뉴스 내용에 대한) 검증 가능성을 증가시키거나 (뉴스 소비자들이 지닌) 선입견의 분포 범위를 축소하지 않는 한, 경쟁이 (미디어의) 편향을 줄이지 않는다"며 "자유롭게 경쟁하는 자동차 생산 기업들이 한 가지 색상의 자동차만 생산하지 않듯이, 자유롭게 경쟁하는 언론도 편향을 없애지 않는다"고 설명했다(Anand, et al., 2007: 666, 635, 638). 지난 200여 년 동안 뉴스 미디어의 경쟁은 언제나 일정 수준 이상이었지만, 미디어의 편향도 일정 수준 이상으로 상존해 왔다는 점은 이런 견해에 힘을 싣는다.

아난드 등은 '자유로운 사상의 경쟁이 진실을 얻는 길'이라는 언론 자유 사상에도 의문을 던졌다. 경쟁이 미디어 편향에 영향을 끼치지 않는다는 말은 "독자들이 진실을 중시하지 않고 서로 매우 유사한 이념(편향)을 지니고 있을 경우, 자유로운 언론은 진실로부터 멀어진다는 뜻"이라는 것이다. 또한 세 학자들은 "자유로운 언론도 (뉴스 소비자들에게) 환영받지 못하는 진실을 보도하기는 어렵다"고 말했다(Anand, et al., 2007: 638, 639).

한편, 세 학자는 경쟁이 미디어 편향에 영향을 끼치지 않지만, 뉴스 미디어의 고정 비용이 감소하거나 뉴스 시장의 수요(소비자 또는 소비 시간)가 증가하면, 더 큰 편향을 지닌 미디어가 나타날 수 있다고 주장했다. 텔레비전 방송이나 신문보다 고정 비용이 적은 라디오의 프로그램이 더 극단적인 편향을 보일 수 있다는 것이다. 또 텔레비전 방송의 고정 비용이 감소하고 더 많은 신규 방송이 생겨나면서, 텔레비전 방송들의 편향도 과거에 비해 더 커졌다고 세 학자는 설명했다. 이런 견해는 디지털 시대 이후 고정 비용이 비약적으로 감소하며 등장한 소규모 온라인 뉴스 미디어나 유튜버 등의 상당수가 전통 미디어들에 비해 극단적인 편향을 지니고 있다는 사실에 부합한다.

그런데 고정 비용의 감소라는 '원인'과 더 큰 편향을 지닌 미디어 등장이라는 '결과' 사이에 경쟁의 증가 현상이 있다는 점은 생각해 볼 필요가 있다. 방송 설비와 시설 혹은 윤전 인쇄 시설 등에 드는 고정 비용이 적어진다는 것은 새로운 미디어 기업에 대한 시장 진입 장벽이 그만큼 낮아지고, 시장 경쟁이 심화할 수 있다는 뜻이기 때문이다. 따라서 극단적 편향을 지닌 미디어가 등장하는 게 고정 비용의 감소 때문인지, 고정 비용의 감소로 인한 경쟁의 증가 때문인지는 따져봐야 한다. 참고로, 아난드 등 세 학자가 밝힌 견해와는 달리, 뉴스 미디어 정치경제학을 연구하는 대부분의 경제학자들은 뉴스 미디어 간의 경쟁이 미디어 편향에 직접적인 영향을 준다고 생각한다.

② "경쟁은 미디어 편향을 심화한다"

미디어 편향을 연구한 초기의 경제학자들은 뉴스 미디어들이 정치적 편향을 서로 차별화하는 게 일반 제품 시장의 기업들이 소비자들의 서로 다른 선호에 따라 제품을 차별화하는 것과 유사하다고 생각했다. 좌파 편향의 뉴스는 좌파 성향의 소비자들이 좋아하고, 우파 편향의 뉴스는 우파 소비자들에게 환영을 받는 까닭에, 뉴스 미디어 기업들은 다른 편향을 지닌 소비자를 겨냥해 뉴스의 편향을 차별화하는 방식으로 이윤을 극대화한다는 것이다(Hamilton, 2004).[13]

안드레이 쉴라이퍼Andrei Shleifer와 센드힐 물라이나탄Sendhil Mullainathan은 이런 견해를 정교한 수리적 모형으로 뒷받침했다(Mullainathan and Shleifer, 2005). 이에 따르면, 뉴스 소비자들이 합리적이어서 뉴스의 정확성만을 추구한다면, 그들은 순수한 정보 이외에는 어떤 편향도 원치 않는다. 따라서 뉴스 미디어는 취재한 정보를 편향 없이 소비자들에게 전달한다. 또 미디어 간 경쟁이 있든 없든 뉴스 품질은 편향 없는 완벽한 수준에 이르고, 경쟁은 뉴스 상품의 내용이 아닌 가격에만 영향을 미치게 된다.

반면, 사람들이 비이성적이라면, 즉 객관적으로 '정확한 뉴스'가 아니라 자

13 제품 차별화 전략과 관련해선, 5.1.3. 미디어 편향에 관한 경제학의 정의 및 6.3. 편향과 품질로 차별화 경쟁을 하는 뉴스 미디어 등에서도 살펴본 바 있다.

신의 편향을 확인해 주는 '확증 뉴스'를 선호한다면, 뉴스 미디어의 편향은 편향을 지닌 뉴스 소비자들이 시장에 어떻게 분포하고 있느냐에 따라 결정된다. 먼저, 뉴스 소비자들이 동질적homogeneous 편향을 지니고 있다면, 이윤 극대화를 추구하는 뉴스 미디어 사이의 편향 차이는 작아지거나 없어진다. 실제로, 뉴스 소비자들 대부분이 같은 생각인 경우 뉴스 미디어 사이의 차별성이 최소화되는 보도 사례는 흔하다. "(생각이 같은 미국의 뉴스 소비자를 의식하는) 미국의 주요 언론들이 미국의 이란 여객기 격추는 기술적인 실수로, 소련의 한국 여객기 격추는 부도덕한 잔학 행위로 다루는 게 그런 예다(Prat and Strömberg, 2013: 169)."[14] 또한 영토 분쟁 지역에 대한 보도나 국가대항전 스포츠 경기에 대한 보도에서 한 나라의 모든 언론이 같은 논조를 보이는 사례들도 마찬가지다.

반면, 뉴스 소비자들이 이질적heterogeneous 편향을 지니고 있다면, 즉, 뉴스 소비자들의 이념적 편향이 각기 다르다면, 경쟁하는 두 미디어의 편향은 좌와 우의 극단으로 양극화한다.

그런데 이런 현상들은 언론 자유 사상과는 거리가 있다. 뉴스 미디어들이 벌인 자유로운 경쟁의 결과가 '진실'이 아니라 뉴스 소비자들의 동질적인 편향에 맞춘 대동소이한 보도이거나, 소비자들의 이질적인 편향에 따른 극단적인 편향 보도이기 때문이다. 또, 쉴라이퍼와 물라이나탄은 고품질 미디어일수록 '정확성' 혹은 '더 적은 편향'을 지닌다고 생각했다. 이 점에서 보면,[15] 두 학자가 논구한 경쟁의 결과는 뉴스 미디어의 높은 품질이 아니라 극도로 낮은 품질이었다.

14 "1983년 9월 1일 소련 전투기가 대한항공 007편을 격추하여 269명이 숨졌다. 1988년 7월 3일에는 미 해군의 빈센즈(Vincennes)호가 이란항공 655편을 격추시켜 290명이 사망했다. 두 경우 모두 군 관계자들은 여객기를 적대적인 목표물로 식별했고 그 상황에서 공격이 정당했다고 주장했다. … (중략) … (그러나 미국의 주요 뉴스 미디어들은) 첫 번째 사례에 대해서는 소련의 도덕적 파산과 범죄 행위를 강조했고, 두 번째 사례에 대해서는 군의 첨단 기술 운영의 문제에 초점을 맞췄다"(Entman, 1991: 6).

15 뉴스(미디어)의 정확성과 편향의 관계에 대해서는 6.2. 뉴스 품질에 대한 경제학적 이해 참고.

아울러, 두 학자에 따르면 뉴스 미디어 수가 늘면, 소비자들의 편향에 더 근접한 편향을 지닌 뉴스 미디어들이 등장하게 되고, 미디어들과 독자들은 그만큼 더 세분화되며, 개별 뉴스 미디어의 보도 정확성은 감소한다. 하지만 뉴스 소비자가 여러 미디어의 뉴스를 접할 수 있다면, 뉴스 소비자들은 제각각 편향된 보도들을 평균해 더 정확한 정보를 획득할 수 있다.[16] 이는 토머스 제퍼슨Thomas Jefferson이 '신문 없는 정부'보다 '정부 없는 신문'을 택하겠다며 언론의 중요성을 언급할 때 제시했던 "모든 사람이 그 신문들을 다 접하고 볼 수 있어야 한다"는 조건과도 일맥상통하는 것이다.

물라이나탄과 쉴라이퍼의 이론적 예측을 현실에 비춰 생각해 보자. 뉴스 소비자가 이질적인 정치적 편향을 지니고 있을 때 뉴스 미디어들의 정치적 편향이 양극화하는 양상은 북한이나 중국 같은 언론 통제 국가를 제외한 지구촌 대부분의 나라에서 가장 흔하게 목격되는 모습이다. 이들 나라의 뉴스 미디어들은 정도의 차이는 있지만 예외 없이 보수 편향의 미디어와 진보(자유주의) 편향의 미디어로 나뉘어져 있다. 한국에서도 '조중동(≪조선일보≫·≪중앙일보≫·≪동아일보≫)'과 '한경오(≪한겨레≫·≪경향신문≫·≪오마이뉴스≫)'처럼 정치적 편향에 따라 뉴스 미디어를 구별하는 일이 흔하다. 그리고 이들 보수와 진보 미디어는 '특수한 상황'이 아니면, 서로 분명하게 구별되는 상반된 편향을 드러낸다. '특수한 상황'이란 '전쟁'이나 '자연재해' 혹은 '국가 대항전 스포츠 경기'처럼 뉴스 시장 소비자들의 기대나 편향이 매우 동질적인 때다.

많은 학자들도 경쟁은 미디어 편향을 심화시킬 것이라는 물라이나탄과 쉴라이퍼의 주장과 같은 견해를 내놨다. 남캘리포니아대학University of Southern Califonia의 제러미 버크Jeremy Burke 같은 학자에 따르면, 뉴스 소비자가 자신의

16 이 시앙(Yi Xiang)과 미클로스 사르바리(Miklos Sarvary)에 따르면, '편향 없는 진실만을 추구하는 소비자'와 제각기 지닌 편향에 따라 '확증 뉴스를 선호하는 소비자'가 동시에 함께 존재할 때도 경쟁하는 두 미디어의 편향은 양극화한다. 다만, 진실만을 추구하는 소비자들은 편향된 미디어들 사이에서 진실을 확인하려 여러 미디어의 뉴스들을 소비하게 된다(Xiang and Sarvary, 2007).

:: 한 걸음 더 7-2 :: **민간 미디어의 편향을 완화하는 공익 미디어**

정부의 재정적 지원을 받는 공익public-interest 미디어는 뉴스 미디어들의 편향을 전반적으로 감소시킨다는 연구 결과도 있다. 국립 타이페이대학National Taipei University의 경제학자 웬충 구오Wen-Chung Guo와 푸추안 라이Fu-Chuan Lai는 뉴스 미디어의 시장 경쟁이 양극화된 미디어 편향을 낳는다는 물라이나탄과 쉴라이퍼의 모형을 바탕으로 미디어 편향에 관한 정부의 구실을 연구했다. 이들은 (1) 정부의 재정 지원을 받는 공익 미디어의 도입, (2) 편향이 적은 민간 미디어에 대한 정부의 재정 지원, (3) 뉴스 상품에 대한 가격 규제 등이 미디어들의 편향에 미치는 영향을 분석했다(Guo and Lai, 2015).

구오와 라이에 따르면, 소비자 편향에 영합해 보도하는 민영 뉴스 미디어와는 달리, 취재한 사실만을 정직하게 보도하는 공익 미디어가 정부의 재정 지원으로 더 낮은 가격에 중도적 편향의 뉴스를 제공하는 상황에서는 중도층 뉴스 소비자들이 공익 미디어로 이동하게 된다. 그러면, 그동안 양극화된 편향으로 경쟁을 해온 민영 뉴스 미디어들도 중도층 독자들의 이탈을 최소화하려 자신들의 편향을 완화하게 된다는 것이다.

또한, 정부가 '의도적 편향'이 없는 뉴스 미디어에 지원금을 주거나 뉴스 시장에 대한 가격 규제에 나서는 것도 공익 미디어를 도입하는 것과 같은 효과를 낸다고 두 학자는 말했다.

따라서 구오와 라이는 공익 미디어를 도입하는 것은 자유경쟁 미디어들만 존재할 때에 비해 미디어들의 일반적인 편향 수준을 줄인다고 주장했다. 진실 보도를 위한 보조금이나 가격 규제도 미디어 편향을 효과적으로 개선할 수 있게 하고, 최적의 보조금 정책은 편향과 뉴스 미디어 시장의 가격 모두를 감소하게 한다는 것이다. 그러나 만약 뉴스 소비자들의 이념적 편향 양극화가 심한 경우, 즉 중도층이 적을 때는, 이런 정책들은 큰 효과를 보기 어렵다.

선입견을 확인할 가능성이 가장 높은 미디어들의 뉴스만 소비한다면, 미디어는 소비자의 편향에 맞춰 보도하려 하고, 소비자는 이런 미디어 편향을 접하면서 자신의 편향을 바꿀 가능성이 거의 없다. 따라서 이런 소비자들을 획득하기 위한 경쟁은 미디어 편향을 심화하는 요인이 된다(Burke, 2008).

또 저널리스트에 기인하는 편향[17]을 제시했던 데이비드 배런의 견해에서도 경쟁은 편향을 증가시키는 원인이다. 배런에 따르면, 경쟁이 심화하면, 뉴스 미디어 기업은 비용 절감의 압박을 받게 되어 저널리스트들의 임금을 줄이거

---

17 5.2.2.① 저널리스트 참고.

나 임금 인상을 억제하려 한다. 이때 나타나는 저널리스트들의 저항을 약화시키려 뉴스 미디어 기업은 저널리스들에게 편향에 관한 더 큰 재량권을 부여한다는 것이다.

③ "경쟁은 미디어 편향을 완화한다"

경쟁이 미디어의 편향을 심화한다는 견해는, 근대 신문이 등장한 이래 지금까지 대부분의 나라에서 보수적 편향과 진보적(혹은 자유주의적) 편향을 지닌 언론들이 양립해 온 현실을 잘 설명한다. 그러나 이 견해는 '경쟁은 미디어 편향에 영향을 끼치지 않는다'는 견해처럼 언론의 자유경쟁이 진실을 드러낸다는 언론 자유 사상과는 괴리가 있다. 또한 뉴스 시장에서는 뉴스 미디어들의 치열한 경쟁 속에 진실들이 끊임없이 드러나고, 뉴스 미디어의 상반된 보도들이 같은 내용의 보도로 수렴하기도 하는 현실은 전혀 설명하지 못한다.

매튜 젠츠코우와 제시 샤피로는 이처럼 상반된 보도들이 하나로 수렴하는 현상을 논리적으로 설명했다. 두 학자도 뉴스 소비자들이 '확증 뉴스'를 선호하는 탓에, 뉴스 미디어들이 소비자의 편향에 영합한다고 여긴 것은 마찬가지였다. 그러나 두 학자는, 만약 정확하게 취재해 정직하게 보도하는 '고품질 미디어'가 존재한다면, 부정확한 취재에 편향을 담아 보도하는 저품질 뉴스 미디어는 자신의 편향을 줄이게 된다고 주장했다. 고품질 미디어와 저품질 미디어 사이의 경쟁은 저품질 미디어의 편향 완화를 낳는다는 것이다(Gentzkow and Shapiro, 2006).

젠츠코우와 샤피로에 따르면, 먼저 사람들은 정보의 품질을 확실하게 알 수 없을 때는 정보가 자신의 편향에 부합할수록 고품질이라고 생각한다.[18] 경제학의 기대 효용 이론Expected utility theory에 입각하면 이런 뉴스 소비자의 판단은

---

18 "(이는) 휴리스틱(heuristics, 어림짐작)이나 거친 생각(coarse thinking), 자신을 정당화하는 사람들의 본능적인 인지 프로세스에 기인하는 것이다"(Gentzkow and Shapiro, 2008a: 145).

'비이성적'인 게 아니라 '이성적'인 판단이다. 합리적인 소비자들도 미래가 불확실할 때는 자신의 선입견이나 선호에 부합하는 '편향된 정보'로부터 더 큰 '기대 효용'을 얻기 때문이다.[19] 이처럼, 자신의 편향에 부합하는 뉴스를 선택하는 사람들이 합리적인 소비자라면, 이들은 새로운 정보를 접하면 언제나 이성적인 추론을 통해 애초 생각을 업데이트하는 존재다.[20]

동시에 뉴스 미디어는 경험재經驗財, experience good다. 그 때문에 경험재 시장에서는 경험을 먼저 해본 다른 사람들의 평판이 중요하다. 소비자들에게는 평판이 곧 품질로 이해되기 때문이다. 뉴스 미디어에 대한 소비자들의 수요도 해당 미디어의 평판이 좋아질수록 증가한다. 따라서 경쟁하는 뉴스 미디어들은 뉴스 소비자들로부터 더 나은 평판을 얻으려 애쓴다.

이런 관점을 입각한 겐츠코우와 샤피로는, 정확한 정보를 정직하게 보도하는 고품질 미디어와 불완전한 정보에 편향을 담아 보도하는 저품질 미디어가 경쟁할 경우의 결과를 다음과 같이 설명했다.

저품질 미디어는 처음에는 자신이 얻은 부정확한 정보에 타깃으로 삼는 뉴스 소비자들의 편향을 담아 보도한다. 하지만 뉴스 소비자들은 고품질 미디어의 정확한 보도를 접하며 생각을 업데이트하고, 이로 인해 편향을 담아 부정확하게 보도한 저품질 미디어의 평판은 나빠진다. 특히 미디어의 숫자가 많을수록, 혹은 경쟁이 증가할수록, 뉴스 소비자들은 앞선 보도들의 정확성을 평가할 수 있게 하는 후속 보도들을 접하기 쉬워진다. 따라서 경쟁이 심화할수록 부정확한 편향 보도를 하는 미디어는 평판 실추와 그에 따른 수요 감소를 겪게 된다. 이는 저품질 미디어가 편향을 줄여 보도할 동기가 된다. 즉, 뉴스 소비자가 합리적이더라도 뉴스 소비자의 편향에서 기인하는 미디어 편향은 생겨난다. 하지만 경쟁이 증가할수록 뉴스 미디어들은 편향을 줄여 보도해야

19 5.2.3.② '확증 뉴스'가 주는 효용 '기대 효용 이론' 참고.

20 이런 소비자를 '베이지안 소비자(Bayesian Consumer)'라고 부르는데, 베이지안 소비자의 이성적 추론에 대해서는 앞서 2.1.2.① 이성적으로 추론하는 소비자 참고.

하는 압력도 받게 된다는 것이다.

젠츠코우와 샤피로는 이와 관련한 실례로, 미국 역사에서 대표적인 정경유착 비리로 꼽히는 1870년대 크레디트 모빌리어Crédit Mobilier 추문[21]에 대해 당시 미국 신문들이 보인 모습을 소개했다(Gentzkow and Shapiro, 2008a). 신문 간 경쟁으로 인해 정파적 신문들이 정파적 편향을 포기하고 진실 보도에 나선 사례였기 때문이다.

크레디트 모빌리어 추문은 공화당 하원의원들의 수뢰 의혹 보도에서 시작됐다. 초기에는 소극적이었던 친공화당 신문들과 적극적이었던 친민주당 신문들의 보도 태도와 내용이 서로 크게 달랐다. 하지만 나중에는 친공화당 신문들도 드러난 핵심 사실들을 보도했고 추문의 문제점도 지적하게 됐다. 젠츠코우와 샤피로는 친공화당 신문들의 보도 태도가 바뀐 이유를 다음과 같이 설명했다.

친공화당 신문들과 친민주당 신문들이 추문을 서로 매우 다르게 보도한 것은, 양쪽 신문을 모두 보는 독자들이 '진실'을 파악하는 데 좋은 조건이었다. 진실을 전달하려는 정보제공자가 한 명이라도 있으면, 모든 정보제공자에게 접근 가능한 사람에게는 진실이 항상 드러난다는 경제학자들의 연구에 따르더라고 그렇다.

크레디트 모빌리어 사례에서도 친민주당 신문의 보도는 친공화당 신문이 해당 사안에 대한 보도를 끝까지 외면하는 것을 불가능하게 했다. 결국, 친공화당 신문도 추문의 내용을 보도했고, 친공화당 신문만 보는 독자들조차도 진실을 알게 됐다. 이는 친공화당 신문들이 '혐의를 뒷받침할 증거가 없다'는 식의 보도를 계속한다면 그들의 독자 중 일부는 결국 이런 보도가 사실이 아니라는 것을 알게 되고, 이는 신문의 신뢰도에 타격을 줄 것이라는 점을 이 신문들의 에디터들도 알았기 때문이다.

---

21 미국의 남북전쟁 이후, 철도 건설을 둘러싸고 정치인들이 연루된 대표적인 부패 사건.

사실, 당시 미국의 신문들이 보인 행태는 어느 나라, 어느 시대나 아주 흔한 일이다. 근래 한국의 사례들을 보면, 먼저 2013년 9월 채동욱 당시 검찰총장의 혼외자婚外子 추문 보도다. 당시 집권 세력과 알력을 빚었던 채 총장의 추문은 친여당 편향의 ≪조선일보≫의 보도로 시작됐다. 보도 초기 채 총장은 보도 내용을 강하게 부인했다. 그러자 친야당 편향의 언론들은 사실 관계보다 추문 보도가 나오게 된 정치적 배후에 관한 의혹을 보도했다. 그러나 채 총장에게 혼외자가 있다는 물증들이 ≪조선일보≫를 포함한 여당 편향 신문들에 추가로 보도되면서, 결국 ≪한겨레≫ 등 당시 야당 편향이었던 언론들도 채 총장의 불륜과 혼외자의 존재를 보도했다.

2016년 가을에서 2017년 봄 사이에는, 대통령 탄핵과 구속 기소라는 정치적 변고變故로 이어진 이른바 '박근혜-최순실 게이트' 보도가 이어졌다. 박근혜 당시 대통령의 비선 실세인 최순실 씨가 박 대통령의 퇴임 이후를 위한 비자금 조성 목적으로 유수의 한국 대기업들한테서 거액의 기부금을 받아 문화 재단들을 만들었다는 의혹 보도였다.

보도는 재미在美 한인을 대상으로 미국에서 발행되는 한국어판 시사 주간지 ≪선데이 저널≫과 한국 내의 유력지 ≪한겨레≫ 등에 의해 시작됐다. 당시 이 신문들은 모두 친야당(자유주의) 편향을 지닌 미디어들이었다. 반면 당시 집권 세력에 우호적이었던 보수 편향의 미디어들은 한동안 보도에 소극적이었다. 하지만 박근혜-최순실 게이트 관련 증거들이 진보 편향의 미디어들에 의해 계속해 보도되자, 결국은 보수 편향의 미디어들도 본격적으로 보도에 가세했다. 편향이 달랐던 뉴스 미디어들의 처지가 바뀌었을 뿐, 뉴스 미디어들이 보인 모습은 채동욱 검찰총장의 혼외자 추문 때와 별 차이가 없었다.

요컨대, 어떤 뉴스 미디어가 정보를 은폐(누락)하거나 왜곡하고, 뉴스 소비자들이 이 정보를 경쟁하는 다른 미디어로부터 얻게 된다면, 정보를 은폐하거나 왜곡한 뉴스 미디어는 평판 하락과 독자 감소 등의 비용을 치러야 한다. 반면, 경쟁 미디어가 할 수 없거나 회피하는 보도를 하는 미디어는 자신의 평판을 끌어올리며 경쟁자의 평판에 타격을 줘 이득을 얻는다. 단, 이런 메커니즘이 작동하기 위해선 중요한 조건이 있다. 그것은 뉴스 소비자들이 합리적이어서 새로운 정보를 바탕으로 자신의 생각과 판단을 지속적으로 업데이트하는 동시에 여러 뉴스 미디어를 소비해야 한다는 것이다.

한편, '경쟁이 미디어 편향을 완화한다'는 견해를 펴는 학자들로는, 언론사 사주가 자신의 정치적 이해를 위해 뉴스에 담는다고 한 사이먼 앤더슨Simon Anderson과 존 맥라렌John McLaren도 있다. 이들은 소비자가 뉴스의 정확성을 요구한다면, 언론사 간 경쟁의 증가는 언론사 사주에 의한 편향을 줄이는 데 효과적이고, 경쟁의 감소는 그 반대라고 설명했다. 자신이 원하는 편향을 뉴스에 담으려는 언론사 사주들도 시장 경쟁이 치열해지면, 소비자를 의식할 수밖에 없다는 것이다(Anderson and McLaren, 2012).[22]

또 이자벨 브로카스Isabelle Brocas와 후안 카리요Juan Carrillo, 그리고 사이먼 윌키Simon Wilkie도 시장의 경쟁이 더 치열해질수록 뉴스 미디어들의 편향은 감소한다고 주장했다. 이들은 뉴스 미디어들이 경쟁 상대인 뉴스 미디어(들)의 보도를 견제하고 비판하는 행위를 할 때, 경쟁이 미디어 편향에 미치는 효과를 연구했다. 결과는 시장에서 경쟁하는 뉴스 미디어가 두 개일 때보다는 네 개일 때가, 네 개일 때보다는 여섯 개일 때 미디어들의 편향이 더 감소하게 된다는 것이었다(Brocas, Carrillo, and Wilkie, 2011).

9장 포획되는 미디어, 권력이 되는 미디어에서 자세히 다룰 티모시 베슬리와 안드레아 프랫의 견해도, 경쟁은 뉴스 미디어 편향을 완화한다는 쪽이다. 베슬리와 프랫은 권력이나 금력에 의한 미디어 포획을 연구했는데, 이들에 따르면 경쟁이 증가할수록 권력이나 금력에 의한 미디어 포획은 감소한다. 그렇게 되면, 미디어 포획에 따른 뉴스 왜곡(편향)도 그만큼 줄어든다는 것이다.

22 5.2.2.② 언론사 사주 참고

④ "경쟁 미디어 간의 품질 격차가 미디어 편향을 좌우한다"

지금까지, 경쟁은 미디어의 편향에 아무런 영향을 끼치지 못한다는 견해로 시작해, 편향을 심화한다는 견해와 완화한다는 견해를 잇달아 살펴봤다. 흥미로운 점은 각 견해를 설명할 때 예시한 사례들로 확인되듯이, 세 견해가 예측하는 현상들이 현실에서 모두 목격된다는 것이다. 경쟁하는 미디어들이 서로 편향을 차별화한다는 것은 많은 이들에게 일상의 경험이다. 언론을 통제하는 국가가 아닌 지구촌 대부분의 나라에서는 뉴스 미디어들이 좌와 우 혹은 진보(자유주의)와 보수로 나뉘어져 있다. 반대로, 경쟁이 뉴스 미디어들을 더 정확한 보도로 수렴하게 해 미디어들 간의 편향 차이를 줄이는 모습 또한 흔히 목격된다. 미국의 크레디트 모빌리어 추문, 한국의 채동욱 검찰총장 혼외자 추문, 그리고 박근혜-최순실 게이트 추문 등에 대한 일련의 언론 보도들이 그 사례다. 이처럼 편향이 미디어들 간의 편향 차이를 확대한다는 견해나 좁힌다는 견해 모두 현실에서는 자주 확인된다.

이런 일이 어떻게 가능할까? 이를 이해하는 열쇠는 두 견해의 서로 다른 가정에 있다고도 볼 수 있다. 두 견해의 가정들을 다시 한 번 살펴보자. 경쟁이 미디어 편향을 심화한다는 주장을 한 물라이나탄과 쉴라이퍼는 **품질 차이가 없는 뉴스 미디어의 경쟁**을, 경쟁이 미디어 편향을 완화한다는 젠츠코우와 샤피로는 **품질 차이가 있는 뉴스 미디어의 경쟁**을 가정했다. 이처럼 두 견해의 가정이 서로 달랐던 점을 감안하면, 두 견해가 서로 배타적이라고 하기는 어렵다는 것이다.

한쪽의 견해는 보도의 정확성 수준이 같은 두 미디어가 경쟁하면 두 미디어는 최대한 편향 차이를 벌린다는 것이고, 다른 쪽은 정확하게 보도하는 고품질 미디어와 편향 보도를 하는 저품질 미디어가 경쟁하면 저품질 미디어는 고품질 미디어와의 편향 차이를 줄인다는 것이다. 두 견해를 단순하게 합치면, 품질이 동일할 경우, 경쟁은 뉴스 미디어들의 편향 간극을 확대하지만, 뉴스 미디어 사이의 품질 차이가 날 때는 편향의 간극을 좁힌다고 할 수 있다.

그런데 이런 상반되는 두 현상(혹은 두 견해)을 하나의 이론 모형에 담아낸 연구도 있다. 결론부터 얘기하면 품질이 다른 두 미디어가 뉴스 시장에서 뉴스 소비자 획득 경쟁을 벌인다면, 두 미디어 간의 편향 격차는 두 미디어 사이의 품질 차이에 따라 달라진다는 것이다(Yang, 2021, 2022).

이 연구는 앞선 연구들에 비해 가정상의 두 가지 차이가 있다. 첫째, 디지털 공간에서는 뉴스 콘텐츠가 사실상 무료로 제공되는 현실을 반영해, 미디어들 간의 가격 경쟁은 상정하지 않는다. 둘째, 미디어 품질에 관한 정의가 다르다. 앞선 연구들에서는 미디어의 품질 기준이 정확성이나 '더 적은 편향'이었지만, 이 연구에선 (뉴스 소비자의) 이해를 돕는 '정보 전달(표현) 능력'이다. 더 구체적으로 표현하면, "정보를 이해하기 위해 사람들이 해야 하는 이성적 추론의 수고를 줄여주는 능력"이다.

품질의 기준을 정확성이 아닌 정보 전달 능력으로 정의하게 되면, 품질은 미디어들이나 소비자들인 편향과는 관계가 없다. 미디어의 품질 기준이 '정확성'일 때는 소비자들이 느끼는 품질은 저마다 다르다. 자신의 편향에 가까울수록 고품질이라고 판단하는 소비자의 주관적 인식 때문이다. 반면, 품질이 '정보 전달(표현) 능력'일 때는 품질에 대한 객관적 평가가 가능하다. 정보 전달 능력은 조잡한 논리의 뉴스보다는 맥락과 논리가 정연한 뉴스를, 불충분한 사실 관계보다 탄탄한 사실 관계를 제시하는 뉴스를, 길고 단조로운 뉴스보다 그래픽 등을 이용해 효과적으로 이해를 돕는 뉴스를 전하는 능력인 까닭이다. 이 능력은 객관적으로 관찰 가능하고, 미디어들이 보이는 편향과도 관계가 없다.[23]

이런 미디어 품질 정의 아래서는, 뉴스 소비자가 편향과 품질이라는 서로 독립적인 두 기준으로 뉴스와 뉴스 미디어를 선택한다. 뉴스 소비자는 자신의 정치적 확증 편향에 가까운 뉴스를 반기는 동시에 사실들이 풍부하고 맥락을

23 6.2.② 정보 전달 능력 참고.

이해하기 쉬운 고품질 뉴스를 선호한다. 따라서 뉴스 소비자들은 편향이 동일한 뉴스 중에서는 언제나 고품질 뉴스를 선택하고, 품질이 동일한 뉴스들 가운데는 자신의 편향과 가까운 편향을 지닌 뉴스를 각기 선택한다는 것이다.

이런 상황에서는 두 미디어의 편향이 유사할수록 저품질 미디어는 뉴스 소비자들을 잃고 고품질 미디어는 그만큼 소비자를 더 얻게 된다. 따라서 저품질 미디어는 고품질 미디어와의 편향 격차를 최대한 벌리려 하고 고품질 미디어는 반대로 편향 차이를 좁히게 된다.

하지만 고품질 미디어와 저품질 미디어는 기존의 편향을 수정하는 데 큰 차이가 있다. 먼저 고품질 미디어는 기존의 편향을 조정하는 데 한계가 있다. 품질이 높을수록, 또 편향의 수정 폭이 클수록, 기존 편향을 조정해 뉴스를 생산하는 데는 더 큰 비용이 드는 탓이다. 일반적으로, 고품질은 '훈련된 더 많은' 저널리스트들에 의해 뒷받침된다. 이때 미디어 편향의 수정은 뉴스 미디어가 이들 저널리스트와 명시적·묵시적으로 합의해 온 기존 편향을 바꿔야 한다는 뜻이다.

이를테면 ≪뉴욕 타임스≫ 같은 고품질 미디어가 지금까지의 보도 논조를 바꾸는 일은 기존 저널리스트들에게 논조를 바꿔야 할 이유를 설득하거나, 논조를 바꾸는 대가로 보상을 하거나, 바꾸려는 논조에 부합하는 편향을 지닌 저널리스트들을 새로 고용해야 가능한 일이다. 오랜 기간 도모해도 쉽지 않고 단기적으로는 매우 어려운 일이다. 이 모든 행위는 결국 비용인데, 이 비용은 편향의 조정 폭이 어느 수준 이상이 되면 감당할 수 없을 만큼 크다.

반면, 일반적으로 적은 인력의 저품질 미디어에게는 편향의 수정이 손바닥을 뒤집는 것만큼이나 쉬운 일이다. 저품질 미디어는 필요할 경우 언제든지 비용을 치르지 않고도 혹은 아주 적은 비용으로 보도 편향을 바꿀 수 있다.[24]

---

24 한국의 정치 인플루언서인 변희재의 인터넷 미디어와 유튜브 채널은 지난 20여 년 동안 좌편향에서 극우편향으로, 다시 좌파 성향의 인사들과 손잡고 보수 정부에 비판적 편향을 보이는 등 변신을 거듭했다.

따라서 고품질 미디어와 저품질 미디어가 뉴스 소비자 획득 경쟁을 벌이면, 두 미디어 사이의 품질 차이가 클수록, 혹은 고품질 미디어의 편향 조정 비용이 클수록, 두 미디어 사이의 편향 격차는 더 커진다. 반대로, 두 미디어 사이의 품질 차이가 없거나 작으면 두 미디어 간의 편향 격차는 감소한다는 것이다. 즉, 이 견해는 경쟁이 미디어 편향을 심화하거나 완화하는 양상을 모두 설명한다. 특히 전통 미디어 수준의 품질을 갖출 수 없는 영세 미디어나 유튜버 등 저품질 뉴스 미디어들이 극단적 정파성을 보이는 근래의 모습을 설명하는 데도 유효하다.

또한 이 견해는 경쟁이 편향을 심화한다는 물라이나탄과 쉴라이퍼의 견해와 완화한다는 젠츠코우와 샤피로의 상반되는 견해를 모두 설명할 수 있다. 먼저 이 견해의 모형에, 같은 품질의 두 미디어가 가격 경쟁을 한다는 물라이나탄과 쉴라이퍼의 가정을 도입하면 결론도 "경쟁은 두 뉴스 미디어가 편향을 최대한 차별화하게 한다"는 두 학자의 결론과 같아진다.

다음으로 이 견해에 입각하면, "고품질 미디어와 경쟁하는 저품질 미디어는 자신의 편향을 완화한다"는 젠츠코우와 샤피로의 주장도 다음과 같은 예시를 통해 이해할 수 있다. 이를테면, 좌파 편향의 신문이 우파 정치인의 '비리 의혹'을 제기하고 우파 신문은 '의혹의 근거가 부족하다'고 보도하던 중에 정치인의 무고함을 시사하는 증거가 공개됐다고 생각해 보자. 이 상황에서는 좌파 신문의 설득력은 작아지고 우파 신문의 설득력은 커진다. 즉, 우파 신문의 '정보 전달 능력'(품질)이 상대적으로 우위에 있게 된다. 이는 좌파 신문의 독자 감소로 이어지고, 좌파 신문이 이를 만회할 방법은 두 가지다. 자신의 편향(의혹 제기)을 완화하거나, 의혹 제기의 근거를 더욱 설득력 있게 보도하는 것이다. 그러나 '정보 전달 능력'(품질)인 설득력의 개선은 단기간에 이뤄지기 어렵다. 따라서 독자의 이탈을 신속하게 최소화하려는 좌파 신문은 편향을 완화한다는 것이다.

지금까지 경쟁이 미디어 편향에 끼치는 효과를 여러 경제학자의 이론적 연구들을 통해 살펴봤다. 학자들 사이에는 착목점이나 가정과 결론 등 서로 다른 부분도 있지만, 공통점들도 있다. 같고 다른 내용들을 정리해 보자.

먼저 대부분의 경제학자들은 뉴스 공급자 사이의 경쟁은 공급자로 하여금 소비자의 요구에 더 부합하게 하는 경향이 있다고 말한다. 뉴스 소비자들의 욕구와 선호를 더 명확하게 파악하고 부응하는 미디어일수록 경쟁에서 더 유리해지기 때문이다. 따라서 경쟁은 대체적으로 뉴스 공급자에 의한 편향을 감소시킨다고 경제학자들은 본다. 뉴스 공급자인 언론사 사주나 경영자, 또는 저널리스트들은 자신들의 경제적 혹은 경제 외적 욕망과 이익을 위해 뉴스에 편향을 담을 수 있다. 하지만 경쟁은 이런 뉴스 공급자들의 행위를 제어하는 구실을 할 수 있다는 것이다. 즉, 경쟁은 뉴스 공급자 때문에 생겨난 편향을 감소시켜 뉴스 소비자들의 '정보 후생information welfare'을 개선한다. 저널리스트들에 의해 생겨나는 미디어 편향을 연구한 데이비드 배런 같은 이는 경쟁이 뉴스 공급자에 기인하는 미디어 편향을 증가시킨다고 주장하지만,[25] 이는 예외적인 경우다.

반면, 경쟁이 뉴스 소비자에 기인하는 미디어 편향에 미치는 효과는 학자들에 따라 다르다. 이유는 뉴스 소비자나 미디어 품질에 대한 가정이 다른 탓도 크다. '뉴스 소비자들이 편향된 뉴스를 요구한다'는 가정 아래서는, 미디어 편향이 심화했다. 반대로 소비자들이 이성적인 뉴스 소비 행태를 보인다면 편향의 양극화는 완화됐다. 소비자들이 '마음에 드는 정보'보다 '더 많은 정보'를 추구한다고 가정할 때도 마찬가지다.

따라서 뉴스 소비자에 기인하는 편향에 대한 경쟁의 효과는 뉴스 소비자가 어떤 본성을 지녔느냐에 달려 있다고 하겠다. 보고 싶은 것만 보려는 비합리적 인간인지 호불호를 극복하고 정확하고 객관적인 뉴스를 추구하는 이성적

25 5.2.2.① 저널리스트 참고.

인간인지에 따라 뉴스 미디어의 경쟁이 미디어 편향에 미치는 영향도 다르다고 볼 수 있는 것이다. 그러나 현실에서 우리가 경험하는 인간은 완전하게 이성적이지도 않지만, 언제나 불합리하지도 않다. 그런 점에서 인간이 제한적으로 합리적이라는 행동경제학적 관점은 향후 좀 더 적극적으로 감안해야 할 것으로 보인다.

아울러, 미디어 편향에 관한 뉴스 미디어들의 행동은 소비자들이 지닌 편향이 전체적으로 어떤 분포를 하고 있느냐에도 좌우된다. 5.3. 시대와 사회에 따라 다른 뉴스 소비자의 편향에서 보았듯이, 소비자들의 정치적(이념적) 편향 분포는 사회에 따라 다양할뿐더러 고정불변도 아니다. 소비자들의 편향 분포와 미디어 편향과의 관계에 대해 좀 더 깊이 있는 내용은 이어지는 〈한 걸음 더 7-3〉에서 설명한다.

:: 한 걸음 더 7-3 :: 뉴스 소비자의 이념적 분포와 미디어의 편향 차별화

뉴스 소비자들 개개인이 지닌 편향들이 전체적으로는 어떻게 분포하고 있느냐는 경쟁하는 뉴스 미디어들이 이익을 극대화하기 위한 보도 편향 전략의 선택에 근본적 영향을 미친다.

이를 연구하는 대부분의 경제학자들이 가정하는 소비자들의 이념적 편향 분포는 그림 7-1의 첫 번째 분포인 '균일 분포uniform distribution'다. 그림에서 보듯이 균일 분포는, 이념적 편향에 따른 소비자들의 분포가 좌극단에서 우극단까지 고른 경우다. 이런 균일 분포는 통계학에서 다루는 분포의 형태 중 가장 단순한 분포다.

하지만 현실에서 소비자들이 실제로 분포하는 양상은 이처럼 단순하지 않다. 이를테면 정상적인 사회에서는 이념적으로 극단적인 편향을 지닌 사람들이 상대적으로 더 적은 경우가 일반적이다. 따라서 그림 7-1의 두 번째 분포인 '단봉單峰 분포unimodal distribution'나 세 번째 분포인 '쌍봉雙峰 분포bimodal distribution'처럼 조금 더 복잡한 형태의 분포도 생각할 수 있다.

그림 7-1 **소비자들의 이념 편향 분포**

균일 분포

단봉 분포

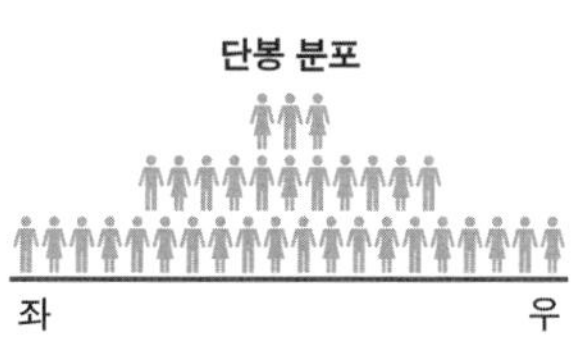

쌍봉 분포

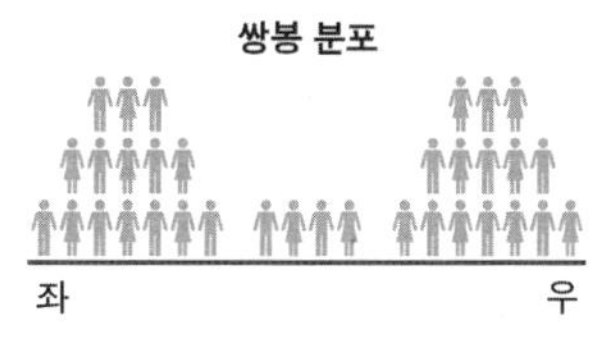

그렇지만, 이런 다양한 분포 중 하나가 현실의 소비자 편향 분포를 대변한다고 보기도 어렵다. 이런 연유로 경제학자들은 현실적인 소비자 분포를 정확하게 반영하지 못하더라도, 이론적 함의를 얻기에 충분하다면, 가장 단순한 분포인 균일 분포를 가정해 연구하는 경우가 많다.

그림 7-2는 뉴스 소비자의 이념 분포가 균일 분포일 때, 뉴스 미디어들이 선택하는 보도 편향 전략을 보여주는 예다. 물라이나탄과 쉴라이퍼에 따르면, 뉴스 미디어들이 이윤 극대화를 추구한다면, 이런 소비자 분포에서는 상대 미디어 기업에 비해 뉴스 상품을 최대한 차별화하려 한다. 즉, 한 뉴스 미디어는 극단적인 좌파 성향의 보도를, 다른 뉴스 미디어는 극단적인 우파 성향의 보도를 한다는 것이다(Mullainathan and Shleifer, 2005; D'Aspremont, et al., 1979).

그림 7-3은 소비자의 중도층이 두터운 단봉 분포 상황에서 뉴스 미디어들이 선택하는 이념적 편향을

그림 7-2 **균일 분포와 미디어 편향**

그림 7-3 **단봉 분포와 미디어 편향**

그림 7-4 **뉴스 소비자의 편향 분포를 반영하는 뉴스 미디어의 편향**

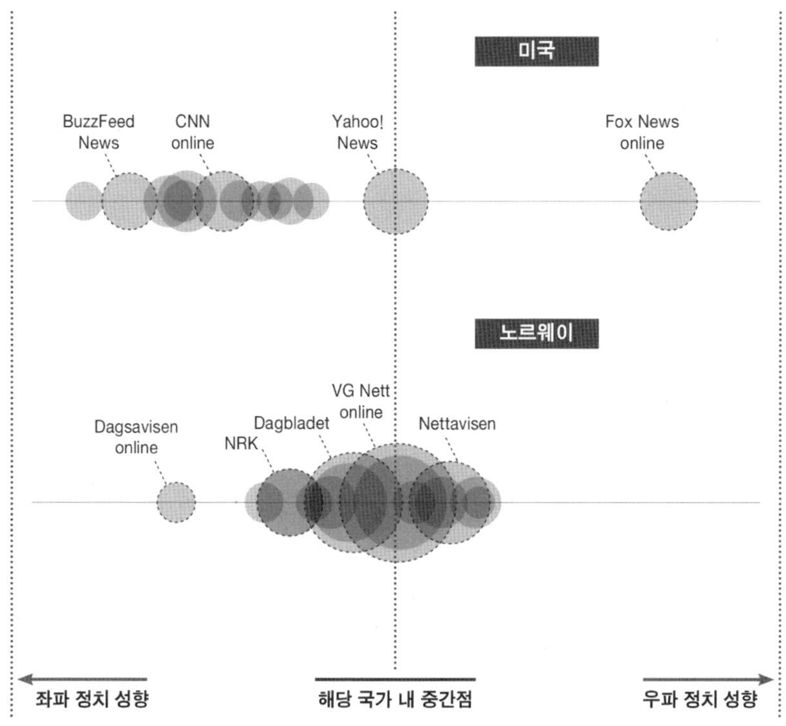

주: 뉴스 미디어 브랜드를 나타내는 원의 크기는 해당국 온라인 뉴스 시장에서의 상대적 점유율을 나타낸다.
출처: Reuters Institute for the Study of Journalism(2017).

보여준다. 기업들은 중도층에 소비자가 몰려 있을수록 경쟁 기업에 대한 제품 차별화를 완화하는 경향이 있다(Neven, 1986). 따라서 뉴스 미디어들도 뉴스 소비자가 중도층에 더 많이 몰려 있으면 중도에 가까운 보도 편향을 선택하게 된다. 그림 7-3처럼 중도층이 두터운 뉴스 소비자 분포를 지닌 나라는 노르웨이나 핀란드 등 북유럽 국가들이다. 이들 나라 뉴스 미디어들이 보이는 이념적 편향 차이는 정치적 양극화가 심한 미국이나 한국 같은 나라의 뉴스 미디어들에 비해 훨씬 작다(그림 7-4 참고).

8

편견 없는 보도는 '신화' 예외 없는 '미디어 편향'

"뉴스 미디어의 편견 없는 보도는 '현실'이 아니라 '신화'였다."[1]

— 매튜 젠츠코우

"언론은 중립적이지도 않고, 중립적일 수도 없으며, 그걸 기대해서도 안 된다."[2]

— 한스 로슬링

미디어 편향에 대한 경제학의 정의는 '사실들을 뉴스에 담는 체계적인 차이 systematic differences in the mapping from facts to news reports'였다. 미디어 편향 가운데 우리가 흔히 체감하는 편향은 정치적(이념적) 편향이다. 여기에 광고주를 비롯한 특정 이해 집단이나 인물(들)을 뉴스 미디어가 비호하는 편향도 자주 접한다. 하지만 미디어의 편향은 이보다 훨씬 더 다양하다. 가장 대표적 편향인 이념적 편향만 해도, '보수-진보(혹은 자유주의)'만이 아니라 '현대-전통', 혹은

1 Gentzkow, Shapiro, and Sinkinson(2014).
2 한스 로슬링·안나 로슬링 뢴룬드·올라 로슬링(2019).

'개인-공동체' 같이 여러 기준으로 구분할 수 있다. 근래에는 젠더gender나 세대generation와 관련된 이념적 편향들도 주목받고 있다.

미디어 편향은 누가 편향이 생겨나게 하느냐에 따라서도 따져볼 수 있다. 언론사 사주나 저널리스트 등 뉴스 공급자, 언론을 이용하려는 권력이나 금력 등 뉴스 시장 외부자, 그리고 뉴스 소비자 등이 모두 뉴스 미디어의 편향을 낳기 때문이다.[3]

편향이 콘텐츠에 담기는 유형에 따른 구분 방식도 여럿이다. 어떤 경제학자는 '사실 편향', '프레임 편향', '이슈 편향', 그리고 '이념적 편향'으로 세분하고(Prat and Strömberg, 2013), 또 다른 학자들은 '왜곡'과 '정보의 여과'라는 두 유형으로 나눈다(Gentzkow, Shapiro, and Stone, 2015). 더 쉽고 직관적으로는 '옹호하는 대상의 긍정적 부분 강조하기', '옹호하는 대상의 부정적 부분 감추기', '반대하는 대상의 부정적 부분 강조하기', '반대하는 대상의 긍정적 부분은 감추기'로 구분할 수도 있다(Van Dijk, 1998).

미디어 편향이 현실에 실제로 존재하는지에 관한 실증적 연구들은 이처럼 미디어 편향의 다양한 양태와 원인 및 형식에 기반해 이뤄져 왔다. 이 연구들 가운데 경제학자들의 연구는 언론학이나 정치학 등 다른 사회과학에 비하면 상대적으로 역사도 짧고 문헌도 적다. 하지만 짧은 역사에 비해선 학문 간 벽을 넘어 주목받는 연구들이 적지 않다.

아쉬운 대목은 이 분야의 경제학 연구가 미국 경제학자들이 주도하다 보니, 지금까지 많은 연구가 미국 언론에 관한 것이어서 이 책에서 소개하는 연구들도 대부분 미국 언론에 관한 연구라는 점이다. 따라서 여기서 소개하는 미디어 편향에 관한 실증적 연구 결과를 각 나라의 상황에 대입해 생각할 때는 국가 간 역사와 환경의 차이를 참작할 필요가 있다.

---

3 뉴스 미디어 소비자에는, 뉴스 콘텐츠를 소비하는 뉴스 소비자 이외에, 뉴스 미디어의 광고 시공간을 구매하는 광고주도 포함할 수 있다. 광고주와 직간접적으로 관련된 미디어 편향은 9장 포획되는 미디어, 권력이 되는 미디어와 10장 지구촌 곳곳의 다양한 미디어 포획에서 다룬다.

아울러, 미디어 편향의 실상을 확인하는 경제학자들은 거의 대부분 정치적(이념적) 편향을 실증적 연구의 대상으로 삼아왔다. 따라서 다양한 미디어 편향의 실상을 소개하지 못하는 점은 서운하지만, 정치적(이념적) 편향이 워낙 핵심적 미디어 편향이라는 점을 생각하면 어쩔 수 없는 일로 보인다.

지금부터 이 장에서 소개하는 미디어 편향에 관한 실증적 연구들을 모두 접하고 나면, '편향 없는 뉴스를 보도한다'는 언론의 주장은 거의 대부분 사실이 아님을 독자들은 알게 될 것이다. 세계적 유력 언론도 예외가 아니다. 이런 연구 결과들은 우리의 희망과 기대를 무너뜨린다. 그럼에도 언제 어디서나 변함없이 확인되는 미디어 편향의 실태를 아는 것은 유익한 일이다. 학자나 언론 정책 담당자들은 물론 뉴스 소비자나 공급자 모두에게 그렇다. 미디어 편향의 실상을 객관적으로 파악하는 것은 '언론에 관한 진실'을 이해하는 것은 물론, 더 나은 언론 환경을 위한 사회적 노력에도 도움이 되기 때문이다. 특히, 경제학자들이 가치중립적 시각에서 확인한 미디어 편향의 실상은 뉴스 소비자에게는 '더 나은 뉴스 소비 정보'를, 저널리스트들에게는 자기 객관화와 자성의 계기를 제공할 수 있다. 그러면, 이제 경제학자들에 의해 드러난 미디어 편향의 실례들을 확인해 보자.

8.1. | '의견'과 '사실 보도'를 구분한다 해도 여전한 정파성

≪뉴욕 타임스≫나 ≪워싱턴 포스트≫ 등 세계적으로 인정받는 유력 신문들은 한결같이 '의견과 사실 보도를 엄격히 구분한다'고 말한다. 실제로 이 신문들의 보도를 보면 이런 노력을 쉽게 확인할 수 있다. 그렇다면, 이런 세계적 유력 미디어들은 편향이 없다고 말할 수 있을까?

≪뉴욕 타임스≫와 ≪워싱턴 포스트≫를 비롯해 미국의 많은 뉴스 미디어는 사설 등을 통해 특정 정당이나 선거 후보에 대한 찬반 입장을 공개적으로

밝힌다. 대신, 이 미디어들은 사실 보도에는 이런 정파적 편향을 담지 않는다고 공언한다. 그러나 경제학자들의 연구에 따르면, 개별 보도에서는 의견과 사실의 구분을 잘 지키는 세계적인 유력 신문들조차 특정 이념이나 정파에 예외 없이 편향적이었다. 이런 편향은 보도할 이슈의 선택이나 특정 이슈에 관한 보도량에서 드러났다.

런던정경대학London School of Economics and Political Science: LSE 출신의 발렌티노 라시니스Valentino Larcinese와 리카르도 푸글리시Riccardo Puglisi, 그리고 하버드대학의 제임스 스나이더James Snyder는 1996년에서 2005년까지 10년 동안 '실업失業'과 '인플레이션' 같은 주요 경제 이슈들에 대해 102개 미국 주요 신문들이 보도한 양을 살펴봤다. 그랬더니, 신문들이 사설 등으로 의견 페이지에서 공개한 특정 후보 지지 편향은 몇몇 이슈의 보도량을 통해서도 그대로 이어졌다(Larcinese, et al., 2011).

이 연구에 따르면, 현직 대통령에게 불리한 몇몇 경제 이슈에서, 선거에서 그를 지지한 신문들의 보도량은 더 적었고, 상대 후보를 지지했던 신문들의 보도량은 더 많았다. 또 현직 대통령에게 유리한 경제 이슈의 보도에서는 그 반대의 양상이 나타났다. 신문들의 편향이 드러난 현직 대통령에게 불리한 이슈는 '높은 실업률' 및 '재정 적자'였다. 특히, '높은 실업률'과 관련한 보도에서는 지지 정당에 따라 신문들의 보도량에 크고 견고한 차이가 있었다. 반면, '인플레이션'이나 '무역 적자' 등의 이슈에서는 신문들의 당파적 편향이 확인되지 않았다.

푸글리시와 스나이더는 유사한 방식으로 1997~2007년 10년 동안 213개 미국 신문들의 32개 정치 추문 보도량도 분석했다. 분석 결과, 신문들은 사설로 지지한 정당에 대해서는 사실 보도의 보도량에서 더 우호적이었다. 민주당 지지 신문들은 민주당 정치인이 얽힌 추문보다 공화당 정치인이 얽힌 추문을 더 많이 보도했고, 공화당 지지 신문들은 그 반대였다(Puglisi and Snyder, 2011).[4]

이런 연구 결과들은 '사실'과 '의견'을 구분한다고 공언하는 ≪뉴욕 타임스≫를 포함한 많은 신문도 보도할 이슈의 선택과 보도량을 통해 정파적 편향을 보이고 있음을 보여준 것이었다. 이는 "(언론이) 사람들에게 '무엇을' 생각할지 말하는 것은 그다지 효과적이지 않지만, '무엇에 대해' 생각할지에 대해서는 놀랄 만큼 효과적이다"(Cohen, 1963)라는 '의제 설정 이론'을 이들 신문이 충실히 따르고 있다는 증거였다.[5]

신문들이 사설 페이지를 통해 공개적으로 지지한 정당과 정치인에 대해, 사실 보도에서도 더 우호적이라는 실증적 연구 결과들은 여러 정치학자도 제시했다. 애리조나주립대학Arizona State University의 정치학자 킴 칸Kim Kahn과 패트릭 케네디Patrick Kenney는 1988년에서 1992년 사이 미국의 상원의원 선거 후보자들을 언급한 당시 신문의 사실 보도와 의견 기사 5529개를 분석했다. 결과는 신문들은 사실 보도 기사에서도 사설로 지지한 후보에 대해서는 더 호의적인 톤tone으로 보도했다는 것이었다. 두 학자는 "미국에서 공정한 언론의 본질적인 요소 중 하나는 사설 페이지와 뉴스 페이지 사이의 구분"이고 "의견란의 정치적 견해가 뉴스 보도에 몰래 스며들어서는 안 된다는 것이지만", 실상은 그렇지 않다고 지적했다(Kahn and Kenney, 2002: 381).

사진 보도의 정파적 편향을 연구한 정치학자들도 있었다.[6] 앤드류 배렛Andrew Barrett과 로웰 배링턴Lowell Barrington은 1998년과 2002년에 치러진 미국의 상하의원 선거 기간 동안 ≪시카고 트리뷴Chicago Tribune≫과 ≪신시내티 인콰이어러Cincinnati Enquirer≫ 등 일곱 개 신문에 실린 선거 후보 사진 435개를 대상으로 시각적 톤tone을 분석했다. 이 연구에서도 신문들은 사설로 지지한 선거

4 안젤라 폰세카 갈비스(Ángela Fonseca Galvis) 등도, 1870년에서 1910년까지 40년 동안 있었던 121개 정치적 추문에 관한 159개 미국 신문들의 보도를 Puglisi and Snyder(2011)와 유사한 방식으로 연구했다. 그 결과, 신문들의 정파적 편향은 더욱 명확했다(Galvis, Snyder, and Song, 2016). 그러나 19세기 후반에는 신문들과 정치 세력들이 인적·물적으로 지금보다 훨씬 더 밀접한 관계를 맺고 있었다는 점에서 일견 당연한 결과이기도 하다.

5 4.1. 뉴스 미디어의 구실에 관한 경제학 연구의 특징 참고.

6 사진이나 영상 같은 시각적 이미지도 뉴스 공급자의 편향이 담기는 대표적 콘텐츠다. 이미지와 관련한 연구는 콘텐츠 특성상 경제학 이외의 사회과학에서 주로 이뤄지고 있다.

후보들이 상대 후보들보다 더 긍정적으로 보이는 사진을 신문에 실은 것으로 나타났다(Barrett and Barrington, 2005).

프로페셔널 저널리즘은 사실과 의견의 엄격한 구분을 내세운다. 그러나 세계적으로 인정받아 온 고품질 뉴스 미디어들도 보도할 이슈의 선택과 보도의 양, 그리고 보도의 톤tone 등을 통해 편향을 드러내고 있다는 사실은 반복적으로 확인되고 있다.

8.2. | 미디어 편향을 낳는 주역

5장 벗어날 수 없는 굴레, 미디어 편향에서는 미디어 편향을 낳는 다양한 원인을 이론적으로 살펴봤다. 미디어 편향이 뉴스의 공급 측면에서는 뉴스 미디어의 사주(경영자)나 저널리스트들이 자신들의 견해를 의도적으로 혹은 무의식적으로 뉴스에 담는 데서 생겨나고, 수요 측면에서 뉴스 소비자의 구미에 맞춘 뉴스를 뉴스 미디어가 공급하기 때문에 생겨난다는 것이었다. 그렇다면 이런 이론적 인과관계들은 실증적으로도 밝혀지고 있을까? 이번에도 답부터 얘기하면 "다채로운 양상으로 드러나고 있다"는 것이다.

어떤 학자들은 수요 쪽이나 공급 쪽의 요인 어느 하나에 초점을 맞춰 미디어 편향을 확인했고, 어떤 학자들은 수요와 공급 쪽 요인들을 비교하며 각각이 낳는 미디어 편향을 찾아냈다. 그러나 수요 쪽 요인과 공급 쪽 요인 중 어느 쪽이 우세한지를 따져본 연구에서는 학자에 따라 엇갈리는 결과들이 나오기도 했다. 이는 우리가 체감하는 대부분의 미디어 편향은 어느 한 요인이 아니라 여러 요인이 복합적으로 작용한 결과이기 때문인 것으로 보인다.

앞서, 미국의 유력 신문들도 '높은 실업률'과 '재정 적자' 등 몇몇 경제 이슈들의 보도에서 보도량의 많고 적음을 통해 정파성을 드러냈다는 라시니스 등의 연구를 소개한 바 있다. 그런데 이 연구에서는 신문들의 정파성이 드러난 이슈라도 이슈에 따라 신문의 편향이 생겨난 이유는 달랐다. '높은 실업률'에 관한 신문들의 정치적 편향은 해당 신문들의 독자들보다 더 편향적이었다. 반면, '재정 적자' 관련 보도의 편향은 해당 신문 독자들의 정치적 편향과 상관관계가 분명했다. 이는 앞의 경우는 뉴스 공급자(뉴스 미디어 혹은 저널리스트들)가 주도한 편향이고, 뒤의 경우는 뉴스 소비자인 독자들에 기인한 편향이라는 뜻이었다(Larcinese, et al., 2011).

정치인 추문 보도에서 미국의 지역 신문들이 보도량을 통해 정파성을 보였다는 푸글리시와 스나이더의 연구에서도 신문들의 편향을 낳은 원인은 전국적 정치인과 지역 정치인의 추문 보도 사이에 차이가 있었다. 전국적 정치인의 보도에서는 뉴스 공급자가 편향을 낳은 주역이었다. 각 신문이 그 신문 독자의 평균 편향보다 더 편향적이었기 때문이다. 반면, 각 신문이 발행되는 지역 출신 정치인의 경우에는 독자들의 영향이 더 컸다. 민주당 지지자가 더 많은 지역의 신문은 공화당 지지자가 더 많은 지역의 신문보다 지역의 공화당 정치인과 관련된 추문을 훨씬 더 많이 다룬 까닭이다. 공화당 지지자가 더 많은 지역의 신문은 그 반대였다(Puglisi and Snyder, 2011).

이처럼 일부 학자들은 이슈나 지역에 따라 뉴스 공급자나 뉴스 소비자 어느 한쪽이 미디어 편향에 더 큰 영향을 끼친 결과를 보여줬다. 그러나 다른 학자들은 '뉴스 공급자' 혹은 '뉴스 소비자' 가운데 한쪽을 미디어 편향을 낳는 지배적 요인으로 실증한 연구 결과를 내놓았다. 서로 다른 견해를 차례로 살펴보자.

① "미디어 편향의 근원은 뉴스 소비자"

2010년 미국에서는 민주·공화 양당 정치인들과 미국 신문들 간의 당파적 연관성을 규명해 낸 연구가 많은 이들의 눈길을 끌었다. 미국 민주당과 공화당 정치인들이 서로 다르게 쓰는 특징적인 문구를 추출해 낸 뒤 이 문구들이 일간 신문에 얼마나 많이 등장하는지를 살펴본 연구였다. 신문들과 특정 정파의 정치인들이 쓰는 표현의 유사성으로 신문들의 정파성을 확인한 것이었다

(Gentzkow and Shapiro, 2010).

매튜 젠츠코우와 제시 샤피로는 먼저 '2005년의 미국 하원 속기록'에서 민주당과 공화당 소속 의원들이 사용한 "당파적"인 단어와 구문을 골라냈다. 이를테면, 민주당 의원들은 'war in Iraq(이라크에서의 전쟁)'를, 공화당 의원들은 'war on Terror(테러와의 전쟁)'라는 표현을 상대 당 의원들에 비해 더 자주 썼다. 이 밖에도 민주당 의원들은 'oil companies(석유 기업)', 'tax breaks(세금 감면)', 'middle class(중산층)' 같은 문구를, 공화당 의원들은 'natural gas(천연가스)', 'death tax(상속세)', 'illegal immigration(불법 이민)' 같은 표현을 상대 당 의원들보다 많이 사용했다.[7] 이어 두 학자는 골라낸 당파적 단어와 구문들이 같은 시기 미국의 433개 신문에 얼마나 많이 나오는지 측정했다.

두 학자는 신문 독자들의 정치적 성향도 지역별로 추정했다. 우편 번호zip code를 기준으로 지역을 구분한 뒤, 각 지역 주민의 정치자금 기부가 민주당과 공화당 중 어느 쪽에 더 많은지를 확인해 민주당 우세 지역과 공화당 우세 지역을 분별해 냈다. 두 학자는 독자뿐만 아니라 각 신문 소유주의 정치적 성향도 추정했는데, 이때는 사주나 해당 신문 혹은 해당 신문이 속한 '신문 체인chain'의 정치자금 기부 내역을 바탕으로 했다.

이렇게 얻은 데이터들을 분석한 결과에 따르면, 민주당 지지자가 더 많은 지역에서는 민주당 의원들이 자주 쓰는 단어와 구문이 더 자주 등장하는 신문들의 독자가 더 많았다. 공화당 우세 지역에선 그 반대였다. 신문 독자의 편향과 신문의 편향 사이에 강한 상관관계가 있었던 것이다. 또 두 학자는 독자 집단의 정치적 편향과 연관된 지역 차원의 변수를 통제한 뒤, 소유자가 같은 두 신문 간의 편향 차이와 무작위로 선정한 두 신문 간의 편향 차이를 서로 비교

7 이런 표현들 이외에 민주당 의원들이 더 자주 쓴 표현으로는 trade deficit, private accounts, trade agreement, American people, nuclear option, African American, budget cuts 등이 있었고, 공화당 의원들이 더 자주 쓰는 표현으로는 stem cell, class action, embryonic stem, tax relief, Boy Scouts, hate crimes, global war 등이 있었다.

했다. 그 결과, 소유자가 같은 두 신문의 편향들이 무작위로 선정된 두 신문들보다 더 유사하다는 증거는 없었다.

젠츠코우와 샤피로는 이런 두 결과를 두고 (적어도 미국에서는) "신문의 편향에서 소유주의 정치적 편향은 독자들의 정치적 편향보다 훨씬 덜 중요했다"고 설명했다.[8] 또 두 학자의 분석에 따르면, 일선 저널리스트들의 편향이나 신문 판매 경쟁도 신문들의 편향에 별 영향을 주지 않았다. 이는 미디어 편향이 사주나 저널리스트 등 공급 측면의 요인보다 뉴스 소비자의 확증 뉴스 선호 등 수요 측면의 요인에 더 큰 영향을 받는다는 것을 뜻한다고 두 학자는 주장했다.

뉴스 소비자가 공급자보다 미디어 편향에 더 지배적 영향을 끼친다는 것을 훨씬 단순하게 드러내 보인 연구도 있다. 카그다스 아지르다스Cagdas Agirdas는 1999~2009년 인터넷 미디어의 등장이 불러온 경영난으로 경쟁 신문이 사라진 미국 지역 신문 시장의 사례를 연구했다. 그에 따르면, 신문들은 반대 편향을 지닌 경쟁 신문들이 문을 닫자, 모두 정치적 편향을 이전보다 완화했다. 폐간한 신문의 독자들을 확보하려 자신의 편향을 수정한 것이다(Agirdas, 2015).

그러나 이런 실증적 연구 결과들을 미국이 아닌 다른 나라에까지 일반화해 적용하기는 어렵다. 한국만 해도, 소유주가 보수적 정치 편향을 지닌 신문들은 보수적 편향을 보이고, 반대로 소액주주나 사원주주가 실질적 소유주인 ≪한겨레≫나 ≪경향신문≫ 같은 이른바 독립 언론들은 상대적으로 자유주의적 혹은 진보적 편향을 보인다. 이는 뉴스 공급자의 편향이 미디어의 편향을 좌우한다는 뜻일 수도 있다.[9] 그렇다면 한국에서는 뉴스 소비자보다 공급자에

---

8 미디어 소유주가 뉴스 소비자들에 비해 미디어 편향에 영향을 끼치지 못한다는 젠츠코우와 샤피로의 견해는 미디어 집중과 소유 규제의 무용성을 뒷받침하는 논거가 된다. 이 규제들은 소유주가 미디어의 뉴스 처리 방침에 강력한 영향을 끼친다는 데 근거하기 때문이다. 미디어 소유·집중의 폐해와 규제에 대해선 7.1.② '너무 적은 경쟁'과 불충분한 뉴스 공급 참고.

9 한국의 미디어들 가운데 소유주가 동일한 뉴스 미디어들이 서로 상반된 정치적 편향을 보인 경우도 있다. ≪중앙일보≫와 201년 말 개국한 JTBC가 그 예다. 두 미디어 중 하나는 소유주의 정치적 편향과 무관한 편향을 보였다고 할 수 있다.

의한 미디어의 편향이 지배적이라고 할 수 있을까? 안타깝지만 그렇게 확언하기도 힘들다. 한국 사회에서는 한국 언론의 편향이 사주나 저널리스트 등 공급자로부터 기인한다는 평가가 적지 않지만, 뉴스 소비자에 기인하는 편향과 엄밀하게 비교 검증한 연구는 크게 부족하기 때문이다. 하여튼, 뉴스 시장의 현실이 나라마다 다르듯이, 미디어 편향에 관한 각 나라의 현실도 젠츠코우와 샤피로가 파악한 미국의 현실과는 사뭇 다를 수 있다.[10]

② "미디어 편향을 좌우한 뉴스 공급자"

또 다른 경제학자들은 뉴스 공급자들이 소비자의 편향이나 요구 등을 무시하고 자신들의 편향을 드러내온 실례들도 밝혀냈다. 하버드대학의 스티븐 앤솔라베히어Stephen Ansolabehere와 제임스 스나이더, 카네기멜론대학Carnegie Mellon University의 레베카 레셈Rebecca Lessem에 따르면, 선거 시기에 미국 신문들이 공개적인 후보 지지 표명으로 드러낸 정치적 편향은 유권자(뉴스 소비자)들 다수의 정치적 편향과 반대였다(Ansolabehere, et al., 2006).

앤솔라베히어 등은 1940~2002년의 60여 년 동안 미국의 신문들이 선거 당시 사설로 지지를 표명한 후보(정당)와 선거에서 유권자들이 실제로 지지한 후보(정당)를 비교했다. 이에 따르면 1940년대와 1950년대, 대도시 지역 유권자들은 대체로 민주당 후보를 지지할 확률이 더 높았다. 그러나 신문들이 공화당 후보들을 명시적으로 지지할 확률은 민주당 후보들보다 두 배나 높았다.

1960년대 이후 미국 신문 전반의 공화당 편향은 점차 약화됐다. 그러다 1990년대에 이르자, 이번에는 더 많은 신문이 민주당 후보들을 지지했다. 하지만 당시 공화당과 민주당에 대한 유권자들의 지지율은 별 차이가 없었다. 그 후로도 지금까지 미국에서는 민주당을 지지하는 신문들이 공화당을 지지

---

10 각 나라의 언론과 언론 환경의 차이는 뉴스 시장의 관행과 전통, 정보통신기술과 경제 발전 수준, 문화적 차이 등 다양한 원인에서 비롯된다.

하는 신문들보다 압도적으로 더 많았다. 2016년 미국 대통령 선거 당시만 해도 힐러리 클린턴Hillary Clinton 민주당 후보는 243개 뉴스 미디어의 지지를 받은 반면, 도널드 트럼프 공화당 후보를 지지하는 미디어는 20곳에 불과했다(Wilson, 2020.10.26). 그러나 우리 모두가 알다시피 그 선거에서 미국인이 선택한 이는 트럼프였다.

엔솔라베히어 등의 연구가 나온 뒤 몇 년 뒤엔 정치학자들도 유사한 연구 결과를 발표했다. 정치학자 해럴드 스탠리Harold Stanley와 리처드 니에미Richard Niemi는 1940년부터 1988년까지 48년 동안 미국의 대통령 선거에서 유권자들의 민주당 후보 지지율은 평균 53%가량이었지만, 신문들이 사설을 통해 공화당 후보를 지지한 경우는 민주당 후보에 비해 다섯 배 이상 더 많았다고 주장했다(Stanley and Niemi, 2013).

한국 언론이 보인 모습도 엔솔라베히어 등이 확인한 미국의 사례와 유사하다. 한국 신문 시장을 과점하고 있는 ≪조선일보≫, ≪중앙일보≫, ≪동아일보≫의 3대 메이저 신문은 모두 지난 수십 년 동안 보수 정당 편향을 보여왔다. 하지만 최소 지난 20여 년간 선거에서 나타난 한국인의 지지율은 보수 정당과 자유주의(진보) 정당 사이에 큰 차이가 나지 않았다.

그런데 뉴스 소비자들은 자신의 편향에 부합하는 뉴스 미디어가 적을수록 자신의 편향을 반영하는 뉴스에 대한 갈증이 커진다. 따라서 갈증을 해결해 줄 대체재가 등장하면 대체재 소비도 그만큼 증가한다. 민주, 공화 양당에 대한 유권자들의 지지율은 엇비슷한데도 주요 언론 대부분이 친민주당 편향을 보이는 미국에서, 친공화당 편향의 정보나 의견과 가짜 뉴스가 소셜 미디어 등에 폭발적으로 증가한 것도 같은 이치다.[11] 또 1988년, 권위주의 정권에 우

11 2016년 미국 대통령 선거에서 트럼프와 클린턴이 전체 유권자로부터 얻은 득표율은 각각 46.1%와 48.2%였다. 그러나 선거 당시, 두 후보가 미국 언론들로부터 공개적으로 받은 지지는 243 대 20이었다. 반면, 페이스북에서는 '친클린턴' 성향의 가짜 뉴스가 760만 번 공유된 데 비해 '친트럼프' 성향의 가짜 뉴스가 3000만 번 공유됐다(Allcott and Gentzkow, 2017). 11.3.① 가짜 뉴스 참고.

:: 한 걸음 더 8-1 :: 미디어 소유주의 두 모습

오티스 챈들러

출처: Wikipedia.

1950년대까지만 해도, ≪로스앤젤레스 타임스≫는 소유주인 챈들러Chandler 가문의 성향에 영향을 받아 공화당을 옹호하는 상당히 보수적인 신문이었다. 그러나 이 가문의 일원이었음에도 진보적 성향을 지녔던 오티스 챈들러Otis Chandler(1927~2006)가 1960년 발행인에 취임하면서 사설면의 공화당 지지 논조는 급격하게 민주당 지지로 바뀌었다. 이어, 사실 보도 영역에서도 친공화당 편향은 사라졌다. 오티스에 의해 이뤄진 ≪로스앤젤레스 타임스≫의 정치적 편향 수정은 신문의 평판과 이윤 모두를 획기적으로 개선해 사업적 성공으로 이어졌다(Larcinese, et al., 2011).

오티스의 사례는 미디어 경영자가 소비자의 기대와 요구를 반영해 뉴스룸의 타성을 깬 것으로 이해할 수 있다.

실비오 베를루스코니

출처: Wikipedia.

2001~2007년 이탈리아 텔레비전 뉴스에 나타난 정치적 편향에 관한 한 연구에 따르면, 이탈리아의 미디어 재벌이자 우파 정치 지도자인 실비오 베를루스코니Silvio Berlusconi가 소유한 방송들은 좌파 정치인보다 우파 정치인에게 더 많은 발언 시간을 줬다. 그가 집권한 뒤에는 공영방송까지 우파 편향으로 바뀌었다. 계기는 이탈리아의 최대 공영 방송 채널 라이 우노Rai 1의 뉴스 책임자가 그와 이념적으로 가까운 인물로 교체된 것이었다. 이후 라이 우노의 대표 뉴스 프로그램 〈텔레조르날레 우노Telegiornale 1: TG1〉는, 다른 공영 텔레비전 채널은 물론 민영 방송의 뉴스 프로그램에 비해서도 우파 정치인에게 이전보다 훨씬 더 많은 시간을 할애하며 급격히 보수화했다(Durante and Knight, 2012).[12]

이는 베를루스코니의 평소 신념과 정치적 이해가 반영된 것이었다. 시청자들은 감소했지만, 베를루스코니는 자신의 정치적 목적을 달성할 수 있었다.

호적인 보수 언론 일색이었던 한국 뉴스 시장에 진보적 성향의 신문 ≪한겨레≫가 등장해 불과 몇 달 만에 50만 명의 독자를 확보한 이유도 같은 맥락에서 이해할 수 있다.

---

12 이 연구는 8.5.② 능동적으로 반응하는 뉴스 소비자와 10.1.⑤ 포획된 방송의 정치적 활용에서도 다

8.3. | 언론 전반의 편향과 '기울어진 운동장'

미디어 편향에 관한 실증적 연구 가운데는 개별 언론들이 아니라 한 사회의 언론 전반이 지닌 정치적 편향을 밝혀낸 연구들도 있다. 앞서 우리는 〈한 걸음 더 5-1〉 언론학자들의 미디어 편향에서 언론 전반의 '자유주의적 편향'과 '보수적 편향'을 각기 주장하는 언론학자들의 대립되는 이론적 견해를 살펴본 적이 있다. 같은 주제에 관한 경제학자들의 실증적 연구도 그 연장선상에서 살펴볼 만하다.

① "미국 언론은 자유주의적"

양립할 수 없는 상반된 주장, 즉 미국 언론이 "보수적"이라는 주장과 "자유주의적[11]"이라는 주장이 미국 사회 안에서 맞서던 2005년, 경제학자 티모시 그로스클로스Timothy Groseclose와 제프리 밀리오Jeffrey Milyo는 미국 주요 뉴스 미디어들의 이념적 편향을 측정해 발표했다(Groseclose and Milyo, 2005). 연구 결과는 언론학자, 저널리스트와 언론사 경영자는 물론 많은 지식인들의 큰 관심을 끌었다. 특히 이 연구는 미국 주요 뉴스 미디어들의 이념적 편향에 대한 최초의 체계적인 실증 연구였다.

그로스클로스와 밀리오의 연구에서 가장 주목을 끈 것은 "미국의 주요 뉴스 미디어들은 의회 의원의 평균보다 더 자유주의적인 편향을 지니고 있다"는 내용이었다. 당시 미국에서는 미국 언론의 성향이 "보수적"이라는 주장과 "자유주의적"이라는 주장이 담긴 책들이 번갈아 베스트셀러에 오르던 시기였다. 이런 배경은 그로스클로스와 밀리오의 연구 결과에 더욱 이목이 쏠리게 했다.

두 학자는 뉴스 미디어들과 의회 의원들이 싱크탱크를 인용할 때의 유사성을 비교해 뉴스 미디어들의 상대적인 이념 편향을 측정했다. 먼저 두 학자는 1990년부터 2003년까지 주요 방송과 신문 20곳과 의회 의원들이 (다른 이념적

시 소개한다.

편향을 지닌) 싱크탱크들을 인용한 횟수를 각각 계산했다. 이어, 이를 바탕으로 극단적 보수에서 극단적 자유주의까지의 이념 척도상에서 의회 의원들과 뉴스 미디어들의 위치를 측정했다. 이때 두 학자는 사설이나 칼럼을 통해 드러나는 '명시적인 편향explicit bias'은 제외하고 '숨겨진 편향implicit bias'이 담겨 있는 사실 보도 콘텐츠만을 분석 대상으로 삼았다.

결과는 표 8-1과 같았다. 표본으로 삼은 신문과 방송 프로그램 가운데 ≪워싱턴 타임스≫와 폭스 뉴스의 〈스페셜 리포트Special Report〉를 제외한 모든 뉴스 미디어들이 미국 유권자의 평균이라고도 할 수 있는 상하원 의원 평균보다 더 자유주의적인 편향을 지니고 있었다. 또 ≪뉴욕 타임스≫와 CBS의 〈이브닝 뉴스Evening News〉는 뉴스 미디어들이 지닌 편향의 평균치에서도 동떨어져 있다고 할 만큼 좌편향인 것으로 나타났다. 반면 미국 유권자들의 편향 수준에 가장 근접한 뉴스 미디어는 PBS의 〈뉴스아워〉와 CNN의 '뉴스나이트Newsnight' 등이었고, 뉴스 미디어 중 가장 중도적인 미디어는 ≪USA 투데이USA Today≫였다.

전체적으로는 ≪월스트리트 저널≫을 제외한 모든 신문의 편향이 민주당 의원의 평균치와 공화당 의원의 평균치 사이에 위치했다. 이와 관련해 그로스클로스와 밀리오는 "(연구에서) 한 가지 뜻밖의 결과는 가장 자유주의적인 것으로 확인된 ≪월스트리트 저널≫"인데, "이는 사설이나 칼럼 등에 나오는 의견 등은 제외한 뉴스만을 대상으로 한 분석 결과여서, 만약 사설면 등의 의견 콘텐츠를 포함한다면, ≪월스트리트 저널≫은 분명히 더 보수적으로 보일 것"이라고 설명했다.

그로스클로스와 밀리오의 연구는 미국 언론학계의 대표적 논쟁인 미국 언론의 자유주의 편향 논쟁에 또 한 번 불을 붙였다. 또 경제학자들과 미디어 커뮤니케이션 학자들의 학제學際 간 교류와 관심의 증진에도 크게 기여했다. 두 학자의 연구에 대해서는 '자유주의적 성향이 과대평가됐다'는 반론도 적지 않았다.[13] 하지만 그로스클로스는 그 뒤로도 미국 뉴스 미디어의 좌편향을 주장

표 8-1 미국 언론의 정치적 편향

뉴스 미디어(프로그램)	ADA(이념성향) 점수*
공화당 의원 평균	**16.1**
Washington Times	35.4
Fox News' Special Report with Brit Hume	39.7
상·하원 의원 평균(=미국 유권자 평균)	**50.1**
PBS Newshour with Jim Lehrer	55.8
CNN News Night with Aaron Brown	56.0
ABC Good Morning America	56.1
Drudge Report	60.4
ABC World News Tonight	61.0
NBC Nightly News	61.6
뉴스 미디어 평균	**62.6**
USA Today	63.4
NBC Today Show	64.0
Time Magazine	65.4
U.S. News and World Report	65.8
Newsweek	66.3
NPR Morning Edition	66.3
CBS Early Show	66.6
Washington Post	66.6
Los Angeles Times	70.0
CBS Evening News	73.7
New York Times	73.7
민주당 의원 평균	**84.3**
Wall Street Journal	85.1

* 'ADA 점수'는 자유주의적 성향의 미국 정치단체인 ADA(Americans for Democratic Action)가 의회 의원들의 의회 투표 기록을 바탕으로 0(가장 보수적)에서 100(가장 자유주의적)까지 매기는 점수.

출처: Groseclose and Milyo(2005).

---

13 자세한 내용은 Gasper(2011), Nyhan(2012) 참고. 둘 다 정치학자다.

했다(Groseclose, 2011).

경제학자들 가운데서 미국의 유력 신문들의 자유주의적 편향을 실증 연구를 통해 주장한 이들은 그로스클로스와 밀리오 말고도 여럿이 있다.

≪뉴욕 타임스≫의 자유주의적(친민주당) 편향을 주장한 리카르도 푸글리시도 그중 하나다. 푸글리시는 '특정한 정당이 어떤 이슈를 더 잘 다룰 것으로 대다수의 유권자들이 생각한다면 그 이슈는 특정 정당이 소유한다'는 '이슈 issue 소유 가설'[14]에 입각해, ≪뉴욕 타임스≫가 대통령 선거 기간 동안 민주당과 공화당이 각기 소유한 주요 이슈들을 다룬 빈도를 계산했다. 연구 대상 기간은 1946년에서 1997년까지로 50여 년이었다. 그랬더니, ≪뉴욕 타임스≫는 현직 대통령이 공화당 소속일 때는 시민권, 의료, 노동, 사회복지 등 민주당이 소유한 이슈들에 더 많은 강조점을 두고 보도한 것으로 나타났다. 이를 두고 푸글리시는 선거운동 기간에 공화당 소속 대통령에게 불리한 이슈를 강조했다는 점에서 ≪뉴욕 타임스≫는 친민주당 편향을 드러낸 것이라고 설명했다(Puglisi, 2011).

케빈 하셋Kevin A. Hassett과 존 로트John R. Lott도 함께 한 연구에서 미국의 신문들의 전반적 친민주당 편향, 즉 자유주의적 편향을 주장했다. 두 학자는 여러 경제 지표가 공개됐을 때 신문들이 이를 다룬 태도에 주목했다. 그들은 389개 미국 신문들을 대상으로 1991년부터 2004년까지 공개된 경제 지표들에 대한 긍정적 혹은 부정적 보도 여부를 확인한 결과, 미국의 신문들은 공화당보다 민주당이 집권했을 때 같은 경제 뉴스라도 집권당에 더 긍정적으로 보도했다고 주장했다(Lott and Hassett, 2014).[15]

---

14 '이슈 소유'는 한 정당이 특정 문제를 해결할 수 있는 가장 유능한 정당으로 유권자들에게 인식되면, 그 정당이 그와 관련된 이슈를 소유한다는 정치학자 존 페트로치크(John Petrocik)의 개념이다. 이에 따르면, 정당이 소유한 이슈가 선거에서 중요한 구실을 한다면, 그 정당은 선거에서 더 유리해진다(Petrocik, 1996).

15 로트와 하셋은 신문별 편향은 측정하지 않았다. 둘 다 보수 성향의 학자로, 하셋은 트럼프 대통령의 경제 고문을 역임했다.

앞서 8.2.① "미디어 편향의 근원은 뉴스 소비자"에서 신문들과 의회 의원들이 사용한 용어의 유사성을 바탕으로 미국 신문들의 당파적 편향을 측정한 젠츠코우와 샤피로의 연구를 소개한 바 있다. 이 연구의 결과에도 신문들이 쓴 용어들의 이념적 위치는 평균적으로 자유주의에 더 근접했으며 신문들의 이런 편향 전략이 이익을 극대화하는 데 기여했다는 내용도 들어 있었다.

한편, 미국의 뉴스 미디어가 자유주의적 편향을 지녔다는 연구 결과들은 '저널리스트에 기인하는 미디어 편향'을 설명한 데이비드 배런의 이론으로도 해석해 볼 수 있다. 배런에 따르면, 뉴스 미디어는 저널리스트들에게 편향의 재량권을 부여할수록 인건비를 더 아낄 수 있고, 이 때문에 미디어가 인건비를 절감하려 저널리스트들의 편향을 용인하는 데서 미디어 편향이 생겨난다.[16] 이 관점에 입각하면, 대체적으로 자유주의적인 (미국의) 저널리스트들에게, 뉴스 미디어들이 이익 극대화를 위해 편향의 재량권을 부여했기 때문에 미국의 뉴스 미디어가 자유주의적 편향을 보이는 것으로 풀이할 수 있다.

② "한국 언론은 보수적"

"불편부당 정의옹호" ~ ≪조선일보≫

"더 중앙에 두다" ~ ≪중앙일보≫

"세상을 보는 균형" ~ ≪한국일보≫

"세상을 보는 맑은 창" ~ ≪동아일보≫

"세상을 보는 정직한 눈" ~ ≪한겨레≫

"정론직필 공명정대" ~ ≪경향신문≫

한국의 주요 신문들이 내세우는 모토motto나 사시社是를 보면 하나같이 균형

16 5.2.2.① 저널리스트 참고.

과 정직이 눈에 띈다. 언론으로서 '편향된 보도를 추구한다'고 할 수는 없는 노릇이니 이런 선언은 당연한 일이다. 하지만 한국인 가운데서는 신문들의 이런 모습에 공감하지 않는 이들도 적지 않을 듯싶다.

많은 한국인은 ≪뉴욕 타임스≫나 ≪워싱턴 포스트≫가 한국의 어느 언론보다도 공정하고 덜 편파적이라고 여긴다. 그런데 이 두 신문의 모토는 한국의 신문들과는 다르다. ≪뉴욕 타임스≫의 모토는 "보도하기에 적합한 모든 뉴스를 보도한다All the news that's fit to print"와 "진실을 추구하며 사람들이 세상을 이해하도록 돕는다We seek the truth and help people understand the world"이다. 또 ≪워싱턴 포스트≫가 도널드 트럼프 전 미 대통령 취임 직후(2017년 2월) 채택한 슬로건은 '민주주의는 어둠 속에서 죽는다Democracy dies in darkness'이다. ≪뉴욕 타임스≫와 ≪워싱턴 포스트≫의 이런 모토나 슬로건을 한국 신문들의 그것들과 비교하면 한국 신문들의 허장성세虛張聲勢는 더 두드러져 보인다.

이런 사정은 한국 언론의 편향을 실증적으로 확인하는 게 그만큼 중요하다는 것을 시사하지만, 지금까지 현실은 이런 기대나 필요에 크게 못 미쳤다. 방대한 보도 데이터를 창의적이고 객관적인 방법으로 실증하는 데 필요한 연구 인프라나 역량도 서구에 비해 부족했다. 그렇지만, 한국에도 서구 경제학자들의 연구방법론을 이용해 한국 언론의 편향을 측정한 언론학자들이 있었다.

최선규 등 세 학자는 2012년 이미 정파성이 널리 알려져 있는 시민단체들과 정당들이 기사에 취재원으로 등장하는 상대적 빈도를 조사해 12개 신문과 방송의 정치적 편향을 측정했다(최선규·유수정·양성은, 2012). 뉴스 미디어들과 정치인들이 편향적인 싱크탱크를 인용하는 유사성을 바탕으로 뉴스 미디어들의 이념 편향을 측정한 경제학자 그로스클로스와 밀리오의 연구를 원용한 방식이었다.[17]

---

17 그로스클로스와 밀리오처럼 싱크탱크를 매개로 삼지 않은 이유에 대해, 저자들은 "미국과 달리 다양한 싱크탱크가 발달해 있지 않고 기자들이 싱크탱크보다 주로 정당을 취재원으로 두는 경우가 더 많기 때문"이었다고 설명한다.

대상 언론사는 KBS, MBC, SBS 등 지상파 방송 3곳과 ≪조선일보≫, ≪중앙일보≫, ≪동아일보≫, ≪한겨레≫, ≪경향신문≫, ≪한국일보≫, ≪국민일보≫, ≪서울신문≫, ≪문화일보≫ 등 신문 9곳이었다. 분석 대상 보도 이슈는 KBS가 2008년과 2009년 각각 선정한 10대 뉴스 가운데 정치적 유불리의 균형을 감안해 고른 아홉 개에 2010년의 천안함 사건을 더한 10개였고, 분석 대상 콘텐츠는 사설, 칼럼, 오피니언 등 의견 콘텐츠는 제외한 일반 뉴스 기사 5962건이었다.

편향 측정을 위한 분석 방식은 간명했는데, 보도에 등장하는 정당과 시민단체의 취재원을 진보 성향, 중립, 보수 성향의 셋으로 분류하고, 이들이 기사에 등장하면 각각 (-1)점, 0점, (+1)점을 주고 이를 합산 평균해 언론사별 편향 점수를 측정하는 것이었다. 그 결과는 그림 8-1 및 표 8-2와 같다.

그림 8-1을 보면 ≪한겨레≫가 가장 왼쪽에, ≪조선일보≫가 가장 오른쪽에 위치해 있다. 이는 일반적인 통념과도 크게 다르지 않다. 저자들은 그림 8-1과 표 8-2에 있는 결과를 다음과 같이 설명했다.

그림 8-1 한국 주요 신문·방송 뉴스의 정치적 편향(2012)

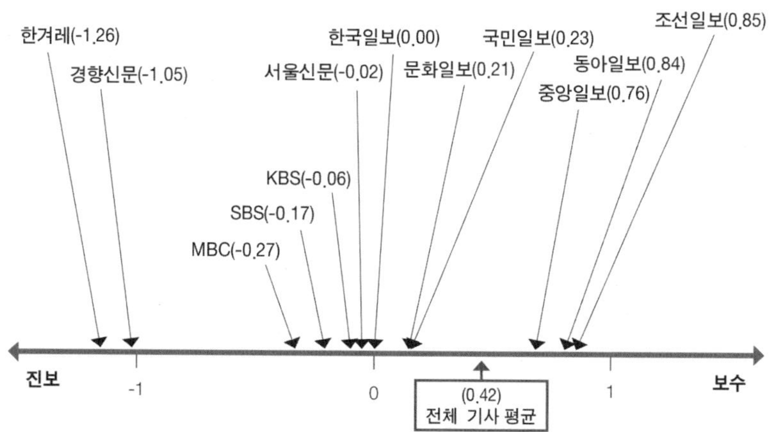

출처: 최선규·유수정·양성은(2012).

표 8-2 한국 주요 신문·방송 뉴스의 이슈별 편향과 표준 편차

뉴스 분석 대상 이슈	시기	평균	표준 편차
전체		0.420	0.403
4대강 사업 착공식	2009. 11. 10.	-0.121	0.421
정부, 미국산 쇠고기수입 허용	2008. 04. 18.	-0.065	0.497
노무현 전 대통령 검찰 소환	2009. 04. 30.	0.012	0.282
노무현 전 대통령 서거	2009. 05. 23.	0.040	**0.185**
용산 참사 수사 결과 발표	2009. 02. 09.	0.225	0.541
미디어법 국회 통과	2009. 11. 22	0.332	**0.613**
세종시 수정안 발표	2010. 01. 11.	0.530	0.437
천안함 민군 합동조사단 발표	2010. 05. 20.	0.732	0.403
아랍 원전 수주	2009. 12. 27.	1.113	0.363
북한 2차 핵실험	2009. 05. 25.	1.402	0.287

출처: 최선규·유수정·양성은(2012).

첫째, 분석 대상 전체 기사의 평균 편향은 (0.42)로, 한국의 뉴스 미디어들은 평균적으로 보수적 편향의 보도를 하고 있다.

둘째, 각 뉴스 미디어의 편향은 진보(-1.26)에서 보수(0.85)까지 넓게 분포해 있다.

셋째, 뉴스 소비자들 사이의 이견이 크지 않은 이슈일수록 미디어들 간의 편향의 차이도 작았다. 표 8-2를 보면, 노무현 전 대통령의 서거 보도에서 뉴스 미디어들의 편향은 표준 편차가 (0.185)로 가장 작았다. 반대로 종합편성 채널을 허용하는 미디어법의 국회 통과 때의 표준 편차는 (0.613)으로 미디어 편향의 양극화가 가장 심했던 것으로 나타났다.

넷째, 지상파 방송에 비해 신문의 이념적 편향 차이가 컸다.

이런 연구 결과들에 대해 저자들은 미디어 편향을 연구해 온 서구 경제학자들의 견해를 원용해 설명했다. 먼저 노무현 전 대통령 서거 보도에서 미디어들 간의 편향이 유사했던 이유는 뉴스 소비자들의 편향이 동질적이라는 (뉴스

표 8-3 한국 6대 신문에서 대통령을 언급한 사설 건수(1998~2015)

대통령	조선일보	중앙일보	동아일보	한겨레	경향신문	한국일보	평균	표준편차
김대중	552	564	763	505	663	508	592.5	92.5
노무현	**935**	**943**	**1,359**	575	701	803	886.0	**247.4**
이명박	689	711	925	**952**	**1,075**	752	850.7	142.3
박근혜	498	605	503	402	561	205	462.3	130.9

주: 조사가 박근혜 대통령의 재임 중에 이뤄져, 박 대통령의 재임 기간은 2년 8개월만 반영.

시장의) 수요 쪽 요인이 영향을 미친 때문으로 풀이했다. 또 방송에 비해 신문 간 편향 차이가 큰 까닭은 신문 시장은 방송 시장보다 가격 경쟁 가능성이 높아, 뉴스 상품의 차별화로 가격 경쟁을 완화하려 했기 때문이라고 풀이했다.

2016년에는 한국의 시사주간지 ≪한겨레21≫이 한국 내 여섯 개 유력 일간지의 1998~2015년의 18년 치 사설 8만여 건을 대상으로 대통령을 언급한 사설 숫자를 조사해 보도했다(황예랑·김효실, 2016). 그 결과는 표 8-3에서 보듯이 신문사에 따라 차이가 있었다. 신문들 간 차이의 정도를 보여주는 표준 편차는 노무현 대통령 시절이 김대중 대통령 때보다 2.7배나 커졌다. 보수적인 ≪조선일보≫·≪중앙일보≫·≪동아일보≫와 진보적인 ≪한겨레≫·≪경향신문≫의 1사 평균 사설 건수 차이가 1.7배로 증가한 때문이었다. ≪조선일보≫·≪중앙일보≫·≪동아일보≫의 신문 시장 점유율(발행 부수 기준 50~70%)을 감안하면, 사설을 읽은 신문 독자 수의 차이는 이보다 훨씬 크다고 할 수 있다. 반대로, 이명박 대통령 때는 ≪한겨레≫·≪경향신문≫의 평균치가 ≪조선일보≫·≪중앙일보≫·≪동아일보≫ 평균치의 1.3배였다. 대통령이 바뀌며 신문들의 태도도 변화한 것이다. 그러나 신문들의 발행 부수까지 감안한다면, 한국의 신문 언론 지형이 전반적으로 보수적이라는 함의를 지닌 조사 결과였다.

③ 언론은 중도적?

언론의 전반적 편향이 중도적이라는 연구 결과들도 있다. 그러나 이런 결과들은 상대적으로 주목을 많이 받지 못하고 있다. 특수한 상황에 한정되어 나타난 결과로 받아들여지는 경우가 많고, 학자들이나 일반인 대부분이 언론은 어느 한쪽에 편향되어 있다는 선입견을 지니고 있는 것도 그 이유로 보인다.

알려진 몇몇 연구들을 소개하면, 먼저 미국 신문의 평균적 편향은 중도적 유권자 수준이라고 주장한 리카르도 푸글리시와 제임스 스나이더의 연구가 있다. 두 학자는 1996년부터 2012년까지 미국 각 주州에서 이뤄진 주민투표ballot proposition 당시 지역 신문들이 보인 이념적 편향을 유권자, 이해 집단, 정당 등의 편향과 비교 계측했는데, 조사 대상 305개 신문들의 평균 편향은 중도적 유권자의 편향 수준과 유사했다(Puglisi and Snyder, 2015a).

이 연구에 따르면, 미국 신문들의 이념적 편향은 신문이 발행되는 주州의 유권자들 가운데 이념 척도상의 '중위 유권자median voter'를 중심으로 좌우에 고르게 분포했다. 신문들이 보인 편향의 평균치도 중위 유권자의 편향과 거의 같았다.[18] 또, 신문들의 편향은 이해 단체들에 비해서도 중도적인 경향을 보였다.

이 연구에서는 미국 신문들이 이슈에 따라 다른 이념적 편향을 보였다는 점도 눈길을 끌었다. 신문들은 '동성애자 결혼'과 같은 사회문화적 현안들에 대해서는 전반적으로 유권자들보다 진보적이었지만, 최저 임금과 환경 정책 같은 경제적 현안들에 대해서는 유권자들보다 보수적 편향을 보였다.

조슈아 간스Joshua Gans와 앤드류 리Andrew Leigh는 정치적 편향이 다른 지식인들을 언급한 호주의 언론들과 의회 의원들 사이의 유사성을 분석했다. 두 학

18 캘리포니아에서는 신문들이 중위 유권자들보다 약간 보수적 편향을 지닌 것으로 분석됐다. 이는 '미국의 언론이 좌편향적'이라는 그로스클로스와 밀리오의 연구 결과와 더 많이 달랐다. 그러나 미국 전체에서는 캘리포니아 유권자들이 상대적으로 진보적이라는 점을 감안하고 이해할 필요도 있다.

자는 1999~2007년 의원들이 언급한 100여 명의 지식인을 좌에서 우까지 이념 척도로 코딩한 뒤, 조사 대상인 27개 신문과 방송이 이 지식인들을 언급한 숫자를 각기 계산했다. 간스와 리는 이를 바탕으로 호주 뉴스 미디어들의 편향성을 측정했는데, 그 결과, 단 한 곳을 제외한 나머지 뉴스 미디어에서는 의원들의 평균치와 통계적으로 유의미한 차이를 발견하지 못했다. 이와 관련해 두 학자는 "호주 언론이 매우 중도적"이며 "이는 호주 미디어 시장에서 경쟁이 부족하기 때문일 가능성이 있다"고 설명했다(Gans and Leigh, 2012).

한편, 미국의 유력 신문들은 미국의 대법관들에 비해서는 이념적으로 온건하다는 법학자들의 연구 결과도 있다. 다니엘 호Daniel Ho와 케빈 퀸Kevin Quinn은 1994년부터 2004년의 10년 동안 미국 대법원의 495개 판결을 다룬 ≪USA 투데이≫, ≪뉴욕 타임스≫, ≪월스트리트 저널≫, ≪로스앤젤레스 타임스≫, ≪워싱턴 포스트≫ 등 25개 미국 주요 신문들의 사설 1500여 개를 바탕으로 이 신문들의 이념적 위치를 분석했다. 그랬더니, 사설을 기준으로 한 미국 유력 신문들의 이념적 편향은 판결에 참여한 대법관들에 비해 더 중도적이었다. 발행 부수가 큰 순서로 21개 신문 가운데 52%에 해당하는 11개 신문의 이념적 위치가 대법관들 가운데 가장 중도적인 대법관 바로 옆 좌우에 있는 두 대법관 사이에 있었던 것이다(Ho and Quinn, 2008).

8.4. | 언론의 경쟁이 미디어 편향에 끼친 영향

경쟁이 미디어 편향에 미치는 효과에 대해 엇갈리는 경제학자들의 이론들은 7.2. 미디어 편향에 관한 경쟁의 효과에서 확인한 바 있다. 이런 사정은 실증적 연구에서도 엇비슷하다. 경쟁이 지닌 양면성이 이론 연구나 실증적 연구 모두에서 확인되고 있는 셈이다. 비록 결과에는 차이가 있었지만, 짧게는 40년에서 길게는 130여 년에 걸친 방대한 데이터 분석과 독창적인 아이디어가 돋보인 몇몇 연구들을 살펴보자.

앞서 1870~1920년의 50년 동안 미국의 신문 소비량과 부패 사이의 상관관계를 분석했더니, 신문 독자의 증가가 정치인들의 부패를 현저하게 줄였다는 연구 결과를 소개한 바 있다.[19] 매튜 젠츠코우와 에드워드 글레이저, 클라우디아 골딘의 이 연구에서는 1850~1950년 100년 동안 신문들의 정파적 편향 변화에 경쟁이 미친 영향도 다뤘다. 저자들에 따르면, 미국 신문들 대부분은 19세기 내내 재정적 후원자인 정치인들의 홍보 도구로 기능하며 강한 정파성을 띠고 있었다. 하지만 19세기 후반 신문 산업의 기술 진보와 함께 신문들이 독자 획득을 위한 치열한 경쟁으로 치닫자 신문들의 정파성에도 큰 변화가 일어났다. 1870년 미국의 도시 일간지 가운데 특정 정파에 속하지 않은 신문들은 전체의 11%에 불과했지만, 반세기 뒤인 1920년에는 62%로 증가한 것이다. 이를 두고 젠츠코우 등 세 학자는 치열한 경쟁이 신문의 정치적 편향을 감소시키며 덜 당파적으로 변모시킨 결과라고 풀이했다(Gentzkow, Glaeser, and Goldin, 2006).

세 학자가 연구에서 신문들의 당파성을 측정한 방법은 독창적이다. 세 학자들은 조사 대상 신문 전체에 대해 누가 보더라도 당파성과는 완전히 무관한 단어인 'January(1월)'의 등장 빈도를 측정했다. 동시에 신문이 당파적이 될수록 사용의 빈도가 많아질 수밖에 없는 단어인 'Honesty(정직)'와 'Slander(중상모략)'가 나타난 빈도를 측정해 이를 'January(1월)'의 등장 빈도와 각기 비교했다.[20] 그림 8-2는 그 결과를 나타낸 것이다.

그림 8-2에서 'Honesty*/January'와 'Slander*/January'는 'January'를 기준으로 'Honesty'와 'Slander'의 등장 빈도를 각각 표시한 것이다. 정파성을 드러

19 4.4.② 정책의 개선과 선출직 공직자들의 부패 감소 참고.

20 저자들은 "'Lie(거짓말)'에 대한 다양한 동의어 가운데 'Slander'와 그 반대말인 'Honest'라는 단어를 (비교) 검색용으로 사용했다"며 "'Slander'의 사용은 반대 의견에 대한 불신을, 반대로 'Honest'는 존경심을 조장하는 편집상의 개입을 보여준다"고 설명했다.

그림 8-2 미국 신문들의 '당파적 편향' 변화(1850~1950)

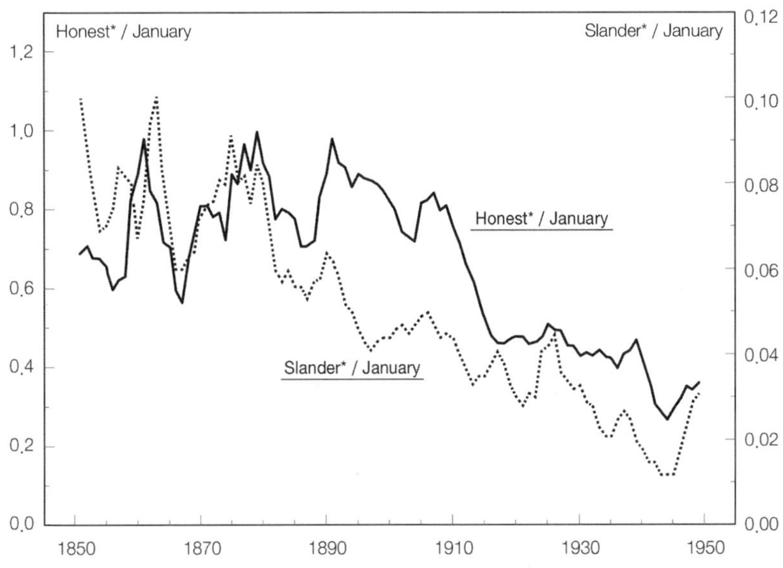

주: 대상 신문들은 매년 10개에서 50개로 해마다 동일하지는 않음. 그래프는 3년 평균 이동 추세선.
출처: Gentzkow, Glaeser, and Goldin(2006: 195).

내는 두 빈도의 변화를 보면, 1850년에서 1950년 사이 크게 감소한 것이 분명하게 확인된다. 1850년대에는 'January' 대한 'Slander'의 등장 빈도가 (1/12) 안팎이었으나 1880년대부터는 뚜렷하게 감소하기 시작했고 1930년대에는 (1/30)에 그쳤다. 또 'Honesty'의 상대적 사용 빈도도 1890년대부터 확실하게 줄기 시작해 1920년대 이후엔 1890년의 절반 이하로 감소했다. 1870년대까지만 해도 일반적이었던 미국 신문들의 강한 편향이 20세기 초에는 크게 약화된 것이다.

안젤라 폰세카 갈비스Ángela Fonseca Galvis 등 세 학자도 유사한 연구 결과를 내놓았다. 이들은 1870년에서 1910년까지 40년 동안 121개 정치 추문에 대한 159개 신문들의 보도 편향을 연구했다. 이에 따르면, 두 경쟁자가 있는 신문의 편향은 독점 신문의 절반 수준이었다. 즉, 신문 간의 경쟁이 커질수록 신문들의 정파적 편향은 감소했다는 것이다(Galvis, Snyder, and Song, 2013).

반면, 경쟁은 신문의 이념적 다양성을 추동한 핵심 동력이었다는 연구 결과도 있다. 위에서 소개한 연구들과는 결이 다른 견해다. 매튜 겐츠코우와 제시 샤피로, 그리고 마이클 신킨슨이 1872년부터 2004년까지 132년간에 걸쳐 미국의 전 지역에 존재했던 모든 영어 신문을 대상으로 발행 부수와 경영 실적, 구독자 집단 등에 관한 방대한 데이터를 수집해 분석한 연구에서 나온 결과다.

이들의 연구에 따르면, 미국의 뉴스 소비자들은 자신과 같은 생각이 담긴 뉴스를 선호했다. 또 미국 신문들은 이런 독자들의 편향 수요에 부응해 편향적으로 보도했고 경쟁 신문들과 보도 내용을 이념적으로 차별화했다. 이런 차별화 전략은 독자를 놓고 벌이는 신문 간의 경쟁을 완화하는 전략의 일환이었다. 신문들이 독자 획득을 둘러싼 (가격) 경쟁의 부담을 줄이려 서로 다른 편향을 지닌 보도로 (뉴스 상품의) 차별화를 추구했다는 것이다. 이런 해석을 바탕으로 세 학자는 신문의 이념적 다양성을 추동하는 핵심 동력은 경쟁이었다고 말했다(Gentzkow, Shapiro, and Sinkinson, 2014).[21]

21 이 연구에서 저자들은 신문 시장에서 최적의 경쟁 수준을 파악하려면 독자 시장만이 아니라 광고주까지 고려해야 한다고 말했다. 독자와 광고주의 '양면 시장'을 전제로 해야 한다는 것이다. 저자들에 따르면, 신문들의 '판매 가격 담합'은 신문들의 이념적 다양성에 거의 영향을 미치지 않지만, 소비자 잉여와 광고주의 이익은 모두 줄인다. 또 새로운 신문이 시장에 진입해도 가격 담합이 존재하는 상황에서는 가격 경쟁이나 뉴스 차별화의 동기도 약화된다. 반면, '광고 가격 담합'은 보도의 다양성과 경제적 후생을 모두 크게 개선한다. 광고 가격 담합으로 광고 수익이 늘면, 신문 가격은 낮아지고, 새 신문들의 시장 진입이 늘며 경쟁은 크게 증가한다. 이는 소비자 잉여와 신문 편향의 다양성을 동시에 증가시킨다. [광고 수익 증가가 판매 가격 경쟁을 낳는 효과는 양면 시장의 '시소 원칙(seesaw principle)'으로 설명할 수 있다. 양면 시장의 시소 원칙은 Rocheet and Tirole(2006) 참고.]

8.5. | 미디어 편향이 뉴스 소비자에게 미치는 영향

지금까지 현실에서 관찰되는 미디어 편향의 원인과 실상을 차례로 살펴봤다. 그렇다면, 미디어 편향은 뉴스 소비자들의 생각과 행동에 어떤 영향을 끼칠까? 어쩌면 사람들이 가장 궁금하게 여기는 대목일 듯싶다. 뉴스 미디어가 중요한 이유는 개별 인간의 삶과 한 사회의 의사결정에 영향을 미치기 때문이듯, 미디어 편향 연구의 궁극적 관심사는 미디어 편향이 뉴스 소비자에게 미치는 영향이라고 할 수 있기 때문이다.[22]

① 설득당하는 뉴스 소비자

미디어 편향이 유권자의 정치적 선택에 미친 영향을 다룬 연구로는 유권자들의 폭스 뉴스 시청과 미국 공화당의 득표율 증가 사이의 상관관계를 확인한 연구가 비교적 널리 알려져 있다. 미국 캘리포니아대학 버클리 캠퍼스UC Berkeley의 행동경제학자 스테파노 델라비그나Stefano DellaVigna와 메릴랜드주립대학University of Maryland의 정치경제학자 에단 캐플런Ethan Kaplan의 연구에 따르면, 폭스 뉴스의 등장은 미국 주요 도시에서 공화당의 득표율 증가로 이어졌다.

폭스 뉴스는 1996년과 2000년 대통령 선거 사이 미국 전체 타운town 중 20%에 이르는 지역의 케이블 텔레비전 시장에 진입했는데, 두 학자는 이 기간 동안 이들 지역에서 공화당의 선거 득표율이 어떻게 변화했는지를 분석했다. 결과를 보면, 공화당 득표율은 폭스 뉴스 시청 효과에 의해 지역에 따라 0.4~0.7%p 증가했다. 또 폭스 뉴스는 폭스 뉴스 시청자의 3~8%를 설득해 공화당에 투표하게 했다. 두 학자는 이런 효과는 이성적인 유권자들에게는 일시

22 정보 제공을 통한 설득에 관한 경제학자들의 실증적 연구들에 관해서는 DellaVigna and Gentzkow(2010)를 참고.

적이었지만, 비합리적 설득이 가능한 유권자들에게는 영구적일 수 있었다고 설명했다(DellaVigna and Kaplan, 2007).[23]

미디어 편향이 러시아에서 사람들의 정치적 의사결정에 미친 영향을 보여준 연구도 있다. 루벤 에니콜로포프Ruben Enikolopov, 마리아 페트로바Maria Petrova, 그리고 예카테리나 주라브스카야Ekaterina Zhuravskaya 등 세 학자의 연구다. 이들은 러시아에서 정치권력으로부터 유일하게 독립적이라고 평가됐던 방송 채널 NTV 시청이 유권자들의 정치적 선택에 미치는 영향을 연구했다. 이들은 NTV의 시청이 가능했던 지역과 불가능했던 지역의 1999년 러시아 의회 선거 결과를 비교 분석했다. 분석 결과, NTV를 시청할 수 있는 여건은 집권 연립여당의 득표율을 8.9%p까지 낮추고 야당의 득표율은 6.3%p까지 높였으며, 전체 투표율은 3.8%p까지 낮춘 것으로 추정됐다. 이런 효과는 미국 폭스 뉴스의 경우보다 훨씬 컸으며, 권위주의 정부를 가진 국가의 시민에게 독립적인 언론과 미디어 다양성이 어떤 구실을 하는지를 잘 보여줬다. 그러나 NTV의 효과는 그리 길게 가지 않았다. 다음번 선거가 있었던 2003년에는 NTV의 주인이 권위주의 정부의 통제 아래 놓인 국영 기업 가스프롬Gazprom으로 바뀌며 NTV가 누렸던 독립성도 사라졌기 때문이었다(Enikolopov, Petrova, and Zhuravskaya, 2011).

실험을 통해 뉴스 미디어의 편향이 유권자의 정치적 선택에 미치는 영향을 확인해 본 경제학자들도 있다. 예일대학의 알란 거버Alan Gerber와 딘 카를란Dean Karlan, 미시간주립대학 다니엘 버간Daniel Bergan 등은 2005년 미국 버지니아의 주지사 선거를 앞두고 실험에 참여한 유권자들을 두 그룹으로 나눠 진

---

23 한국에서도 2011년 말 등장한 종합편성채널(종편)이 유권자들의 투표에 어떤 영향을 끼쳤는지 알아본 언론학자들의 연구가 있었다. 이승엽과 이상우는 종편의 메인 뉴스 시청률이 높은 지역과 낮은 지역 간에 보수 정당의 선거 득표율 추이를 분석했다. 이를 보면, 종편 등장 1년 만이던 2012년 12월 대통령 선거에서는 유의미한 차이가 없었지만, 2014년 6월 지방선거에서는 종편 중 TV조선, 채널A, JTBC의, 메인 뉴스 시청률이 높은 지역에서 보수 정당의 득표율이 더 높아졌다(이승엽·이상우, 2017).

보 성향의 ≪워싱턴 포스트≫와 보수 성향의 ≪워싱턴 타임스The Washington Times≫를 선거일까지 12주 동안 각기 무료로 구독하게 했다. 그러고 나서 이들의 주지사 선거 투표 결과를 관찰했다. 결과는 뜻밖이었는데, ≪워싱턴 포스트≫나 ≪워싱턴 타임스≫ 구독 모두 민주당 후보 지지 증가로 이어진 것이다. 지지율 증가는 ≪워싱턴 포스트≫ 구독 그룹에서 조금 더 컸지만, 질적으로는 차이가 없는 수준이었다. 이를 두고 세 학자는 "미디어 편향보다 미디어에 노출되는 것 자체가 더 중요하다"고 풀이했다(Gerber, Karlan, and Bergan, 2009).[24]

국립타이완대학 장춘팡江淳芳, Chiang Chun-Fang과 미국 브라운대학의 브라이언 나이트Brian Knight는 지난 2000년 미국의 대통령 선거 기간에 규모가 가장 큰 20개 신문들의 후보자에 대한 공개적 지지 표시가 독자들의 투표에 미친 영향을 연구했다. 연구의 첫 번째 결과는 평범했다. 구독하는 신문이 특정 후보에 대한 지지를 밝히면 독자들은 그 후보를 지지할 가능성이 더 높았기 때문이다. 눈길을 끈 것은 그다음 결과였다. 민주당 편향 신문의 민주당 후보 지지 같은 '예상 가능한' 지지 표명에 비해, 민주당 편향 신문의 공화당 후보 지지나 공화당 편향 신문의 민주당 후보 지지 같은 '예상치 않은' 지지 표명이 유권자들의 표심에 더 큰 영향을 줬기 때문이다(Chiang and Knight, 2011).

정치학자 조너선 래드Jonathan Ladd와 가브리엘 렌즈Gabriel Lenz도 유사한 연구를 했다. 두 학자는 1997년 영국 총선 전 유력한 여러 영국 신문이 공개적으로 지지하던 정당을 기존의 보수당에서 노동당으로 바꾼 흔치 않은 사례를 활용해, 이 신문들의 독자들이 지지 정당을 어떻게 바꿨는지를 알아본 연구였다. 방식은 독자들의 지지 정당이 애초 이들과 정치적 편향이 유사했던 비독자들에 견줘 얼마나 달라졌는지 살펴본 것이다. 결과는 신문을 본 독자 가운데 상

---

24 저자들은 같은 연구에서 어느 신문이건 구독을 할 경우 투표율이 증가했다는 결과도 제시했다. 이 연구를 포함해 뉴스 미디어 소비와 투표율 간의 관계에 대한 연구 결과들은 4.4.① 정치적 참여(투표율) 참고.

표 8-4 보수당에서 노동당으로 지지를 바꾼 영국신문(1997년)

신문	지지 정당	
	1992	1997
≪**선**(Sun)≫	보수당	노동당
≪**데일리 스타**(Daily Star)≫	보수당 우호적	노동당
≪**인디펜던트**(Independent)≫	무당파적	노동당
≪**파이낸셜 타임스**(Financial Times)≫	비 보수당 다수파	노동당

출처: Ladd and Lenz(2009).

당수가 편향을 바꾼 신문들에 설득된 것으로 나타났다. 이를 두고 래드와 렌은 신문 독자들이 신문의 공개적 지지 변화 이외에도 신문들의 사실 보도에 담긴 편향 변화에 영향을 받았을 것으로 추정했다(Ladd and Lenz, 2009).[25] 이는 장춘팡과 브라이언 나이트의 연구에도 마찬가지로 해당된다고 볼 수 있다.

한편, 미디어는 사람들이 사실과 다른 인식을 하게 하거나 폭력적 행동을 이끌어내는 데도 강력한 영향을 끼친다는 연구들도 있다.

젠츠코우와 샤피로는 한 연구에서 무슬림 국가들에서 '알 자지라Al-Jazeera 방송'을 시청한 사람들이 테러리즘이나 9·11 테러 등에 대해 실제 일어난 사실과 다른 인식을 하고 있었으며, 이는 미디어가 이들의 인식에 강력한 영향을 미쳤기 때문이라고 주장했다. 두 학자는 레바논, 쿠웨이트, 사우디아라비아, 파키스탄 등 아홉 개 무슬림 국가의 1만 명을 대상으로 한 여론 조사 데이터를 바탕으로 이들의 인식과 특정 방송(알 자지라와 CNN) 시청의 상관관계를 분석했다. 그랬더니, "아랍권의 뉴스 채널을 시청하거나 서구의 영향이 거의 없는 학교에서 교육을 받은 사람들은, 9·11 공격이 아랍의 테러리스트들에 의한 것이라는 데 동의할 가능성이 적었다." 또한 "9·11 공격이 도덕적으로 정

25 래드와 렌즈는 이 연구에서 '노동당 지지'로 설득된 독자는 추정 방식에 따라 전체 독자의 약 10%에서 최대 25%에 이르렀다고 밝혔다. 이처럼 큰 수치는 뉴스 미디어가 대중의 정치적 행위에 강력한 영향력을 행사한다는 흔치 않은 연구 사례다.

당하다는 믿음과 미국에 대한 일반적인 태도 또한 정보를 얻은 미디어가 무엇이냐와 밀접한 관련이 있었다"고 겐츠코우와 샤피로는 말했다(Gentzkow and Shapiro, 2004).

정치경제학자 데이비드 야나기자와-드로트David Yanagizawa-Drott의 연구는 미디어가 인간을 얼마나 잔학하게 만들 수 있는지를 보여준 연구였다. 그는 최소 50만 명이 살해당한 1994년 르완다 집단학살 당시 라디오 방송이 끼친 영향을 연구했는데, 그 결과는 많은 이들에게 매우 큰 충격을 주었다.

그의 연구에 따르면, 후투Hutu족 강경파가 운영한 라디오 방송은 투치Tutsi족에 대한 적개심을 고취하고 폭력을 조장했다. 이 방송 청취의 영향으로 증가한 후투족 민간인의 폭력 가담자 규모는 르완다 집단학살 당시 폭력 가담자의 약 10%(5만 1000명)에 이르렀다(Yanagizawa-Drott, 2014).[26] 이런 연구 결과는 미디어의 다양성이 실종된 환경에서 대중 미디어가 사람들에게 얼마나 야만적 폭력을 부추길 수 있는지를 새삼 확인시켜 줬다.

② 능동적으로 반응하는 뉴스 소비자

뉴스 소비자들은 뉴스 미디어에 설득당하는 수동적 모습만을 보이지는 않는다. 경제학자들의 연구를 보면, 자신의 편향에 부합하지 않으면, 구독(시청)을 중단하거나 뉴스를 선택적 수용하는 등 능동적인 반응을 보이기 때문이다.

뉴스 소비자의 이런 행동을 실증적으로 연구한 학자는는 루벤 두란테Ruben Durante와 브라이언 나이트다. 베를루스코니의 집권 시기 이탈리아 공영방송의 보도 편향 변화를 연구한 두 학자에 따르면, 베를루스코니의 중도 우파 연합이 2001년 집권하며 이탈리아 공영 텔레비전 방송 채널들의 편향은 전반적으로 '좌'에서 '우'로 바뀌었다. 시청하던 채널의 편향이 바뀌자 시청자들의 시청 양상도 변화했다. 좌파 성향의 시청자들은 공영방송 채널들 가운데서 여전히

26 10.4.② 적개심, 혐오, 폭력에서 더 자세히 설명한다.

좌파 성향으로 남아 있는 다른 채널로 옮겨갔다. 또 공영방송은 민영 방송에 비해 여전히 덜 우파적이었지만 우파 성향의 시청자들은 공영방송 채널을 시청하는 경향이 증가했다. 또한, 공영 텔레비전 방송에 대한 우파 시청자들의 신뢰가 증가했고 좌파 시청자들은 그 반대였다. 이와 관련해 두란테와 나이트는 시청하던 방송의 편향이 변화하면 시청자들은 다른 채널이나 프로그램으로 옮겨감으로써, 부분적이기는 하지만 시청하던 방송의 편향 변화 효과를 상쇄시킨다고 설명했다(Durante and Knight, 2012).

눈길을 끄는 연구는 또 하나 있다. 언론의 자유가 억압된 공산당 치하의 동독 관영 언론과 자유로웠던 서독 언론에 대한 동독 주민들의 태도를 알아본 연구다. 독일의 경제학자 호글러 컨Holger Kern과 옌스 하인뮬러Jens Hainmueller는 동·서독 분단 시기 동독 주민이 시청한 서독 방송이 동독 주민에 미친 영향을 연구했다. 결과는 통념과 달랐다. 민주주의 체제에 사는 사람들은 흔히 권위주의 체제의 사람들이 민주주의 국가인 외국의 언론을 접하면 체제에는 균열이 생긴다고 생각한다. 외국의 언론을 신뢰하고 자국의 언론을 불신할 것으로 미뤄 짐작하기 때문이다. 그러나 컨과 하인뮬러가 확인한 실상은 그렇지 않았다.

컨과 하인뮬러는 동독의 '중앙 청소년 연구소Zentralinstitut für Jugendforschung, Central Institute for Youth Research'가 베를린 장벽 붕괴(1989년 11월) 1년 전인 1988년 11월과 1989년 2월 동독 주민의 서독 방송 시청과 관련해 비밀리에 조사한 데이터를 입수해 분석했다. 결과는 서독 텔레비전 방송을 시청한 동독 사람들이 동독에서의 삶과 공산주의 정권에 더 만족하고 있었던 것으로 나타났다. 이 "뜻밖의 발견"에 대해 컨과 하인뮬러는 "국가 통제하의 공산주의 미디어로부터 얻을 수 없는 정치 정보를 전달하는 서독 방송의 역할은 미미했고, 서독의 텔레비전 방송은 동독 사람들에게 주로 오락의 수단 구실을 했기 때문"이라고 풀이했다(Kern and Hainmueller, 2009).

8.6. | 경제학자들은 미디어 편향을 어떻게 측정할까

대다수의 사람들은 뉴스 미디어들을 접하며 편파적이라는 (주관적) 인식을 쉽게 얻지만, 뉴스 미디어들의 편향을 객관적으로 측정하는 것이 쉬운 일은 아니다. '무엇에 대한' 편향인가를 정의하는 일부터 간단하지 않다. 편향을 따지는 기준이 되는 그 '무엇'은 '진실'일까? 중립성이나 공평함일까? 혹은 뉴스 소비자 집단의 평균적인 편향(선호) 같은 것일까?

설령 편향을 따지는 기준을 위의 예시 중 하나로 정했다고 해도, 난관은 여전하다. 진실, 혹은 중립성이나 공평함 같은 기준은 이론의 추상적 영역이 아닌 실증의 현실적 영역에서는 객관적으로 파악하는 게 불가능에 가깝다. 이 때문에 경제학자들이 실증 연구에서 측정하는 미디어 편향은 미디어 간의 상대적 편향인 경우가 많다. A라는 신문의 편향이 보수적인지 진보적인지 객관적으로 파악하는 것은 어렵지만, B라는 신문에 비해 보수적인지 진보적인지 파악하는 것은 어렵지 않은 까닭이다.

미디어 편향에 관한 실증적 연구를 여럿 한 대표적 경제학자 리카르도 푸글리시Riccardo Puglisi와 제임스 스나이더는 미디어 편향의 측정 방법을 표 8-5처럼 분류해 소개한다(Puglisi and Snyder, 2015b). 앞서 소개한 실증적 연구들에 적용된 방법이 무엇인지 떠올려보며 이해해도 좋을 듯싶다.

표 8-5 미디어 편향의 측정 방식

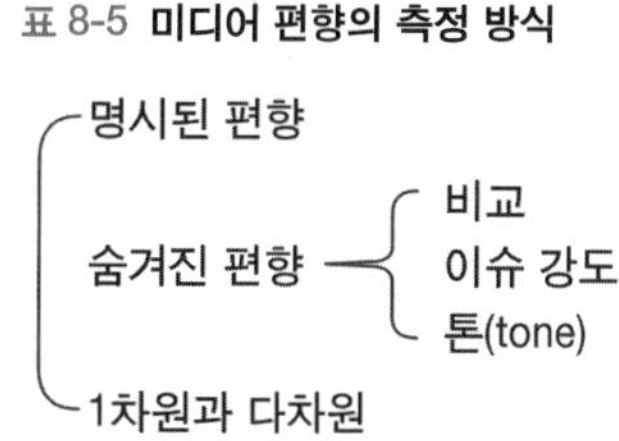

첫째는 '명시된 편향'을 측정하는 방법이다. 이를테면 미국의 언론은 선거 때가 되면, 사설 등 의견란을 통해 어느 정당이나 정치인을 지지하는지를 밝힌다. 이를 확인해 편향을 측정하는 것이다. 적어도 미국 같은 나라의 미디어 편향을 측정하는 데는 가장 쉬운 방법이다.

다음은, 미디어가 명시적으로 밝히지 않는 편향, 즉 뉴스 콘텐츠에 '숨겨진 편향'을 측정하는 방법이다. 사실 대부분의 사람들은 미디어들이 숨기고 있는 이런 편향의 실상에 관심이 더 크다. 뉴스 미디어들이나 저널리스트들이 자신들의 뉴스는 공정하고 불편부당하다고 아무리 선전해도, 많은 뉴스 소비자들은 이를 곧이곧대로 믿지 않는 것과 같은 맥락이다. 이 '숨겨진 편향'을 실증적으로 연구하는 학자들이 이용하는 방식은 다시 크게 셋으로 나눠진다.

첫 번째는 '비교 측정Comparison Approach'이다. 편향이 이미 알려져 있는 다른 행위자와 뉴스 미디어의 보도 내용을 비교해 미디어의 편향을 측정하는 것이다. 뉴스 미디어가 쓰는 용어와 각 정파의 정치인들이 쓰는 용어를 비교하는 방식이 대표적이다. 보수 정당(정치인)과 유사한 용어를 쓰는 언론의 편향은 보수적으로, 진보 정당(정치인)과 유사한 용어를 쓰는 언론의 편향은 진보적이라고 평가할 수 있다.

두 번째는 '이슈 강도 측정Issue Intensity Approach'이다. 뉴스 미디어들이 특정 이념이나 정파에 유불리가 있는 주제들을 얼마나 많이 다루는지에 따라 편향을 측정하는 방법이다. 보수 정당에게 유리한 이슈들을 더 많이 보도하는 미디어들은 보수 편향을 지닌 것으로, 자유주의 정당에 유리한 이슈들을 더 많이 보도하는 미디어들은 자유주의 편향을 지닌 것으로 분류할 수 있다.

세 번째 방법은 '톤 측정법Measuring Tone'이다. 뉴스 보도의 톤tone이나 정서sentiment를 측정하는 것이다. 보도의 톤이 특정 정당이나 정당의 정책을 긍정적으로 묘사하거나 혹은 부정적으로 묘사하는 요소들을 바탕으로 뉴스 미디어의 편향을 판단하는 것이다. 우리말로는 어조, 말투, 분위기 등의 뜻을 지닌 톤은 객관적 기준으로 파악하는 게 쉽지 않다. 이 때문에 지금까지 경제학자들이 톤 측정법을 이용한 경우는 드물다. 그러나 향후 빅데이터 등이 객관적인 톤 측정 기법을 뒷받침해 줄 여지는 있다. 오랜 기간 주관적인 판단의 영역이었던 인간의 표정까지 표정에 관한 이미지 빅데이터를 기반으로 객관적인 판단이 가능해지는 시대로 접어들고 있는 까닭이다.

끝으로, 다차원적 편향의 측정이다. 지금까지 미디어 편향에 관한 실증 연구는 대체적으로 1차원적 편향을 연구 대상으로 삼아 왔다. 이를테면, 이념적 편향에도 '보수-진보', '현대-전통'이나, '개인-공동체' 같은 여러 차원이 있을 수 있지만, 이 가운데 '보수-진보' 하나의 차원만 파악한다는 것이다. 대체로, 사람들은 정치 이념에 관한 미디어의 편향에 관심이 가장 크다. 보수와 진보의 정치적 양극화가 심한 나라에선 더더욱 그렇다.

그러나 다양한 이념적 가치로 다극화한 사회에선 '보수-진보'라는 전통적인 1차원적 편향만으로 미디어 편향을 이해하는 데엔 한계가 있다. 예를 들어, 지난 세기 중반 미국에선 '흑인 민권 운동'과 같은 인종 문제를 둘러싼 사회적 인식(편향) 차이가 전통적인 민주-공화 양당에 대한 정파적 편향 차이 이상으로 중요한 대립의 축이었다. 지금도 비슷한 전통이 남아 있지만, 미국 남부의 민주당 지지자들은 경제적 차원에선 온건한 진보 성향이지만 인종적 차원에선 극도로 보수적이었기 때문이다.

근래에는 한국에서도 다차원적 갈등 양상이 있다. 이른바 '이대남'(20대 남성) '이대녀'(20대 여성) 등으로 불리는 젠더 갈등, 기성세대와 MZ세대 사이의 세대 갈등이 진보와 보수 사이의 갈등 못지않은 갈등으로 부상했다. 또 이런 갈등은 뉴스 미디어들에도 그대로 반영되고 있다.

그림 8-3은 덴마크의 최대 일간지 ≪폴리티켄Politiken≫의 소개 자료(2013년)에 나오는 이 신문의 이념적 포지셔닝이다. 덴마크는 미국이나 한국 등에 비해 상대적으로 정치적 양극화가 심하지 않다. 이를 반영하듯 ≪폴리티켄≫은 '진보-보수'의 이념적 편향 기준 대신 '현대-전통'(세로축)과 '개인-공동체'(가로축)의 2차원 공간에 자신의 이념적 위치를 표시하고 있다. 그리고 그림에 나타나 있는 것처럼 ≪폴리티켄≫은 전통보다는 현대적 관점을, 개인주의보다는 공동체주의를 중시하는 이념적 편향 전략을 추구한다. 이처럼 뉴스 미디어가 대변하는 사회 구성원들의 편향은 다차원적이다. 따라서 미디어들이 실제로 드러내는 편향도 다차원적일 수밖에 없다.

그림 8-3 덴마크 일간지 ≪폴리티켄≫의 2차원 편향 포지셔닝

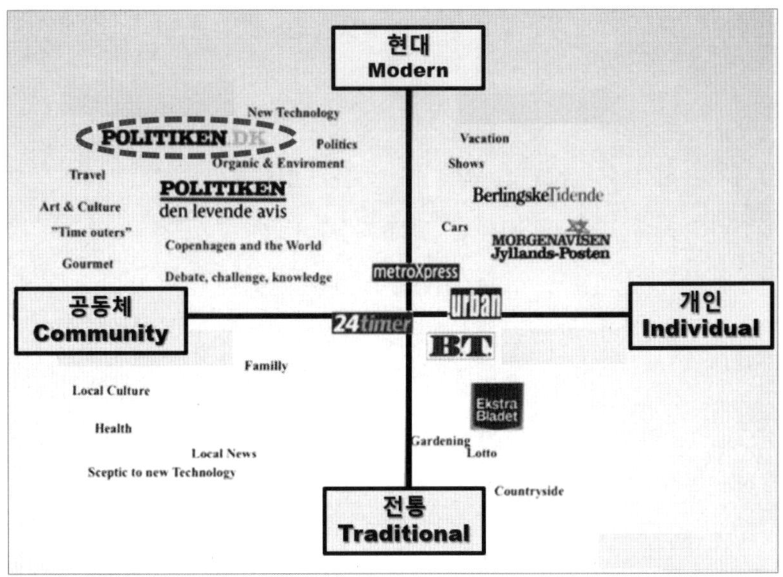

출처: ≪폴리티켄≫의 소개 자료(2013).

9
포획되는 미디어, 권력이 되는 미디어

"언론이 진실을 보도하면 국민은 빛 속에서 살 것이고, 권력의 시녀로 전락하면 어둠 속에 살 것이다."

— 김수환 추기경

"어떤 논쟁(적 사안)의 모든 측면을 알기 위한 대중의 권리는, … 대중 미디어의 소유 집중 심화와 (뉴스 공급자들의) 사적인 검열 때문에 위험에 처해 있다."[1]

— 미국 플로리다주 대법원

"(서구 지역) 대부분의 미디어를 지배하는 기업은 디즈니, 뉴스 코퍼레이션, 타임 워너, 비아콤, 그리고 베르텔스만의 다섯 개로 줄었다. 역사상 어느 독재나 독재가 행사했던 것보다 더 많은 힘을 다섯 개 기업과 그 기업의 리더들이 갖게 된 것이다."[2]

— 벤 바그디키안

---

1 Miami Herald Publishing Company vs Tornillo, Supreme Court of Florida, 1973. Gentzkow and Shapiro(2008a: 149)에서 재인용.

2 Bagdikian(2000).

사람들은 뉴스 미디어가 인간의 삶과 민주주의를 위한 정보 제공의 책무를 온전히 다해주기를 기대한다. 하지만 이런 기대와는 달리, 뉴스 미디어는 권력과 금력에 포획되거나 스스로 권력이 되어 뉴스를 왜곡하는 일도 다반사다. 경제학자들은 앞의 경우를 '미디어 포획', 그리고 후자를 '미디어 권력'이라 부른다. 미디어 포획이 권력이나 금력이 언론 기관을 통제하는 현상이라면 미디어 권력은 언론 기관이 정치와 사회를 조종하는 상황이라 할 수 있다.

미디어 포획은 정부나 정치인과 정당, 혹은 각종 이해관계자나 집단들이 뉴스 미디어를 위협하거나, 대가를 치르고 회유해 비우호적인 보도를 막거나 우호적 보도를 추동하는 것이다. 반면, 미디어 권력은 외부의 개입 없이 뉴스 미디어나 그 종사자가 자신의 정치적 목적이나 경제적 이익에 맞춰 보도하는 현상이다. 미디어 포획이나 미디어 권력은 모두 필연적으로 뉴스를 왜곡하고, 뉴스에는 포획자나 뉴스 미디어의 작위적인 편향이 담긴다. 또 두 현상은 포획자와 뉴스 미디어(들)가 손잡고 공동의 이해를 추구하는 권언유착權言癒着 혹은 정언유착政言癒着과 경언유착經言癒着 등의 모습으로 외화하기도 한다.

따라서 미디어 포획이나 미디어 권력은 모두 뉴스 소비자인 사회 구성원들이 양질의 정보를 제대로 접하기 어렵게 하고 민주주의의 온전한 작동에 부정적 영향을 준다. 4장 민주주의를 위한 뉴스 미디어의 역할에서 설명했듯이, 민주주의 사회에서 사람들은 뉴스 미디어를 통해 그들의 대리인인 정부와 정치인들에 관한 정보를 얻는다. 뉴스 미디어가 전달하는 정보들이 없다면 민주주의 정치 과정은 작동 불능 상태에 빠질 수밖에 없다. 위정자들이 어떤 성과를 냈고 어떻게 행동하는지 제대로 모른다면, 유권자들은 그들에게 책임을 물을 수도, 지지하거나 반대할 수도 없기 때문이다. 그런데 미디어 권력과 미디어 포획은 주인인 유권자가 알아야 할 정보를 왜곡하거나 숨긴다. 이 때문에 두 현상의 발현을 줄이기 위한 적절한 규제 방안 마련은 사회적으로나 학문적으로 중요한 과제다.

한편, 디지털 시대에는 미디어 포획이나 미디어 권력 같은 인위적인 뉴스 조작의 메커니즘도 과거와는 많이 달라졌다. 전통적인 대중 미디어만이 아니라 웹 포털이나 소셜 미디어 등이 뉴스의 생산과 유통의 핵심 주역으로 등장했고, 이에 따라 뉴스 콘텐츠의 생산·유통 구조 전반이 크게 변했다. 특히 정보와 미디어 콘텐츠의 유통은 오프라인에서 온라인으로 대부분 이동했고 그 추세는 점점 더 가팔라져 왔다. 그에 따라 뉴스 미디어 시장에서도 종이 신문 같은 오프라인 미디어는 '멸종 위기 종種'이 됐고, 뉴스 소비는 웹 포털이나 소셜 미디어 서비스 등 디지털 중개자digital intermediary의 플랫폼으로 대부분 옮겨갔다. 따라서 이제는 미디어 포획과 권력을 논할 때도 디지털 시대의 특징과 변화한 환경을 감안하지 않고는 얘기할 수 없게 됐다.

9.1. | 미디어 포획의 경제학 이론

미디어 포획은 앞서 얘기한 대로 정상적인 뉴스의 생산·유통 과정에 시장 외부의 주체가 개입해 자신에게 불리한 보도를 막거나 호의적 보도가 이뤄지도록 하는 행위다. 이는 필연적으로 '뉴스 미디어의 독립성media independence'을 침해한다.

'미디어 포획'이라는 용어는 지금은 언론학계에서도 두루 쓰인다. 하지만 그 연원은 경제학의 '포획 이론Capture theory'이다. 포획 이론은 조지 스티글러George Stigler가 쓴 논문 '경제 규제의 이론The Theory of Economic Regulation'에 처음 등장했다(Stigler, 1971). 스티글러에 따르면, 정부 기관들은 공공의 이익을 위해 각종 규제를 입안하고 시행하는 규제 기관regulator의 구실을 수행한다. 그런데 이 규제 기관들은 규제 대상이 없으면 조직과 인력이 유지될 수 없다. 규제 대상은 대부분 기업이나 이익 집단들이고, 이들은 자신들의 이익을 위해 규제 기관에 로비를 한다. 이 과정에서 규제 기관은 규제 대상들에 과도하게 공감하거나 협력하는 기관으로 변모한다. 이 때문에 규제 기관과 규제 정책이 실제로는 공공의 이익에 도움이 되지 않는 경우가 많다. 경제학에서 얘기하는 '포획'은 이처럼 공공의 이익을 위해 일하는 정부 기관과 같은 규제자가 일반 기업이나 이익 집단 등 피규제자의 이익에 복무하는 상황을 뜻한다. '미디어 포획'에서 쓰이는 '포획'도 이런 맥락을 지닌 용어다.

연구 대상이 되는 미디어 포획의 주체는 미디어 포획을 연구하는 학자들에 따라 조금씩 다르다.[3] 가장 흔하게 등장하는 포획자는 정부(혹은 선출직 공직자)나 광고주들이다. 하지만 넓게 보아 "부자, 이익 집단, 정당, 정부 또는 (뉴스) 소비자가 아닌 다른 모든 행위자"가 모두 미디어 포획자가 될 수 있다(Petrova, 2008a).[4] 포획의 수단으로는 뇌물이나 협박 등 고전적인 방식에서부터 '정보의 제공'(Baron, 2005) 등에 이르기까지 다양한 보상과 불이익이 동원된다.

미디어 포획이 사회적으로 해롭다는 것은 두말할 나위가 없다. 미디어 포획은 견제와 균형의 민주주의 시스템을 훼손하고(Stiglitz, 2017), 집단적 의사결정을 왜곡하며(Corneo, 2006), 더 많은 부패를 낳고(Brunetti and Weder, 2003), 부의 불평등을 확대하는(Petrova, 2008b) 까닭이다.

① "미디어 포획의 천적(天敵)은 경쟁"

미디어 포획 연구의 가장 대표적 경제학자로는 티모시 베슬리Timothy Besley와 안드레아 프랫Andrea Prat이 꼽힌다. 두 학자는 미디어 포획을 포획자와 포획되는 미디어 간의 합리적 거래의 결과로 설명했다(Besley and Prat, 2006). 특히 이들은 "미디어 간의 경쟁이 치열해질수록" 미디어 포획은 줄어들 것이라고 주장했다. 이 주장은 경제학자는 물론 언론학자나 일선의 저널리스트들에게도 큰 환영을 받았다. '사상의 자유경쟁'을 지고至高의 가치로 여기는 '언론 자유 사상'

3 이를테면, Besley and Prat(2006)은 "정부(선출직 공직자)", Mungiu-Pippidi(2012)는 "정부 또는 정치적 이해로 네트워크화된 기득권층", Sobbrio(2011)는 "이익 집단의 로비스트" 등을 미디어 포획자로 보았다.

4 미디어 포획은 '로비 활동'에 관한 경제학자들의 연구에서도 자주 등장한다. 이들 연구에서는 이익 집단과 로비스트들이 뉴스 미디어를 이용해 여론을 유리하게 조성하는 행위를 다룬다(Sobbrio, 2011).

에 꼭 들어맞는 견해였던 까닭이다. 이에 따라 베슬리와 프랫의 이론은 경제학계를 넘어 언론학계에 이르기까지 내생적內生的, endogenous 미디어 포획 이론의 '기준 모형benchmark model'으로 자리 잡았다. 여기서 '내생적'이라는 말의 뜻은 '미디어 포획'이 '경제 외부'의 외생적外生的, exogeneous 요인이 아니라, '경제 내부'의 요인에 의해 이뤄지는 것을 말한다. 즉, 포획자와 피포획자 사이에 경제 원리에 따른 합리적 의사결정과 거래에 따라 포획이 이뤄진다는 뜻이다.

베슬리와 프랫의 이론 모형을 간략히 설명해 보자. 미디어 포획자는 뉴스 미디어에 경제적 대가를 건네고 자신에게 피해를 주는 뉴스의 보도를 막으려 한다. 이때 포획자는 뉴스 시장에 있는 모든 뉴스 미디어를 빠짐없이 포획해야 한다. 단 한 개의 미디어라도 포획하지 못해 뉴스가 보도되면, 결국에는 모든 뉴스 소비자가 해당 뉴스를 접하게 되기 때문이다. 따라서 뉴스 미디어를 모두 포획해야 하는 포획자의 포획 비용은 뉴스 미디어의 수가 늘수록 증가하고 포획도 그만큼 어려워진다. 즉, 뉴스 시장에 미디어들이 많아져 경쟁이 더 치열해지는 것이 미디어 포획을 어렵게 하는 결정적 요인이라는 게 베슬리와 프랫의 결론이었다. 아울러, 두 학자는 미디어의 국가(정부) 소유, 미디어 산업의 집중 심화, 신규 미디어의 시장 진입 제한 등은 모두 시장 경쟁을 감소시켜 미디어 포획을 더 쉽게 하는 요인이라고 설명했다.

베슬리와 프랫은 미디어들 간의 경쟁과는 별개로, 포획 거래에 수반되는 '거래 비용transaction cost'[5]도 미디어 포획을 좌우하는 중요한 요인이라고 말했다. 미디어 포획에는 포획자가 미디어에 건네는 '포획의 대가' 말고도 크고 작은 다양한 거래 비용이 든다. 포획의 대가를 전달하는 데 드는 비용이 대표적이다. 이런 거래 비용들이 커지면, 포획에 드는 전체 비용도 당연히 커진다. 따라서 포획 '거래 비용'의 증가도 뉴스 미디어 숫자의 증가처럼 포획을 더 어

5 거래 비용은 계획 수립, 결정, 계획 변경, 분쟁 해결, A/S 비용을 포함한 거래의 총비용이다. 로널드 코스(Ronald Coase)가 처음 사용했고, 올리버 윌리엄슨(Oliver Williamson, 2009년 노벨 경제학상 수상)에 의해 널리 알려진 개념이다.

럽게 한다.

예를 들어 보자. 2000년대 초 이탈리아의 총리였던 실비오 베를루스코니는 이탈리아의 최대 민영 방송 네트워크를 소유한 미디어 재벌이었다. 잠재적 '미디어 포획자'인 정치인과 포획 대상인 '뉴스 미디어의 소유주'가 동일인인 이런 상황에서는 거래 비용이 거의 들지 않는다. 그만큼 포획이 쉽다는 얘기다. 반면, 포획 대가의 전달, 상호 간 약속의 이행이나 비밀 준수 등이 어려울수록 거래 비용은 커진다. 이를테면 베를루스코니를 반대하는 정당이나 정치인이 베를루스코니가 소유하고 있는 방송사나 방송사의 중요 인사들에게 포획의 대가를 전달하는 것은 매우 어렵거나 사실상 불가능하다. 가능하다고 해도 거래 비용은 매우 커질 것이다.

미디어 포획을 위한 거래 비용의 크기는 미디어의 소유 형태와도 관련이 있다. 공영 미디어의 경우, 영국의 BBC처럼 독립성이 보장되는 지배 구조가 없는 한, 집권 정치 세력이 자신의 영향력 안에 있는 공영 미디어를 포획하는 건 쉽다. 즉, 포획 거래에 수반되는 다양한 거래 비용이 적다. 따라서 공영 방송사 최고 경영자CEO의 선임을 정부나 집권 정당이 뜻대로 하기 어렵게 할수록 포획은 어려워진다.

또한, 포획의 거래 비용은 포획의 대가를 주고받을 수 있는 수단이 다양할수록 작아진다. 뉴스 미디어를 소유한 기업이 뉴스 이외의 다른 사업을 영위하고 있다면, 미디어 포획자는 이 사업과 관련한 금품이나 호의적 정책도 포획의 대가로 활용할 수 있다. 이런 이유로 베슬리와 프랫은 다양한 사업을 영위하는 큰 기업 집단에 속한 미디어를 포획하는 게 미디어 사업만을 영위하는 독립적인 미디어보다 용이하다고 말했다. 두 학자는 다른 조건이 같다면, 뉴스 미디어가 많은 뉴스 소비자를 확보하고 있을수록, 뉴스 사업 이외의 다른 영리사업이나 관계 회사가 없을수록 포획은 더 어려워지고 보도는 더 독립적이 될 것이라고 예측했다(베슬리-프랫 모형의 구체적 내용은 이 장의 끝에 있는 〈한 걸음 더 9-4〉 참고).[6]

② 경쟁이 미디어 포획에 끼친 실례들

'미디어 포획의 천적天敵은 뉴스 미디어 사이의 경쟁'이라는 베슬리와 프랫의 이론은 미디어 포획 현상을 합리적으로 이해하는 데 크게 기여했다. 현실에서도 베슬리와 프랫의 견해를 뒷받침하는 사례들이 적지 않다. 그 사례가 되는 일화들을 한번 보자(Gentzkow and Shapiro, 2008a).

첫 번째 일화다. 2004년 4월, CBS의 탐사 보도 프로그램인 〈60 Minutes〉는 이라크 아부 그라이브Abu Ghraib 교도소에서 미군이 구금자들을 학대하는 장면이 생생하게 담긴 사진과 영상 자료를 입수했다. 정치적으로나 외교적으로 큰 파장을 일으킬 특종 뉴스 거리였다. CBS가 이 정보를 입수했음을 알게 된 미국의 합동참모본부 의장은 CBS의 앵커인 댄 래더Dan Rather에게 전화를 걸어 잠시만이라도 보도를 자제해 줄 것을 요청했다. 이유는 여러 가지였는데, 이유들 중에는 (상대에게 붙잡혀 있는) 미국인 인질의 안전 문제도 포함되어 있었다. 래더는 이 요청을 받아들여 보도를 연기했다. 미디어 포획이 이뤄진 것이다.[7]

두 번째 일화는 1971년 미 국방부의 최고 기밀문서인 이른바 '펜타곤 보고서Pentagon Papers'를 미국 언론이 보도했을 때의 일이다. 이 보고서를 입수한, ≪뉴욕 타임스≫는 1971년 6월 13일부터 연재 기사로 베트남 전쟁에 관한 미국 정부의 부조리를 보도하기 시작했다. 그러자 닉슨 행정부는 이 기사들이 국가 안보에 잠재적인 위협을 줄 수 있다며 ≪뉴욕 타임스≫에 보도 중단을 요청하는 동시에, 보도 중단을 강제하기 위한 법적 대응에 나섰다. 하지만 ≪뉴욕 타임스≫는 보도를 멈추지 않았고, 연방법원은 ≪뉴욕 타임스≫에 세 번째 기사가 실린 뒤, ≪뉴욕 타임스≫에 대해 펜타곤 보고서의 보도 금지 처분을 내렸다.

---

6 베슬리와 프랫은 포획자가 정부일 때 외국인 소유의 뉴스 미디어는 내국인 소유 미디어보다 포획될 가능성이 더 적다고 말했다. 외국인의 경우 '포획자'인 정부가 포획의 대가로 제공할 수 있는 혜택이 더 적기 때문이다.

7 이때 쓰인 포획의 수단은 물질적 보상은 아니었다. 대신, 포획자는 '(보도될 경우) 상대에게 붙잡혀 있는 미국인 인질이 위험에 처한다'는 정보의 제공을 포획의 수단으로 활용했다.

펜타곤 보고서에 대한 보도가 미국의 안보에 '치명적이며 회복할 수 없는 손실'을 가져올 것이라는 미국 정부의 손을 들어준 것이다.[8]

그런데 미국 정부가 각기 다른 방법으로 미디어를 포획한 두 일화는 여기서 끝나지 않았다. 두 경우 모두 보도가 중단됐던 뉴스들이 다시 세상에 나오면서 결국 미디어 포획이 무산됐기 때문이다. 여기에는 베슬리와 프랫의 예측처럼 뉴스 미디어 간의 경쟁이 결정적 구실을 했다.

CBS의 〈60 Minutes〉는 보도를 유예한 지 3주 만인 2004년 4월 28일 보도를 유예했던 저간의 사정을 전하면서 아부 그라이브의 실상을 보여주는 사진과 영상을 방송했다. CBS가 보도를 하게 된 이유는 저명한 저널리스트 시모어 허쉬Seymour Hersh[9]도 같은 사진을 입수해 ≪뉴요커New Yorker≫를 통해 곧 보도할 것이라는 소식 때문이었다.

펜타곤 보고서 때는 더욱 극적이었다. 법원이 ≪뉴욕 타임스≫의 보도를 금지하는 처분을 내리자, 애초 제보자는 펜타곤 보고서의 복사본을 들고 텔레비전 방송사 3곳과 ≪워싱턴 포스트≫의 문을 두드렸다. 방송사 3곳은 보도를 포기했지만, ≪워싱턴 포스트≫는 보도에 나섰다. 미국 정부는 ≪워싱턴 포스트≫에 대해서도 보도 금지를 위한 법적 대응에 나섰다. 하지만, 이를 예상한 ≪워싱턴 포스트≫는 정부와 법원의 조처가 나오기 전에 신문을 인쇄해 배포하는 데 성공했다. 결국 이때도 정부의 미디어 포획은 실패했다. 특히 베슬리-프랫 모형의 예측처럼, 포획하려 한 뉴스를 하나의 언론(≪워싱턴 포스트≫)이 보도하자 미디어를 포획하려는 정부의 동기는 극적으로 약화됐다.[10] 또 ≪뉴

---

8 미국 정부는 ≪뉴욕 타임스≫에 대한 보도 금지 처분 가처분 신청에선 인용 결정을 받았지만, 본안 소송에서는 패소했다. 당시 연방대법원 판사 휴고 블랙(Hugo Black)은 "자유롭고 통제되지 않는 언론만이 정부의 기만(欺瞞)을 효과적으로 폭로할 수 있다"는 유명한 어록을 남겼다. Gentzkow and Shapiro(2008a: 135)에서 재인용.

9 시모어 허쉬는 베트남전 당시 미군의 미라이 양민 학살을 보도한 탐사 저널리스트다.

10 앞의 '각주 8'에서 언급한 재판이 진행되고 있는 상황에서 펜타곤 보고서의 일부 내용이 ≪워싱턴 포스트≫에 의해 보도되자, 미국 정부는 '추가적인 인쇄 금지는 무의미하다'는 입장을 밝혔다(Gentzkow and Shapiro, 2008a: 138).

욕 타임스≫에 대한 보도 금지는 펜타곤 보고서를 보도한 ≪워싱턴 포스트≫의 수익 증가로 이어졌다. 이는 ≪워싱턴 포스트≫가 미국 정부의 포획을 무산시키며 펜타곤 보고서를 보도한 이유를 쉽게 설명해 준다.

한국에서도 베슬리와 프랫의 이론으로 설명할 수 있는 사례를 쉽게 찾을 수 있다. 대표적인 예는 1980년 신군부新軍部에 의해 이뤄진 언론통폐합이다. 언론통폐합은 당시 권력을 장악한 한국의 군부가 사이비 언론 척결 등을 구실로 삼아 전국의 63개 주요 언론사를 44개로 통폐합하고 언론인 933명을 해직시킨 일이다. 이 조처로 동양, 합동 등 다섯 개 통신사는 연합통신으로 통폐합됐고, 3대 텔레비전 방송의 하나였던 TBC는 다른 군소 방송 4곳과 함께 KBS로 통합됐으며, 민영 방송이었던 MBC는 공영화됐다. 또한 중앙일간지였던 ≪신아일보≫가 ≪경향신문≫에 통합됐고, 지역의 신문사들은 도道 단위 지역에 한 개의 신문사만 둔다는 '1도道 1사社' 원칙에 의해 도 단위에 한 곳씩만 남았다.

이 조처들은 군부 권력이 눈엣가시 같았던 뉴스 미디어와 저널리스트들을 길들이며 축출한 행위였다. 동시에 베슬리와 프랫의 견해에 따르자면, 뉴스 미디어 수를 줄여 미디어 포획을 쉽게 할 수 있는 구조적 환경을 만들어낸 것이었다. 한국의 언론통폐합 조처에서는, 미디어 포획의 거래 비용을 획기적으로 줄인 내용도 들어 있었다. 민영 방송들을 공영화한 조처가 그것이다. 이 조처는 정부가 해당 방송들을 포획할 때 수반되는 수고(거래 비용)을 비약적으로 감소시켜 포획의 여건을 포획자에게 더 유리하게 만들었다.[11]

---

11 한국에서는 2011년 종합편성채널(종편)이 등장할 때도 (1988년 언론 자율화 조처 때처럼) 뉴스 미디어의 수가 증가했다. 그러나 종편 등장에 따른 미디어 포획 여건의 변화와 관련해선, 두 견해가 있다. 하나는 새로 등장한 종편 4곳은 모두 보수 편향이 강한 신문의 자회사로 보수 정치 세력에게는 여론 지형과 미디어 포획에서 모두 더 유리해졌다는 것이다. 다른 하나는 종편 중 한 곳인 JTBC는 모기업(≪중앙일보≫) 달리 보수 편향이 없었고 2016년 '최순실-박근혜 게이트' 보도로 보수 정권의 몰락을 초래한 주역 중 하나였다며, 미디어 숫자 증가가 포획을 어렵게 했다는 것이다. 이런 상반된 견해는 '미디어 숫자의 증가 혹은 경쟁이 포획을 어렵게 한다'는 보편성뿐만 아니라 개별 상황의 특수한 사정도 따져볼 필요가 있음을 시사하는 것이다.

:: 한 걸음 더 9-1 :: "경쟁은 미디어 포획을 더 쉽게 한다?"

경쟁이 미디어 포획을 어렵게 한다는 견해가 경제학자들의 통설이지만, 이견을 제시한 연구도 없지 않았다.

페데리코 트롬베타Federico Trombetta와 도메니코 로시그놀리Domenico Rossignoli는 경쟁이 미디어 포획에서 서로 상반된 두 효과를 유발한다고 주장했다. 뉴스 미디어들의 수적 증가는 포획 비용을 증가시켜 미디어 포획을 어렵게 하는 효과뿐만 아니라 개별 뉴스 미디어들의 시장 수입을 줄여 포획자의 포획 비용을 감소시키는 효과도 있다는 것이다. 포획자의 포획 비용은 포획되는 미디어의 시장 수입에 연동하기 때문이다. 따라서 두 학자는 이처럼 상반된 두 효과로 인해 미디어 포획에 미치는 경쟁의 효과는 "단조롭지 않다non-monotonic"[12]고 주장했다(Trombetta and Rossignoli, 2021).

트롬베타와 로시그놀리의 견해는 일리가 있는 얘기였다. 그러나 동료 학자들의 주목을 끌지는 못했다. 경제학자들은 대체적으로 결론이 모호할 경우, 아직 더 탐구하고 논구해야 할 미완의 연구로 보기 때문이다.

또 사마스 바이디야Samarth Vaidya와 루페이얀 굽타Rupayan Gupta는 미디어 사이의 경쟁이 미디어 포획을 더 쉽게 할 수 있다는 분명한 주장을 폈다. 두 학자의 의문은 '미디어의 숫자가 많을수록 미디어 포획이 어려워진다면, 많은 뉴스 미디어의 존재가 포획의 장애물이 되지 못한 이유가 무엇이냐'는 것이었다. 이 의문에 두 학자가 내놓은 답은 미디어의 수가 많아질수록 포획자의 부담이 커지는 것은 맞지만, 그중 일부가 포획된 상태에서는 포획자의 부담이 줄어들 수도 있다는 것이었다.

두 학자에 따르면, 포획자의 비리를 드러나게 하는 것은 많은 언론이 다각적으로 보도할수록 쉽다. 반면, 개별 미디어의 폭로 능력에는 한계가 있다. '많은 미디어'와 '개별 미디어' 사이의 이런 능력 차이는 개별 미디어들에 대한 포획 대가를 더 작게 한다. 더구나 포획된 미디어들이 포획되지 않은 미디어의 보도를 폄훼하며 포획자를 엄호한다면, 포획되지 않은 미디어가 포획자의 비리를 폭로하는 능력은 더 위축된다. 특히 영향력이 큰 텔레비전 방송들이 포획됐을 경우엔 더더욱 그렇다. 요컨대, 경쟁이 증가하더라도, 포획자와 포획된 미디어의 협력은 포획되지 않은 미디어에 대한 대중의 신뢰와 포획자의 포획 비용을 함께 떨어뜨려, 포획이 더 쉬워지게 한다는 것이었다(Vaidya and Gupta, 2016).

12 'non-monotonic'은 경쟁이 증가할 때 포획이 증가할 수도 있고 감소할 수도 있다는 뜻이다. 수학에서 'monotonic'은 독립 변수의 값이 증가함에 따라 종속 변수의 값이 증가(감소)하거나 적어도 감소(증가)하지는 않음을 뜻한다. 한편, 두 학자는 이 연구에서 미디어 포획은 경쟁이 거의 없을 때와 매우 심할 때 모두 더 쉬워진다고도 주장했다.

그로부터 8년 뒤인 1988년에는 언론통폐합을 뒷받침했던 다양한 규제 조처가 대부분 폐지되는 언론 자율화 조처가 시행됐다. 그러자 신문과 잡지들이 급격히 늘며 경쟁도 치열해졌다. 이는 미디어 포획이 이전보다 어려워졌다는 뜻이었다.

지난 2016년부터 시행된 김영란법(부정청탁 및 금품 등 수수의 금지에 관한 법률)도 베슬리와 프랫의 관점에서 보면, 포획 거래 비용을 증가시킨 것이다. 이 법은 공직자뿐만 아니라 뉴스 미디어와 저널리스트들에 대해서도 접대, 선물, 경조금 등의 금품 제공을 금지했다. 미디어 포획자와 뉴스 미디어(혹은 저널리스트) 사이의 금품 수수도 규제 대상이 된 것이다. 이런 규제는 법의 실효성만큼 미디어 포획의 거래 비용을 증가시켰다고 할 수 있다.

언론 통폐합과 유사한 사례는 비교적 최근 나라 밖에서도 있었다. 2021년 하반기에서 2022년 초까지 약 반년 사이 홍콩에서는, 중국 정부에 비판적이던 ≪빈과일보蘋果日報≫, ≪입장신문立場新聞≫, ≪시티즌뉴스眾新聞≫ 등이 폐간했다. 이 신문사들은 스스로 문을 닫았지만, 폐간에 앞서 홍콩 국가안전처가 '(외세와 결탁한) 선동' 혐의로 사옥을 압수수색하고 신문사들의 자산을 동결했으며 주요 간부들을 체포했다는 공통점도 있었다. 이런 홍콩 정부의 조처는 신문의 숫자를 줄였다는 것 외에도 정부에 비우호적 보도를 하면 겪게 되는 '처벌'의 본보기를 뉴스 미디어들에게 제시한 것이다.

미디어가 포획에 응해서 받는 대가가 포지티브positive한 대가라면, 처벌은 포획을 거부해서 받는 네거티브negative한 대가라 할 수 있다. 네거티브한 대가가 정간과 폐간에 이를 만큼 강력할 경우, 뉴스 시장의 경쟁이 아무리 치열해도 경쟁은 미디어 포획 여건에 영향을 주지 않는다. 이에 대해서는 9.3.③ '보상' 대신 '벌'을 주는 광고주에서 좀 더 자세히 살펴본다.

③ "소유주가 적은 미디어일수록 포획에 취약"

베슬리와 프랫이 미디어 포획 현상에 경쟁이 미치는 효과를 설명했다면, 또 다른 경제학자 지아코모 코르네오Giacomo Corneo는 뉴스 미디어의 소유 구조가 미디어 포획에 미치는 영향을 규명했다. 코르네오의 연구에 따르면, 미디어 포획은 포획 대상인 미디어 기업의 소유가 분산되어 있을수록 어렵고 집중되어 있을수록 더 쉽다. 또 소유주는 물론, 노동자나 노동조합 등 미디어 기업의 이해관계자들이 다양할수록 포획은 더 어렵고, 단조로울수록 포획은 쉬워진다(Corneo, 2006).[13]

코르네오의 견해를 한국의 신문·통신 기업들에 적용해 보면 어떨까? 그림 9-1에서 소유 분산도가 가장 높은 곳은 ≪한겨레≫다. 2021년 3월 기준으로 ≪한겨레≫는 의결권이 없는 자기 주식을 뺀 나머지 주식의 75.8%를 모두 7만여 명의 소액주주가 보유하고 있다. 우리사주조합의 지분 13.5%도 500여 임직원에게 고루 분산되어 있다. 코르네오의 견해에 따르면, ≪한겨레≫는 이런 높은 소유 분산도만큼이나 포획이 어려운 미디어라고 할 수 있다.

≪한겨레≫만큼은 아니지만, ≪경향신문≫도 의결권 없는 자기 주식(58.7%)을 뺀 나머지 주식(41.3%)의 대부분을 임직원들이 고루 보유하고 있다. ≪경향신문≫의 소유 분산도는 ≪한겨레≫만큼은 아니지만 다른 신문사나 통신사에 비해서는 역시 매우 높다. 그만큼 포획도 어렵다고 하겠다.

한편, 이 장의 뒷부분에서 설명하겠지만, 뉴스 미디어가 지닌 영향력, 이른바 '미디어 권력'이 클수록 포획하기는 더 어려워진다. 이를테면 어떤 신문의 소유 집중도가 매우 높더라도 이 신문의 뉴스 시장에서 지닌 영향력이 크다면 미디어 포획은 그만큼 용이하지 않다는 얘기다. 반대로 미디어 권력과 소유 분산도가 작은 미디어일수록 포획이 쉬운 대상이 된다. 이를 감안해, 독자들

13 코르네오 모형에서의 가정은 베슬리-프랫 모형과는 달랐다. 베슬리와 프랫이 (1) 유권자는 공통의 이해를 지니고 있고 (2) 미디어 포획자는 정부(재임 중인 공직자) 하나이며 (3) 시장에는 다수의 뉴스 미디어가 있다고 가정한 반면, 코르네오는 (1) 유권자들은 저마다 이해가 다르고 (2) 미디어 포획자는 여럿이며 (3) 시장에는 하나의 독점 미디어가 있다고 가정했다. 코르네오는 여기에 뉴스 미디어가 사회의 다양한 이해 집단과 결탁(담합)할 수 있는 상황도 상정했다.

그림 9-1 한국 주요 신문·방송의 지분 소유 현황(2021년 3월 기준)

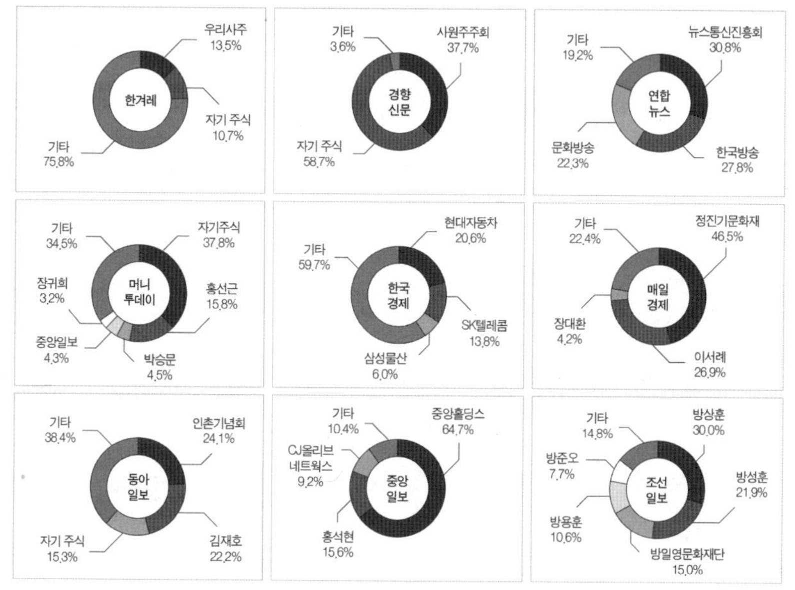

출처: 이정환(2021.7.12).

도 그림 9-1에 지분 구조가 나와 있는 한국의 주요 언론사들 각각의 미디어 포획 여건을 가늠해 볼 수 있을 듯하다.

④ 경제적 불평등을 심화하는 미디어 포획

미디어 포획에 관한 연구에는 '사회의 부유층에 의한 미디어 포획'을 설명한 연구도 있다. 마리아 페트로바는 미디어는 부유층에 의해 포획될 수 있고, 이는 경제적 불평등의 심화로 이어지게 된다는 연구로 눈길을 끌었다(Petrova, 2008b). 페트로바의 얘기를 들어보자.

정부 재정으로 공급되는 재화와 서비스인 공공재는 부자보다는 가난한 사람들에게 더 유용하다. 동시에 공공재 공급을 위한 재원은 세금으로 마련된다. 따라서 공공재의 공급은 일종의 소득 재분배 정책이다. 여느 정책처럼 소득 재분배 정책의 시행도 그에 대한 대중의 지지에 좌우된다. 이때 대중의 지지는 정책의 효과를 대중이 얼마나 잘 알고 있느냐에 달려 있다. 그런데 보통 사람들이 이에 관한 정보를 얻는 중요한 수단은 미디어다. 미디어의 이런 구실은 독재 국가보다 민주주의 전통을 가진 국가에서 더 중요하다. 민주주의 국가일수록 공공재 투자 등의 소득 재분배 정책은 선거를 통해 선택되기 때문이다.

한편, 부유층은 소득 재분배 정책에 대한 관심이 크다. '소득 재분배 정책의 시행'은 일반적으로 부유층에게는 '더 많은 세금'을 뜻하는 까닭이다. 소득 재분배 정책의 하나인 공공재 투자 정책에 대해서도 마찬가지다. 경제적 불평등이 심할수록 소득 재분배는 더 필요하다. 하지만 더 많은 세금을 내야 하는 부유층은 소득 재분배 정책을 반기지 않는다. 이 때문에 부유층은 정부 정책에 영향을 줄 수 있는 미디어를 포획해 소득 재분배 정책에 부정적인 영향을 주려 한다. 특히 "경제적 불평등이 더 심해 … 소득의 재분배가 더 강하게 요구되는 상황일수록, 고소득층은 조세 정책과 저소득층에 대한 공공재 공급 정책 같은 소득 재분배 정책에 대해 간여하고자 하는 유인은 더 커진다"고 페트로바는 말했다(Petrova, 2008b: 205).

부유층은 미디어에 영향을 미치기 위해 뉴스 미디어 기업에 대한 투자나 광고 비용 등으로 그들의 재원을 사용할 수 있다. 이런 지출을 통해 부유층이 미디어를 포획하면, 미디어는 대중으로 하여금 공공재 투자의 가치를 과소평가하게 하는 뉴스를 보도한다. 그리고 사람들은 뉴스 미디어가 편향될 수 있다는 것을 알고 있더라도, 대중 미디어를 통한 여론 조작은 그 효과를 발휘할 수 있다.[14]

14 뉴스 소비자들은 어떤 뉴스 미디어가 편향적이라는 사실을 알더라도 그 미디어의 영향을 받을 수 있다. 어떤 사실(들)이 보도되지 않을 때, 뉴스 소비자는 이것(들)이 원래부터 알려지지 않은 것인지, 뉴스 미디어에 의해 숨겨진 것인지 알 수 없기 때문이다(Anderson and McLaren, 2012). 5.2.2.② 언론사 사주 참고.

결국, 뉴스 미디어가 부유층에 포획되면 그 나라의 공공재 투자는 더 적어져 소득 재분배는 저조해지고 사회의 경제적 불평등은 심화한다고 페트로바는 설명했다. 반대로 부유층에 의한 미디어 포획이 더 적을수록, 즉 대중 미디어가 부유층으로부터 더 자유로울수록, 건강과 교육 등 공공재 투자가 늘어 경제적 불평등은 완화된다. 페트로바는 이런 이론적 가설과 함께 이를 뒷받침하는 실증적 연구 결과도 함께 제시했다. 실증적 연구 내용은 10.4.③ 빈부 격차의 증가에서 다룬다.

9.2. | 디지털 시대, 독이 된 경쟁

정보통신기술 혁명은 20세기 후반 디지털 온라인 뉴스 시대를 열었다. 지난 수백 년간 경험해 보지 못한 새 시대가 열리자, 많은 학자와 저널리스트들의 기대도 한껏 부풀어 올랐다. 그 가운데 가장 대표적인 것은 가까운 장래에 미디어 포획 현상이 급격히 감소하리라는 기대였다. 미디어 포획이 줄어들면, 뉴스는 그만큼 더 신뢰할 수 있으리라는 예상도 자연스럽게 뒤따랐다.

저명한 뉴스 미디어 역사가 미첼 스티븐스Mitchell Stephens만 해도 "20세기는 가장 조직적이고 효과적이며 잔인한 표현의 통제가 이뤄지는 시대"였지만, 21세기에는 정보통신기술의 발전으로 미디어가 "훨씬 많은 정보뿐만 아니라 훨씬 신뢰성이 높은 정보를 제공할 수 있게 됐다"고 생각했다(스티븐스, 2010: 392, 395). 로이터저널리즘연구소의 언론 및 미디어 전문가 로빈 포스터Robin Foster 역시 "디지털 미디어는 사람들이 전에 없이 많은 뉴스 출처를 발견하도록 돕는 동시에 시간이 흐르면서 고품질 뉴스를 위한 새로운 비즈니스 모델을 뒷받침할 것"이라고 내다봤다(Foster, 2012: 5). 비단 이들만이 아니었다. 수많은 사람의 예상이나 기대도 이들과 같았다.

이처럼 낙관적 견해가 확산된 데는 경제학자들의 역할도 컸다. 베슬리와 프랫 이후 많은 경제학자는 뉴스 미디어의 경쟁이 치열할수록 미디어 포획은 어려워질 것이라고 예견했다. 마리아 페트로바 같은 이는 "인터넷에 의해 정보를 얻을 수 있는 출처가 더 많아지면 미디어 포획의 가능성도 줄어든다"며 미디어 포획을 제어하는 인터넷의 효과를 구체적으로 설명하기도 했다(Petrova, 2008b: 192). 사람들은 유행처럼 번진 이런 기대를 품고, 디지털 인프라는 막대한 양의 '정보 공급'을 가능하며 미디어 포획을 줄여 '정보의 품질'도 높이는 데 일조할 것으로 예상했다.

그러나 이런 기대와 예상은 절반만 맞았다. 뉴스와 정보 콘텐츠의 공급과 소비가 디지털화하면서 지난 세기말 이후 세계 곳곳에서는 뉴스 공급자의 숫자가 실제로 폭증했다. 페이스북, 트위터, 유튜브와 같은 소셜 미디어나 인터넷 블로그 등에서 인기를 누리는 인플루언서Influencer와 파워 블로거power blogger까지 뉴스 공급자에 포함하면 증가 규모는 가늠하기도 쉽지 않을 정도다. 뉴스 공급자가 폭증하면서 뉴스와 정보 시장도 미증유의 경쟁을 겪게 됐다. 여기까지는 예상과 다르지 않았다. 하지만 정작 미디어 포획이 감소하리라는 예상을 확인할 수 있는 증기는 이디에서도 나타나지 않았다. 불행하게도, 현실은 오히려 그 반대였다.

> 사람들은 디지털 미디어 시대의 도래로 새로운 뉴스 미디어에 대한 진입 장벽이 낮아져 (더 많은 뉴스 미디어가 생겨나면) 미디어 포획 문제도 해결될 수 있을 것으로 생각했다. … 뿐만 아니라 학자들은 더 치열한 뉴스 미디어 간의 경쟁은 더 높은 품질의 뉴스를 소비자에게 제공하게 될 것으로 여겼다. … 그러나 우리 앞에 벌어진 일은 정반대였다.[15]
>
> — 아냐 쉬프린

15 Schiffrin(2018).

2016년 4월 컬럼비아대학의 '국제공공 정책대학원School of International and Public Affairs'은 저널리스트 출신의 언론학자 아냐 쉬프린, 경제학자 조지프 스티글리츠Joseph Stiglitz, 옥스포드대학 로이터저널리즘 연구소장 라스무스 닐센Rasmus Nielsen 등 저명한 학자들이 참여한 가운데 '미디어 포획'을 주제로 한 컨퍼런스를 열었다. 컨퍼런스에 참여한 학자들은 너나 할 것 없이 '미디어 포획 현상이 감소할 것'이라는 그간의 예상은 적중하지 않았다고 하나같이 입을 모았다.

① 복제 보도의 홍수, 급격히 감소한 포획 비용

그렇다면, 디지털 시대에 미디어 포획이 줄기는커녕 늘어난 이유는 무엇일까? 가장 결정적인 이유는 포획 비용이 급격히 감소한 탓이다. 디지털 인프라로 뉴스 미디어들은 폭증했고, 이렇게 늘어난 뉴스 미디어들은 초유의 시장 경쟁에 돌입했다. 뉴스 시장에는 복제 보도가 홍수처럼 쏟아졌다. 베끼기 보도가 만연하자 오리지널 콘텐츠의 수입은 급격히 감소했다. 그러자 미디어 포획자들은 그만큼 더 적어진 비용으로 자신들의 치부를 폭로하는 오리지널 뉴스를 포획할 수 있게 됐다(Yang, 2021; Choi and Yang, 2021; 양상우·한순구, 2017).

더 구체적으로 설명하면, 뉴스 미디어 기업들이 오리지널 뉴스로부터 얻는 수입은 해당 뉴스를 얼마나 오랫동안 공급하느냐에 달려 있다. 즉, 특종 뉴스의 수입은 독점 공급 기간에 비례한다.[16] 그런데 미디어 기업들이 오리지널 뉴스에서 얻는 수입은 디지털 시대에 들어서며 격감했다. 베끼기 보도가 만연하며 오리지널 뉴스의 독점 공급 기간이 이전과는 비교할 수 없을 정도로 짧아졌기 때문이다.

대표적 오리지널 뉴스인 특종 뉴스를 예로 들어 보자. 과거 뉴스 미디어들

16 뉴스는 한번 보도되고 나면 시간이 흐를수록 수요가 감소하는 특성을 지니고 있다(Yang, 2021; Choi and Yang, 2021). 두 연구는 이런 특성과 함께 오리지널 뉴스의 '독점 공급 기간'을 뉴스 미디어 기업의 이윤 함수에 처음으로 반영했다.

이 특종 뉴스를 취재해 보도하려 한 이유는 그만큼 큰 수입을 얻을 수 있었기 때문이었다. 특종 뉴스를 한 번 보도하면, 뉴스 미디어들은 다른 경쟁 미디어들이 베껴 보도할 때까지는 시장 독점 수입이나 그에 상응하는 이득을 얻었다. 이처럼 독점 수입을 가져다준 '독점 공급 기간'은 주간지만 있던 시절에는 한 주였고, 일간 신문이 등장한 뒤에는 하루였으며, 조·석간신문이 공존하거나 방송 뉴스가 생겨나고는 대략 반나절이었다. 그러나 지금은 그 때와는 천양지차다. 복제 보도의 홍수 속에서 첫 보도 이후 몇 분만 지나도 최초의 특종 뉴스는 인터넷상에서 찾기조차 힘든 일이 다반사다. 파장이 큰 특종 뉴스일수록 이런 현상은 더 심하다. 뉴스 미디어들의 격렬한 '베끼기 보도' 경쟁 탓에 오리지널 뉴스를 독점적으로 공급할 수 있는 시간이 불과 몇 분으로 단축된 것이다.

오리지널 뉴스의 독점 공급 기간이 이처럼 단축되면서, 오리지널 뉴스의 수익성은 과거와는 비교할 수 없을 만큼 악화했다. 2020년의 한 연구는 "보도된 뉴스들의 약 25%가 4분 이내에 복제되어 온라인으로 재생되며 … 이는 뉴스 미디어의 상업적 생존에 심각한 위협"이라고 지적했다(Cagé, Hervé, and Viaud, 2020: 2128). 특종 뉴스 같은 오리지널 뉴스의 시장 수입이 감소한다는 것은, 이 뉴스를 포획하는데 치러야 하는 대가 또한 함께 감소한다는 것을 뜻한다. 포획의 대가는 미디어가 포획을 거부하고 시장에서 얻을 수 있는 수입이 기준이기 때문이다.

아울러, 오리지널 뉴스 콘텐츠의 심각한 수익성 악화는 처음부터 '포획당하려는 의도'로 뉴스 콘텐츠를 생산하는 상황도 낳을 수 있다. 독점 공급 기간이 너무 짧아져 오리지널 뉴스의 수입이 생산 비용에도 미치지 못하면, 뉴스 미디어들은 뉴스 시장에 공급할 목적이 아니라 포획당하려는 속셈으로 처음부터 뉴스 콘텐츠를 생산하는 경향을 심화할 수 있다는 것이다. 이른바 '프로모셔널 저널리즘promotional journalism'[17]이라고 불리는 행태다.

한편, (1)뉴스 미디어의 숫자나 (2)오리지널 콘텐츠의 독점 공급 기간 말고

표 9-1 디지털 시대와 미디어 포획

구분	변화 내용		미디어 포획
(1) 뉴스 미디어의 숫자	**큰 폭의 증가**	↑↑	**어려워짐**
(2) 오리지널 뉴스의 독점 공급 기간	**매우 큰 폭의 감소**	↓↓↓↓	**쉬워짐**
(3) 고품질 미디어의 비중	큰 폭의 감소	↓↓↓	쉬워짐
(4) 뉴스 소비자	증가	↑	어려워짐
(5) 시간에 따른 뉴스 가치 감소율	증가	↑↑	쉬워짐

출처: Yang(2021).

도, 미디어 포획 여건에 영향을 미치는 요인은 더 있다. 이를테면, (3) 뉴스 시장에서 (독자적으로 오리지널 콘텐츠를 발굴할 수 있는 능력을 갖춘) 고품질 미디어가 차지하는 비중, (4) (뉴스 시장 전체의 뉴스 소비량을 좌우하는) 뉴스 소비자의 크기, (5) 시간이 흐르는 데 따라 뉴스의 '상품 가치'(수요)가 감소하는 비율[18] 등 여러 요인을 들 수 있다.

이 요인들을 디지털 시대의 현상에 비춰보면, 저품질 미디어의 폭증으로 고품질 미디어의 비중은 감소하고, 정보와 뉴스의 홍수 속에 시간의 흐름에 따라 뉴스의 상품 가치가 감소하는 속도는 더 빨라졌다. 이는 모두 미디어 포획을 더 용이하게 하는 요인들이다. 반면, 인터넷과 모바일 혁명을 통해 뉴스 콘텐츠에 대한 접근성이 크게 개선되어 뉴스 소비자와 소비량은 증가했는데, 이는 미디어 포획을 어렵게 하는 요인이라 할 수 있다(Yang, 2021). 표 9-1은 이를 표현한 것이다.

요컨대, 디지털 시대의 도래로 뉴스 시장의 진입 장벽이 사라지면서 뉴스

---

17 '프로모셔널 저널리즘'은 특정한 기업(들)이나 이익단체(들), 혹은 정당, 정부로부터 금전적 대가를 받거나 받을 것을 기대하는 뉴스 미디어가 이들 기업에게 유리한 소식을 보도하거나 불리한 소식을 은폐하는 보도 행태다. 그 원리를 Yang(2021)과 Choi and Yang(2021)은 경제학 이론으로 처음 해석해 냈다.

18 뉴스가 매우 적었던 오래전 옛날에는 시간이 흘러도 뉴스 가치가 크게 감소하지 않았다. 그러나 사람들이 넘쳐나는 정보를 쉽게 접하는 지금은 사람들의 관심도 매우 짧은 시간 안에 바뀐다. 그만큼 대부분의 뉴스는 시간이 지나며 가치가 급격히 감소한다.

공급자는 폭발적으로 증가했다. 이로 인해 뉴스 시장에서는 역사상 가장 극심한 경쟁이 벌어지고 있다. 유례없는 경쟁은 복제 보도의 홍수와 오리지널 뉴스의 수익성 악화를 낳는다. 그 결과, 경쟁은 미디어 포획의 '천적'이 아니라 '조력자'가 된 것이다. 이처럼 경쟁이 미디어 포획을 줄인다는 고전적 견해가 디지털 시대에는 부합하지 않는다. 또한 만연한 복제 보도와 오리지널 콘텐츠의 수익성 악화는 뉴스 품질 추락, 다양성의 감소, 프로모셔널 저널리즘 같은 부정적 현상으로도 이어지고 있다(이 장의 끝에 있는 〈한 걸음 더 9-5〉 참고).

② 전통적 해법의 한계와 새로운 모색

지난 수십 년간 미디어 포획에 맞서는 전통적인 해법은, '독립 언론'이나 '공익 정보 제공자', 혹은 '뉴스 미디어 산업'에 대해 정부나 시민 사회가 직접적인 재정 지원을 하자는 것이었다. 급격히 악화한 뉴스 미디어의 경영 사정을 개선하고 미디어 포획에 대한 저항력을 키우자는 취지다. 그러나 이런 대책들은 대부분 선의의 취지와 나름의 효과에도 불구하고 부작용과 한계를 지니고 있다. 가장 대표적인 사례들을 살펴보자.

루마니아의 저명한 정치학자이자 언론인인 알리나 문지우-피피디Alina Mungiu-Pippidi는 뉴스 소비자들의 구독을 기준으로 공적 자금에서 언론사에 보조금을 지급하는, 이른바 '스칸디나비아 모형Scandinavian model'을 제안했다(Mungiu-Pippidi, 2014). 그런데 이 방식은 스칸디나비아 국가 이외의 나라에서도 효과를 볼 수 있을지 매우 불투명하다. 노르웨이·핀란드 등 스칸디나비아 국가들은 전통 뉴스 미디어에 대한 신뢰도가 세계에서 가장 높고, 중도적 논조를 선호하는 뉴스 소비자층이 세계에서 가장 두터운 나라다. 또, 노르웨이, 핀란드, 덴마크의 사람들은 '내 생각에 부합하는 뉴스'보다 '나와 다른 관점의 뉴스'를 더 알고 싶어 할 정도다. 그만큼 사회의 정치적 양극화도 심하지 않다. 스칸디나비아 국가들은 정치적 양극화가 극심한 한국이나 미국 등 다른 나라들과는 사정이 크게 다르다.[19] 이를테면, 한국에서는 스칸디나비아 국가들과는 다른 결과를 낳을 가능성도 높다.

입법에는 이르지 않았지만, 2021년 5월 한국에서도 스칸디나비아 모델과 유사해 보이는 이른바 '미디어 바우처media voucher 법안'이 당시 여당인 더불어민주당 국회의원들에 의해 발의된 적이 있다. 이 법안은 대한민국 18세 이상의 성인에게 2만~3만 원 정도의 바우처를 지급하고 이 바우처로 양질의 기사, 그 기사를 쓴 기자, 그 기사를 실은 언론사를 후원하게 했다. 그뿐만 아니라 악의적이고 무분별한 내용의 기사에는 지원금을 깎는 마이너스 바우처를 사용할 수 있다는 내용까지 들어 있었다.[20]

그런데 이 법안은 사회적 환경은 물론, 입법 취지에서도 스칸디나비아 모델과는 큰 차이가 있었다. 스칸디나비아 모델에는 전통 미디어의 경영상 어려움과 미디어 포획을 줄이려는 의도가 담겨 있다. 반면, 한국의 미디어 바우처 법안에는 뉴스 소비자들의 힘으로 '문제 언론'들을 압박해 양질의 뉴스를 만들어낼 수 있다는 기대가 반영되어 있었다.[21] 그러나 이런 기대는 미디어를 편향적으로 만드는 주요 원인 중 하나가 뉴스 소비자라는 깨달음과 배치된다. 게다가 이 법안은 뉴스 소비자와 언론의 정치적 양극화가 세계에서 가장 심각한 수준인 한국의 실정은 아예 외면하고 있다. 미디어 바우처 법안은 진영 언론들의 전쟁에 뉴스 소비자들까지 참전시킬 수 있는 위험한 법안이었다.

한편, 뉴스 미디어에 대한 정부의 재정 지원이 스칸디나비아 모델처럼 구독자 수에 비례해 기계적으로 이뤄지는 게 아니라, 정부나 정부의 영향력 안에 있는 기관의 판단과 평가를 바탕으로 이뤄질 때도 부작용은 상존한다. 재정 지원이 정부나 정치 세력에 의한 미디어 포획의 수단으로 쓰이는 역설도 가능

---

19 5.3.① 나라마다 다른 편향 및 그림 5-2, 5-3 참고.

20 이 법안의 입법 취지는 허위 정보 등 품질 낮은 뉴스가 양산되는 문제를 바로잡자는 것이었다. 즉, 미디어 포획을 염두에 둔 법안은 아니었다.

21 미디어 바우처법은 뉴스 미디어들에 이미 지급해 온 '정부와 공공기관 재원'(광고집행액)의 일부를 뉴스 소비자의 호불호에 따라 뉴스 미디어들에 재분배한다는 점에서 정책의 목적이 '채찍'에 있다고 볼 수도 있다. 재분배하는 재원조차 매우 소규모여서 실질적인 효과를 기대하기 어렵다는 평가도 있다.

하기 때문이다. 주지하다시피 정부는 가장 대표적인 미디어 포획자이다.

프랑스의 경제학자 줄리아 카제는 2016년 시민이 참여하는 크라우드 펀딩으로 만들어진 비영리 법인 형태의 독립 뉴스 미디어를 뉴스 미디어의 위기 타개책으로 제시했다. 성공한다면, 뉴스 미디어에 포획에 맞설 수 있는 경제적 기반을 시민의 힘으로 갖춰주는 것이었다(Cagé, 2016). 하지만 카제의 제안이 적어도 한국에선 새로운 것은 아니었다. 한국의 유력 신문 중 하나로, 1988년 창간된 ≪한겨레≫는 카제가 제안한 모델과 매우 흡사했다. ≪한겨레≫는 크라우드 펀딩이라 할 수 있는 국민주 모집 방식으로 6만 명의 소액주주가 투자해 만들어졌다. 카제의 제안과 다른 점은 법인의 형태가 비영리법인이 아닌 주식회사였다는 것뿐이다.[22]

그렇다면 ≪한겨레≫처럼 크라우드 펀딩으로 만들어진 독립 언론은 미디어 포획자들에 대한 대항마가 될 수 있을까? 아날로그 시대엔 가능해 보이지만, 디지털 시대엔 쉽게 답하기 어렵다. 디지털 시대가 불러온 미디어 포획 여건의 변화, 즉 오리지널 뉴스 콘텐츠 수익성의 극적인 추락은 ≪한겨레≫ 같은 독립 미디어라고 다르지 않기 때문이다.[23]

다만, 뉴스룸의 규모를 크게 줄여 탐사 보도에만 특화하는 경우, 크라우드 펀딩을 통한 비영리 법인 형태의 독립 미디어가 어느 정도 성공할 수 있다는 것은 확인되고 있다. 대표 사례는 미국의 ≪프로퍼블리카≫, 프랑스의 ≪메디아파르트≫, 한국의 ≪뉴스타파≫ 등이다. 그러나 뉴스룸의 규모만큼이나 보

---

22 ≪한겨레≫를 발행하는 한겨레신문(주)는 주식을 소유한 정규직 사원들의 직접·보통·평등 선거로 대표이사(발행인)를 뽑고, 편집국장은 대표이사의 지명에 따라 소속 저널리스트 전원의 동의 투표를 거쳐 선출한다. 또한 전통적으로 ≪한겨레≫는 비록 영리법인이라 하더라도 신문사의 존속과 독립 언론의 구실 수행에 필요한 이상으로 영리를 추구하지는 않아왔다.

23 ≪한겨레≫는 창간 첫해인 1988년 50만 부에 이르렀던 종이 신문 발행 부수가 2000년대 이후 가파르게 감소하는 등 모든 분야에서 다른 전통 미디어들과 동일한 경영의 어려움을 겪고 있다. 예외적 시기가 있기는 했는데, 2011~2013년과 2017~2019년에는 해마다 큰 폭의 흑자를 냈다. 특히 2012년에는 매출액과 세전 이익 모두 창사 이래 최대를 기록했고, 2020년 3월에는 처음으로 주주배당을 시행하기도 했다. 그러나 이는 이 회사의 전후 시기나 다른 신문사들에 비하면 매우 이례적이었다.

:: 한 걸음 더 9-2 ::

저널리스트의 먹고사니즘과 소명

미디어 포획자로부터의 독립을 추구하는 뉴스 미디어라고 해도, 구성원들에게 적절한 경제적 보상을 할 수 없으면 '독립 언론'은 지속 가능하기 어렵다. 소명의식에 충만한 저널리스트라 해도, 헐벗은 상태가 지속되거나 파격적인 물질적 유혹에 놓이게 되면 미디어 포획자에게 맞서기 힘든 까닭이다. 실제로 "기자들은 광고가 기사에 영향을 미쳐서는 안 된다는 원칙을 고수하면서도 생존을 위해 일정 부분 타협할 수밖에 없다는 태도를 보였다"는 연구도 있다(배정근, 2010).

이런 사정을 극적으로 보여주는 한국의 두 사례가 있다.

먼저 '사원주주가 대주주인 독립적인 신문사'와 '건설업체의 자회사인 신문사'라는 두 선택지 중에서 구성원들의 집단적 결의로 후자를 택한 ≪서울신문≫의 사례다. 2021년 한국의 유서 깊은 종합일간지인 ≪서울신문≫의 구성원들은 양자택일의 갈림길에 섰다. 대주주 중 하나였던 호반건설의 지분을 싼값에 임직원들이 사들여 사원주주회사로 독립 언론이 되는 길을 택할지, 아니면 임직원들의 지분을 비싼 값에 팔아 호반건설에 인수되는 길을 택할지였다. 세간의 관심이 집중됐으나, 구성원들은 총의를 모은 끝에 뜻밖에도 후자를 택했다. 이 일이 일어나기 전까지 이 신문사 임직원들은 대체로 건설업체의 신문사 인수에 매우 비판적이었다. 하지만 호반건설이 좋은 값에 지분을 사주겠다는 제안을 하자, 임직원들의 다수가 후자를 택했다.[24]

또 다른 사례는 대표적 독립 언론인 ≪한겨레≫에서 일어났던 일이다. ≪한겨레≫는 2004년 심각한 경영난을 겪으며 전 사원의 15%가 회사를 떠나야 했다. 이 일을 겪고 난 뒤, ≪한겨레≫ 저널리스트들이 광고 수주에 기여했다는 이유로 지급받은 인센티브는 급격히 증가했다. 2006년 이들의 광고 유치 금액은 2003년의 5.1배, 인센티브를 지급받은 인원은 2.85배에 이르렀다. 그만큼 많은 저널리스트가 그 전까지는 금기시했거나 소극적이었던 광고 수주를 적극적으로 도왔다는 뜻이다. 이들이 유치한 광고주의 대부분은 잠재적 미디어 포획자라 할 수 있는 대기업들이었다. 이런 양상은 ≪한겨레≫의 경영 실적이 개선된 뒤 완화됐다.

따라서 독립 언론의 경영자는 두 가지 근본적인 책무를 수행해 내야 한다. 하나는 경영적 이유로 뉴스 콘텐츠의 왜곡이 일어나지 않도록 해야 한다. 또 하나는 독립 언론의 가치를 지켜낼 수 있을 만큼, 임직원에게 경제적 보상이 돌아가게 해야 한다. 쉽지 않은 일이다.

도량과 취재 분야의 한계는 분명하다.

앞서 언급했듯이, 디지털 인프라가 뉴스 시장에 야기한 가장 큰 부작용은 치열해진 경쟁이 베끼기 보도의 폭증으로 이어진 것이다. 이로 인해 특종 뉴

24 호반건설이 서울신문을 인수한 뒤, 서울신문은 과거 호반건설에 대한 부정적인 기사들을 자사의 인터넷 사이트에서 대거 삭제해 대주주의 편집권 침해 논란이 일었다. 이와 관련해 호반그룹 창업주인 김상열 서울신문사 회장은 "기사의 진실성이 밝혀진다면 회장 직권으로 다시 게재하겠다"고 밝혔다(김영희, 2022.1.19).

스 등 오리지널 콘텐츠의 수익성은 급격히 악화됐고, 미디어 포획 비용은 미디어 숫자의 폭증 효과를 상쇄하고도 남을 만큼 감소했다. 상대적으로, 미디어 포획자의 포획을 위한 주머니 사정은 더 넉넉해진 것이다.

따라서 미디어 포획에 맞설 근본적 해법도 오리지널 콘텐츠의 수익성을 보장하는 데서 찾을 필요가 있다. 특종 뉴스와 같은 고품질 오리지널 뉴스 콘텐츠를 생산하는 미디어들이 베끼기 보도로 무임승차하는 미디어들에 소비자와 이익을 빼앗기지 않고 '더 많은 소비자'와 충분한 '물질적 보상'을 얻을 수 있도록 해야 한다는 것이다. 오리지널 콘텐츠에 대한 충분한 보상은 권력과 금력의 부조리를 밝혀내는 고품질 뉴스를 생산하려는 동기를 미디어에 제공하고 미디어 포획 비용을 높여 포획도 어렵게 할 것이기 때문이다.

이런 관점에서 미디어 포획에 맞설 해법으로 생각해 볼 수 있는 방안들은 다음과 같다(Choi and Yang, 2021).

첫째, 뉴스의 저작권을 보호하기 위한 정책적 노력이 필요하다. 무절제한 복제 보도 행태에 제동을 걸어야 한다는 것이다. 유럽연합이 2019년 3월부터 새로운 저작권법을 시행한 것은 그 일례가 될 수 있다. 이 법은 페이스북 같은 디지털 플랫폼 기업들이 음악가나 작가뿐만 아니라 뉴스 생산자인 뉴스 미디어들과도 라이선스 계약을 체결하도록 강제했다. 즉, 원작자의 허가 없이 콘텐츠들이 디지털 플랫폼에서 유통될 수 없도록 한 조처다(Satariano, 2019.3.26). 이런 제도적 노력은 초보적 수준에 불과하지만, 다른 많은 나라에서는 아직도 찾아보기 어렵다. 동시에 뉴스 소비자들이 출처 없는 복제 보도의 해악을 인식할 수 있게 하는 미디어 문해력literacy 개선에도 적극적으로 나설 필요가 있다.

둘째, 디지털 플랫폼들은 오리지널 뉴스 콘텐츠를 복제 뉴스에 앞서 노출(제공)해야 하는 동시에, '개별 뉴스'보다 그 뉴스를 만든 '뉴스 생산자'를 돋보이게 해야 한다.[25] 디지털 시대에는 오리지널 뉴스가 복제 뉴스들에 묻혀 버리

---

25 구글이 2019년 3월부터 뉴스 검색 결과를 보여줄 때 뉴스 제목보다 뉴스 미디어의 이름을 먼저 보이게

거나 누가 생산한 뉴스 콘텐츠인 줄도 모르고 소비되는 일이 다반사다. 이런 현실은 오리지널 뉴스를 생산하려는 동기를 앗아가는 주요 원인이다. 이와 관련해 소셜 미디어와 웹 포털 기업 등 디지털 중개자들은 더 나은 뉴스 소비 환경을 조성하려 노력하고 있다고 밝히고 있으나, 충분한 효과를 얻으려면 아직 갈 길이 멀어 보인다.

셋째, 인적·물적 자원을 어느 정도 갖춘 고품질 뉴스 미디어들은 콘텐츠의 내용과 형식에서 경쟁 미디어들이 복제하기 어려운 콘텐츠들 생산하는 데 역량을 집중해야 한다. 이를테면 형식면에서는 텍스트 콘텐츠에 비해 영상 콘텐츠나 멀티미디어 콘텐츠가, 내용면에서는 긴 흐름의 탐사 콘텐츠가 베끼기 보도를 훨씬 어렵게 한다. 이런 노력을 통해 언론사들은 오리지널 콘텐츠의 독점 공급 기간이 더 길어질 것으로 기대할 수 있다. 경쟁 미디어가 쉽게 복제할 수 없는 차별적인 내용과 형식의 디지털 콘텐츠를 생산하는 것은 디지털 콘텐츠의 유료화를 위해서도 긴요한 과제다.[26]

9.3. ㅣ 두 얼굴의 광고주

뉴스 시장에 광고주들이 등장한 것은 값싼 대중 신문이 나타난 19세기였

한 것은 진일보한 조처였다. 한국의 네이버(Naver)도 2013년 이후 '뉴스 미디어별 뉴스 제공 방식'을 추가해 뉴스 미디어의 이름을 제일 먼저 노출시키고 있는데 이 또한 같은 효과를 내는 조처다. 뉴스 소비자가 웹 포털에서 뉴스의 제목을 선택해 뉴스를 보는 게 아니라, 먼저 뉴스 미디어를 고른 뒤 뉴스를 보도록 하고 있기 때문이다.

26 이런 해법의 연장선에서 뉴스 미디어들이 콘텐츠의 품질을 소비자들에게 적극적으로 알리는 방안도 있다. ≪워싱턴 포스트≫의 최고 정보 책임자였던 샤일레시 프라카시(Shailesh Prakash)는 뉴스 미디어들이 뉴스를 제공할 때 해당 뉴스를 쓴 저널리스트의 정체(identity)를 '20년 경력의 베테랑' 혹은 '퓰리처상 수상자' 등으로 적극적으로 알릴 필요가 있다고 말한다. 나아가 웹 포털이나 소셜 미디어 등의 디지털 플랫폼들도 콘텐츠의 이런 특징을 뉴스 노출 알고리즘에 적극 반영해야 한다고 프라카시는 제안한다(신동흔·구본우, 2019.5.16).

다. 뉴스 미디어가 노골적인 정파적 편향으로부터 벗어나기 시작한 것도 이때다. 광고 수입 덕분에 신문들이 정치 세력의 재정적 후원에 더는 의지할 필요가 없게 됐기 때문이다.[27] 이처럼 초기의 광고주는 정파로부터 뉴스 미디어의 독립을 재정적으로 뒷받침한 존재였다.

그러나 시간이 흐르며, 특히 지난 세기 후반부터는 광고의 역기능을 우려하는 목소리가 커졌다. 언론법학자 에드윈 베이커Edwin Baker, 저널리스트이자 언론학자였던 벤 바그디키안Ben Bagdikian, 경제학으로 미디어 편향을 해석한 제임스 해밀턴James Hamilton 등 다양한 분야의 여러 학자들이 미디어의 편향의 원인으로 광고주를 지목한 것이다(Baker, 1994; Bagdikian, 2004; Hamilton, 2004).

뉴스 미디어에 대한 광고주의 1차적 관심은 광고 효과다. 광고주는 자신의 광고를 노출하는 미디어의 소비자가 얼마나 되는지는 물론, 그 소비자들의 구성이나 특징, 나아가 해당 미디어가 제공하는 콘텐츠의 내용까지 주시한다. 모두 광고 효과와 직간접적으로 연관된 것이기 때문이다. 광고주들은, 광고 효과의 극대화를 추구하는 탓에 광고를 게재할 미디어에 다양한 요구와 기대를 지니고 있다. 미디어로서는 광고 수입이 긴요할수록 이 요구와 기대를 의식하지 않을 수 없다. 하지만 광고주의 요구나 기대가 뉴스 콘텐츠에 반영되면 뉴스 콘텐츠의 변형은 불가피하다. '정치적 편향political bias'을 약화시켰던 광고주가 '상업적 편향commercial bias'을 만들어내는 것이다(Ellman and Germano, 2009).

광고 수입은 시간이 흐를수록 거의 모든 유형의 뉴스 미디어의 생존에 점점 더 긴요해졌다. 뉴스 미디어에 대한 광고주의 영향력도 그만큼 커졌다. 특히 디지털 시대 이후 전통 미디어가 쇠락하며 광고주와 전통 미디어 사이 힘의 균형추는 급격히 광고주 쪽으로 기울었다. 이에 따라 "(뉴스 미디어에 대한) 광고주의 협상력bargaining power이 커져 (광고주에 의한 상업적 미디어) 편향은 더

27 3.2.1.① 객관주의 저널리즘의 탄생 참고.

커지고 있다(Lacy and Rosenstiel, 2015)". 광고주는 한때 정치 세력으로부터 뉴스 미디어의 독립을 가능하게 한 순기능의 주인공이었지만, 이제는 적지 않은 광고주가 뉴스 미디어의 상업적 편향을 낳는 역기능의 주인공이 된 것이다.

① 미디어의 정치적 편향을 완화하는 광고주

먼저, 광고주가 광고 구매력을 바탕으로 미디어의 소비자 전략과 콘텐츠에 어떤 영향을 끼치는지부터 확인해 보자. 광고주의 최대 관심사인 광고 효과는 광고가 노출될 미디어의 소비자의 규모나 특성에 달려 있다. 그중 첫째는 역시 소비자의 규모다. 10명이 보는 신문과 100명이 보는 신문의 광고 효과는 다를 수밖에 없다. 따라서 광고주들은 더 많은 뉴스 소비자를 지닌 미디어를 선호한다. 이런 광고주의 태도는 미디어의 콘텐츠 전략에도 영향을 미친다.

장 가브스제위츠Jean Gabszewicz, 디더 라우셀Dider Laussel, 나탈리 소낵Nathalie Sonnac은 이처럼 뉴스 미디어가 더 많은 광고 수입을 위해 뉴스 소비자를 늘리려는 과정에서 나타나는 뉴스 미디어의 정치적 편향 변화를 연구했다(Gabszewicz, et al., 2001). 가브스제위츠 등에 따르면 뉴스 미디어의 수입원이 오직 '판매'뿐이면, 경쟁하는 뉴스 미디어들은 정치적 편향을 최대한 차별화한다. 정치적 편향 같은 핵심 특성을 차별화할수록 두 미디어는 가격 경쟁을 덜 해도 되고, 가격 경쟁을 덜 할수록 이익은 늘어나기 때문이다.

그런데 광고주의 등장으로 뉴스 미디어들이 광고 수입까지 얻게 되면 사정은 달라진다. 뉴스 미디어들은 더 많은 광고 수입을 얻으려 소비자를 늘리려 하고, 이를 위해 판매 가격을 낮추거나 콘텐츠의 내용(편향) 변화를 도모한다. 결과적으로, 뉴스 미디어들은 각자의 정치적 편향을 완화한다. 이로 인해 편향이 서로 비슷해지면 뉴스 미디어들은 가격 경쟁을 벌이게 되지만, 광고 수입에 따른 재정적 여유가 가격 경쟁을 어느 정도 감내할 수 있게 한다고 가브스제위츠 등은 설명했다. 가브스제위츠 등은 특히 '광고 단가'가 높거나 '소비자들의 정치적 선호'가 약한 상황일수록 뉴스 미디어들은 정치적 편향을 더

적극적으로 완화한다고 설명했다.[28]

가브스제위츠 등은 뉴스 미디어가 광고 효과의 극대화라는 광고주들의 기대에 부응하는 방법에는 비정치적 정보나, 문화와 오락 등 연성 뉴스를 확대하는 등의 수단도 있다고 말했다. 덜 정치적인 뉴스 소비자들을 유인해 광고에 노출되는 소비자 규모를 늘릴 수 있기 때문이다. 이처럼 뉴스 미디어가 비정치적 콘텐츠의 비중을 늘릴 때도 정치적 편향 완화라는 결과를 얻게 된다.

요컨대, 뉴스 미디어들은 광고 수입이 생기면 정치적 편향을 완화한다. 가브스제위츠 등의 이런 견해는 광고를 본격적으로 싣기 시작하면서 정파적 편향이 현저히 약화된 19세기 '값싼 대중지 시대'[29]나, 정치적 편향이 거의 없는 무가지無價紙[30]의 사례에 잘 부합한다.

한편, 일부 학자들은 광고 시장의 규모와 미디어의 정치적 편향 사이의 상관관계를 연구했다. 시카고대학의 스콧 겔바흐Scott Gehlbach와 콘스탄틴 소닌Konstantin Sonin은 광고 시장 규모가 커질수록 뉴스 미디어들의 정치적 편향은 감소하며 정파로부터 독립적인 보도 경향이 강해진다는 연구 결과를 제시했다(Gehlbach and Sonin, 2014). 또 아르만도 피레스Armando Pires도 "뉴스 미디어는 광고 시장이 작으면 경쟁 미디어에 대해 정치적 편향을 최대한 차별화하고, 광고 시장이 클 때는 정치적 편향의 차별화를 최소한으로 한다"고 주장했다(Pires, 2014).

---

28 가브스제위츠 등과는 달리, 신문들이 '광고 가격 담합'으로 높은 광고 수입을 얻을 때는 판매 가격 경쟁과 신문 간의 편향 차별화 경쟁이 모두 심화한다는 견해도 있다(Gentzkow, Shapiro, and Sinkinson, 2014). 8.4. 언론의 경쟁이 미디어 편향에 끼친 영향 '각주 21' 참고.

29 '값싼 대중지 시대'는 3.2.1.① 객관주의 저널리즘의 탄생 참고. 광고 수입을 얻기 시작하며 정파적 미디어 포획에서 자유로워진다는 실증적 연구들은 10.3.① 정치적 미디어 포획의 공급을 좌우하는 '광고 수입'에서 소개한다.

30 무료로 배포되는 신문이나 잡지. 수입을 광고에만 의존한다. 한국에서는 2000년대 초중반 지하철 이용자들을 상대로 성업했다. ≪메트로≫, ≪포커스≫, ≪AM7≫ 등이 있었으나 2010년대 들어 모두 사라졌다. 그중 ≪포커스≫의 발행 부수는 38만 부에 이르렀었다. 유료 신문들과는 달리, 정파적 색채가 옅고 연예나 스포츠 분야의 콘텐츠가 많았다.

:: 한 걸음 더 9-3 :: **광고 수입이 정치적 미디어 편향에 미치는 세 효과**

에스더 갈로Esther Gal-Or, 탄세프 게일라니Tansev Geylani, 피나 일디림Pinar Yildirim 등 미국 피츠버그대학의 세 학자에 따르면, 신문들이 광고 수입과 구독료 수입 모두를 얻을 때는, 신문의 정치적 편향과 관련해 다음과 같은 세 가지 효과가 생겨난다(Gal-Or, et al., 2012).

(1) 광고 수입으로 재정적 여력이 생긴 신문들의 가격 경쟁이 증가한다. 구독료를 낮춰 더 많은 독자를 획득하려는 것이다. 하지만 가격 인하 경쟁은 기업에게 언제나 고통스럽다. 따라서 가격 경쟁을 완화하려 정치적 편향을 더 차별화한다.

(2) 신문들은 광고 수입을 늘리려 한다. 이를 위해 신문들은 중도적 성향의 독자 획득에 나서게 되고, 이런 독자 전략은 정치적 편향 완화를 낳는다.

(3) 신문들의 독자 특성이 차별적일수록, 광고주들은 광고를 게재할 신문을 효과적으로 선택할 수 있다. 광고주들의 이런 필요는 각 신문들이 다른 신문들과 독자를 차별화하려는 유인이 된다.

이 세 가지 효과 가운데 (1)과 (3)은 정치적 편향을 심화하는 효과인 반면, (2)는 완화하는 효과다. 그리고 이 세 효과를 종합한 결과가 광고주가 미디어의 정치적 편향에 미치는 효과다.

갈로 등은 또 개별 광고주들이 각기 하나의 신문에만 광고를 내는 경우와 여러 신문에 광고를 내는 경우도 비교했다. 그에 따르면, 광고주들이 각기 하나의 신문에만 광고를 게재할 때는 신문들 사이의 편향 차이는 신문들이 오로지 판매 수입만 얻을 때보다도 커진다. 반면 광고주들이 각기 여러 신문에 광고를 게재하는 경우에는, 신문들의 편향은 반대로 판매 수입만 있을 때보다 작아진다.

② 뉴스 왜곡의 직간접적 원인을 제공하는 광고주

뉴스 미디어가 광고 수입을 중시한다면, 뉴스 미디어는 자신의 소비자 가운데서도 광고주가 중시하는 뉴스 소비자를 더 중시하는 것은 아닐까? 스톡홀름 대학Stockholm University의 데이비드 스트롬버그David Strömberg는 이 의문에 답을 찾았다.

그에 따르면, 미디어들은 광고주가 귀중하게 여기는 뉴스 소비자들에게 더 우호적 편향을 보이게 된다. 만약 신문의 광고주가 높은 구매력을 지닌 부유한 독자들을 중시한다면, 신문들은 가난한 사람들의 관심사에 대해선 덜 보도하게 된다는 것이다. 이런 현상이 벌어지면, 빈곤층을 위한 정치인이나 정당의 공약은 미디어에 충분히 보도되지 않는다. 이 때문에 정치인은 빈곤층을 위한 공약을 내걸어도 (충분히 보도되지 않아) 그에 합당한 지지를 빈곤층으로부터 받기 어렵다. 그리고 이는 다시 정치인들이 빈곤층의 필요를 제대로 챙기지 않는 결과를 낳는다(Strömberg, 2004b). 스트롬버그의 이런 견해는 부유층이 뉴스 미디어를 포획해 경제적 불평등이 심화된다는 마리아 페트로바의 견해와 일맥상통한다.[31]

또 스트롬버그는 "많은 경우 신문들은 젊은이들에 더 편향적"이라고 말했다. 광고주들이 일반적으로 젊은 층을 더 중시하기 때문이다. 광고주는 광고에 잘 반응하는 사람들을 더 중시하는데, 젊은이들은 특정 브랜드에 대한 충성심이나 구매 패턴이 아직 형성되지 않아 나이 든 이들보다 광고에 더 쉽게 영향을 받는다는 것이다.[32]

광고주는 이처럼 뉴스 미디어의 콘텐츠와 소비자 전략 전반에 영향을 미친다고 경제학자들은 여긴다. 나아가 경제학자들은 광고주들이 개별 뉴스(들)의 보도 여부나 내용에 대해서도 직접 영향을 끼칠 수 있다고 설명한다. 광고주들이 자신에게 불리하거나 유리한 특정 뉴스(들)의 보도에 간여할 수 있다는 것이다. 광고주의 이런 개별 미디어 포획은 경제적 원리에선 정치권력 등에 의한 전형적인 미디어 포획과 다르지 않다.

실제로 광고주들이 뉴스 미디어를 포획한 크고 작은 사례들은 끊임없이 알려지고 있다.[33] 그러나 미디어 포획 자체가 워낙 은밀하게 이뤄지는 행위라는 점에서, 광고주에 의한 미디어 포획 사례는 드러난 것보다 훨씬 많을 것으로

31 9.1.④ 경제적 불평등을 심화하는 미디어 포획 및 10.4.③ 빈부 격차의 증가 참고.

32 미디어의 서로 다른 정치적 편향을 경제학의 제품 차별화 이론으로 처음 설명한 제임스 해밀턴도 신문들이 젊은 층에 편향적이라고 주장했다(Hamilton, 2004).

33 한국에서 근래에 널리 알려진 사례는 2019년 한국의 한 유력 일간지 발행인이 한 기업으로부터 금전적 대가를 약속 받고 해당 기업에 관한 기사를 삭제하게 한 일이다. 이 사실이 드러나자, 발행인과 편집국장이 사임했고, 신문은 독자에게 사과했다(성기웅, 2019.12.23).

보인다. 이처럼 개별 미디어가 광고주들에게 포획되는 이유에 대해 경제학자들이 내놓은 설명을 들어보자.

페브리지오 저마노Fabrizio Germano와 마틴 마이어Martin Meier는 뉴스 미디어가 광고를 통해 수입을 얻게 되면, 광고주 관련 기사에 대한 '자기 검열self-censorship'이 일어날 수 있다고 말했다. 자기 검열로 인해 광고주들에 부정적인 뉴스는 '과소 보도' 할 수 있다는 것이다. 그렇게 하는 게 이윤을 극대화하기 때문이다. 저마노와 마이어는 또, 뉴스 미디어가 광고주에 부정적인 뉴스를 과소 보도하는 경향은 해당 뉴스 미디어를 적은 사람들이 소유할수록, 동일한 소유주가 영위하는 미디어 브랜드가 많을수록 커진다고 말했다(Germano and Meier, 2013).

저마노와 매튜 엘만Mattew Ellman이 함께 한 연구에서는 미디어 간 경쟁이 감소할수록 친광고주 편향이 증가하고, 경쟁이 증가하면 친광고주 편향이 감소한다는 견해도 제시됐다(Ellman and Germano, 2009). 이 연구에 따르면, 경쟁이 없는 독점 신문의 경우, 광고 수입이 증가할수록 광고주에게 불리한 뉴스를 더 적게 보도하며 상업적 편향을 노정한다. 다른 경쟁 신문을 의식할 필요가 없어 수입을 늘려주는 광고주에게 더 호의적이 된다는 것이다. 반면, 여러 신문이 독자 획득을 위해 경쟁하는 환경에서는 광고주들의 '광고 수요'가 증가할 경우, 신문들의 광고주 편향은 오히려 감소하고 보도의 정확성은 그만큼 더 높아지게 된다. '광고 수요'의 증가는 광고주에 대한 신문의 협상력을 크게 하는 동시에, 각 신문들이 독자 획득을 위해 다투는 경쟁 신문의 보도를 더 의식하게 하기 때문이다(Ellman and Germano, 2009).

③ '보상' 대신 '벌'을 주는 광고주

미디어 포획자가 정부이든 광고주이든, 미디어 포획에는 '포지티브한 보상'만이 아니라 '네거티브한 보상'도 흔히 동원된다. 미디어 포획자는 포획에 응한 미디어에 물질적 대가를 포함해 긍정적인 혜택을 주기도 하지만, 포획에 응하지 않은 미디어에 대해 광고 거래 축소나 중단, 취재 거부,[34] 정간이나 폐간 조처 등 일종의 벌을 주기도 하는 것이다. 비판적 언론에 대한 벌주기와 그 효과는 앞서 9.1.② 경쟁이 미디어 포획에 끼친 실례들에서 홍콩 정부의 신문 탄압 사례를 통해서도 설명한 바 있다.

미디어 포획을 위한 이런 벌주기 전략을 일상적으로 애용하는 포획자는 광고주들이다. 비판 언론에 대해 벌을 주려면 법적·제도적·정책적 수단을 찾아야 하는 정치권력과는 달리, 광고주는 지금까지 해오던 광고 거래를 축소하거나 중단하는 것만으로도 손쉽게 미디어에 벌을 줄 수 있기 때문이다. 미디어 광고 시장이 미디어 중심 시장이 아니라 광고주 중심 시장일 때, 특정 광고주에 대한 미디어의 매출 의존도가 높을 때, 이 미디어는 '벌주기' 위협을 하는 특정 광고주의 포획에 더 취약하다. 나아가 광고주를 자극하지 않기 위한 미디어의 자기 검열 동기도 강화될 수 있다.[35]

특히, 포획자가 벌주기를 미디어 포획의 수단으로 삼을 때는 미디어 간의 경쟁 증가도 미디어 포획의 억제책이 되기 어렵다. "미디어 사이의 경쟁이 친광고주 편향을 감소시킨다"고 한 저마노와 엘만도 만약 광고주가 포획에 응하지 않는 신문에 광고 거래를 중단할 수 있다면, 즉 네거티브 보상인 벌주기에 나선다면, '친광고주 편향'을 줄이려는 뉴스 미디어의 태도를 바꿀 수 있다고

---

34 미국의 백악관이 2018년 7월 트럼프 미국 대통령에게 불편한 질문을 던졌던 CNN 기자에게 취재를 불허한 일이나, 한국의 대통령실이 윤석열 대통령의 2022년 11월 해외순방 당시 "가짜 뉴스 생산의 책임이 있다"며 MBC 취재진의 전용기 탑승을 불허한 사례 등이 이에 해당한다고 할 수 있다(이주한, 2018.7.26; 홍지인, 2022.11.14). 중요 취재 대상인 정부, 특히 국가수반과 관련된 취재 불허는 뉴스 미디어에 충분히 위협적이다(강아영, 2023.5.9). 광고주이자 취재원인 대기업이나 각종 단체들도 비판적 보도를 한 언론에 대해 취재 거부로 대응하는 경우가 흔하다.

35 광고주의 벌주기와 뉴스 미디어의 자기 검열에 관해서는 한국의 대표적 독립 언론인 ≪한겨레≫의 발행인이 2017년 9월 전 임직원에게 보낸 편지 글을 참고할 만하다. "삼성의 광고 축소는 삼성 관련 보도를 스스로 검열하라는 협박입니다. 총수 일가에 불리한 보도를 걸러내지 않는다면 그만큼 경영적 어려움을 감수하라는 무언의 압력입니다. 대다수 언론은 이런 부도덕하고 부조리한 요구에 굴복하고 있습니다. 언론을 금력으로 순치하려는 이런 행태는 민주주의에 대한 '정면 도전'입니다." 이동구(2017.09.22)에서 재인용.

설명했다(Ellman and Germano, 2009).

또 매튜 겐츠코우와 제시 샤피로 역시 미디어 포획자가 포획에 응한 미디어에 대가를 건네는 대신, 포획에 응하지 않은 미디어에 대해 가혹한 벌을 주는 포획 전략을 구사할 때는 경쟁의 증가도 미디어 포획을 막기 어렵다고 말했다. 특히 두 학자는 "처벌이 보도를 억제할 만큼 충분히 가혹하다면, (포획자는) 다수의 뉴스 미디어들을 자의적으로 억제할 수 있다"고 지적했다(Gentzkow and Shapiro, 2008a).

미디어 포획자의 벌주기 전략과 관련해서는 참고할 만한 한국 삼성그룹의 실례가 있다. 한국의 경제학자 이승희는 2010년 한 연구에서 '총수 일가가 막대한 비자금을 운영해 왔다'는 내부자의 폭로[36]가 나온 뒤 삼성그룹이 취한 광고 게재 전략도 분석해 소개했다. 이에 따르면 삼성그룹은 당시 비판적 보도를 잇달아 했던 ≪경향신문≫과 ≪한겨레≫에 대해서는 광고 게재를 중단하고, ≪조선일보≫, ≪동아일보≫, ≪중앙일보≫ 등 3대 신문에는 광고를 늘리는 확실한 '선택과 배제' 전략을 사용했다. 이에 따라 '광고 중단'의 '벌'을 받은 ≪한겨레≫와 ≪경향신문≫이 차지한 비중은 각각 2007년 삼성그룹의 신문 광고비 총액의 5.45%와 5.17%였으나 2009년에는 0.02%와 0.03%로 급감했다.[37] 반면 ≪조선일보≫, ≪동아일보≫, ≪중앙일보≫ 등 3사에 지출된 광고비 비중은 같은 기간 26.04%에서 33.85%로 크게 증가했다. 이와 관련해, 이승희는 "신문 광고 시장이 갈수록 위축되고 있는 상황에서 재벌들이 시장지배력을 토대로 광고를 무기 삼아 언론을 통제하고자 한다면 자본력이 부족한 신문사는 스스로 재벌에 굴종하거나 살아남기 어렵게 될 것"이라고 지적

---

36 삼성그룹의 전직 법무팀장 김용철은 2007년 10월 29일 삼성그룹의 비자금 조성 방식과 전방위 로비의 실상을 폭로했다.

37 삼성그룹이 비우호적 뉴스 미디어들에 대해 벌주기 전략을 쓴 것은 2017~2019년 3년에 걸쳐 ≪한겨레≫에 대한 광고 게재액을 4분의 1 수준으로 줄인 것을 비롯해 여러 차례였다(김성호, 2009.7.14; 조수경, 2015.1.8; 박장준, 2015.8.12; 강아영, 2017.9.27). 광고주가 보도 내용을 이유로 광고 게재를 중단하거나 줄인 미국의 사례들은 10.2.① **담배·제약·자동차 산업과 미디어의 상업적 편향**을 참고.

했다(이승희, 2010).

9.4. ı 미디어 권력

뉴스 미디어는 의도를 담은 보도로 선거나 여론에 영향을 미치기도 한다. 미디어 권력으로 불리는 현상이다. 이 현상은 '언론사 사주'나 '저널리스트(들)'에 의한 미디어 편향과도 이어져 있다. 뉴스 공급자들이 사적 욕망이나 신념을 위해 보도 여부를 결정하고 '사실의 취사선택'과 '의도를 담은 맥락의 부여' 등으로 뉴스를 조작할 때 미디어 권력 현상이 등장하기 때문이다.[38]

이런 현상은 상상 속에서가 아니라 실제로 일어나는 일이다. 19세기 말 미국의 '신문 왕'으로 불린 윌리엄 허스트William Hearst와 조셉 퓰리처Joseph Pulitzer가 각기 자신들이 운영하던 신문들을 통해 자극적인 왜곡·과장 보도로 스페인에 대한 전쟁을 부추기며 상업적 이익을 취한 일이나, 이탈리아의 미디어 재벌 실비오 베를루스코니Silvio Berlusconi가 1980년대 이후 자신이 소유한 텔레비전 방송 채널들을 이용해 정치적 영향력을 확대하고 자신이 몸담은 정치 세력의 선거 승리를 일궈내며 20년 동안 세 번이나 총리직에 오른 일은 미디어 권력 현상이 배경이었던 역사적 사례들이다.

미디어 권력 현상은 뉴스 미디어나 저널리스트의 직업적 이해가 걸린 사안을 다룰 때도 등장한다. 2014~2016년 한국에서는 언론인을 법 적용 대상에 포함한 '김영란법'[39]의 제정에 대해 대부분의 뉴스 미디어와 저널리스트들이 일제히 반대의 목소리를 쏟아냈다. 당시 한국인의 70%가 법 시행에 찬성하는 것으로 조사됐지만, 대부분의 한국 언론은 이에 아랑곳하지 않았다. 이 때문

38 안드레아 프랫은 "미디어가 편향되지 않았다면 유권자들이 하지 않을 선거에서의 결정을 유권자들이 하게 하는 능력"으로 '미디어 권력'을 정의했다(Prat, 2018).

39 법의 원래 이름은 '부정청탁 및 금품 등 수수의 금지에 관한 법률'이다.

에 미디어 권력을 경험한 많은 뉴스 소비자들은 예나 지금이나 뉴스 미디어들이 자신들의 이익을 위해 정책과 제도에 영향을 미치거나 특정 정당(후보)의 선거 승리를 돕는 편파적 보도를 한다고 여긴다.

미디어 권력은 앞서 살펴본 미디어 포획의 대척점에 있는 현상이다. 따라서 정치 세력이나 정당, 혹은 이익 집단 등에 의한 미디어 포획 현상이 적으면 미디어 권력 현상은 많은 경향이 있다. 미디어 포획의 관점에서 미디어 권력을 본다면, 포획 비용이 너무 커져 포획이 그만큼 어려운 상태라고 할 수 있다. 견제와 균형이 잘 작동하는 정치 시스템과 독립적인 사법 시스템을 갖춘 사회일수록 미디어 포획은 더 어려워지는 반면, 미디어 권력의 발현 가능성은 상대적으로 높아진다. 미디어 포획은 민주주의가 미성숙한 국가에서, 미디어 권력은 역설적이지만 민주주의가 발전한 국가에서 더 쉽게 나타날 수 있다는 것이다. 물론, 미디어 포획이나 미디어 권력은 모두 뉴스 소비자의 '정보 후생'과 민주주의에 심각한 악영향을 준다는 점에서는 차이가 없다.

① 뉴스 시장의 집중과 미디어 권력의 측정

미디어 권력의 크기는 그 주체인 특정 미디어(들)의 시장 점유율에 직접적으로 좌우된다. 다양한 정보와 견해를 접할 수 있는 다원적인 뉴스 시장일수록 미디어 권력의 폐해는 적다. 한 사회의 다양한 정치·사회·문화적 주장과 견해가 다양한 미디어를 통해 보장되는 '미디어 다양성'이 확보된 뉴스 시장을 생각해 보자. 이런 시장에서는 개별 미디어들이 더 적은 수의 뉴스 소비자들을 만나는 반면, 뉴스 소비자들은 더 많은 미디어로부터 정보를 얻을 가능성이 커진다. 이 상황에서 미디어 권력 현상은 제한적 수준에 머무를 수밖에 없다.

그러나 미디어의 다양성이 사라진 독과점 상태의 뉴스 시장에서는 미디어 권력이라는 부작용의 가능성이 커진다. 어떤 사회에 뉴스 미디어가 단 하나라면, 이 미디어가 누릴 수 있는 미디어 권력은 매우 클 것이다. 또한 뉴스 시장의 높은 집중 수준은 미디어 권력 현상을 부추기는 구실을 한다. 19세기 미국의 허스트나 퓰리처, 이탈리아의 미디어 재벌 베를루스코니, 한국의 ≪조선일보≫ 등 이른바 '조중동'으로 불리는 메이저 신문들에서 나타나는 미디어 권력 현상은 모두 높은 뉴스 시장 점유율이 기본 배경이다.

그렇다면 미디어 권력의 크기는 어떻게 측정할 수 있을까? 가장 손쉬운 방식은 경제학에서 '시장 집중market concentration 수준'을 측정하는 일반적인 지표인 '허핀달-허쉬만 지수Hirschmann-Herfindahl Index: HHI'[40]나 상위 K개 기업의 '시장 지배력market power'를 나타내는 '기업 집중률Concentration Ratio: CRk'을 이용하는 것이다.

HHI는 산업 내 각 기업의 시장 점유율의 제곱을 모두 더해 산출한다. 만약 시장에 하나의 기업만이 있다면 시장 점유율은 100%이고 HHI는 10,000(=100^2)이다. 시장에 세 개 기업이 있고 점유율이 각각 10%, 10%, 80%이라면 HHI는 6,600(=$10^2+10^2+80^2$), 네 개 기업이 있고 점유율이 각각 10%, 20%, 30%, 40%라면, HHI는 3,000(=$10^2+20^2+30^2+40^2$)이 된다. 이처럼 독과점이 심할수록 HHI는 크다. CR_k는 한 산업(시장)에서 상위 k개 기업의 거래액이나 고객 수 등이 산업(시장) 전체에서 차지하는 비율이다. 'CR_3'이 흔히 쓰이는데, 상위 세 개 기업이 전체 시장 거래액의 40%를 차지하면 CR_3은 40%이다.

그러나 일반 상품 시장 기준으로 보면, 그림 9-2처럼 760~946 수준인 한국 미디어 산업의 HHI는 꽤 경쟁적인 수준이다. HHI의 경우, 보통 '100 이하'이면 경쟁이 심한 산업, '100 초과 1500 이하'는 덜 집중된 산업으로 분류하기 때문이다.[41] 이런 사정은 다른 나라도 유사하다. 따라서 어떤 나라도 미디어 시

40 '허핀달-허쉬만 지수'는 1945년 독일 출신 경제학자 알버트 허쉬만(Albert Hirschman)에 의해 처음 개념이 처음 알려졌고, 미국 경제학자 오리스 허핀달(Orris Herfindahl)이 1950년 철강 산업에 대해 쓴 논문에서 지금의 HHI와 같은 지수가 제시됐다. 허핀달-허쉬만 지수라는 이름은 이 두 학자의 아이디어가 유사한 데서 비롯한 것이다.

41 HHI가 1500 초과 2500 이하일 때는 '조금 집중된 산업', 2500을 초과하면 '매우 집중화 산업'으로 분류된다.

그림 9-2 **한국의 매체합산 여론영향력 집중도 추이**(2013~2021)

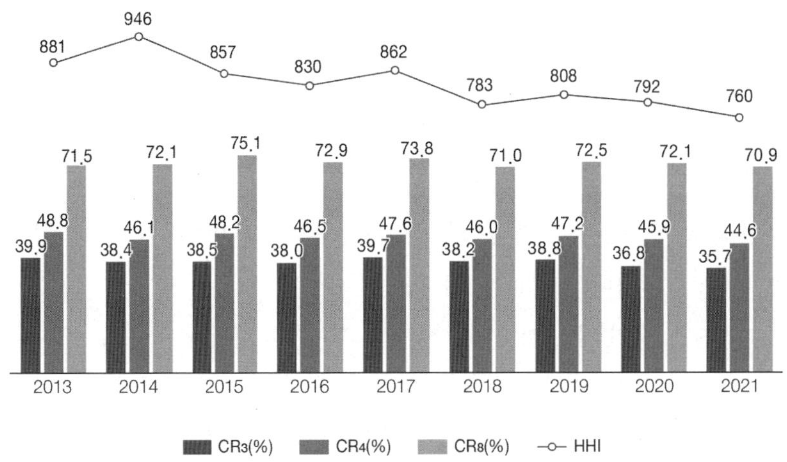

주: 4대 미디어, 종이 신문·텔레비전방송·라디오방송·인터넷뉴스 부문 합산.
출처: 문화체육관광부 제4기 여론조사집중도조사위원회(2022).

장의 집중도를 일반 상품 시장과 같은 기준으로 이해하지는 않는다. 일반 시장에 적용하는 시장 지배력 개념으로는 미디어 산업의 특수성을 완전히 포착해 내지 못하기 때문이다(Polo, 2005). 그 이유, 즉 미디어 시장에 대한 시장 지배력(혹은 집중도)의 측정이 일반 시장과 달라야 하는 이유를 안드레아 프랫은 다음과 같이 설명한다(Prat, 2014.8.22).

> 우유 산업에서의 과도한 집중은 '더 높은 가격'과 '더 낮은 품질'로 '더 작은 소비자 잉여'를 초래할 수 있다. 이는 미디어 산업에서도 마찬가지다. 하지만 미디어 시장에서의 과도한 집중에는 여기에 더해 뉴스 미디어의 사회적 구실에서 비롯되는 위험도 있다. 우유의 생산과 달리 뉴스의 생산은 민주주의 정치 과정의 핵심이다. 시민들은 대중 뉴스 미디어로부터 정치 정보를 얻고 투표 등 정치적 선택을 한다. 따라서 뉴스 미디어는 … (과도한 집중 수준만큼) 뉴스 소비자의 견해와 투표 행위에 영향을 미칠 수 있다(Prat, 2014.8.22).[42]

이뿐만이 아니다. 디지털 시대 이후에는, 경제학의 전통적 분석 방식으로 미디어 산업의 집중 문제를 파악하는 게 사실상 불가능해졌다. 뉴스 시장은 보통 신문, 텔레비전, 라디오 등 서로 다른 플랫폼으로 나뉘어 있다. 그런데 만약 개별 플랫폼 단위로 파악하면 여러 플랫폼에 걸친 미디어 기업을 소유한 복합 미디어 기업 집단의 영향력은 가늠할 수 없게 된다. 또 신문이나 라디오 방송 등 일부의 플랫폼에만 뉴스를 공급하는 특정 뉴스 미디어가 미디어 산업 전체에서 지닌 상대적 영향력도 파악할 수 없다.

그렇지만, 이미 많은 미디어가 신문·텔레비전·라디오·인터넷 등 여러 플랫폼에 동일한 메시지가 담긴 콘텐츠를 공급하고 있다. 이 상황에서 HHI 같은 공급자 중심의 전통적인 집중도 측정 방법을 그대로 적용해서는 특정 미디어(들)의 종합적인 여론 영향력을 가늠하기 어렵다. 지금은 종이 신문 한 가지나 종이 신문과 방송 두 가지 대중 미디어만이 존재했던 시절과는 판이하게 다른 상황이다. 특히 서로 다른 미디어 기술 플랫폼상의 회사들이 합병할 때는 합병 기업의 미디어 권력과 시장 집중도를 측정하는 게 전에 없이 중요하고도 어려운 문제가 됐다.

한국보다 앞서 미디어의 여론 영향력 조사를 시작한 미국에서는 2003년 연방통신위원회가 여론 영향력이 서로 다른 플랫폼의 상대적 영향력을 산정한 '미디어 다양성 지수Media Diversity Index: MDI'를 표 9-2처럼 제시했다. 각 플랫폼에서 영위되고 있는 미디어 기업들의 '교차 소유와 합병 등에 따른 집중의 문제'를 다룰 기준이 필요했던 까닭이다. 그러나 미 연방대법원은 이 지수를 부적합하다고 판결했다. 미디어 기업 간의 합병 등에 대한 적절한 심사 기준이 될 수 없다는 것이었다. "비합리적인 가정과 (실제와의) 불일치"가 그 이유였다(Prat, 2015). 미국의 연방통신위원회까지 나서 다년간의 연구 끝에 제시한 기

42 프랫은 이 언급에서 폭스 뉴스의 등장으로 미국 공화당의 전국 득표율이 0.4~0.7%p 증가했다는 DellaVigna and Kaplan(2007)의 연구 사례를 꼽았다. 이를 포함해 더 많은 사례는 8.5. 미디어 편향이 뉴스 소비자에게 미치는 영향 참고.

준이 부적합하다는 판단을 받은 것은, 그만큼 플랫폼을 넘나드는 미디어 권력을 합리적으로 측정하는 게 쉽지 않다는 뜻이었다.

표 9-2 미국 연방통신위원회의 '미디어 다양성 지수(MDI)'(2003)

미디어	텔레비전 방송	라디오 방송	신문	주간지	케이블인터넷	기타 인터넷
가중치	33.8%	24.9%	20.2%	8.6%	2.3%	10.2%

출처: Federal Communications Commission(2003).

② '미디어 권력 지수'와 미국의 미디어

플랫폼별로 나누어진 뉴스 미디어 환경에서 미디어 권력을 효과적으로 측정할 수 있도록 하는 물꼬를 튼 경제학자는 안드레아 프랫이었다. 미디어 권력 현상의 대표적 연구자인 그는 미디어 권력을 측정할 때 중요한 관점은 사람들이 '어떻게'(어떤 미디어 플랫폼을 통해) 정보를 얻는지보다 '무슨' 정보를 얻는지라고 생각했다. 또 그는 서로 다른 플랫폼에 속한 뉴스 미디어끼리도 영향력의 비교가 가능해야 한다고 여겼다. 이를테면 "≪뉴욕 타임스≫는 CNN보다 영향력이 큰가, 아니면 작은가? CNN의 영향력은 야후 뉴스Yahoo News보다 큰가, 작은가?"에 답할 수 있어야 한다는 것이었다.

프랫은 이런 문제의식을 바탕으로, 모든 미디어 플랫폼에 걸쳐 특정 미디어 기업이 뉴스 소비자에게 끼치는 영향력을 합산하는 '미디어 권력 지수Media Power Index: MPI'를 개발했다(Prat, 2018). 프랫은 먼저 '뉴스 소비자별'로 이들이 모든 미디어 플랫폼에서 뉴스를 소비하는 다양한 미디어를 파악했다. 예를 들어, 어떤 사람은 종이 신문 ≪뉴욕 타임스≫를 읽고 ABC의 방송 뉴스를 시청했다. 또 어떤 뉴스 소비자는 종이 신문 ≪월스트리트 저널≫, 야후 뉴스의 인터넷 사이트, 그리고 CNN 방송을 통해 뉴스를 접하고 있었다.

프랫은 이처럼 뉴스 소비자별로 모든 플랫폼에서의 미디어 소비 실태를 파악한 뒤, 이를 개별 미디어 기업과 미디어 기업 집단별로 분석해 이들이 각기 지닌 '미디어 권력 지수MPI'를 산출했다(구체적 산출 방식은 〈한 걸음 더 9-6〉 참고).

표 9-3은 프랫이 산출한 2012년 미국의 15대 뉴스 미디어 기업 및 기업 집단의 미디어 권력 지수들이다.[43] 이를 보면, 미디어 권력의 크기를 나타내는 이 지수가 가장 높은 곳은 폭스 뉴스와 ≪월스트리트 저널≫을 운영하고 있는 뉴스 코퍼레이션News Corporation이었다. 그 뒤를 NBC와 MSNBC를 소유한 콤캐스트Comcast와 CNN과 ≪타임Time≫을 소유한 타임 워너Time Warner가 이었다.

≪뉴욕 타임스≫는 전체 9위였고, 디지털 기반의 미디어 가운데에선 야후 뉴스Yahoo News가 전체 6위로 가장 높았다.

프랫이 측정한 2012년 당시 미디어 권력의 특징을 보면, 가장 강력한 네 개의 미디어 회사는 모두 텔레비전 방송을 기반으로 하는 미디어 그룹이었다. 이는 이들 소수의 미디어 그룹이 지닌 정치적 영향력이 그만큼 컸고, 당시 많은 수의 미국인들이 주로 텔레비전에서 뉴스를 얻었음을 시사하는 것이었다. 이 때문에 프랫은 "미디어 규제 당국이 대형 텔레비전 기업과 관련된 합병을 다룰 때는 극도로 경계해야 한다"고 지적했다.

또 다른 특징은 미디어 권력 지수들의 절대적 수치가 상당히 높았다는 것이다. 뉴스 코퍼레이션의 권력 지수(0.221)를 두고 프랫은 선거에서 22.1%의 표심에 영향을 줄 수도 있는 잠재력을 뜻하는 것이라고 설명했다. 그만큼 대규모 미디어 기업 집단이 한 사회의 정치 과정에 미칠 수 있는 영향력은 컸다. 이런 높은 수준의 미디어 권력 지수는 일반적인 시장을 다루는 기준HHI으로는 미디어 시장이 상대적으로 경쟁적인 듯이 보일 때도, 뉴스 소비자의 상당수는 '소수의 뉴스 제공자'로부터 정보를 얻고 있다는 것을 뜻했다.

요컨대, 일반 상품 시장의 시장 집중도를 측정하는 전통적 방식인 '허핀달-허쉬만 지수HHI나 '(상위 k개 기업의) 기업 집중률CRk'로는, 대부분의 뉴스 소비

43 프랫은 이 지수들을 미국의 대표적 사회조사기관인 '퓨 리서치 센터'의 '미디어 소비자 조사(Media Consumption Survey)' 데이터를 이용해 산출했다.

표 9-3 2012년 미국 15대 미디어 기업(그룹)의 '미디어 권력 지수(MPI)'

뉴스 미디어 기업	도달률	합산 주목도	미디어 권력 지수
News Corp.(Fox, WSJ)	0.311	0.181	0.221
Comcast(NBC, MSNBC)	0.268	0.133	0.153
Time Warner(CNN, Time)	0.209	0.079	0.086
ABC	0.143	0.062	0.066
NPR(National Public Radio)	0.141	0.056	0.059
Yahoo	0.126	0.054	0.057
CBS	0.087	0.035	0.036
MSN	0.094	0.032	0.033
NY Times	0.079	0.030	0.031
Viacom	0.063	0.028	0.028
PBS	0.079	0.024	0.025
Rush Limbaugh	0.063	0.021	0.022
Google	0.055	0.021	0.022
USA Today	0.047	0.019	0.020
AOL	0.031	0.013	0.013

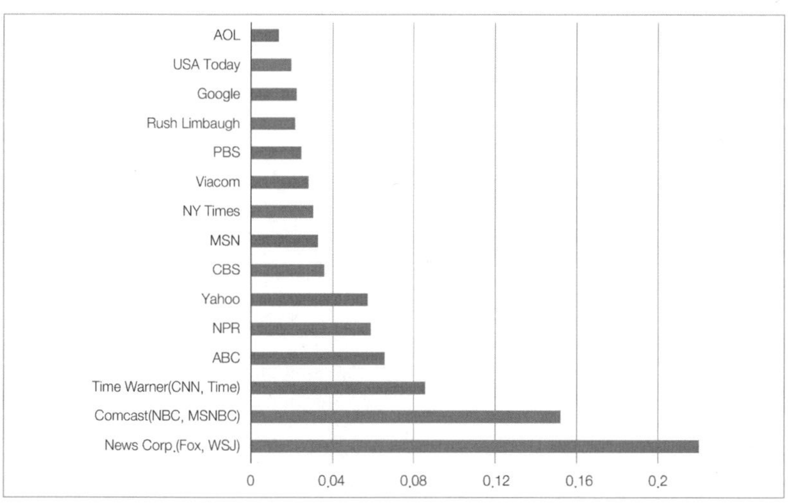

출처: Prat(2018); Pew Media Consumption Survey(2012).

자가 상대적으로 매우 적은 수의 공급자로부터 뉴스를 얻는 문제점을 제대로 포착해 내지 못한다. 특히, 다양한 미디어 플랫폼이 있는 상황에서 미디어 권력을 측정하는 데는, 모든 플랫폼에 걸쳐 미디어를 소비한 데이터를 소비자 개개인별로 집계한 뒤 이를 미디어 기업이나 그룹별로 재분류하고 분석하는 방식이 더 효과적이다.

한편, 미디어 권력을 측정하고 파악하는 방식에는 나라별로 차이가 있다. 뉴스 미디어 시장과 산업의 현실, 경쟁 정책에 대한 관행이나 사회적 통념, 그리고 사람들의 언론관이 다른 탓이다. 이 때문에 미디어 권력을 측정하고 파악하는 방식도, HHI나 CR_k 수준의 시장 집중도 측정에 그치는 경우부터 소비자 조사를 바탕으로 미디어의 정치적 영향력을 측정하는 경우에 이르기까지 나라마다 다양하다.

9.5. | 여론 다양성을 위한 정책

뉴스 시장에 대한 정부의 개입에는 7장 자유롭게 경쟁하는 언론은 '진실'을 드러낼 수 있을까?에서 설명한 것처럼 풀기 힘든 딜레마가 있다. 과열 경쟁에 따른 '불량 정보'의 양산을 막거나 '다양한 정보 공급'을 위해 뉴스 미디어에 대한 정부의 개입이 필요하지만, 개입의 주체인 정부는 뉴스 미디어의 가장 핵심적인 감시 대상이기 때문이다. 언론의 감시 대상이 언론 시장에 개입하는 상황 자체가 딜레마인 셈이다. 그럼에도, 뉴스 소비자들에게 항상 나쁜 결과를 초래하는 미디어 포획과 미디어 권력 현상을 줄이기 위한 정부의 개입은 불가피하다. 동시에 개입의 부작용을 줄이는 것은 뉴스 미디어 시장에 관한 정책에서 개입만큼이나 중요한 과제다.

미디어 포획과 미디어 권력에 관한 정책의 기본적인 초점은 간명하다. 먼저 앞에서 살펴봤듯이 두 현상 모두 뉴스 시장의 독과점 등 시장 집중이 심화할수록 생겨나기 쉽다. 따라서 미디어 포획과 미디어 권력 현상을 억제하려면 뉴스 시장의 과도한 집중을 막아야 한다. '더 많은 뉴스 미디어(경쟁)' 혹은 '미디어 다양성'은 일반적으로 미디어 포획이나 미디어 권력에 대한 효과적인 방어수단이 되기 때문이다.

특히, 미디어 다양성은 유권자들의 선거 참여에 긍정적인 영향을 미치고 정치인들의 책무성accountability도 높이며 공익을 증진시킨다. 반대로 특정 편향의 뉴스 미디어(들)의 시장 과점은 '기울어진 언론 지형'을 만들어 사회의 민주적 유지와 발전에도 백해무익하다. 성숙한 민주주의 국가일수록 언론 시장과 산업의 과도한 집중을 규제하는 것도 같은 이유다.

물론, 경쟁이 지나치면 부작용도 나타날 수 있다. 이에 관해서는 7.1.① '너무 많은 경쟁'과 불충분한 뉴스 공급 및 9.2. 디지털 시대, 독이 된 경쟁에서 살펴본 바 있다. 그러나 높은 수준의 시장 집중을 완화하거나 예방하는 것이 곧 과도한 경쟁을 초래하는 것은 아니다. 따라서 뉴스 미디어 시장의 집중을 완화하고 적절한 경쟁 수준을 유지하는 것은 언제나 추구해야 할 미디어와 언론 정책의 목표라 할 수 있다.

이처럼 뉴스 시장의 집중 억제와 여론 다양성 확보를 위한 정책은 대체로 플랫폼별 규제, 일반 경쟁 정책에 입각한 규제, 그리고 뉴스 시장에 대한 공공부문의 참여 등 세 범주로 나뉜다.

이들 규제의 특징과 한계를 범주별로 소개하면 다음과 같다.

먼저 플랫폼별 규제는 신문이나 방송 같은 특정 플랫폼에만 적용되는 규제다. 대표적인 게 미디어 기업에 대한 소유 제한이다. 대부분의 나라에 있는 제도다. 프랑스에서는 어느 누구도 미디어 기업의 지분을 49% 이상 보유할 수 없는데, 이런 단순한 소유 제한을 비롯해 신문과 방송의 교차 소유 제한, 또는 외국인의 미디어 소유 제한 등이 플랫폼별 규제에 속한다. 플랫폼별 규제에는 개별 미디어 기업에 대해 시장 점유율 상한을 정하거나 광고 영업과 관련한 규제를 두는 것도 포함된다.

그러나 근래에는 새로운 플랫폼들이 계속 등장하고 하면서 과거와는 달리 동일한 콘텐츠가 다양한 플랫폼을 통해 제공되는 일이 흔해졌다. 서로 다른 플랫폼에서 활동하는 미디어 기업들은 동일한 뉴스 소비자를 놓고 경쟁하는 일도 곳곳에서 벌어지고 있다. 이런 상황에서 특정 플랫폼에 한정된 규제는 시대에 뒤떨어진 매우 비효율적인 일이 되고 있다. 따라서 특정 미디어(들)의 과도한 영향력을 규제하는 것은 특정 플랫폼이나 시장별로 이뤄지는 것보다는 미디어 플랫폼들을 종합해 이뤄지는 게 바람직하다는 주장이 힘을 얻고 있다.

두 번째 범주, 일반 경쟁 정책에 입각한 규제는 경쟁 환경의 조성을 위해 어느 산업에서나 동일하게 적용되는 표준 규칙을 말한다. 이 규칙은 기업이 제공하는 제품 및 서비스의 가격, 수량 및 품질과 관련한 소비자 후생 보호가 목적이다. 미디어가 민주주의 정치 과정에 미치는 영향을 감안한 규제는 아니라는 뜻이다. 앞서 언급했듯이, HHI 같은 경제학 일반의 표준 개념들은 미디어 산업에서 추구되어야 할 '미디어 다양성'은 담아내지 못한다(Noam, 2009; Polo, 2005). 따라서 일반 제품·서비스 시장의 경쟁 규칙은 미디어 권력과 미디어 포획에 관한 한 효과적이지 않다.[44] 일반적인 경쟁 정책의 관점에서 문제가 되지 않지만 미디어 포획 혹은 미디어 권력의 문제는 일반 경쟁 정책에 입각한 규제로 해결하기 어렵다는 뜻이다.

세 번째는 공영 뉴스 미디어처럼 뉴스 시장에 공공 부문이 직접 참여하는 것이다. 영국의 BBC와 한국의 KBS 등 대부분의 나라에는 '공영방송'이 있다. 사실, 미국을 제외하면 대부분의 나라에서 가장 큰 방송 네트워크는 공영이다. 공영 미디어가 만약 정부나 정치 세력으로부터 독립적인 제도와 관행으로

44 미디어 포획에 관한 가장 대표적인 경제학 이론인 베슬리-프랫의 모형에서 미디어 포획을 좌우하는 요소는 N(미디어의 숫자), R(시장 전체의 수익), T(거래 비용)이다. 하지만 HHI의 크기는 N, R, T와 직접적 관계가 없다. 즉, HHI를 조정해 미디어 포획 여건을 바꿀 수는 없다. 〈한 걸음 더 9-4〉 베슬리-프랫 모형의 수리적 이해 참고.

운영된다면, 민영 미디어에 비해 정치적 편향에서 자유롭고 공정한 뉴스를 공급할 수 있다는 데 학자들은 대체적으로 동의한다.

그러나 정부나 정치 세력으로부터 독립적인 제도와 관행이 일반적으로 가능한 것인지, 실제 현실은 어떤지에 대해선 학자들마다 견해가 다르다. 이를테면, 공영방송인 영국의 BBC와 한국의 KBS에 대한 평가는 크게 다르다. BBC의 경우, 치열한 경쟁을 벌이는 민영 미디어들보다 더 양질의 콘텐츠를 제공해 왔고 정치적으로도 특정 정파에 편향적이지 않다는 평가를 받아왔다(Zaller, 1999). BBC는 미디어 포획이나 미디어 권력 모두로부터 충분히 벗어나 있다는 것이다.

반면, 한국의 공영방송인 KBS는 진보와 보수 정당 중 어느 쪽이 집권하느냐에 따라 극과 극의 정치적 편향 논란을 반복적으로 겪고 있다. 특히 공영 방송사의 사장 선임을 놓고는 방송사 내부에서는 물론 외부의 정치·사회 세력 간에도 격렬한 충돌이 벌어진다. 안타까운 일이지만, 한국의 사정은 공영방송이 정치 세력으로부터 독립성을 확보하는 제도와 관행을 갖추지 못했을 때 미디어 포획의 가장 쉬운 대상이 되고, 공공의 감시와 참여가 불충분하면 미디어 권력의 온상이 될 수도 있음을 보여주는 예다.

미디어 포획이나 미디어 권력 현상에 취약한 공영방송에 관한 사례 연구로는, 실비오 베를루스코니가 집권한 이탈리아에서 공영방송의 편향이 크게 변했음을 실증적으로 밝혀낸 루벤 두란테와 브라이언 나이트의 연구,[45] 많은 나라에서 정부들은 시장의 실패를 보완하기보다는 자신들의 권한을 강화하려 미디어를 이용한다는 시메온 잔코프Simeon Djankov 등의 연구[46] 등이 있다. 한국의 공영방송에 관한 국내 언론학자들의 연구도 다수 존재한다.

특히, 민주주의가 미성숙해 미디어 포획을 위한 '거래 비용'[47]이 작은 국가

---

45 8.2.② "미디어 편향을 좌우한 뉴스 공급자" 및 10.1.⑤ 포획된 방송의 정치적 활용 참고.

46 10.4.① 열등한 사회 참고.

47 9.1.① "미디어 포획의 천적은 경쟁" 참고.

에서 대규모 국·공영 미디어는 정부가 여론을 통제하는 핵심 수단이 되기 쉽다. 이와 관련해, 안드레아 프랫은 "BBC는 거래 비용을 극도로 높게 만든 지배 구조에 의해 독립성이 보장되는 가장 성공적인 사례라 할 수 있다"며 그러나 "이런 BBC의 사례가 견제와 균형이 불완전한 다른 민주주의 국가에서 복제될 수 있을지는 불분명하다"고 말한다(Prat, 2015: 685).

:: 한 걸음 더 9-4 :: 베슬리-프랫 모형의 수리적 이해

베슬리와 프랫의 이론은 많은 학자에게 미디어 포획의 기준 이론으로 여겨지는 만큼 조금 더 알아보자. 여기서는 두 학자의 이론 모형을 단순화한 버전(Gentzkow and Shapiro, 2008a)을 바탕으로 이해해 보자. 논리의 전개는 다음과 같다.

- 뉴스 시장에는 N개의 미디어가 시장 전체 수익 R을 균등하게 나눠 (R/N)씩 획득하고 있다.
- N개의 미디어들은 모두 미디어 포획자에게 피해를 주는 뉴스인 S를 보도할 수 있다.
- 미디어 포획자는, 뉴스 S가 보도되지 않으면 V만큼의 가치를 얻는다(미디어 포획자가 포획에 나서는 이유도 V를 얻기 위한 것이다).
- 만약 N개의 미디어 중 어느 하나만 S를 보도해도, 모든 뉴스 소비자는 이 뉴스를 알게 된다.
- 따라서 미디어 포획자는 N개의 뉴스 미디어를 '모두 포획'하거나 '포획을 포기'하는 두 가지 선택만 가능하다. 단 한 곳의 미디어를 포획하지 못해, (N-1)개의 미디어를 포획하는 것은 한 곳도 포획하지 못하는 것과 동일한 결과를 낳기 때문이다.
- 미디어 포획자는 뉴스 S의 보도를 포기하는 대가, B를 N개의 뉴스 미디어에 각기 제안하고 각 미디어들은 이 제안에 응할지 여부를 동시에 결정한다. 이때 한 곳이라도 제안에 응하지 않으면 미디어 포획은 실패한다.
- N개의 미디어가 포획자의 제안에 모두 응해 포획이 성사되면 미디어 포획에 드는 총비용은 (NB)이다.

베슬리와 프랫은 이때 미디어 포획이 성공하려면, 다음의 두 조건이 충족되어야 한다고 설명했다.

첫째, 보도 포기의 대가로 각 뉴스 미디어가 얻는 B는 '특종 뉴스'의 보도로 얻는 시장 독점 수입 R보다 커야 한다. 즉, $(R < B)$여야 한다.[48]

---

48 각 뉴스 미디어에 제시되는 보도 포기의 대가 B가 시장 전체의 독점 수입 R보다 왜 커야 하는지 의문이 드는 독자를 위해 이유를 설명하면 다음과 같다. N개의 미디어 가운데 포획에 응하지 않은 미디어가 k곳, 포획된 곳이 (N-k)이라고 하자. 그러면 포획에 응하지 않고 보도를 하는 k개의 미디어들 각각의 수입은 시장 전체의 수입 R을 k로 나눈 (R/k)이 된다. (한 미디어가 홀로 특종 보도를 하면 시장 전체 수익 R을 독점한다.) 이때 포획에 응하는 미디어가 늘어 k가 줄면 (R/k)은 증가한다. 포획에 응한 미디어가 많을수록 포획에 응하지 않은 미디어들이 시장에서 얻는 수입은 더 커지는 것이다. 따라서 포획에 응하지 않은 마지막 한 곳의 수입은 R이 된다. 따라서 이런 결과를 아는 뉴스 미디어들은 시장 전체의 수입 R이상을 제공

둘째, 미디어 포획자의 총포획 비용 NB는 포획으로 얻는 가치 V보다는 작아야 한다. 즉, (B < V/N)여야 한다. 이 두 조건을 한 번에 표현하면 아래와 같다.

$$R < B < (V / N)$$

위 조건식이 유지되지 않으면 미디어 포획은 불가능하다. 대표적인 예는 맨 우변의 분모인 N(미디어 숫자)이 일정 수준 이상으로 커지는 것이다. N이 커지면 (V/N)는 감소하고, 결국 B보다 작아져 위 부등식은 성립할 수 없게 된다. 이는 미디어 포획이 불가능해진다는 것을 뜻한다.

따라서 N의 증가, 즉 미디어 숫자(경쟁)의 증가는 미디어 포획을 더 어렵게 한다. "기업 수가 증가하면 (카르텔을 유지해 온 기업들의) 무언의 담합이 더 깨지기 쉬워지듯 뉴스 미디어의 숫자 증가는 미디어 포획을 더 어렵게 한다"는 것이다(Gentzkow and Shapiro, 2008a: 138).

한편, 미디어 포획 거래에서 포획의 대가 B 이외에 포획자가 치러야 할 '거래 비용(T)'이 있다고 가정하면, 앞의 조건식 [B < (V/N)]은 [B+T < (V/N)]으로 바뀌게 된다. 이때, 거래 비용 T가 일정 수준 이상으로 증가하면 미디어의 숫자인 N이 커지는 것과 마찬가지로 [B+T < (V/N)]에서 좌변이 우변보다 커져 포획 조건식은 성립할 수 없게 된다. 거래 비용이 증가해도 포획은 더 어려워지는 것이다.

:: 한 걸음 더 9-5 :: 복제 보도와 미디어 포획 여건의 변화

'오리지널 뉴스의 독점 공급 기간 단축'이 어떻게 미디어 포획 여건을 변화시키는지 좀 더 구체적으로 이해하고자 하는 독자들을 위해, 단순한 예시를 통해 설명하면 다음과 같다.

(1) 미디어 포획을 위해서는 특종 기사로 얻을 수 있는 '시장 독점 수입'(R원)을 모든 미디어에 각기 대가로 지급해야 한다.
(2) 아날로그 시대에는 특종 뉴스로 독점 수입을 얻을 수 있는 기간은, 조간신문과 석간신문 발행 간격인 300분(5시간)이다.
(3) '시장 독점 수입'은 독점 공급 기간에 비례한다. 따라서 특종 뉴스를 보도한 미디어는 300분 동안 시장 독점 수입 R원을 얻는다.

하지 않으면 포획에 응하지 않는다.

(4) 디지털 시대에는 뉴스 미디어가 10곳에서 100곳으로 10배 증가했다.

(5) 또, 디지털 시대에는 특종 뉴스로 독점 수입을 얻을 수 있는 기간이 아날로그 시대의 (1/50)인 6분으로 단축됐다. 따라서 시장 독점 수입도 (1/50)R원으로 감소했다.

예시에 입각하면, 아날로그 시대에는 포획자가 미디어 포획을 위해 '시장 독점 수입'인 R원을 10곳의 뉴스 미디어에 각기 지급해야 한다. 따라서 전체 포획 비용은 10R원이 된다. 만약 '시장 독점 수입'의 변화 없이 뉴스 미디어가 10곳에서 100곳으로 10배 많아졌다면, 이들 뉴스 미디어를 모두 포획해야 하는 포획자의 포획 비용도 100R원으로 증가한다. '미디어 숫자(경쟁)'의 증가로 이처럼 포획 비용이 늘면 미디어 포획자는 그만큼 미디어를 포획하기가 어려워진다.

그러나 미디어(경쟁)의 증가와 함께 '시장 독점 수입' 자체가 감소하는 상황에서는 얘기가 달라진다. 이런 상황은 미디어 (경쟁)의 증가로 독점 공급 기간이 짧아질 때 전개된다. 특종 보도 뒤 복제 보도가 나오기까지의 시간이 비약적으로 짧아지면, 그만큼 독점 공급 기간이 단축된다. 특종 뉴스의 시장 독점 수입도 독점 공급 기간이 단축된 데 비례해 감소한다. 이렇게 되면, 포획자가 각 미디어에 지급해야 할 포획의 대가도 마찬가지로 줄어든다.

위의 예시를 이 상황에 대입하면 포획자가 미디어마다 지급해야 하는 포획의 대가는 (1/50)R원으로 감소한다. 따라서 미디어의 수가 10배나 늘었더라도 포획을 위해 들여야 하는 전체 포획 비용은 (1/50)R원을 100곳의 미디어에 지급하게 되어 2R[=(1/50)R×100]원에 그친다. 즉, 디지털 시대에는 뉴스 미디어의 숫자가 100곳이라 해도 전체 포획 비용은 2R원이 된다. 이는 뉴스 미디어가 10곳이었던 아날로그 시대의 10R원보다 크게 줄어든 것이다. 즉, 미디어의 숫자(경쟁)가 크게 증가해 포획할 미디어가 늘어났더라도, 개별 미디어 포획에 드는 비용이 더 크게 감소해 포획은 더 쉬워진 것이다.

:: 한 걸음 더 9-6 :: 프랫의 '미디어 권력 지수' 산출 방식

프랫의 미디어 권력 지수 산출 방식을 다음 페이지 표 9-4의 예시를 통해 이해해 보자.

예시를 보면, 미디어로부터 정보를 얻어 정치적 선택을 하는 소비자들은 아홉 개 집단이고 각 집단의 인구 비중은 전체 소비자의 10% 또는 20%이다. 또 전체 뉴스 시장의 미디어들은 텔레비전 채널 두 곳, 신문 세 개, 웹사이트 두 개 등 모두 일곱 개다. 각 유권자 집단은 일곱 개 미디어 가운데 최소 한 개에서 최대 네 개의 미디어를 소비한다. 즉, 집단1은 TV1 하나만 보고 집단2는 TV1과 신문1을 본다. 이에 반해 집단 9는 신문 두 개 모두와 웹사이트 두 개 모두에서 뉴스를 소비하는 사람들이다.

표 9-4 **미디어 소비 분포와 프랫의 '미디어 권력 지수**(MPI)'

뉴스 소비자	비중	TV1	TV2	신문1	신문2	신문3	웹1	웹2
집단 1	20%	■						
집단 2	10%	■		■				
집단 3	10%			■				
집단 4	10%		■					■
집단 5	10%		■		■		■	■
집단 6	10%		■		■		■	
집단 7	10%		■			■	■	
집단 8	10%					■	■	■
집단 9	10%				■	■	■	■
도달률(Reach)		30.0%	40.0%	20.0%	30.0%	30.0%	50.0%	40.0%
주목도(Attention, A)		25.0%	14.1%	15.0%	8.3%	9.1%	15.0%	13.3%
MPI=A/(1-A)		**0.333**	**0.164**	**0.176**	**0.090**	**0.101**	**0.176**	**0.152**

주 1: 도달률: 전체 뉴스 소비자 가운데서 해당 미디어를 소비하는 이들의 비율.
주 2: 주목도: [(각 집단에 대한 도달률) × (1/각 집단이 소비하는 미디어 수)]의 합계.

표 9-4에서 **도달률** reach은 전체 뉴스 소비자 가운데 해당 미디어를 소비하는 이들의 비율이다. TV1의 경우 전체 소비자의 20%인 '집단1'과 10%인 '집단2'가 소비하므로 합계 도달률은 30%이다.

다음으로 '**주목도**Attention'는 특정 미디어가 전체 소비자로부터 주목받는 정도를 뜻하는데, 특정 미디어를 소비하는 소비자 집단별로 이 집단이 전체 소비자에서 차지하는 비중을 소비자 집단이 소비하는 미디어 숫자로 나눠 구한다. TV1의 주목도는 다음과 같이 구할 수 있다. TV1을 보는 소비자는 집단1(20%)과 집단2(10%)이다. 이때 집단1의 TV1 주목도는 이 집단이 TV1만 소비하므로 20%(=20%/1)이다. 또 집단2의 TV1 주목도는 이 집단이 TV1과 신문1, 두 미디어를 소비하므로 5%(=10%/2)이다. 따라서 TV1의 전체 주목도는 25%(=20%+5%)가 된다. 집단2와 집단3이 소비하는 신문1의 경우, 마찬가지 방식으로 계산하면 15%가 된다.

끝으로, **미디어 권력 지수**MPI는 '나머지 다른 미디어들의 합계 주목도'(1-A)에 대한 해당 미디어의 주목도(A)이다. 즉, MPI=(A/1-A)이다. 따라서 주목도가 25%인 TV1의 미디어 권력 지수는 이를 MPI 계산식에 넣어 (0.333), 주목도가 15%인 웹1의 미디어 권력 지수는 마찬가지로 (0.176)이 된다. 프랫은 이 수치가 가진 의미를 선거에서 33.3%와 17.6%의 표심에 영향을 줄 수 있는 잠재력으로 해석했다.

10

지구촌 곳곳의 다양한 미디어 포획

"2016년 세계 인구의 45%가 '자유롭지 않은 언론 환경', 즉 대중 미디어가 부분적으로 혹은 완전히 포획된 상태의 국가에 살고 있는 반면, 전 세계 인구 여덟 명 가운데 한 명만이 언론이 자유로운 나라에 살고 있다."[1]

— 프리덤 하우스

"미디어 포획은 복잡한 문제이지만 피할 수 없는 것은 아니다. … (그러나) 지금까지의 노력은 비참할 정도로 불충분했다."[2]

— 마크 넬슨

범죄 없는 사회를 상상하기는 어렵지만, 범죄가 적은 사회는 얼마든지 가능하다. 마찬가지로 미디어 포획이 근절된 사회는 기대할 수 없지만, 줄이려는

---

1 Freedom House(2017). 프리덤 하우스는 1941년 미국에서 설립되어, 전 세계의 민주주의와 인권 및 언론 자유를 위해 활동하는 비정부 기구다. 이 기구는 1980년부터 2017년까지 전 세계 언론 자유에 관한 연례 보고서인 「언론의 자유(Freedom of the Press)」를 발간했다. 마지막이었던 2017년 보고서에는 2016년의 전 세계 언론자유지수가 13년 만에 최저로 떨어진 것을 반영해, '언론 자유의 어두운 지평선(Press Freedom's Dark Horizon)'이라는 부제가 붙어 있었다.

2 Nelson(2017: 158).

노력은 결실을 얻을 수 있다. 꼼꼼한 범죄예방 체계를 구축하듯 미디어 포획을 감시하고 억제하는 정책과 제도, 관행을 만들어가는 일은 충분히 할 수 있는 일이기 때문이다. 하지만 이 일에는 상대가 있다. 미디어 포획을 통해 이득을 얻는 정치 세력, 대기업, 각종 이해 집단 등 미디어 포획자(들)이 그들이다. 국제미디어지원센터Center for International Media Assistance: CIMA[3]의 수석 에디터였던 마크 넬슨Mark Nelson의 지적처럼 지구촌 많은 나라에서는 지금까지 미디어 포획자들과의 대결에서 만족스러운 성과를 얻지 못했다. 로이터저널리즘연구소의 책임자인 라스무스 닐센Rasmus Nielsen도 "포획되어 정치 도구화된 뉴스 미디어가 더 많아져, (이제는) 세계 대부분의 지역에서 일반적"이라고 말한다(Nielsen, 2017: 34). 실제로, 이런 현실은 지구촌 곳곳에서 벌어지고 있는 미디어 포획에 대한 학자들의 실증적 연구에서도 잘 드러난다.

미디어 포획 현상에 대한 연구는 언론학이나 정치학 등 경제학 이외의 학문 분야에서도 오랜 기간 폭넓게 이뤄져 왔다. 특히 에드워드 허먼Edward Herman, 노엄 촘스키Noam Chomsky, 벤 바그디키안, 로버트 맥체스니Robert McChesney 등의 학자들은 이론과 실증을 넘나들며 미디어가 지배 계층에 구조적으로 포획되어 있다는 주장을 폈다.[4] 또, 포획의 주체나 방법, 혹은 지역 등에 따라서도 미디어 포획에 관한 많은 실증 연구가 이뤄졌다. 널리 알려진 몇몇 연구들을 보면, 친정부 기업들이 뉴스 미디어 기업의 소유권을 획득해 벌어진 사례에 관한 연구들,[5] 민영 미디어와 (정부에 포획된) 국영 미디어 간 보도 차이에 관한 연구(Hasty, 2005), 미디어 자본이 뉴스 등 콘텐츠에 미치는 영향에 관한 연구(Bagdikian, 1983, 2004), (정부 등의) 정보 제공자가 저널리스트에게 영향을 끼치는 방식에 관한 연구(Gans, 1979) 등 실로 다양하다.

---

3 전 세계의 독립 언론을 지원하는 미국 국무부 산하 기관.

4 이 학자들의 견해는 〈한 걸음 더 5-1〉 언론학자들의 미디어 편향 참고.

5 베네수엘라의 사례를 연구한 Bennett and Naim(2015), 튀르키예 에드로안(Erdogan) 정부의 사례를 연구한 Finkel(2015) 등이 있다.

그런데 같은 실증적 연구라도 이들 학자과 경제학자 사이에는 접근의 시각과 해석의 방식에서 차이가 있다. 이를테면, 경제학자들은 미디어 포획 현상에 대한 실증적 연구에서도 물리력이나 폭력 등의 요인보다는 포획과 관련한 경제적 인과관계를 찾으려 한다. 그리고 독자들에 따라선 뜻밖일 수 있으나, 경제학자들의 이런 노력은 숨겨진 미디어 포획을 드러나게 하고, 지구촌 곳곳에서 벌어지는 다양한 미디어 포획을 이해하는 데 적지 않은 도움을 준다. 그러면, 경제학자들에 의해 드러난 다양한 미디어 포획의 대표적 실상들을 살펴보자.

10.1. ㅣ 정치권력과 정부의 미디어 포획

① 돈에 포획된 뉴스 미디어(페루)

지금까지 미디어 포획의 실상을 가장 생생하게 전한 연구는, 1990년대 알베르토 후지모리Alberto Fujimori 대통령 집권 시절 페루에서 벌어진 미디어 포획 사례에 관한 연구다(McMillan and Zoido, 2004). 특히 이 연구는 외력外力이 아니라 시장 원리에 의해 이뤄진 '내생적 미디어 포획'의 전형적인 모습을 극적으로 보여준 점에서도 많은 이들의 주목을 받았다.

존 맥밀란John McMillan(1951~2007)과 파블로 조이도Pablo Zoido는 페루에서 후지모리의 집권(1990년) 뒤 비밀경찰의 수장에 오른 정치인 블라디미로 몬테시노스Vladimiro Montesinos가 언론과 사법부, 정치인들을 뇌물로 포섭하며 민주주의 시스템을 무너뜨린 일화를 면밀히 연구했다. 이 연구에 따르면, 한 텔레비전 채널 소유주에게 몬테시노스가 건넨 뇌물 액수는 판사나 정치인에게 준 뇌물의 100배였고, 방송 채널 한 곳에 제공된 뇌물은 야당 정치인들 모두에게 준 뇌물보다 다섯 배나 많았다. 이처럼 막대한 뇌물을 받은 페루의 주류 뉴스 미디어들은 그 대가로 집권당과 정부에 대한 긍정적 뉴스만을 보도하고 부정적인 뉴스는 보도를 포기했다. 건넨 돈의 규모에서 알 수 있듯이, 집권 세력에게 우호적인 미디어의 중요성은 다른 요인들의 그것을 압도했다.

1990년대 페루의 비밀경찰 수장이던 블라디미로 몬테시노스가 한 유력 방송을 포획하기 위해 뇌물을 건네는 장면.
출처: Wikipedia

시장 원리는 미디어 포획이 더 이상 유지되지 못하는 상황에서도 그대로 재연됐다. 뇌물 수수 장면이 담긴 동영상 중 하나가 유출됐고, 포획되지 않았던 작은 텔레비전 채널 한 곳이 이 동영상을 24시간 내내 틀었다. 그러자 이 채널의 시청자들이 폭발적으로 증가했고, 포획된 주류 방송들도 결국 이 동영상을 방영할 수밖에 없었으며, '미디어 포획'과 '후지모리 정권'은 모두 무너져 내렸다.

② 정치적 동기가 클수록, 시장의 힘이 약할수록, 미디어 포획은 증가(미국)

매튜 젠츠코우, 나단 페텍Nathan Petek, 제시 샤피로, 그리고 마이클 신킨슨Michael Sinkinson 등 네 명의 경제학자는 19세기 후반과 20세기 초반에 이르기까지 미국 각 주 정부의 집권 정당이 해당 주의 일간 신문들에 미친 영향을 다각적으로 연구했다.

젠츠코우 등은 신문들의 시장 진입과 퇴출, 발행 부수와 면수, 가격, 보도 내용 등 여러 측면에서 살펴봤는데, 연구진은 전 시기에 걸쳐 주 정부의 집권당이 신문들에 체계적인 영향을 끼친다는 증거를 확인하지는 못했다. 하지만 기간에 따라서는 다른 양상도 있었다. 남북 전쟁이 끝난 뒤 남부에서는 일간 신문들에 대한 강력한 '집권당 효과'가 확인된 것이다. 특히 집권당이 남북전쟁의 승자인 공화당에서 패자인 민주당으로 바뀐 주의 경우, 전체 신문 중 친민주당 편향을 보이는 신문들의 비중은 발행 부수를 기준으로 약 10%p나 늘었다. 이에 대해 젠츠코우 등은 시장의 힘은 약하고 정치적 동기가 충분히 강한 상황에서는 미디어 포획이 늘어난다는 것을 시사하는 것이라고 설명했다 (Gentzkow, et, al. 2015).

③ 정부 광고가 많이 실릴수록 정부 부패 보도는 감소(아르헨티나)

라파엘 디 텔라Rafael Di Tella와 이그나시오 프랜체스첼리Ignacio Franceschelli는 아르헨티나의 4대 주요 신문들이 1998~2007년 1면에 정부의 부패 사건을 보도한 횟수와 정부 광고를 게재한 횟수 사이의 상관관계를 조사했다.

그 결과, 어느 한쪽이 증가하면 다른 한쪽은 대체로 감소하는 실상이 뚜렷하게 나타났다. 즉, 정부 광고가 많이 실린 신문의 1면에는 정부의 부패에 대한 뉴스가 적었고, 정부의 부패 사건 보도 건수가 많은 신문에는 정부 광고가 적게 실렸다. 이런 결과는 정부 광고가 미디어 포획의 대가로 이용되고 있다는 추론을 가능하게 했다. 디 텔라와 프랜체스첼리는 “정부와 특별한 관계에 있는 신문들은 부패를 보도할 가능성이 그렇지 않은 신문사들보다 작다는 것을 뜻한다”고 설명했다(Di Tella and Franceschelli, 2011).

한국의 경우에도 집권 정당이 어느 당이냐에 따라 정파성이 강한 몇몇 주요 일간지들의 정부 광고 수주액은 크게 변화한다. 진보 정부가 들어서면 진보적 편향을 지닌 신문들의 정부 광고 수주액이 늘고, 보수 정부가 들어서면 보수적 논조를 지닌 신문들의 정부 광고 수주액이 증가하는 것이다. 이는 디 텔라와 프랜체스첼리가 아르헨티나에서 한 연구를 한국에서 하더라도 결과에는 큰 차이가 없을 것이라는 유추를 가능하게 한다.

④ 자국 정부에 포획된 편파적인 국제 뉴스 보도(미국)

낸시 첸Nancy Qian과 데이비드 야나기자와-드로트David Yanagizawa-Drott는 독특한 아이디어로 민주주의 체제 아래서도 흔하게 벌어지는 정부의 미디어 포획을 확인했다. 두 학자는 1946년에서 2010년까지 65년간에 걸쳐 외국의 정부가 자행한 인권 침해에 대한 미국 언론의 보도 데이터를 분석했다.

이 연구에 따르면, 미국의 뉴스 미디어들은 인권 침해를 자행한 나라가 유엔 안전보장이사회 이사국인지와 미국과 동맹 관계에 있는 우방인지에 따라 다른 보도 태도를 보였다. 미국과 동맹이 아닌 나라의 경우, 미국 언론은 안보리 이사국일수록 인권 침해에 관련해 더 많은 보도를 했고 미국과 강력한 동맹 관계에 있는 나라의 경우에는 안보리 이사국일수록 인권 침해 관련 보도를 더 적게 했다.

특히 미국 언론의 이런 보도 양상은 미 국무부가 발표하는 '인권보고서'를 닮아 있었다. 또, 이는 (미국에서) 정부가 적극적으로 언론에 영향을 미치던 시기로 알려져 있는 1981~1992년의 레이건Reagan과 부시Bush Sr. 행정부 시절에 더 두드러졌다. 이런 연구 결과를 놓고 첸과 야나기자와-드로트는 (미국처럼) 상당히 높은 수준의 언론 자유가 보장되는 나라들이라고 해도 뉴스 미디어의 보도는 정보를 제공할지 여부와 그 내용을 결정하는 정부에 의해 영향을 받을 수 있다고 설명했다(Qian and Yanagizawa-Drott, 2017). 이는 정보 제공이 포획의 수단이었던 사례다.

⑤ 포획된 방송의 정치적 활용(러시아, 이탈리아, 나치 독일)

포획된 방송들이 포획자인 집권 정당의 정치인들에게 더 많은 방송 노출의 기회를 제공한다는 복수의 연구 결과들도 있다. 러시아 태생의 세 경제학자 루벤 에니콜로포프, 마리아 페트로바, 그리고 예카테리나 주라브스카야는 1999년 러시아의 텔레비전 방송 채널들을 대상으로 정치인들의 등장 빈도와 시간 등을 조사했다. 그 결과는 국가가 통제하는 텔레비전 채널에는 친정부 성향의 정치인들이 야당 정치인들에 비해 불균형적으로 더 많이 노출된 것으로 나타났다(Enikolopov, Petrova, and Zhuravskaya, 2011).[6]

6 이 연구에는 러시아의 집권 세력으로부터 독립적이었던 NTV 시청이 여당 득표율을 낮추고 야당 득표율을 높였다는 실증적 분석도 담겨 있다. 8.4.① 설득당하는 뉴스 소비자 참고.

루벤 두란테와 브라이언 나이트도 2001년부터 2007년까지 이탈리아 텔레비전 방송 채널의 보도 행태를 연구했는데, 그에 따르면 실비오 베를루스코니가 집권한 다음에는 공영 텔레비전 방송에 집권당 정치인들이 더 높은 비율로 등장했다(Durante and Knight, 2012).[7]

유사한 사례는 1920년대와 1930년대 독일 바이마르 공화국Weimarer Republik과 나치Nazi 집권 시기에도 있었다. 마야 아데나Maja Adena 등 다섯 명의 경제학자들은 이 시기, 집권 정치 세력이 라디오를 이용해 독일 유권자들에 미친 영향을 연구했다. 이 연구에 따르면, 바이마르 정부가 라디오에 친정부 정치 뉴스를 도입하자 라디오를 이용할 수 있는 지역에서는 야당이던 나치당의 지지율 증가가 뚜렷하게 둔화됐다. 그러나 1933년 아돌프 히틀러Adolf Hitler의 국가사회주의독일노동자당이 집권하자 그 전까지는 라디오 방송에 거의 등장하지 못했던 나치당의 정치인들이 훨씬 더 많이 라디오 방송에 출연하기 시작했고, 나치당의 인기는 다시 급격히 높아졌다(Adena, et al., 2015).

⑥ 명예훼손 법규와 미디어 포획

미디어 포획자들이 뉴스 미디어의 보도에 영향을 끼치는 또 다른 수단은 정책이나 법률적 제재다. 그중 가장 대표적인 게 명예훼손 법규다. 대체적으로 학자들은 엄격한 명예훼손 법규는 권력과 금력의 부패에 대한 언론의 폭로를 감소시킨다고 말한다. 포획 대상 뉴스의 생산을 구조적으로 감소시킨다는 점에서 엄격한 명예훼손 법규는 결과적으로 미디어 포획과 같은 효과를 낸다. 법에 따른 처벌을 통해 미디어가 권력이나 금력의 부패에 관한 폭로로 치러야 할 비용을 급격히 증가시키기 때문이다.

이런 엄격한 명예훼손 법규는 독재 국가들만 애용하는 게 아니다. 민주주

---

7 이 연구는 8.2.② "미디어 편향을 좌우한 뉴스 공급자" 및 8.5.② 능동적으로 반응하는 뉴스 소비자에도 소개되어 있다.

의 국가에서도 입법과 관련된 논쟁이 반복적으로 벌어지고 있다. 심지어 수정 헌법 1조를 통해 언론의 제한 없는 자유를 보장했던 미국에서도 등장한 적이 있었다. 1798년 미국의 하원이 미국 정부에 대해 위협하거나 '거짓, 스캔들 또는 악의적인 글'을 게시하는 것으로 간주되는 사람을 추방, 벌금의 부과 또는 구금하도록 허용하는 선동법the Sedition Act of 1798을 통과시켰을 때다. 입법의 빌미는 '프랑스와의 준전쟁 상태였는데, 1801년까지 3년 동안 시행된 이 법으로 25명이 체포됐고, 15명이 기소되어 10명이 유죄판결을 받았다. 하지만 그중 상당수는 우스꽝스러울 만큼 조잡한 혐의였고, 법의 과녁은 연방주의 행정부를 비판하는 신문의 편집자들이었다(McNamara, 2009).

앞서, 9.3.③ '보상' 대신 '벌'을 주는 광고주와 9.1.① "미디어 포획의 천적은 경쟁"에서, 미디어 포획에 응하지 않으면 광고 중단이나 물리적 탄압을 하는 일종의 벌주기 전략을 살펴봤다. 특히 포획자들의 이런 벌주기 전략은 미디어로 하여금 벌을 받지 않기 위한 '자기 검열' 동기를 강화한다. 엄격한 명예훼손 법규도 미디어들의 자기 검열 동기를 강화하는 효과를 낸다. 특히 법률적 제재는 한 사회에 존재하는 모든 언론에 통용된다는 점에서 부작용은 더 광범위하다.

실제로 정치경제학자 피에로 스태닉Piero Stanig은 언론에 적용하는 명예훼손 법규가 엄격할수록 권력에 대한 비판적 보도의 양이 감소한다는 사실을 실증적으로 확인했다. 스태닉은 연방 국가인 멕시코에서는 주마다 명예훼손 법률이 서로 다른 점에 착목해, 각 지역 언론의 공무원 부패 보도 정도를 비교 분석했다. 그 결과, (연구 대상 기간이었던 2001년 당시) 명예훼손 법률이 더 엄격했던 주들에서는 지역 신문들의 부패 폭로 보도가 상당히 적었다. 스태닉은 이를 표현의 자유가 (명예훼손 관련) 법률에 의해 위축되는 '냉각 효과chilling effect' 때문"이라고 설명했다(Stanig, 2015).

유사한 견해는 스태닉에 앞서, 미디어의 발전과 규제, 포획 등에 관해 여러 나라의 역사를 연구한 사회학자 폴 스타Paul Starr의 의해서도 제시된 바 있다. 스타는, 자신의 저서 『미디어의 창조: 현대 커뮤니케이션의 정치적 기원The

Creation of the Media: Political Origins of Modern Communications』에서 미디어에 대한 규제가 더 엄격한 나라일수록 선출직 정치인과 공직자에 대한 비판적 보도가 적었다고 설명했다(Starr, 2004: 296).

10.2. | 광고주에 의한 뉴스의 왜곡

정치 세력이나 정부만이 아니라 다양한 이해관계자들도 미디어 포획의 주체가 될 수 있다. 가장 대표적인 경우는 미디어한테 광고 시·공간을 사는 광고주다. 미디어가 광고주로부터 얻은 광고 수입은 뉴스 미디어가 정치 세력들과 정파적 독자들에 대한 종속과 의존에서 벗어날 수 있게 하는 물적 기반을 제공한다. 하지만 그와 동시에 미디어가 광고 수입을 필요로 할수록, 광고주의 존재는 미디어의 콘텐츠에도 직간접적 영향을 끼칠 수 있다. 광고 수입은 정치적 편향으로부터 미디어가 벗어날 수 있게 하지만, 광고주의 기대나 요구에 부응해 콘텐츠를 왜곡하는 원인이 되기도 하는 것이다.[8] 경제학자들의 실증적 연구들은 두 가지 현상을 각기 뒷받침한다. 이번 절에서는 광고주 혹은 광고 수입으로 인해 뉴스가 왜곡되는 역기능에 대한 실증적 연구들을 먼저 살펴보고, 이어 다음 절에서는 미디어를 정치적 편향에서 벗어나게 한 광고 수입의 순기능에 대해 확인해 보자.

① 담배·제약·자동차 산업과 미디어의 상업적 편향

담배 회사들이 만들어낸 '상업적 미디어 편향'은 "미국 뉴스 미디어에 대한 가장 수치스러운 '돈에 의한 검열'"이자 "수백만 명을 죽음에 이르게 하는 뉴스의 부

8 이론적인 이해는 9.3. 두 얼굴의 광고주 참고.

패"를 나타내는 듯하다.[9]

— 안드레아 블라스코, 프란체스코 소브리오

담배, 제약 및 자동차 산업은 지난 세기 내내 뉴스 미디어의 보도에 영향을 끼친 대표적인 광고주들의 집합체로 꼽힌다. 이들 산업의 기업들은 광고주라는 위상을 바탕으로 뉴스 보도에 큰 영향을 끼쳤다. 안드레아 블라스코Andrea Blasco와 프란체스코 소브리오가 전하는 그 실례들(Blasco and Sobbrio, 2012)을 보자.

첫째, 지난 세기 내내 대부분의 나라에서 가장 큰 광고주였던 담배 기업들의 경우다. 1954년 미국 암협회는 "남성 18만 7000명을 대상으로 한 연구 결과, 질병에 기인한 흡연자의 사망률이 비흡연자보다 75% 더 높았다"고 발표했다. 특히 폐암과 관련된 흡연자의 사망률은 비흡연자보다 16배나 높았다. 그럼에도 미국의 주요 언론은 당시는 물론 그 뒤로도 수십 년 동안 이를 보도하지 않았다.

보건 경제학자 케네스 워너Kenneth Warner, 린다 골든하르Linda Goldenhar, 그리고 캐서린 맥로플린Catherine McLaughlin은 미국 내 99개 잡지들을 대상으로 20세기 후반의 25년 동안(1959~1969년 및 1973~1986년) 담배의 위험성을 보도한 기사와 담배 광고 게재의 연관성을 연구했다. 그 결과, 담배 광고를 싣는 잡지들이 흡연의 위험을 보도할 가능성은 담배 광고를 싣지 않는 잡지들의 70% 수준으로 나타났다. 이 차이는 여성 잡지에서 훨씬 더 두드러졌는데, 담배 광고를 싣는 여성 잡지는 흡연의 위험성을 보도할 가능성이 담배 광고를 싣지 않는 여성 잡지의 43%에 불과했다(Warner, et al., 1992). 갈리 케네디Gail Kennedy와 리사 베로Lisa Bero의 연구 결과도 유사했는데, 이들에 따르면 담배 광고를 싣는 신문과 잡지일수록 간접흡연의 위해성을 다룬 연구 결과를 전할 때, 간접흡연의 위해성은 '논란의 여지가 있다'는 일종의 물타기 보도를 할 개연성이 더 컸다

9 Blasco and Sobbrio(2012); 인용 문구는 Bagdikian(2004: 168)의 언급임.

(Kennedy and Bero, 1999).

담배의 위해성을 보도하는 특정 미디어에 대해서는 담배 회사들이 '벌주기'에 나서는 일도 종종 벌어졌다. 1957년 ≪리더스 다이제스트Reader's Digest≫가 담배의 의학적 위해성을 지적하는 글을 싣자, '아메리칸 토바코 컴퍼니American Tobacco Company'는 광고 대행사를 압박해 ≪리더스 다이제스트≫와 한 광고 계약을 종료시켰다. 1979년에는 미국의 진보적 잡지인 ≪마더 존스Mother Jones≫가 흡연의 중독성을 소개하는 뉴스를 보도했을 때는 필립 모리스Phillip Morris를 포함한 담배 회사들이 이 잡지에 대한 광고 계약을 일제히 해지했다(Enikolopov and Petrova, 2015). 이처럼, 미디어 포획에 응하지 않은 미디어를 상대로 광고주가 광고 중단이나 취소 등으로 '벌을 주는 행위'는 뉴스 미디어들이 포획에 응하게 하는 효과적인 전략이었다.[10]

담배 회사들만큼이나 미디어의 보도에 깊이 간여하는 광고주로는 제약 회사들도 있다. 특히 의학 학술지에 대한 제약 회사들의 영향력은 심각한 우려를 낳아왔다. 한 연구에 따르면, 미국과 캐나다에서는 "(의학 학술지의) 광고를 약품 광고로만 제한하지 않는데도, 실제로는 약품 광고로 도배가 되어 왔다"(Fugh-Berman, et al., 2006: 763).[11] 또 이른바 '스폰서 구독'의 형태로, 이들 학술지의 실제 구독자들인 의료인들을 대신해 제약 회사들이 학술지 쪽에 구독료를 지급하는 것은 익숙한 관행이다.

우호적이지 않은 보도를 하는 미디어에 대해 광고주들이 벌을 주는 행태는 제약 회사들도 마찬가지였다. 의학 학술지에 실리는 광고의 정확성을 비판하는 연구를 게재한 ≪의학회보Annals of Medicine≫에 대해 대형 제약 회사들이 일제히 광고 게재를 취소한 일도 있었다(Fugh-Berman, et al., 2006).

의학 학술지와 제약 회사의 공생 관계는 콘텐츠 왜곡의 온상 구실을 한다. 실

---

10 9.3.③ '보상' 대신 '벌'을 주는 광고주 참고.

11 한국에서도 대한의사협회와 대한약사협회의 기관지인 ≪의협신문≫과 ≪약사공론≫을 비롯해 의약 관련 전문지에 실리는 광고는 주로 의약품과 의료기구 등에 관한 것이다.

제로 적지 않은 학술지 편집자들은 논문의 게재 여부를 결정할 때 광고주들의 관심사와 우려를 자주 의식하게 된다고 답했다(Fletcher, 2003; Fugh-Berman, et al., 2006).[12] 심지어 논문 심사자들에게 호평을 받은 논문인데도 광고주의 눈치를 보느라 게재를 하지 않는 학술지도 있었다. "(학술지의) 마케팅 부서에서 수용할 수 없다"는 이유로 학술지 편집자가 논문 게재를 거부한 것이다(Dyer, 2004).

자동차 업계도 담배 업계나 제약 업계 못지않다. 전기자동차가 본격화되기 전에는, 자동차 생산 기업들도 '기후 위기'와 관련한 왜곡된 보도를 낳는 주역 가운데 하나였다. 1990년대 중반 이후, 거의 대부분의 과학자들 사이에선 지구 온난화의 원인과 향후 전망에 대한 공감대가 형성됐다. 하지만 많은 뉴스 미디어는 그 뒤로도 한동안 기후 위기를 여전한 논쟁적 사안처럼 보도했다. 바로 이런 보도의 배후에 자동차 업체들이 있었다(Oreskes, 2004; Oreskes and Conway, 2011).

환경과학자 맥스웰 보이코프Maxwell Boykoff와 줄스 보이코프Jules Boykoff의 연구에 따르면, ≪뉴욕 타임스≫, ≪워싱턴 포스트≫, ≪로스앤젤레스 타임스≫, ≪월스트리트 저널≫ 등 미국 4대 신문의 기후 위기 보도 역시 문제가 있었다. 두 학자의 분석에 따르면, '인위적 지구 온난화', 즉 기후 위기에 대한 이들 신문의 보도에선 기사 가운데 52.6%가 찬반양론을 동등하게 취급했고, 35.2%는 '인위적 지구 온난화'에 좀 더 무게를 뒀지만, 여전히 반대 견해가 있다는 점도 언급했으며, 6.1%는 '인위적 지구 온난화'를 의심스럽게 다뤘다. '지구 온난화가 인위적'이라는 과학적 합의를 분명하게 다룬 기사는 전체의 5.9%에 불과했다(Boykoff and Boykoff., 2004).

2003년과 2006년 기후 위기의 원인들과 관련한 미국과 영국 미디어의 보도를 비교 분석한 연구도 있었다. 이에 따르면, 미국 신문들의 보도는 '기후 위

12 북미의 의학 학술지 편집자들을 대상으로 이뤄진 한 설문조사에서는 응답자의 12%가 논문 게재와 관련한 결정에 광고주의 선호를 의식했다고 밝혔다(Wilkes and Kravitz, 1995).

기가 인위적으로 생겨난 것'이라는 과학적 합의 내용에서 벗어나는 듯했던 반면, 영국의 신문들은 그렇지 않았다(Boykoff, 2007). 미국 신문들의 이런 모습에 대해, 매튜 엘만과 페브리지오 저마노는 자동차 제조 회사들이 싣는 수많은 광고 때문일 수 있다고 설명했다(Ellman and Germano, 2009).

② 개별 기사에 미치는 광고주의 영향

광고주(들)는 미디어 전반에 영향을 주기도 하지만, 자신과 관련된 특정 개별 뉴스의 보도 여부와 내용에도 영향을 끼칠 수 있다. 이에 관한 실증적 연구들도 이어져 왔는데, 결과는 '광고비 지출'과 '광고주에게 유리한 보도' 사이에는 어느 한쪽이 증가하거나 감소하면 다른 쪽도 대체로 같은 방향으로 변화하는 '양의 상관관계positive correlation'가 있다는 것이다. 하지만 상관관계의 존재 여부나 강도에는 광고주와 미디어가 처한 상황에 따라 차이가 있다. 특히, 광고주들끼리 광고 게재 경쟁이 심할 때는, 광고비 지출과 광고주에 대한 호의적 뉴스 사이에는 상관관계가 존재하지 않는다고 경제학자들은 말한다.

조너선 로이터Jonathan Reuter와 에릭 지츠위츠Eric Zitzewitz는 ≪머니 매거진Money Magazine≫ 같은 금융 투자 전문 미디어들에서 '펀드 추천'과 해당 펀드의 광고 게재 사이의 양의 상관관계를 발견했다. 하지만 전국적인 유력 신문인 ≪뉴욕 타임스≫나 ≪월스트리트 저널≫에서는 그런 상관관계를 확인하지 못했다. 이에 대해 두 학자는 광고 게재를 둘러싼 광고주의 협상력이 뉴스 미디어보다 강할 때, 광고주는 뉴스 미디어의 보도에 영향을 끼칠 수 있다는 뜻이라고 설명했다(Reuter and Zitzewitz, 2006).

디에고 리날로Diego Rinallo와 수만 바수로이Suman Basuroy도 이와 대동소이한 연구 결과를 발표했다. 리날로와 바수로이는 광고비 지출이 우호적인 보도에 영향을 주는지를 알아보고자 이탈리아의 패션 회사 291곳과 이탈리아, 프랑스, 독일, 영국 및 미국의 신문·잡지 123곳의 광고 게재와 제품 보도 데이터를 분석했다. 결과를 보면, 광고는 신문과 잡지들의 보도에 분명히 긍정적 영향을 끼쳤다. 하지만 광고 수입원이 다양한 뉴스 미디어일수록 광고주의 제품을 우선적으로 보도하는 일이 덜했다(Rinallo and Basuroy, 2009). 이는 광고를 내려는 광고주의 경쟁이 광고를 수주하려는 뉴스 미디어의 경쟁보다 클 때는 광고비 지출이 뉴스 콘텐츠에 영향을 끼치지 못했다는 뜻이었다. 아울러, 특정 광고주의 포획 혹은 영향력으로부터 자유로워지려는 언론일수록 광고 거래선 다변화에 힘써야 할 필요를 시사하는 것이었다.

이탈리아의 뉴스 미디어들이 광고 수입 때문에 광고주에 편향되어 있다는 연구 결과도 있다. 마르코 감바로Marco Gambaro와 리카르도 푸글리시는 이탈리아 상장 기업들에 관한 일간 신문들의 보도 태도와 이들 신문에 대한 상장 기업들이 광고 게재 데이터를 비교 분석했다. 그 결과, 어떤 기업에 관한 호의적 보도는 그 기업의 광고비 지출액이나 과거의 광고 거래량과 관계가 있었다(Gambaro and Puglisi, 2015).

또 정부도 광고주라는 관점에서 본다면, 10.1.③에서 소개한 "정부 광고를 많이 받는 신문일수록 정부의 부패에 대한 보도가 적다"는 디 텔라와 프란체스첼리의 연구도 개별 기사에 광고주가 끼치는 영향을 보여주는 경우라 하겠다.

한편, 뉴스 미디어들은 광고주가 귀중하게 여기는 뉴스 소비자들의 생각이나 성향에 더 우호적인 편향을 보인다는 데이비드 스트롬버그의 '이론적 예측'(Strömberg, 2004b)[13]도 발렌티노 라시니스Valentino Larcinese의 실증적 연구로 확인됐다. 라시니스는 영국의 뉴스 미디어들을 대상으로 한 연구에서 일부 뉴스 미디어들은 그들의 광고주에게 더 가치 있는 뉴스 소비자들이 흥미를 느낄 뉴스를 더 많이 보도했다고 주장했다(Larcinese, 2007).

③ 한국 신문들의 친재벌 및 친대기업 편향

한국에서 주요 뉴스 미디어, 특히 신문들이 재벌 등 대기업 광고주들에 의해

13 9.3.② 뉴스 왜곡의 직간접적 원인을 제공하는 광고주 참고.

포획되는 실상을 연구한 학자들은 지금까지 거의 대부분 언론학자들이었다.

먼저, 배정근은 저널리스트 및 광고주들과의 심층 면접 조사를 바탕으로, 국내 종합일간지들이 (독자보다는) 광고주에 종속되는 경향을 보이고 있다고 주장했다. 이는 신문들의 높은 광고 의존도와 신문 광고의 급감 추세, 신문사 간 경쟁 격화로 광고주의 영향력이 극대화되고 있기 때문이었다. 특히 그는 신문사들이 광고 수입을 의식해 자발적으로 광고주에 부정적인 기사를 억제하고, 우호적 기사를 양산하는 신문들의 '내적 통제'가 심각한 문제라고 지적했다(배정근, 2010).[14] 뉴스 미디어가 광고 수입을 의식한 '자기 검열'로 광고주에 부정적인 뉴스를 '과소 보도'할 수 있다고 주장한 페브리지오 저마노와 마틴 마이어의 이론을 실증적으로 뒷받침하는 것이다(Germano and Meier, 2013).[15]

일간지의 편집국장을 지낸 이충재도 2015년 한국의 10개 종합일간지 전·현직 편집국장 10명을 인터뷰해 발표한 논문에서 "(편집국장들은) 대기업을 중심으로 한 광고주로부터의 압력이 갈수록 커지지만 경영적 측면을 감안하면 현실적으로 불가피하다는 인식"을 보였다고 말했다(이충재·김정기, 2015).

또, 최인호 등 언론학자들은 '호의적 보도'와 '기업의 광고'가 교환되는 이른바 '프로모셔널 저널리즘'[16]에 대한 검증을 시도했다. 이들은 1997년 IMF 외환위기부터 2009년까지 12년간 ≪조선일보≫, ≪경향신문≫, ≪매일경제≫에 실린 국내 5대 그룹에 대한 '호의 보도량'과 해당 신문에 실린 5대 그룹의 광고량 사이의 상관관계를 살펴봤다. 그 결과, ≪조선일보≫와 ≪매일경제≫의 경우 강한 상관관계가 있었고, ≪경향신문≫은 통계적으로 유의미하지 않은 약한 상관관계가 드러났다. 이에 대해 최인호 등은 호의 보도를 광고 게재와 교

---

14 배정근에 따르면, 신문사들의 내적 통제는 기자들의 자기 검열로 이어져 신문의 경제와 기업에 대한 감시 기능을 심각하게 손상하고 있었다. 다만, 광고가 미치는 영향력은 신문사의 경영 여건과 이념적 성향, 소유 구조 같은 요인에 따라 차이가 있었다.

15 9.3.② 뉴스 왜곡의 직간접적 원인을 제공하는 광고주 참고.

16 9.2. 디지털 시대, 독이 된 경쟁 '각주 17' 참고.

환하는 프로모셔널 저널리즘이 한국에서는 주로 친대기업 보수 성향의 신문들에서 관측된다고 주장했다(최인호 외, 2011).

≪중앙일보≫, ≪조선일보≫, ≪한겨레≫, ≪경향신문≫ 등 한국의 주요 일간지들이 광고주인 기업의 뉴스를 얼마나, 어떤 관점에서, 어떻게 보도하는지를 계량적으로 분석한 다른 연구에 따르면, 전반적으로 광고 거래액이 큰 기업일수록 해당 신문에는 그 기업과 관련된 기사 수가 많았고, 긍정적인 경우가 부정적인 경우가 많았다. 이런 결과는 신문들의 정치적 편향과 무관하게 서로 비슷했다(임봉수 외, 2014).[17]

한국의 경제학자 가운데, 언론학자들처럼 특정한 광고주(들)에 의한 미디어 포획 현상을 실증적으로 연구한 이는 아직까지는 없는 것으로 보인다. 그 대신 한국의 언론 광고 시장에서는 몇몇 재벌들의 지배력이 과도하게 크고, 이런 사정은 이들 재벌이 미디어 포획을 더 쉽게 할 수 있는 환경이라고 진단한 학자는 있었다. 경제학자 이승희는 지난 2010년 한 연구보고서에서 삼성, 범현대그룹, 범LG그룹, SK그룹 등 4대 재벌이 한국의 광고 시장에서 차지하는 비중은 12.57%(2009년)으로 매우 높았다며 이는 신문에 대한 4대 재벌들의 영향력 또한 그만큼 크다는 객관적 형편을 보여준 것이라고 설명했다(이승희, 2010). 이런 사정은 10여 년이 지난 지금도 크게 다르지 않다.

10.3. ı 미디어 포획의 '수요'와 '공급'

미디어 포획의 가능성이나 강도 등은 미디어 포획자와 포획 대상인 미디어가 처한 상황이나 조건에 영향을 받는다. 달리 표현하면, 미디어 포획의 범위

17 연구진에 따르면 광고주 관련 기사에서 광고주에 우호적인 성향은 기사의 제목보다는 본문의 논조에서, 본문 논조보다는 보도 프레임에서 더욱 두드러지게 나타나는 구조적인 특징을 보였다.

와 양상은 포획의 '수요'와 '공급'에 의해 좌우된다고 할 수 있다. 이때 '미디어 포획의 수요'는 정치 세력이나 정부 혹은 이해 집단 등 미디어 포획자가 미디어를 포획할 동기다. 또 '포획의 공급'은 미디어가 콘텐츠를 포획자의 의도에 맞춰 변경할 용의라고 할 수 있다. 포획자의 포획 동기나 콘텐츠를 변경할 미디어의 용의가 강할수록 미디어 포획은 성행하게 된다.

이를테면, 뉴스 미디어가 뉴스 시장에서 넉넉한 광고 수입을 얻을수록 포획에 응해야 할 필요성이 줄어 '포획의 공급'은 감소한다. 반대로 뉴스 소비자 시장에서 얻는 수입이 감소하면 상대적으로 적은 포획의 대가에도 콘텐츠를 변경할 용의를 지닌 미디어들이 늘며 '포획의 공급'은 증가할 수 있다. 또 뉴스 미디어를 상시적으로 포획하고 있는 독재자라도 정책이나 관료들의 성과를 언론을 통해 객관적으로 파악하고자 할 때는 미디어를 포획할 동기, 즉 '포획의 수요'가 감소해 포획은 줄어들 수 있다.

물론, 미디어 포획의 공급과 수요의 크기에 구조적인 영향을 주는 것은 뉴스 미디어 사이의 '경쟁'과 포획 거래에 드는 '거래 비용'이다. 이와 관련해선 이 책의 다른 곳에서 여러 차례 설명한 만큼 이번 절에서는 경쟁과 거래 비용의 두 요인을 제외한 다른 요인들에 대한 연구들을 소개한다.

① 정치적 미디어 포획의 공급을 좌우하는 '광고 수입'

뉴스 미디어의 광고 수입은 지킬 박사와 하이드 같은 양면성을 지니고 있다. 그 가운데 뉴스 미디어의 보도를 왜곡하는 어두운 면은 앞 절 10.2. 광고주에 의한 뉴스의 왜곡에서 다뤘다. 여기에선 광고주 혹은 광고 수입이 정치적으로 독립적인 언론을 만들고 유지하는 데 기여하는 긍정적인 측면을 확인해 보자. 광고 수입이 포획당하려는 미디어의 용의를 줄이는 효과다.

이런 효과는, 제럴드 발다스티Gerald Baldasty나 리처드 캐플런Richard Kaplan 같은 언론학자들이 19세기 신문의 정파적 편향이 완화한 이유를 설명하는 과정에서 먼저 등장했다. 이 학자들은 미국 신문들의 당파성이 약해지고 객관적 보도 태도가 강화된 이유를 미국의 신문 시장에 '값싼 신문의 등장'이라는 경제적 이유에서 찾았다. 발다스티는 1992년 저서 『19세기 뉴스의 상업화The Commercialization of News in the Nineteenth Century』에서, 캐플런은 2002년 출간한 저서 『정치와 미국 언론Politics and the American Press』에서 19세기 후반 미국 신문들이 (그 이전의) 강한 정파성을 포기하고 더 객관적 보도 태도를 취하게 된 이유를 설명했다.

캐플런에 따르면, 1860년대와 1870년대 초반, 미국 신문 독자들의 정당 가입률은 높았고, 신문들은 이런 독자들을 상대로 치열한 경쟁을 벌였다. 이 상황에서 신문들이 독자 수를 극대화하는 방법은 정치적으로 중립적인 마케팅 전략보다 당파적인 마케팅 전략이었다. 그러나 1870년대 들어, 신문 시장에 등장한 값싼 신문들은 그때까지 (당파적) 신문들이 무시했던 노동자층을 대거 독자로 흡수하기 시작했다. 그러자 기존의 신문들도 1880년대 이후에는 당파성을 완화하면서 정치색이 옅은 새로운 독자들을 확보하기 위한 경쟁에 뛰어들었다(Kaplan, 2002; 2009).

좀 더 체계적인 설명은, 광고 수입의 등장과 증가를 정치적 편향 완화의 직접적 원인으로 본 경제학자들에 의해 이뤄졌다. 매튜 젠츠코우, 에드워드 글레이저, 클라우디아 골딘에 따르면, 19세기 말과 20세기 초 사이 미국의 신문 산업은 인쇄 기술 발전과 신문 비즈니스 방식의 변화로 광고 수입을 본격적으로 얻기 시작했다. 이어 신문들은 늘어난 광고 수입 덕분에 경제적으로 포획되어 있던 정파나 정파성 강한 독자들로부터 벗어날 수 있었다는 것이다(Gentzkow, Glaeser, and Goldin, 2006).[18]

경제학자 마리아 페트로바도 유사한 견해를 제시했다. 페트로바는 1880년대 미국 신문들의 수익 구조와 뉴스 콘텐츠의 정치적 편향을 연구했는데, 그

18 젠츠코우 등 세 학자는 한계 생산 비용이 더 작을수록, 한계 광고 수익이 높을수록, 미디어는 더 독립적이 될 것이고 예측했다. 이 연구의 다른 내용은 4.4.② 정책의 개선과 선출직 공직자의 부패 감소, 8.4. 언론의 경쟁이 미디어 편향에 끼친 영향에도 소개되어 있다.

역시 '광고의 높은 수익성'이 정파로부터 독립적인 신문을 등장하게 하는 데 크게 기여했다고 말했다. 페트로바에 따르면, 광고 단가가 높을 때는 정파에 독립적인 새 신문이 등장하고, 기존의 정파적 신문들도 정파로부터 멀어질 가능성이 더 높았다(Petrova, 2011).

앞의 견해들과 동전의 양면 같은 얘기지만, 광고 시장이 축소될 때는 뉴스 미디어의 당파성이 심화했다는 분석도 있다. 프랑스 학자 줄리아 카제에 따르면, 프랑스의 '제4 공화국'(1946~1958)은 제2차 세계대전으로 산업이 파괴되고 광고 시장이 침체했던 시기였다. 그런데 이 시기에 프랑스의 지역 신문 대부분은 각기 정당에 포획되어 (그 이전에 비해) 더 강한 정파성을 보였다. 그 이유를 카제는 광고 수입이 감소하며 신문들의 정파성이 심화한 탓으로 설명했다(Cagé, 2020).

경제학자들의 이런 실증적 연구 결과들은, 뉴스 미디어들이 19세기 말 이후 정치적 이해가 걸린 뉴스들을 더 객관적이고 정확하게 보도할 수 있었던 데는 광고 수입의 등장과 증가가 결정적인 원동력이었음을 한결같이 보여주고 있다.[19] 그러나 앞서 10.2. 광고주에 의한 뉴스의 왜곡에서 확인했듯이 뉴스 미디어의 수입 비중에서 뉴스 소비자보다 광고주의 중요성이 과도하게 커지면, 광고주를 의식한 상업적 편향으로 뉴스 미디어의 객관적이고 정확한 보도는 다시 위협받게 된다.

② 독재자도 미디어 포획을 줄일 때가 있다?

독재 체제에서도 의도적으로 언론 자유를 허용하는, 즉 미디어 포획을 줄이는 때도 있고 이런 일이 벌어지는 이유를 설명한 경제학자들도 있다. 러시아 출신 경제학자, 조지 에고로프Georgy Egorov, 세르게이 구리에프Sergei Guriev, 콘

19 광고 수입이 뉴스 미디어의 정치적 독립성을 높인다는 이론 연구들은 9.3.① 미디어의 정치적 편향을 완화하는 광고주 참고.

스탄틴 소닌Konstantin Sonin에 따르면, 독재자들은 자유로운 언론을 싫어하지만, 많은 전체주의 체제의 나라에도 일정 수준의 자유를 누리는 뉴스 미디어들이 있는 경우가 흔하다. 이유는 독재자라도 자신이 추진하는 정책의 성과를 객관적이고 독립적으로 평가한 정보가 필요하고, 이 정보는 자유로운 뉴스 미디어가 제공하기 때문이다. 그리고 독재자는 이를 바탕으로 관료들을 효과적으로 지휘해 정책의 성과를 개선할 수 있다. (독재자도 관료들을 제대로 다루지 못해 정책에 실패한다면 권좌에서 쫓겨날 수 있다.)

그렇다면, 독재자가 언론의 자유를 일정 수준 허용하는 데에는 어떤 요인들이 있을까? 에고로프 등이 따져본 것은 해당 국가의 천연자원 보유 수준이었다. 풍부한 자원으로 경제적 풍요를 누리는 나라일수록 독재자가 권력을 유지하는 게 더 쉽고, 관료들의 성과를 극대화하려는 독재자의 의지도 그리 크지 않을 것으로 에고로프 등은 생각했다. 이런 때는 독재자가 관료들의 성과에 대한 언론의 객관적인 정보 역시 덜 필요하게 되어, 미디어의 포획을 느슨하게 할 이유도 없다. 이런 가설에 따라 세 학자는 '풍부한 천연자원'과 '언론의 자유' 사이에는 역의 상관관계가 있을 것으로 예측했다. 천연자원이 풍부한 나라일수록 언론은 더 철저히 통제된다는 것이다. 그리고 이 가설은 세 학자의 1993~2007년 패널 데이터 분석 결과와 일치했다(Egorov, Guriev, and Sonin, 2009).

요컨대, 독재 국가에서도 독재자들이 관료들을 평가하고 추동하기 위해 미디어 포획을 느슨하게 하는 경향이 있다. 하지만 경제적으로 이미 풍요로운 상황이어서 관료들에 대한 성과 측정이 그다지 필요하지 않을 때는 미디어 포획을 더 견고하게 한다는 것이다.[20]

20 독재 체제에서는 언론의 정직한 보도가 오히려 정치인들의 바람직한 행위를 줄인다는 정치학자들의 연구도 있다. 에드문드 말레스키(Edmund Malesky) 등은 공산당 독재 체제인 베트남에서 한 온라인 뉴스 미디어가 무작위로 선정한 의회 의원들의 입법 활동 정보를 보도하는 실험을 했다. 그랬더니 인터넷 보급률이 높은 지역에서 선출된 의원들은 정권의 지도자들을 당황하게 할 수 있는 입법 활동을 줄이는 경향을

③ 미디어 포획자의 가장 큰 동기, '집단행동'의 예방

독재자가 포획할 가능성이 가장 큰 뉴스는 어떤 뉴스일까? 정치학자인 게리 킹Gary King과 마거릿 로버츠Margaret Roberts, 그리고 제니퍼 팬Jennifer Pan이 함께 한 연구는 이 책에서도 소개할 만하다. 이들이 중국 당국의 뉴스 콘텐츠 검열과 관련해 쓴 두 편의 논문은, 지금까지 학자들의 논문에서 3000회 이상 인용될 만큼 주목받았다.

첫 연구에서, 세 학자는 중국 전역에서 이용되는 약 1400개 소셜 미디어 서비스에 올라오는 수백만 건의 게시물들을 중국 정부가 검열하기 전에 수집했다. 이어 이들 중 중국 정부가 제거하는 게시물들을 확인해 분석했다. 분석 결과, 검열을 통해 삭제될 가능성이 가장 높았던 것은 국가나 지도자, 혹은 정책에 대해 비판적인 게시물이 아니라 집단행동을 촉발할 수 있는 게시물이었다. 즉, 미디어 포획에서 중국 정부의 최우선 목표는 집단행동을 낳을 수 있는 목소리를 침묵시

사라진 '6', '4'

2023 항저우 아시안게임 여자 육상 100m 허들 결승전에서 1, 2위를 차지한 두 중국 선수의 훈훈한 포옹 장면을 담은 사진은 두 선수가 부착한 '6'과 '4' 스티커 때문에 CCTV 등 중국의 미디어들에서 삭제됐다. 숫자 '6'과 '4'는 1989년 6월 4일 베이징 천안문 광장의 민주화 시위를 떠올리게 한다는 이유로 중국 정부의 대표적 검열 대상이다.

출처: AP 연합뉴스.

보였다(Malesky, Schuler, and Tran, 2012). 그러나 이런 연구 결과도 자유로운 언론 보도가 관료나 선출직 정치인들이 독재자를 의식하는 계기가 된다는 점에서는 에고로프 등의 연구 결과와 다르지 않다.

키는 것이었다. 이어 두 번째 연구에서는 현장 실험도 했는데, 이때도 오직 체제 비판만 담긴 정보보다는 집단행동을 낳을 수 있는 메시지를 중국 정부가 검열할 확률이 더 높은 것으로 나타났다(King, Roberts, and Pan, 2013; 2014).

중국 정부의 최우선 포획 대상이 집단행동과 관련된 콘텐츠라는 이 학자들의 견해는 '집권 세력의 미디어 포획 동기가 권력(체제)의 안정'이라는 또 다른 정치학자들의 연구와도 맥이 닿아 있다. 피터 본도에프Peter VonDoepp와 다니엘 영Daniel Young은 아프리카 23개국에서 나타난 언론 자유 수준의 변화를 연구한 뒤 "권력 유지를 위협당하는 상황에 직면하거나 권력을 공고히 하기 위해 비상한 노력이 필요할 때 정치권력의 미디어 통제가 증가한다"며 이런 때로는 "대규모 시위나 쿠데타 음모, 혹은 권력을 확대하기 위해 헌법을 개정하려 할 때" 등을 예로 들었다(VonDoepp and Young, 2013).

10.4. ㅣ 미디어 포획에 따른 영향

미디어 포획은 민주주의의 정상 작동을 방해하고, 권력과 금력 등 미디어를 포획하는 이들에게 이득을 준다. 이 밖에도 미디어 포획의 영향은 다양하다. 경제학자들의 연구 결과는 미디어 포획이 더 많은 부패를 낳고, 경제적 불평등을 확대하며, 때로는 배타적 민족주의를 고양하고, 심지어 폭력과 학살을 부추기기도 한다는 것을 보여준다. 포획된 미디어가 어떻게 사회를 변화시키고 사람들의 행동을 바꾸는지에 관한 경제학자들의 실증적 연구 결과들을 확인해 보자.

① 열등한 사회

시메온 잔코프와 동료 학자들은 정부에 의한 미디어 포획의 부정적 결과를 전 세계적으로 살펴봤다. 잔코프 등은 먼저 전 세계 97개국의 미디어 소유 양상을 조사했다. 그 결과를 보면, 나라마다 가장 큰 미디어 기업은 거의 대부분(소유가 분산된 형태가 아니라) 정부나 특정 가문(가족)의 소유였다. 잔코프 등은 이 미디어들을 대상으로 정부 소유의 미디어가 '시장의 실패를 치료한다'는 '공익 이론public interest theory'과 '정치적·경제적 자유를 침해한다'는 '공공 선택 이론public choice theory'의 타당성을 실증적으로 따졌다. 연구 결과는 대체적으로 후자를 뒷받침했다. 미디어를 정부가 소유하는 것은 더 적은 '언론 자유'와 더 적은 '정치적·경제적 권리' 등 부정적인 결과와 관련이 있었기 때문이다(Djankov, et al., 2003).

구체적으로는, "가난하고, 독재적이며, 교육 수준이 낮고, 경제에 대한 국가 개입 수준이 높은 나라들일수록 미디어에 대한 정부(국가) 소유 수준이 더 높았다. 또한 정부가 미디어를 소유하는 나라들일수록 언론의 자유와 시민의 정치적 권리는 더 적었고 거버넌스는 열등했으며 자본시장은 후진적이고 보건 수준은 열악했다(Djankov, et al., 2003: 373)".

또, 정부의 미디어 소유와 시민의 정치적·경제적 자유 사이의 부정적인 관련성은 정부 소유의 미디어가 텔레비전일 때보다 신문일 때 더 강했다. 이와 관련해 잔코프 등은 "비록, 정부의 미디어 소유와 부정적인 사회 현상들을 명확한 인과관계로 해석할 수는 없지만, (최소한) 미디어를 정부(국가)가 소유하는 게 사회적으로 이득이라는 증거는 없다"고 주장했다.[21]

② 적개심, 혐오, 폭력

20세기 초부터 후투Hutu와 투치Tutsi, 양대 종족이 갈등을 벌여온 르완다에서는 1994년 인구의 85%를 차지하는 후투족 강경파가 100여 일 동안 투치족과 후투족 온건파를 공격했고, 적게는 49만 명에서 많게는 80만 명으로 추산

21 잔코프 등의 이런 실증적 연구 결과에도 불구하고, 이 책에서 여러 차례 거론했듯이 영국의 공영방송인 BBC만큼은 '시장의 실패'를 보완하고 있다는 게 학자들의 공통된 견해다. 7.1.①. '너무 많은 경쟁'과 불충분한 뉴스 공급 및 9.5. '여론 다양성'을 위한 정책 참고.

되는 투치족을 학살했다. 발단은 1994년 4월 후투족 출신 대통령이 전용기 격추 사고로 숨진 일이었다. 당시 후투족 강경파의 라디오 방송이었던 RTLM[22]은 "투치는 적"이라고 거리낌 없이 선동했다.

> 우리는 RTLM을 들었다. … RTLM은 투치Tutsi족을 악마화하는 노래를 방송했다. 그 노래들은 공공연하게 우리(투치족)를 몰살하라고 주문했다(Swart, 2020.6.7).

경제학자 데이비드 야나기자와-드로트는 르완다 대학살 당시 이처럼 인종적 적개심과 잔인한 학살을 선동했던 RTLM의 구실을 연구했다. 야만적 폭력의 시기에, '포획된 대중 미디어'가 사람들에게 미친 영향'을 분석한 것이다(Yanagizawa-Drott, 2014). 야나기자와-드로트가 집단 학살 당시 마을 단위의 라디오 청취 여부와 집단 학살 데이터를 이용해 분석한 결과를 보면, RTLM을 청취할 수 있던 마을에서는, 그렇지 않은 마을에 견줘 투치족에 대한 우발적 폭력 행위가 65%, 조직화된 폭력 행위는 77%나 더 증가했다. 기소된 대학살 가해자의 9.9%(약 5만 1000명)는 RTLM 때문에 투치족에 대한 폭력 행위에 가담한 것으로 분석됐다. 만약, 희생자 수가 기소된 가해자 수에 비례한다면, RTLM으로 인한 희생자도 약 5만 명에 이르는 것으로 추정됐다. 이뿐만이 아니었다. 일반인이 아니라 정규군이나 민병대 구성원들에 의해 자행된 폭력에도 RTLM의 영향은 컸을 것이라고 야나기자와-드로트는 설명했다.

아울러 야나기자와-드로트에 따르면, RTLM과 달리, 정치적으로 포획되지 않았던 독립적 미디어는 RTLM의 선전 효과를 약화시킬 수 있었다. 당시 르완다에는 종족이나 정파로부터 독립적인 신문들이 있었는데, 주민들의 문맹률

22 RTLM은 1993년 7월 8일부터 1994년 7월 31일까지 운영됐는데, 1994년 4월부터 7월까지 벌어진 르완다 대학살 시기에 투치족에 대한 공격과 학살을 선동한 방송으로 유명하다. 프랑스어로 된 방송국의 이름, 'Radio Television Libre des Mille Collines'은 르완다를 천 개(Mille)의 언덕(Collines)이 있는 땅으로 불렀던 데서 유래했다.

이 낮을수록 RTLM의 영향은 더 작았던 까닭이다.

한편, 포획된 미디어의 의도적 선전이 되레 반작용을 부르는 결과를 낳을 때도 있다는 연구들도 있다. 앞서 10.1.⑤ 포획된 방송의 정치적 활용에서 소개한 마야 아데나 등의 연구에 따르면, 히틀러의 나치당에 포획된 라디오 방송은 나치당의 독재 확립 이후 혐오와 폭력을 동반한 반유대주의를 선전했다. 그런데 이 선전은 역사적으로 반유대주의가 강한 지역일수록 효과적이지만, 반유대주의가 약했던 곳에는 나치의 선전이 역효과를 낳기도 했다(Adena, et al., 2015).

사람들이 적대적인 외국의 라디오에 노출되자 이 방송에 반감이 늘며 민족주의 성향이 더 강해졌다는 연구도 있다. 스테파노 델라비그나 등이 2000년대 세르비아의 공영 라디오 방송이 인접한 크로아티아 지역 주민들에게 미친 영향을 조사한 결과를 보면, 많은 크로아티아인은 세르비아의 방송이 크로아티아에 대해 적대적 보도를 하는데도 이 방송을 청취했다. 하지만 크로아티아인들의 세르비아 방송 청취는 오히려 극단적인 크로아티아 민족주의 정당에 대한 지지 증가로 이어졌다(DellaVigna, et al., 2014).

③ 빈부 격차의 증가

사회의 부유층이 자신의 부를 지키기 위해 미디어 포획에 나서고, 이로 인해 빈부 격차가 증가한다는 마리아 페트로바의 이론은 9.1.④ 경제적 불평등을 심화하는 미디어 포획에서 설명했었다. 페트로바는 같은 연구에서 이런 가설에 부합하는 실증적 연구 결과도 함께 제시했다(Petrova, 2008b; 그림 10-1 참조).

그는 102개 국가에 대해 1994년부터 2003년까지 '프리덤 하우스Freedom House'의 '언론 자유 지수',[23] 유엔대학United Nations University: UNU의 '세계 소득 불

23 프리덤 하우스의 '언론 자유 지수'는 미디어의 (1) 법적 환경, (2) 정치적 환경(언론의 편집 독립성, 공적인 검열과 미디어의 자기 검열, 기자들의 자유로운 취재보도 여건) 및 (3) 경제적 환경(미디어 소유 구조 및 국가 등의 보조금 수수) 등 세 가지 요소를 종합 평가해, 0(완전한 언론 자유)에서 100(언론 자유의 완전한

그림 10-1 각 나라의 경제적 불평등과 언론 자유

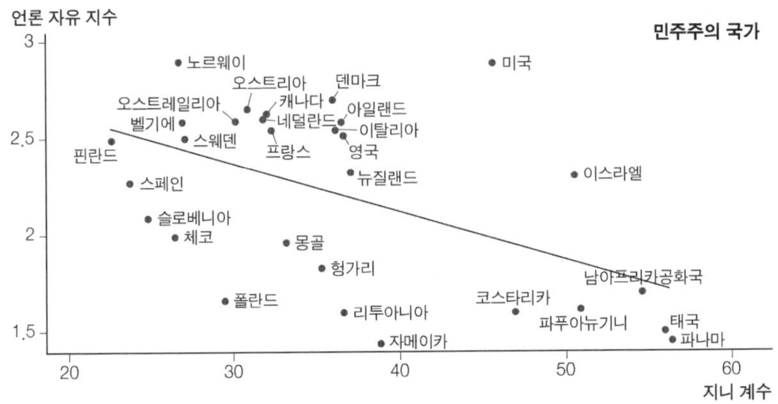

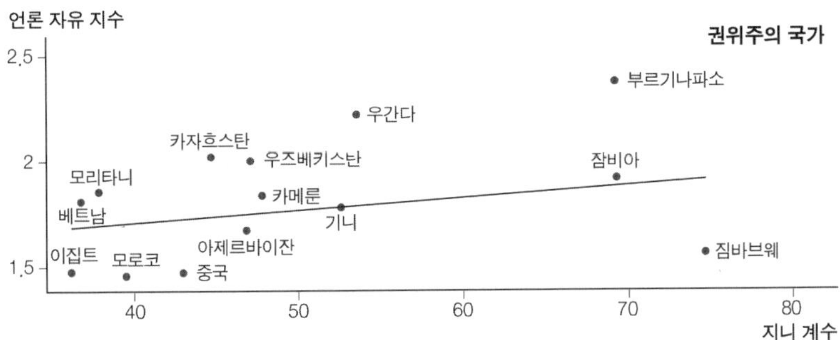

출처: Petrova(2008b: 196~197).

평등 데이터베이스World Income Inequality Database: WIID[24] 자료, 정치 제도, 미디어 접근성 등에 대한 데이터를 분석했다.

분석 결과를 보면, 미디어 포획 현상과 불가분의 관계인 언론 자유 수준은 경제적 불평등 정도를 나타내는 지니 계수Gini coefficient와 분명한 역의 상관관계에 있었다. 즉, 경제적 불평등이 높은 나라일수록 뉴스 미디어의 자유도는

부재)까지 매겨진다.

24 https://www.wider.unu.edu/project/wiid-%E2%80%93-world-income-inequality-database.

낮았고, 이런 현상은 특히 권위주의 체제의 국가보다 민주주의 체제의 국가에서 더 분명했다.

왜 그랬을까? 이에 대해 페트로바는 민주주의 국가의 부유층이 미디어를 포획해 증세와 공공재 투자 등 소득 재분배 정책이 채택되지 않는 쪽으로 여론과 선거 등에 영향을 끼쳤기 때문이라고 설명했다.

반면, 언론의 자유가 높은 나라일수록 보건과 교육에 대한 해당 국가 정부의 공적 지출은 많았다. 이는 부유층의 미디어 포획이 적었던 탓에 소득 재분배 정책이 더 활발히 시행됐기 때문이라고 페트로바는 진단했다.

④ 더 많은 부패

사회의 부패 수준과 언론 자유 수준 사이의 상관관계에 관한 연구도 있다. 미디어 포획 현상이 적을수록 언론의 자유는 커진다는 점에서, 이 연구는 미디어 포획 현상과 사회의 부패 사이의 관계에 대한 연구이기도 하다.

스위스의 경제학자 아이모 브루네티Aymo Brunetti와 베아트리체 베데르Beatrice Weder는 2003년, 언론이 (미디어 포획자로부터) 자유로울수록 사회는 덜 부패했다는 실증적 연구 결과를 내놓아 눈길을 끌었다. 연구 결과에 따르면, 많은 국가에서 '더 많은 언론 자유'와 '더 적은 부패' 사이에는 강력한 상관관계가 있었고, 높은 수준의 언론 자유와 적은 부패 사이에는 인과관계도 존재했다.

또 브루네티와 베데르는 이 연구에서 언론의 자유가 적은 나라들의 언론 자유가 세계에서 언론이 가장 자유로운 노르웨이 수준

그림 10-2 각 나라의 언론 자유도와 부패 수준

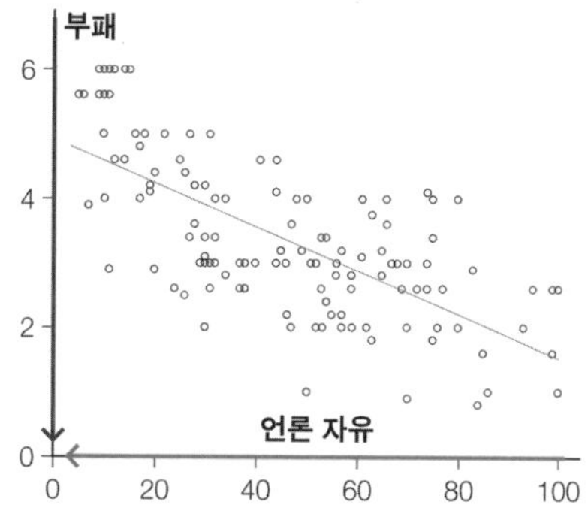

주: 세로축의 0은 '가장 심한 수준의 부패'를, 6은 '가장 낮은 수준의 부패'를 나타낸다. 가로축의 0은 최고 수준의 언론 자유를, 100은 최저 수준의 언론 자유를 나타낸다.
출처: Brunetti and Weder(2003: 1811).

으로 신장될 때 그 나라의 부패 수준은 어떻게 변화하는지를 추정했다. 그 결과는 흥미로웠는데, 인도네시아, 러시아 연방, 그리고 나이지리아의 언론 자유가 노르웨이 수준으로 개선되면, 이 나라들의 부패도 각각 싱가포르, 슬로바키아 공화국, 벨기에 수준으로 감소할 것으로 추정됐다(Brunetti and Weder, 2003).[25]

25 브루네티와 베데르는 이 연구에 145개국에 대한 '프리덤 하우스'의 '언론 자유 지수(0~100)'와 128개국에 대한 '국제 국가위험 가이드(International Country Risk Guide: ICRG)'의 국가별 부패 등급(0~6)을 활용했다. ICRG의 국가별 부패 등급은 0에서 6까지인데 낮은 점수는 "고위 관리들이 뇌물을 요구한다"거나 "불법적인 금전 요구가 일반적으로 기대된다"는 등의 상황을 나타낸다(언론 자유 지수는 각주 23 참고). 연구에는, 1996~1999년 치 언론 자유 지수와 1994~1998년의 국가별 평균 부패 등급이 쓰였다.

11

디지털 시대와 뉴스 미디어

"역사적으로, (뉴스) 미디어 기업을 영위한 동기는 '권력power', '공공을 위한 봉사publice service', '이윤profit'의 세 가지였다. 초창기에는 권력이 가장 주요한 동기였지만, 그 뒤로는 시장에 부응하는 저널리즘으로 수익성 높은 비즈니스가 됐다. 그러나 디지털 미디어는 이를 다시 바꾸고 있다. 뉴스 미디어의 이익이 감소하면서 우리는, … 뉴스의 역사에서 최고와 최악을 함께 경험하고 있다."[1]

— 라스무스 닐센

디지털 시대의 전개와 함께 뉴스 미디어 정치경제학의 시야와 대상은 대폭 확대됐다. 정보 경제학Economics of Information[2]이나 네트워크 경제학Network Economics[3] 등 인접 분야의 학문과는 경계를 구분하기 어려울 만큼 접점이 많아

1 Nielsen(2017: 33).

2 정보가 지닌 경제적 의미를 분석하는 학문 분야다. 특히 사람들 사이에, 갖고 있는 정보가 비대칭적일 때 발생하는 결과와 그 영향을 분석한다. 뉴스 미디어 정치경제학과는 많은 분야에서 유관하다.

3 네트워크 효과가 존재하는 네트워크 산업들에 대한 경제학이다. 네트워크 효과란 사용자가 재화나 서비스에서 얻는 가치나 효용이 해당 재화나 서비스의 사용자 수에 따라 커지는 것이다.

졌다. 미디어 산업이 4차 산업혁명의 꽃이라 할 수 있는 정보통신기술 혁신의 핵심 분야인 까닭이다.

디지털 시대에는 뉴스 콘텐츠의 생산과 소비 양상이 아날로그 시대와는 크게 달라졌다. 뉴스의 생산과 소비에 관한 전통적 관점과 개념도 바뀌고 있다. 이에 따라 학자들은 아날로그 시대를 배경으로 뉴스 미디어 정치경제학이 일군 성과의 유효성도 재확인해야 하는 상황을 맞고 있다. 아날로그 시대의 문제들을 다 풀기도 전에 디지털 시대의 문제들을 풀어야 하는 처지가 된 것이다.

디지털 기술과 미디어에 기반한 뉴스 시장과 뉴스 미디어에 대한 연구들이 많아졌지만, 이 분야의 연구는 아직 역사가 짧고, 어떤 분야의 연구들은 이제 막 시작했다고 해도 과언이 아니다. 이 때문에 학문적으로 충분한 검증이 이뤄지지 않은 학자들의 견해와 연구들도 많다. 요컨대, 디지털 시대의 뉴스 미디어 정치경제학은 여전히 학문적 윤곽을 형성하는 난제라고 할 수 있다.

현재, 디지털 시대의 뉴스 시장과 미디어와 관련해 경제학자들이 답을 찾으려 하는 대표적인 의문들은 대체로 다음 네 가지 정도로 추려볼 수 있다.

첫째, 디지털 미디어와 인프라는 전통 미디어의 지속 가능성이나 구실에 어떤 변화를 초래했을까?

둘째, 디지털 공간에서 뉴스 공급자들이 벌이는 극한의 경쟁은 우리를 '진실의 광장'으로 이끌고 있을까? 아니면 '확증 편향의 밀실'로 유혹하고 있을까?

셋째, 전례 없이 많아진 정보는 우리 삶을 풍요롭게 하는가? 인터넷과 소셜 미디어는 사람들의 행동 양식에 얼마나 변화를 가져왔을까?

넷째, 정보 생산과 소비의 핵심 화두로 떠오른 인공지능Artificial Intelligence: AI과 알고리즘algorithm은 뉴스 미디어 산업과 시장에 어떤 영향을 미치게 될까?

이번 장에서는 이런 의문들에 대한 경제학자들의 견해들을 소개한다. 하지만 앞서 언급한 것처럼, 대부분 비교적 최근의 연구들이어서 일부 견해들의 경우 동료 학자들의 학문적 평가가 충분히 이뤄지지 않은 점은 참작할 필요가 있다.

아울러 뉴스 미디어 산업과 뉴스 시장은 이 순간에도 빠르게 진화하고 있다. '소셜 미디어의 황제'로 불렸던 페이스북이 성장의 정체를 겪는 가운데 새로운 플랫폼인 메타버스가 떠오르는가 하더니 다시 몇 년 만에 관심이 식는 듯하다.[4] '추천 미디어'로 불리기도 하는 유튜브, 인스타그램Instagram과 틱톡Tiktok 등이 순차적으로 급성장하고 있지만, 이 책이 발간되어 독자들이 읽을 즈음이면 이들 또한 옛일이 되어 있을지도 모른다. 이처럼 숨 가쁘게 변화하는 현실은 디지털 시대의 뉴스 미디어와 시장을 학문적으로 이해하는 게 한동안 만족스럽지 않을 수 있음을 시사한다.

11.1. | 디지털 미디어의 등장과 전통 미디어의 위기

디지털 시대의 도래와 함께 전통 미디어의 위기도 시작됐다. 전통 미디어 중에서도 경쟁력이 상대적으로 더 약한 미디어 기업들은 이미 역사의 뒤안길로 사라졌거나, 오늘도 생사의 갈림길에 서 있다. 특히 전통 뉴스 미디어의 본산이라 할 수 있는 신문 미디어는 지난 세기 중반 이후 방송 미디어에 영토의 일부를 내준 데 이어, 디지털 미디어가 등장하고 나서는 예외 없이 고군분투를 이어가고 있다. 전통 미디어의 위기가 이처럼 디지털 인프라의 등장이라는 물적 토대의 변화에서 기인한 만큼, 위기를 이해하고 미래를 전망하는 데도 경제학적 사고와 원리는 긴요하다.

위기에 빠진 전통 미디어 기업들의 최우선 과제는 한결같이 디지털 시대에 걸맞은 새로운 수익 모델을 찾는 것이다. 그러나 전통 미디어 기업들의 대응

---

4 3.3.④ 경제적 동인이 결정하는 미래 각주 18 참고.

전략에는 차이가 있다. 이를테면, ≪뉴욕 타임스≫나 ≪월스트리트 저널≫, 근래 들어 한국의 ≪중앙일보≫ 등은 디지털 콘텐츠의 전부 혹은 일부 콘텐츠를 유료로 제공한다. 반면, 대부분의 다른 신문들은 여전히 모든 디지털 콘텐츠를 무료로 제공한다. 그렇지만 어느 쪽이 효과적일지는 예단하기 어렵다. 각 신문의 독자 특성과 규모, 콘텐츠 품질의 현 수준과 향후 개선 가능한 수준, 나라 혹은 지역마다 다른 뉴스 시장의 환경 등 다양한 조건에 따라 콘텐츠 유료화 혹은 무료 제공의 효과에도 차이가 크기 때문이다.

이처럼 서로 다른 비즈니스 전략의 비교와 선택에는 경제학적 사고가 언제나 큰 도움이 된다. 간단한 예로 디지털 콘텐츠의 유료화를 경제학의 관점에서 한 번 따져보자. 매우 예외적인 경우를 제외하면 무료 상품의 유료화는 언제나 크고 작은 '수입의 증가'와 '수요의 감소'를 동반한다. 디지털 콘텐츠의 유료화를 검토하는 미디어 기업은 이 두 현상을 고려해 단기적으로나 중장기적으로 이익을 극대화하는 방안이 무엇인지 따져야 한다. 그러나 이 일은 말만큼 쉽지 않다. 콘텐츠 유료화로 수입이 는다고 해도, 유료화된 콘텐츠가 돈을 주고도 볼 만한 충분한 품질을 지니지 못하면, 수입의 증가는 극히 미미하고 수요만 감소할 수 있다. 수요 감소는 '광고 매출'과 '영향력'의 동반 감소로 이어진다. 그뿐이 아니다. 유료화할 콘텐츠를 선정하거나, 수입의 증가를 최대화하고 수요의 감소는 최소화하는 적절한 가격 책정도 쉬운 일이 아니다.

이런 난제에도 불구하고, 뉴스 미디어, 특히 신문의 경영자와 저널리스트들은 디지털 콘텐츠의 유료화를 통한 수입을 디지털 광고 수입이나 오프라인 구독 수입보다 갈수록 더 중요하게 여기고 있다.[5] 이는 뉴스 콘텐츠를 무료로 제

---

5 2021년 12월 로이터저널리즘연구소가 52개국의 언론사 CEO와 편집장, 고위 간부 246명을 대상으로 가장 중요한 디지털 수입이 무엇이라고 생각하느냐는 설문(복수 응답)에 응답자(217명)의 79%는 구독을 꼽았다. 반면 디스플레이 광고나 네이티브 광고를 꼽은 이들은 각기 73%와 59%였다. 이런 수치들은 직전 1년 전의 같은 조사에 비해 구독을 꼽은 비율은 증가하고 디스플레이 광고와 네이티브 광고를 꼽은 이들은 각각 8%p와 16%p씩 감소한 것이다(Newman, 2022).

공하는 비즈니스 전략으로는 어떤 미래도 기약하기 힘들다는 인식이 더 확산되고 있는 탓으로 보인다. 그러나 정처없이 무작정 길을 떠나듯 디지털 콘텐츠 유료화에 나서는 것은 그 이상으로 무모한 것이라 하겠다.

향후 유료화가 성공한다고 해도 생각해 볼 대목이 있다. 앞서 9.3.① 미디어의 정치적 편향을 완화하는 광고주와 10.3.① 정치적 미디어 포획의 공급을 좌우하는 '광고 수입'에서도 확인했듯이, 광고 수입의 감소와 맞물린 구독 수입의 증가는 정파적 편향을 강화하는 요인이다. 구독 수입 의존도가 일정 수준 이상으로 높아지면 광고주에 기인하는 상업적 편향은 감소하지만, 정파적 편향이 다시 증가할 수 있다는 것이다. 근래, 광고보다 구독에 기반하는 많은 군소 유튜브 방송들이 매우 정파적인 현실은 경제학자들의 이런 지적을 확인할 수 있는 사례다. 이처럼, 전통 뉴스 미디어의 위기를 이해하거나, 활로를 찾는 데는 뉴스 미디어 정치경제학의 관점과 그간 일궈온 성과의 활용이 그 어느 때보다 요긴하다.

① 온라인 미디어와 오프라인 미디어는 상호 대체재

수십 년째 반복되는 흔하고도 근본적인 질문이 하나 있다. 가장 오래된 전통 미디어인 종이 신문은 소멸할까? (종이 신문에 기반한 그간의 저널리즘에도 같은 질문이 가능하다.) 일선의 저널리스트와 신문사 경영자, 저널리즘 학자들 사이에서 오랫동안 갑론을박이 이어졌던 사안이다. 한편에서는 종이 신문은 "사라질 운명"이라고 예상했고 다른 편에서는 "그래도 살아남을 것"이라고 내다봤다. 언론학자들과 언론계의 논쟁이 최고조에 이르렀던 즈음인 2007년, 세계에서 가장 권위 있는 경제학 학술지에는 이런 논쟁에 종지부를 찍는 한 경제학자의 논문이 실렸다.

예비 노벨경제학상으로 불리는 클라크 메달의 주인공, 매튜 겐츠코우는 온라인 뉴스 미디어와 전통적인 신문 미디어가 뉴스 소비자들에게 상호 보완재인지 대체재인지를 분석한 연구를 전미경제학회American Economic Association가 발간하는 학술지 ≪아메리칸 이코노믹 리뷰American Economic Review≫에 발표했다. 내용은 온라인 뉴스 상품과 오프라인 뉴스 상품은 한쪽의 수요가 늘면 다른 쪽의 수요가 줄어드는 대체재 관계에 있다는 것이었다(Gentzkow, 2007).

하지만 정작 신문 기업의 경영진이나 저널리스트들 가운데 젠츠코우의 연구를 주목한 이는 많지 않았다. 당시만 해도 많은 저널리스트와 언론학자는 '종이 신문이 사라지기야 하겠어?'라고 생각한 탓이다. 심지어 온라인과 오프라인은 서로 보완적일 것으로 기대하는 이도 적지 않았다. 지난 세기 말부터 이번 세기 초에 걸쳐 많은 종이 신문이 인터넷을 통해 뉴스를 무료로 제공한 이유도 온라인과 오프라인은 서로 보완적일 것이라는 막연한 기대에서 비롯된 일이었다. 그러나 젠츠코우의 연구는 이런 기대가 무망한 일임을 증명했다.

이 연구에서 젠츠코우는 2000년 3월부터 2003년 2월까지 미국 워싱턴 D.C.에서 발행되는 주요 신문들의 종이 신문 및 온라인 웹사이트 구독(이용)자 수, 매출과 비용 같은 경영 실적 등을 분석했다. 이를 바탕으로 그는 유력 신문들과 이들 신문의 온라인 콘텐츠가 겉보기에는 강력한 보완적 관계에 있는 것으로 보이기도 하지만, 실제로는 온라인과 오프라인 뉴스 상품이 상호 대체 관계에 있었다고 설명했다. 특히 젠츠코우는 당시 워싱턴 D.C. 지역의 경우 "온라인 뉴스 서비스는 하루 평균 오프라인 신문의 독자 2만 7000명을 감소시켰고, 신문사들의 연간 이익 550만 달러를 줄였다"고 추정했다.

특히, 그는 (무료로 제공되는) 온라인 뉴스는 소비자들에게 상당한 혜택을 제공했다"며 "온라인 콘텐츠에 가격을 매겼더라도 신문들의 이익을 실질적으로 증가시킬 가능성은 적었다"고 말했다. 즉, 디지털 온라인 뉴스 미디어가 뉴스 소비자들로부터 각광을 받을수록 전통 종이 신문의 입지는 줄어들 수밖에 없고, 온라인 뉴스 미디어와 오프라인 종이 신문이 함께 번창하는 일은 불가능하다는 것이었다. 젠츠코우가 이 연구를 발표했을 당시에는 신문의 위기가 지금처럼 심각하지는 않았다. 하지만 경제학자의 관점에서 보자면, 디지털 뉴스

:: 한걸음 더 11-1 :: 살아남은 종이 신문의 편향 완화

디지털 시대의 개막은 많은 전통 뉴스 미디어, 특히 많은 종이 미디어의 몰락을 불러왔다. 세계적으로 알려진 일간지 가운데는 미국의 ≪크리스천 사이언스 모니터The Christian Science Monitor≫가 경영난 끝에 2009년 3월 폐간한 뒤 주간지로 변신했고, 뉴욕 타임스의 자매 일간지였던 ≪인터내셔널 헤럴드 트리뷴International Herald Tribune≫도 2013년 발행을 접었다. 실제로, 1990년대 이후 미국의 많은 지역 신문사가 문을 닫았다. 한 연구에 따르면 2004~2018년 미국에선 다섯 개 신문 중 한 개가 사라졌다(Abernathy, 2018). 그렇다면, 경쟁하던 신문사의 폐업은 남은 신문사들의 편향에 어떤 변화를 가져왔을까?

카그다스 아지르다스는 이를 연구했다. 그는 먼저 1990~2009년의 240개월 동안 99개 신문들을 대상으로 집권당에 불리한 이슈인 실업률 관련 보도에서 보인 편향을 조사했다. 그 결과를 보면, 경쟁 신문이 있는 상황에서는 친공화당 신문이 공화당이 여당일 때보다 민주당이 여당일 때 여당에 불리한 실업 관련 뉴스를 17.4%나 더 많이 보도했다. 반대로 친민주당 편향의 신문은 민주당이 여당일 때보다 공화당이 여당일 때 실업 관련 뉴스를 12.8%가량 더 많이 보도했다. 그런데 경쟁 신문이 폐간한 뒤에는 이 수치는 각각 3.5%와 1.1%로 크게 낮아졌다. 경쟁 신문이 폐간하자 정치적 편향이 크게 완화한 것이다. 아지르다스는 남은 신문이 편향을 완화한 이유를 "살아남은 신문이 문을 닫은 신문을 보던 독자까지 확보하려 했기 때문"으로 설명했다(Agirda, 2015).

소비가 증가할수록 종이 신문의 쇠락은 정해진 일이었다.

또한 당시 젠츠코우는 디지털 콘텐츠의 유료화가 뉴스 미디어의 이익을 실질적으로 증가시키지 않을 것으로 분석했다. 이런 그의 예측은 그 이후 오랫동안 많은 뉴스 미디어가 디지털 콘텐츠 유료화 전략을 채택하지 못한 데에서도 간접적으로 입증됐다. 하지만 그의 연구 대상 시기(2000~2003년)로부터 20여 년이 지난 지금도 젠츠코프의 예측이 여전히 유효할지는 미지수다. 그 사이 뉴스 시장의 구조와 환경도 달라졌다. 또 현재 전통 뉴스 미디어들이 처한 현실도 다양하다. 이는 모두 디지털 콘텐츠 유료화의 성패를 현시점에서 일반화해 말하기 어렵게 하는 요인들이다. 그럼에도 한 가지 분명한 것은, '현실 탈출'의 막연한 당위나 '따라 하기'에 급급해 디지털 유료화의 길을 떠나는 전통 미디어들은 더 가파른 추락이라는 값비싼 대가를 치를 가능성이 크다는 것이다.

② 전통 미디어의 뉴스 품질 추락

우월한 온라인 광고 효과와 연쇄 반응. 온라인 미디어가 광고 효과 면에서 뛰어나기 때문에 오프라인 미디어가 수익성 악화를 겪는다는 견해를 제시한 경제학자도 있었다. 더크 버게만Dirk Bergemann과 알레산드로 보나티Alessandro Bonatti는 온라인 미디어가 미디어 소비자들에 대한 광고 타깃팅 능력이 우수하다는 현실에 착목해, 온라인 미디어와 오프라인 미디어가 뉴스 시장에서 경쟁하는 상황을 연구했다.

이들의 연구에 따르면, 오프라인보다 나은 온라인의 광고 타깃팅 능력은 더 높은 광고 효과로 이어진다. 게다가 온라인 미디어에 소비자들이 더 많이 몰리면, 광고 타깃팅 효과가 좋은 온라인 미디어에는 광고주들의 수요가 그 이상으로 증가하게 된다. 만약, 오프라인 미디어가 광고 수입 감소를 만회하려 광고 가격을 인상한다면, 이에 반응하는 광고 수요 감소로 수입은 되레 감소한다. (효과가 나빠진 오프라인 광고의 가격을 인상한 당연한 결과다.) 이처럼 오프라인 광고보다 우월한 온라인 광고의 타깃팅 능력은 온라인에 소비자를 빼앗긴 오프라인 미디어의 수익성을 더욱 악화시킨다는 것이다(Bergemann and Bonatti, 2011). 그러면, 오프라인 미디어의 광고 수입 감소는 단지 오프라인 미디어들의 경영 사정만 악화시킬까?

찰스 안젤루치Charles Angelucci와 줄리아 카제는 인터넷의 출현 이후 전통적인 신문 미디어들이 겪는 광고 수입 감소는 뉴스 품질의 하락도 불러온다는 사실을 이론 모형과 실증적 연구를 통해 밝혀냈다. 두 학자는 광고 수익이 감소하면 신문의 콘텐츠 품질이 떨어졌고, 신문 판매 가격도 하락했으며, 독자층의 구성도 변화한다는 이론적 예측을 제시했다. 판매와 광고에서 수입을 얻는 신문이 수입의 변화에 따라 뉴스룸(뉴스 생산 인력)의 규모를 결정한다는 상식을 가정한 이론 모형에서 얻은 결과였다.

두 학자는 이 가설을 1960~1974년 프랑스 일간 신문 산업의 데이터를 통해 검증했다. 이 시기는 당시로서는 '뉴미디어'였던 텔레비전 방송이 프랑스에 등장하고 텔레비전 광고도 함께 도입된 때다. 데이터 분석 결과, 텔레비전 광고가 등장하자 전국 종합일간지들의 광고 수입은 감소했다. 광고 수입이 감소하자 신문들에 고용된 저널리스트의 수도 급격히 감소했다. 하지만 신문들이 보도한 뉴스의 양에는 변화가 없었다. 같은 양의 뉴스를 더 적은 수의 저널리스트들이 만든 만큼, 뉴스 품질이 떨어진 것이다. 이를 두고, 안겔루치와 카제는 뉴미디어(텔레비전)의 등장으로 당시 프랑스 종합일간지들의 광고 수입은 감소했고, 신문들은 콘텐츠의 질을 낮추거나 '경성 뉴스'의 생산 축소로 비용을 줄여 수입 감소에 대처했다고 추론했다(Angelucci and Cagé, 2019).[6]

당시 신문들이 보인 이런 행동은, 미디어 광고 시장에서 디지털 플랫폼의 비중이 급격히 커진 지금도 같은 시사점을 준다. 전통 미디어들의 광고 수입이 감소하면 할수록, 콘텐츠 품질을 위한 전통 미디어들의 투자 동기도 약화되기 때문이다. 실제로 지금도 전통 뉴스 미디어들은 광고 수입의 감소에 뉴스룸의 크기를 줄이거나 뉴스의 생산량을 늘리는 방식으로 대처하는 경우가 일반적이다.[7] 이는 안겔루치와 카제의 이론과 실증이 그만큼 현실에 부합한다는 방증이라 하겠다.

디지털 시대, 경쟁의 역설. 주지하다시피, 디지털 시대는 뉴스 공급자 사이에 전대미문의 경쟁을 불러왔다. 뉴스 시장에서 경쟁이 낳는 여러 현상들은 이미 이 책의 여러 부분에서 소개한 바 있다. 그 가운데 가장 일반적인 생각은 미디어들 간의 경쟁이 더 나은 뉴스 품질을 낳는다는 것이다. 그러나 디지털 시대에는 전통적인 믿음을 뒤집는, 과거에는 미처 예상치 못한 현상들이 등장하고 있다. 앞서 9.2. 디지털 시대, 독이 된 경쟁에서도 살펴봤듯이 복제 콘

---

6 이 연구에서 저자들은 '저널리즘 집약적인 콘텐츠의 상대적인 양'에 대해 독자들이 이질적 선호를 지니고 있다고 가정했다. 쉽게 풀어 설명하면, 어떤 독자들은 저널리즘의 규범에 충실한 고품질 뉴스를, 어떤 독자들은 저널리즘의 규범에 충실하지 않은 선정적인 저품질 뉴스를 각기 선호한다고 가정한 것이다.

7 Wildman(2011)에 따르면, 미국 신문의 광고 수익은 2005년부터 2009년까지 47% 감소했고, 신문들은 뉴스룸과 관련된 비용을 2006년에서 2009년 사이에 4분의 1 이상 줄였다.

텐츠의 범람이 그 대표적 예다. 이와 관련해, 필자와 미시건주립대학의 석좌교수 최재필은 디지털 시대에 등장한 홍수처럼 쏟아지는 복제 보도들이 뉴스 콘텐츠의 품질 하락으로 이어지는 원리를 다음과 같이 설명했다.

디지털 정보통신기술의 비약적 발전은 뉴스와 정보를 매우 짧은 시간 안에 복제해 뉴스(정보) 시장에 내놓을 수 있게 했다. 그러자 미디어 기업이 오리지널 콘텐츠로 독점적 수입을 올릴 수 있는 기간은 아날로그 시대와는 비교할 수 없을 만큼 크게 단축됐고, 독점적 수입 금액도 격감했다. 오리지널 콘텐츠는 수익성 악화에 따라 생산도 그만큼 감소했다. 그럴수록 디지털 공간에서는 복제 콘텐츠들이 홍수를 이뤘다. 특히 오리지널 콘텐츠의 수익성 악화는 권력이나 금력을 지닌 미디어 포획자들이 오리지널 콘텐츠를 더 저렴하게 포획할 수 있는 여건을 제공했다. 아울러 미디어 포획 현상의 증가는 콘텐츠의 품질을 또 한 번 추락시켰다. 요컨대, 경쟁의 심화가 극단적인 복제 뉴스의 범람을 부르며 뉴스 품질을 추락시키고 있다는 것이다(Choi and Yang, 2021;, Yang, 2021).[8]

줄리아 카제와 니콜라스 허르베Nicolas Hervé, 그리고 마리-루스 비아우드Marie-Luce Viaud는 디지털 시대의 콘텐츠 복제와 뉴스 품질 사이의 상관관계를 실증했다. 프랑스의 뉴스 미디어가 2013년에 생산한 모든 온라인 콘텐츠를 분석한 이들의 연구에 따르면, 뉴스 기사의 4분의 1이 온라인에서 4분 이내에 재생산됐다. 또, 온라인 콘텐츠의 32.6%만이 오리지널 콘텐츠였다. 재생산된 이 뉴스 기사들의 다수가 복제됐거나 복제된 내용을 담고 있었기 때문이다. 디지털 인프라를 활용한 손쉬운 콘텐츠 복제 여건이 고품질(오리지널) 뉴스 콘텐츠의 감소를 낳은 것이다. 이와 관련해 카제 등은 오리지널 콘텐츠의 생산을 위해서는 적절한 투자가 필요한데, 신속한 복제 능력을 갖게 되자 독창적인 고품질 콘텐츠를 위한 투자 동기가 미디어 기업들로부터 사라졌다고 설명

8 9.2. 디지털 시대, 독이 된 경쟁 참고.

했다(Cagé, Hervé, and Viaud, 2020).

11.2. | 디지털 미디어와 소비자의 편향

법정에서 배심원의 절반은 오직 검사의 의견을, 나머지 절반은 오직 변호사의 의견을 듣도록 되어 있다면, 법정의 시스템은 고장 날 것이다.[9]

매튜 젠츠코우, 제시 샤피로

법학자이자 행동경제학자인 캐스 선스타인Cass Sunstein은 2001년 그의 저서에서 인터넷의 등장으로 사람들이 지식과 정보의 극단적 편식에 빠질 수 있다고 우려했다. 인터넷으로 인해 사람들이 보고 싶은 것만 보고, 듣고 싶은 것만 들으며, 읽고 싶은 것만 읽을 수 있는 환경이 조성됐다는 것이다. 특히 선스타인은 이런 상황을 더 악화시킬 수 있는 정보 필터링 능력이 기하급수적으로 발전할 것으로 예상했다(Sunstein, 2001).

그로부터 20여 년이 지난 지금, 많은 사람은 선스타인의 예견이 현실화됐다고 믿는다. 공급자 쪽에서는 '커스터마이징customizing'이라 불리는 '개별 소비자 맞춤형 콘텐츠 공급'이 이뤄지고 있고, 뉴스 소비자 쪽에서는 자신의 선호에 맞춰진 정보만을 접하며 편향이 고착화하는 '메아리의 방echo chamber' 현상[10]이 벌어지고 있다고 생각하는 것이다. 하지만 진짜 그럴까? 많은 경우, 경제학자들의 견해는 이런 세간의 통념들과 꼭 일치하지는 않을뿐더러, 통념이 지닌 오해를 깨우쳐 준다. 대표적 현안들을 확인해 보자.

9 Gentzkow and Shapiro(2008a).

10 1.3. 뉴스 미디어 정치경제학의 부상 '각주 17' 참고.

① 보고픈 것만 제공하는 '고객 맞춤형 뉴스'의 가능성

정보나 뉴스 콘텐츠를 개별 소비자에게 맞춤형으로 제공하는 것은, 과거 대중 미디어에서는 상상조차 불가능한 일이었다. 이를 위한 비용이 구조적으로 매우 컸기 때문이다. 예를 들어, 좌파, 중도, 우파 등 세 가지 이념 편향을 지닌 뉴스 소비자들이 있고, 신문사는 매일 100건의 기사를 담은 종이 신문을 발행한다고 하자. 이때 개별 소비자 맞춤형 뉴스를 공급한다는 뜻은 날마다 100건의 뉴스를 모두 좌파, 중도, 우파의 세 편향으로 제작한 뒤 세 가지 버전의 종이 신문에 담아 해당 편향을 지닌 독자들에게 각기 제공한다는 뜻이다.

이념적 편향에 따라 구별되는 독자 집단이 극좌, 좌, 중도좌, 중도, 중도우, 우, 극우처럼 점점 더 세분화된다면 개별 독자 맞춤형 뉴스를 제공하려는 신문사는 이를 위해 발행해야 할 종이 신문의 버전도 그만큼 더 많아져야 한다. 또, 정치적 사안에 관해서는 좌편향인데 경제적 사안에 관해서는 우편향인 독자들까지 고려한다면, 즉 일관되지 않은 편향을 지닌 독자들까지 감안한다면, 독자들에게 제공되어야 하는 종이 신문의 버전은 기하급수적으로 증가할 것이다. 방송은 개별 소비자 맞춤형 콘텐츠 제공이 더더욱 어렵다. 동일한 사안에 대해 다른 정치적 편향을 지닌 뉴스를 한날한시에 시청자별로 방송하는 것을 상상할 수 있는가?

이처럼 뉴스 소비자 개별 맞춤형 뉴스가 전통 미디어인 신문과 방송에 어울리지 않는 것은 이들이 동일한 정보들을 한 번에 담아 대규모로 배포하는 대중 미디어이기 때문이다. 소품종 대량생산에 맞춰진 시스템과 시설을 다품종 소량생산에 적용하기 어려운 이치다.

그러나 만약 고비용 구조를 극복할 수만 있다면, 개별 맞춤형 뉴스 생산도 불가능한 일만은 아니다. 즉, 높은 비용을 감당할 수 있을 만큼 수입이 크게 증가하거나, 기술 혁신으로 다양한 편향의 뉴스들을 생산해 소비자별로 공급하는 비용을 크게 낮출 수 있다면, 개별 소비자 맞춤형 뉴스의 생산과 유통도 이론적으로는 가능하다. 실제로, 아르만도 피레스Armando Pires는 광고 시장이

충분히 크다면, 뉴스 미디어도 복수의 편향 전략multi-ideology strategy을 구사할 수 있다고 주장했다(Pires, 2014).[11] 이를테면, 두 가지 버전의 신문 발행을 감당하고 남을 만큼 광고 수입이 충분히 크다면, 신문사는 '좌편향 및 중도 편향' 혹은 '중도 편향 및 우편향' 같이 편향이 다른 두 가지 버전의 신문을 발행할 수 있다는 것이다. 논리적으로는 광고 수입이 더욱 커지면, 정치적 편향에 따라 더 많은 버전의 신문들을 생산해 공급할 수 있다.

비용의 급격한 감소 가능성도 생각해 볼 수 있다. 뉴스를 종이 신문이 아니라 웹사이트를 통해 공급하면, 소비자별로 다른 버전의 종이 신문을 인쇄해야 하는 비용은 사라질 것이다. 또 인공지능의 발전으로 동일한 사안에 대해서도 다양한 편향이 담긴 뉴스를 마우스 단추 몇 번 눌러 만들어낼 정도가 된다면 사정은 또 달라진다. 즉, 동일한 사안에 대해서도 극우에서 극좌에 이르기까지 편향이 다른 여러 버전의 뉴스를 저비용으로 생산해 개별적으로 공급할 수 있다면, 개별 소비자 맞춤형 뉴스도 타산에 맞는 일이 될 수 있다는 것이다.

현실적으로는, 디지털 플랫폼 기업에서 그 가능성을 확인할 수 있다. 소비자 맞춤형 콘텐츠의 공급과 관련해, 웹 포털과 소셜네트워크 서비스 기업 등 디지털 중개자들의 사정은 전통적인 뉴스 공급자들보다는 크게 다르기 때문이다. 광고 수입의 증가나 인공지능 같은 기술 혁신이 없더라도, 이들 플랫폼 기업은 개별 소비자들의 각기 다른 선호를 알기만 한다면 고객 맞춤형 콘텐츠 제공에 나설 수 있다. 디지털 중개자들은 막대한 비용을 들여 여러 버전의 뉴스를 직접 만들 필요가 없고, 많은 뉴스 미디어가 이미 다양한 편향으로 생산한 콘텐츠들을 적절하게 활용하기만 하면 되는 까닭이다. '고객 맞춤형 콘텐츠'를 제공하는 일이 디지털 중개자들에게는 어렵지 않을 것이라고 많은 사람이 여기는 이유도 거기에 있다.

---

11 반대로, 복수 편향 전략을 쓸 만큼 광고 시장이 크지 않은 경우, 뉴스 미디어들은 개별 소비자들마다 다른 편향을 고려하지 않고 '하나의 정치적 편향 전략(single-ideology strategy)'을 채택해 경쟁자와 최대한 차별화한다고 피레스는 설명했다.

:: 한걸음더 11-2 :: **디지털 플랫폼과 뉴스 다양성의 실종**

오늘날 대부분의 뉴스 소비는 디지털 중개자의 플랫폼에서 이뤄지고 있다. 특히 한국은 단연 두드러진다.[12] 이런 상황은 뉴스를 생산하는 뉴스 미디어의 편향이나 다양성에는 어떤 영향을 끼칠까? 한국의 상황을 배경으로 웹 포털이 뉴스 미디어들의 편향에 미치는 영향을 경제학 이론에 입각해 이해해 보자.

현재 한국에서는 유력 뉴스 미디어들이 모두 네이버Naver와 다음Daum 같은 웹 포털에 대가를 받고 뉴스 콘텐츠를 제공한다. 또 웹 포털들은 이를 자신들의 플랫폼에 모아 뉴스 소비자들에게 무료로 서비스한다. 이때 뉴스 미디어들이 제공한 뉴스 콘텐츠는 웹 포털의 수정 없이 그대로 노출된다.

이 상황에서, 웹 포털의 서비스 품질[13]이 뉴스 미디어들보다 높아 소비자들이 웹 포털에 더 많이 몰릴수록, 혹은 웹 포털한테서 받는 콘텐츠 공급 대가가 클수록, 뉴스 미디어들은 자신들의 웹사이트보다 웹 포털에서 소비되는 뉴스를 중시한다. 그런데 웹 포털의 뉴스 소비자들이 지닌 정치적 편향 분포는, 정치적 편향이 동질적인 각 미디어 고유의 소비자들과는 큰 차이가 있다. 즉, 일반적으로 웹 포털의 플랫폼에서는 특정 뉴스 미디어의 편향을 반기는 소비자들이 나머지 소비자들에 비해 상대적으로 소수다.

따라서 뉴스 미디어들이 웹 포털에서 다수의 소비자들을 획득하려면, 각기 지닌 고유의 편향을 완화해야 한다. 즉, 좌파(우파) 미디어는 '우파(좌파)+중도' 소비자를 획득하기 위해 자신의 편향을 줄이게 되어 뉴스 미디어들 사이의 정치적 편향 차이는 작아지는 경향이 생긴다. 또, 뉴스 미디어들이 차별적인 콘텐츠보다는 유사한 뉴스로 속보와 페이지뷰 전쟁을 벌이는 악순환에 빠질 가능성도 높아진다. 때로는 뉴스 시장에선 마치 모든 선수가 공을 쫓아 몰려다니는 럭비 경기 같은 광경도 흔해진다.

요컨대, 디지털 플랫폼이 뉴스 미디어들보다 뛰어난 서비스 품질을 지닐수록, 뉴스 미디어가 웹 포털에서 얻는 수입이 클수록, 뉴스 미디어들의 편향 차이와 뉴스의 다양성은 감소할 수 있다(Yang, 2020).

그러나 문제는 여전히 있다. 개별 소비자들의 각기 다른 선호를 파악하는 것이 지난한 일인 탓이다. 이 장의 마지막 절인 11.4. 인공지능과 알고리즘에서 설명하겠지만, 최첨단 기술을 지닌 디지털 중개자들이라고 해도 개별 소비자들의 각기 다른 선호를 파악하는 게 결코 쉽지 않다. 단적으로 말하자면, '당신의 친구가 보는 콘텐츠를 당신도 선호할 확률이 높다'는 페이스북의 간명한 직관을 능가하는 기술은 적어도 아직까지는 나타나지 않고 있기 때문이다.

② '메아리의 방' 현상과 정치적 양극화

디지털 중개자들은 줄곧 자신들의 플랫폼에 더 많은 소비자가 방문해 더 많은 시간을 머물기를 원한다. 이 때문에 디지털 중개자는 콘텐츠 소비자들이 제각기 원하는 콘텐츠를 더 쉽게 접하고 소비할 수 있게 하려 애써왔다. 디지털 중개자들의 이런 노력이나 그들이 만들어낸 디지털 플랫폼들의 다양한 기능들은 '메아리의 방'이나 '필터 버블Filter bubble'[14] 같은 현상과 그에 따른 정치적 양극화에 대한 세간의 우려를 낳았다. 사람들이 좋아하는 논조의 뉴스에만 노출되는 것은, 볼 만한 영화나 사고 싶은 물건을 추천받는 것과는 크게 다르기 때문이다. 만약 사람들이 오로지 보고 싶은 것만 보고 듣고 싶은 것만 듣는다면, '확증 편향'은 극도로 강화되고,[15] 공론장公論場으로서 뉴스 미디어의 구실도 유명무실해지며, 언론의 자유 시장 원리도 무의미해질 것이다. 결국 여론 형성이나 사회적 합의 시스템도 작동 불능 상황에 빠질 수밖에 없다. 그렇다면 디지털 시대 이후 메아리의 방 현상이나 정치적 양극화는 얼마나 실재해왔을까?

2011년 매튜 겐츠코우와 제시 샤피로는 온라인 공간과 오프라인 공간에서 벌어지는 메아리의 방 현상을 실증적으로 비교하는 연구로 눈길을 끌었다. 디지털 공간에서 벌어지는 정치적 양극화가 오프라인 공간에 비해 어느 정도인지도 파악할 수 있는 연구였다(Gentzkow and Shapiro, 2011).

---

12 로이터저널리즘연구소가 2021년 1~2월 전 세계 46개국을 대상으로 벌인 조사에 따르면, 온라인 뉴스 이용 시 웹 포털 사이트를 이용한다는 응답은 한국의 경우 72%, 일본 69%, 이탈리아 47%, 호주 32%, 미국 30%, 영국 19%, 핀란드 15% 등이었다(오수현, 2021.6.25).

13 여기서 '서비스 품질'은 뉴스 콘텐츠를 쉽게 비교할 수 있는 여건, 네트워크 속도, 디지털 서버 용량, 효과적 인터페이스는 물론, 뉴스 소비자의 지역, 연령, 많이 본 뉴스 순위 등 참고 데이터의 제공 능력을 모두 포함한다.

14 '필터 버블'은 인터넷 정보 제공자로부터 맞춤형 정보만을 제공받은 이용자가 다양한 정보를 접하지 못하고 선별된 정보에만 갇히는 현상을 말한다.

15 '지구는 평평하다'고 믿는 '지구 평면론자(Flat-earther)'들은 가장 상징적 사례이고, 인종차별주의자들은 가장 흔한 사례다.

두 학자는 온라인 뉴스 사이트별로 이 사이트들을 이용하는 미국인의 정치적 성향과 오프라인 공간인 특정 지역에 사는 미국인의 정치적 성향을 조사해 비교했다. 결과는 의외였다. 보수적 편향의 웹사이트이든 자유주의적 편향의 웹사이트이든 특정 뉴스 웹사이트를 이용하는 미국인들 사이의 이념적 유사성은 오프라인의 특정 지역에 거주하는 사람들 사이의 이념적 유사성보다 더 작았기 때문이다. 즉, 미국인의 정치적 양극화 수준은 온라인 공간보다 오프라인의 거주 지역을 기준으로 할 때 더 심했다. 이는 '메아리의 방 효과'가 온라인보다 오프라인에서 더 클 수 있음을 뜻하는 것이었다.

아울러, 온라인 사이트들은 어떤 오프라인 미디어들보다도 정치적으로 더 극단적인 편향을 지닌 콘텐츠를 생산하고 있다는 점에서, 겐츠코우의 연구 결과는 온라인 미디어들의 정치적 양극화가 뉴스 소비자들에게 그대로 전이되지 않을 수 있음을 보여준 것이었다. 이와 관련해 겐츠코우와 샤피로는 "극단적인 편향을 지닌 웹사이트들이 사람들의 정치적 견해(신념)에 미치는 효과는 불분명했다"며 그 이유는 웹사이트를 방문한 사람들이 웹사이트의 편향을 자신이 지닌 편향을 기준으로 저마다 다르게 받아들였기 때문이라고 설명했다.

소셜 미디어가 급격하게 성장한 뒤에는 소셜 미디어가 사회의 정치적 양극화에 미치는 영향에 관한 연구도 잇따랐다. 먼저, 이스라엘 텔아비브대학Tel Aviv University의 경제학자 로이 레비Ro'ee Levy의 2021년 연구다. 레비는 페이스북 이용자 3만여 명이 참여한 대규모 현장 실험 연구를 통해 미디어에서 이념적 편향이 일치하는 뉴스를 소비할 때 이념적 편향의 양극화 여부와 수준을 살펴봤다. 레비는 실험 참가자들에게 페이스북의 보수적 또는 진보적 뉴스 미디어들의 구독을 무작위로 제공했다. 그러고 나서 참가자들의 연쇄 행동에 대한 데이터를 수집해 분석했다. 분석한 데이터는 참가자들의 뉴스 미디어 구독, 페이스북 뉴스 소비와 게시물 공유, 뉴스 사이트 방문, 반대 정당에 대한 부정적 태도의 변화, 정치적 견해 변화 등이었다.

연구 결과를 보면, 먼저 뉴스 사이트들의 콘텐츠들이 소셜 미디어에 노출되는 것은 (뉴스 공급자인) 해당 뉴스 사이트들의 편향 전략에는 상당한 영향을 미쳤다. 뉴스 사이트들은 자신의 콘텐츠가 소셜 미디어에 노출되자 편향을 더 심화한 것이다. 반면, (뉴스 소비자인) 소셜 미디어 사용자들이 뉴스 미디어의 편향에 따라 자신의 정치적 견해까지 바꿨다는 증거는 나타나지 않았다. 다만, 소셜 미디어 사용자들은 '자신의 생각과 반대인' 뉴스에 노출되면, 반대하는 정당에 대한 부정적 '태도'가 줄어들었다. 단, 소셜 미디어 사용자들의 생각과 반대인 뉴스를 페이스북이 그들에게 노출할 가능성은 적었다. 레비는 페이스북 알고리즘의 이런 특징과 관련해 "소셜 미디어가 사람들의 정치적 양극화를 증가시킬 수 있음을 시사한다"고 말했다(Levy, 2021). 그러나 '소셜 미디어의 사용자들이 정치적 견해를 수정했다는 증거를 발견하지 못했다'는 연구 결과에 비춰보면, '정치적 양극화'의 증가는 실증적으로 확인된 내용이 아니라 '가능성'에 관한 것으로 이해할 필요가 있다.

최근에는 페이스북과 인스타그램이 지난 2020년의 미국 대통령 선거 당시 사용자들의 정치적 양극화를 낳았는지를 따진 유례없는 대규모 연구가 나왔다. 2023년 7월 세계적 권위를 지닌 학술지 ≪사이언스Science≫와 ≪네이처Nature≫에는 동일한 연구진이 소셜 미디어가 뉴스 및 민주주의에 대한 사람들의 이해와 의견에 미치는 영향을 연구한 네 개의 논문을 한날한시에 발표했다.

연구에 참여한 이들은 경제학, 정치학, 커뮤니케이션학, 언론학 등 각 분야에서 뛰어난 학문적 성과를 내온 학자와 전문가였고, 논문마다 참여한 학자들이 26~30명에 이른다는 점에서 연구의 무게감은 각별했다.[16] 또한 이 연구를 위해 페이스북이 미국의 페이스북 사용자 2억 800만 명에 관한 내부 데이터를

16 이 연구에는 메타(Meta, 옛 페이스북)에 소속된 전문가들도 함께 참여했다. 이 때문에 일각에서는 연구의 객관성에 대한 의문이 제기되기도 했다. 하지만 참여한 학자들의 면면이나 연구진의 규모, 그리고 ≪사이언스≫와 ≪네이처≫라는 세계적 권위를 지닌 학술지들이 게재를 결정한 연구들이라는 점은 이런 의문을 해소하는 요인들이다.

제공했다는 점도 전에 없던 일이었다.[17] 그러나 무엇보다도 눈길을 끈 것은 '미국의 정치적 양극화 심화를 소셜 미디어 탓으로 돌릴 수 없다'는 연구 결과였다.

두 학술지에 동시에 발표된 연구들을 '연구1'에서 '연구4'까지로 구분해 간략히 소개하면 다음과 같다. 연구를 위한 실험이 이뤄지거나 데이터가 수집된 기간은 모두 2020년 미국 대선을 앞둔 그해 8월에서 12월 사이 3개월 동안이었고 전체 실험 참가자들은 7만 5189명이었다.

먼저 '연구1'(Guess, et. al., 2023a)에서는 연구진이 2020년 선거 기간 동안 실험 참가자들 중 일부(8977명)에게 사용자 취향·성향·행동 등을 판단해 자동으로 게시글을 추천해 주는 페이스북과 인스타그램의 기본 알고리즘 대신 시간의 역순으로 정렬된 게시글만을 제공했다. 이어 이들의 정치적 태도와 행동이 어떻게 변했는지를 분석했다. 그 결과, 페이스북이나 인스타그램 모두에서 이들은 페이스북 알고리즘에 의한 게시물을 본 다른 실험 참가들에 비해 정치적이거나 신뢰할 수 없는 콘텐츠를 더 많이 봤다. 반면, 거친 말이나 비속어 등이 포함된 콘텐츠는 더 적게 봤다. 기존의 알고리즘을 제거하자 사람들의 콘텐츠 소비 양상이 달라진 것이다. 하지만 정치적 이슈와 인물에 대한 양극화나 정치적 지식 등 다른 주요 태도에서는 유의미한 변화가 없었다.

'연구2'(Guess, et. al, 2023b)에서는 연구진들이 실험 참가자 중 일부(8985명)에게 다른 페이스북 사용자가 재공유한 콘텐츠를 노출시키지 않았다. 페이스북 사용자들의 '게시물 공유'가 양극화 요인의 하나로 꼽혀왔다는 점에 착안한 실험이었다. 그러자 이 사용자들에게는 신뢰할 수 없는 출처의 콘텐츠를 포함해 노출되는 정치 뉴스의 양이 크게 줄었다. 또, 당파적 뉴스를 클릭하는 것을 포함해 이들의 전반적인 게시물 클릭과 반응도 모두 감소했다. 하지만 예상과

---

17 소셜 미디어가 '메아리의 방' 효과와 정치적 양극화를 심화시키는지에 대한 연구의 가장 큰 장애는 사용 가능한 데이터의 부족과 대규모 현장 실험의 어려움이었다.Lazer, et al., 2020: de Vreese and Tromble, 2023).

달리 이번에도 사람들의 정치적 양극화에는 유의미한 변화가 없었다.

'연구3'(Nyhan, et. al., 2023)은 실험 참가자 중 일부(2만 3377명)에게 이들 개개인이 지닌 생각과 같은 견해가 담긴 콘텐츠 노출을 약 3분의 1로 줄인 뒤 이들의 정치적 견해나 태도의 변화를 살폈다. 이처럼 메아리의 방 효과를 줄일 수 있는 콘텐츠 노출이 감소하자, 이들의 페이스북에는 서로 다른 정치적 편향을 지닌 콘텐츠들의 노출이 증가하고 거친 막말이 담긴 콘텐츠의 노출은 줄었다. 그러나 이 연구에서도 마찬가지로 정치인들에 대한 정서적 양극화, 극단적인 이념적 성향, 가짜 뉴스에 대한 신뢰 같은 메아리의 방 효과나 정치적 양극화와 관련된 사람들의 태도에는 측정 가능한 변화가 없었다. 이런 결과를 두고, 연구진은 "소셜 미디어에서는 사용자와 같은 생각이 담긴 콘텐츠가 노출되는 게 일반적"이지만, "2020년 미국 대통령 선거 기간에는 이런 콘텐츠의 노출 감소가 (사람들의) 신념이나 태도의 양극화 감소로 이어지지 않았음을 보여준다"고 설명했다.

'연구4'(González-Bailón, 2023)는 미국의 페이스북 사용자 2억 800만 명에 관한 데이터를 바탕으로 2020년 선거 기간 페이스북에 노출된 뉴스들을 분석했다. 연구진은 페이스북 사용자들이 볼 수 있는 모든 정치 뉴스와 이들이 실제로 보거나 참여한 콘텐츠를 비교 분석했다. 그 결과, 전자에 비해 후자는 이념적 차별화가 더 컸다. 페이스북 사용자들은 정치 관련 뉴스를 소비하는 데 있어서 이념적으로 분리되어 있다는 것이다. 또 보수적 사용자들과 자유주의적 사용자 사이에는 차이가 있었는데, 페이스북의 팩트체킹 프로그램에 의해 확인된 대부분의 잘못된 정보는 보수적 편향을 지니고 있었고, 보수적 사용자들이 선호하는 뉴스들은 자유주의적 사용자들이 선호하는 뉴스보다 페이스북에 더 광범위하게 존재했다.

미국 유권자를 대상으로 소셜 미디어의 알고리즘이 정치적 양극화에 미치는 효과를 실험한 이 연구들의 공통된 결론은 페이스북의 알고리즘을 제거하더라도 페이스북 사용자들의 정치적 태도 변화에는 거의 영향을 끼치지 않았다는 것이다. 즉, 알고리즘이 소셜 미디어 사용자의 경험 형성에 큰 영향을 미치는 것은 사실이지만, 메아리의 방 효과나 정치적 양극화를 심화시키는 데는 별 영향이 없다는 얘기다.

그럼에도 참작해야 할 점은 있다. 이 연구가 미국의 페이스북 사용자를 대상으로 3개월의 짧은 대통령 선거 기간 동안 이뤄진 실험에 기반하고 있기 때문이다. 대통령 선거 기간은 어느 나라나 사회의 정치적 대립과 갈등이 극대화하는 때다. 미국이라는 사회의 특징도 감안할 필요가 있다. 실제로, 연구의 주역 중 한 명인 뉴욕대학New York University '소셜 미디어와 정치학 센터Center for Social Media and Politics' 센터장 조슈아 터커Joshua Tucker는 "만약, 다른 시기나 나른 나라를 대상으로 유사한 연구를 진행했다면 다른 결과를 발견했을 수 있다"며 "이번 연구를 통한 발견은, 소셜 미디어가 지난 10~15년 동안 없었다면, 세상이 어떤 모습이었을지를 말해 줄 수는 없다"고 말했다(Nix, et al., 2023.7.27).

아울러, 이 연구 결과들은 통념과 달리 소셜 미디어가 사람들의 정치적 양극화에 미치는 영향이 그다지 없다는 것일 뿐, 사람들이 다른 견해를 '더 많이', '더 자주' 접촉하는 게 정치적 양극화나 분열과 혐오의 예방약이자 치료제라는 당위를 부정하는 것은 아니라는 점은 유의할 필요가 있다.

11.3. | 일상의 삶에 파고든 소셜 미디어

웹 포털과 함께 디지털 미디어 시대를 이끌어온 대표적 주역은 페이스북과 트위터 등 '소셜 네트워크 서비스'다. 소셜 네트워크 서비스는 새로운 유형의 미디어인 소셜 미디어를 전면화시켰고, 소셜 미디어는 과거와는 비교할 수 없을 만큼 수많은 사람을 뉴스의 수집 및 여과와 배포에 참여하게 했다. 이에 따라 청중의 역할만 했던 수많은 사람은 '수평적 미디어horizontal media'인 소셜 미디어를 통해 정보의 공급자로 떠올랐다. 특히 사람들은 대중 미디어를 직접

접촉하지 않아도 소셜 미디어의 네트워크 안에 있다면 쉽고 빠르게 정보를 주고받을 수 있게 됐다. 이처럼 혁명적으로 변화한 의사소통 환경은 사람과 사회의 일상을 어떻게 달라지게 했을까?

전통적인 대중 미디어와 구별되는 소셜 미디어의 특징으로는 '낮은 진입 장벽'과 '사용자 생산 콘텐츠User-generated content'가 꼽힌다. 이 중 낮은 진입 장벽은 정보의 '게이트 키핑gate keeping'을 비효율적으로 만드는 한편, 내부 고발자나 반대자에게는 효과적인 폭로의 수단을 제공한다. 또 수평적인 정보의 흐름을 가능하게 하고, 집합적 행동collective action에 대한 사람들의 참여와 조정coordination을 수월하게 한다(Zhuravskaya, et al., 2020). 이런 이유로 소셜 미디어는 정치권력의 전복顚覆을 더 쉽게 하기도 한다.

하지만 동시에 소셜 미디어의 이런 특징들은 극단주의자들에게도 동일한 기회를 제공하고, 가짜 뉴스를 확산시키는 온상의 구실도 하며 신뢰의 메커니즘을 훼손할 수도 있다고 많은 이들은 생각한다. 또 사용자들의 정신 건강에도 부정적 영향을 끼치고, 혐오 범죄를 조장하며, 독재 정권에 대한 지지를 부추길 수도 있다는 게 일반적인 통념이다. 그렇다면 학자들이 소셜 미디어의 영향에 관한 통념들을 검증한 결과는 어땠을까?

① 가짜 뉴스

소셜 미디어의 대표적 역기능으로 꼽히는 것은 '가짜 뉴스'의 손쉬운 유포와 광범위한 소비다. 우선 소셜 미디어에서 가짜 뉴스의 생산과 유통이 범람하는 이유를 생각해 보자. 고품질 뉴스 미디어를 지향하는 전통적인 대중 미디어는 보도할 뉴스 정보의 정확성 혹은 신뢰성을 확인하는 데 상당한 노력을 기울인다. (물론 이런 경향이 디지털 시대 이후, 뉴스 품질의 하락과 함께 갈수록 약화되고 있다는 지적도 있다.) 잘못된 정보를 공급하게 되면, 전통 미디어는 평판의 추락이라는 큰 비용을 치러야 하기 때문이다. 반면 소셜 미디어에서 정보의 공급과 유통에 참여하는 사람들은 잘못된 정보를 공급하더라도 이런 큰 비용을 치르지 않는다. 거짓 정보, 가짜 뉴스의 공급에 따르는 비용 리스크의 차이는 소셜 미디어가 전통적인 대중 미디어에 비해 거짓 정보의 온상이 될 수 있는 대표적인 경제적 요인이다.

이런 이유로 생겨나는 소셜 미디어상의 가짜 뉴스에 대한 대표적 연구는 경제학자 헌트 알코트Hunt Allcott와 매튜 겐츠코우가 내놓았다. 두 학자는 도널드 트럼프와 힐러리 클린턴이 맞붙은 2016년의 미국 대통령 선거 시기에 소셜 미디어상에서 소비된 가짜 뉴스들의 실상과 그 정치적 영향을 실증적으로 확인했다(Allcott and Gentzkow, 2017).

두 학자들의 연구에 따르면, 먼저, 소셜 미디어를 선거 뉴스의 "가장 중요한" 출처로 본 사람은 미국 성인의 14%에 불과했다. 또 연구 대상으로 삼은 가짜 뉴스 156건의 페이스북 공유 및 조회 수는 각각 3800만 번과 7억 6000만 번으로, 미국 성인 한 명당 평균 약 3건의 가짜 뉴스를 읽은 셈이었다. 또한, 선거가 끝나고 시간이 흐른 뒤 미국 성인들이 기억한 가짜 뉴스는 평균 1.14건에 불과했다. 그만큼 사람들은 가짜 뉴스를 잘 기억하지 못했다.

또 소비한 전체 뉴스 가운데 가짜 뉴스가 차지한 비중은 클린턴 지지자들의 경우 1%였다. 트럼프 지지자들은 그보다 훨씬 많았지만, 그 또한 6%에 그쳤고 이들이 연구 대상 기간 5주 이상 동안 소비한 가짜 뉴스도 평균 다섯 개였다. 통념에 비춰 가짜 뉴스 소비량은 전체 뉴스 소비량에 비해선 극히 일부에 지나지 않았던 것이다.

가짜 뉴스의 내용을 보면, '친트럼프' 성향의 가짜 뉴스가 '친클린턴'보다 2.8배나 많았고, 공유 횟수는 3000만여 회로 '친클린턴'의 760만 회보다 네 배 가까이 많았다. 또, 조사 대상 유권자 가운데 가장 보수적(친트럼프 성향)인 10%가 가짜 뉴스 사이트 방문자의 약 65%를 차지했다. 이념적으로 가까운 이들끼리 어울리게 하는 소셜 미디어의 특징은 이런 경향을 부채질했다. 즉, 가짜 뉴스는 미국인 일반이 아니라 특정 정치 편향(특히 친트럼프 편향)을 가진 이들에 의해 집중적으로 소비됐다.

그림 11-1 2016년 '미국 대선', '전통 미디어'와 '가짜 뉴스'의 정치적 성향

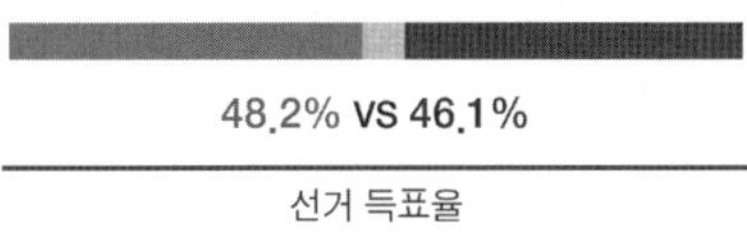

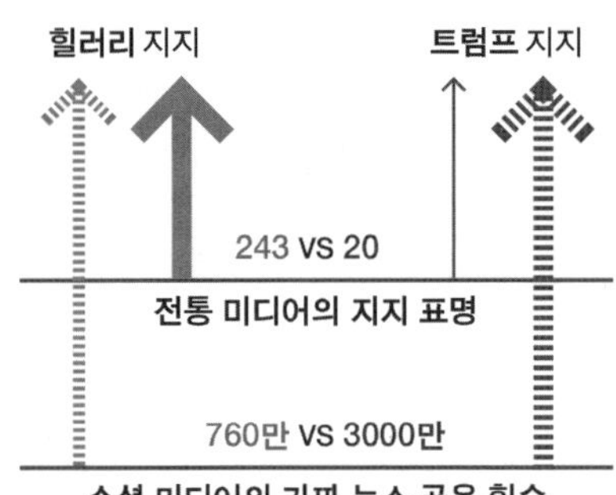

참고로, 미국의 정치 전문 미디어 ≪더 힐The Hill≫에 따르면 당시 클린턴은 243개 뉴스 미디어의 지지를 받았는데, 트럼프를 지지한 미디어는 20곳에 불과했다. 또 발행 부수 기준 100대 신문 가운데에서는 클린턴이 57곳의 지지를, 트럼프가 2곳의 지지를 받았다(Wilson, 2020.10.26). 대부분의 전통 미디어들이 '친클린턴' 성향을 보이는 바람에, 전통 미디어에 만족할 수 없었던 트럼프 지지자들이 자신의 정치적 신념에 부합하는 (가짜) 뉴스들을 찾아 소비했다고 풀이할 수 있는 대목이다. 즉, 가짜 뉴스가 사람들의 정치적 선택을 바꾸게 했을 가능성은 크지 않음을 시사한다.

이와 관련해, 알코트와 젠츠코우는 가짜 뉴스의 소비는 통념만큼 심각하지 않았으며, 가짜 뉴스 하나가 '텔레비전 선거 광고' 한 편만큼 (큰) 설득력이 있었다고 가정해도 그 영향력은 트럼프가 승리한 핵심 경합주州들에서 트럼프와 클린턴의 지지율 차이보다 작았다고 설명했다. 소셜 미디어가 가짜 뉴스의 온상이지만, 사람들이나 선거 결과가 통념만큼 가짜 뉴스에 영향을 받지는 않았다는 것이다(Allcott and Gentzkow, 2017). 두 경제학자의 이런 실증적 견해는 '가짜 뉴스의 해악'을 강조하는 전통 미디어나 그에 속한 저널리스트들의 주장과는 온도 차가 작지 않다.

② 삶과 정신 건강, 혐오와 범죄

일상의 삶. 지난 몇 년 사이에는 소셜 미디어 사용이 사람들의 정신 건

강에 미치는 영향과 관련한 경제학자들의 연구들도 잇따라 발표됐다. 헌트 알코트, 루카 브라기에리Luca Braghieri, 사라 아이크마이어Sarah Eichmeyer, 매튜 겐츠코우 등 네 명의 경제학자는 「소셜 미디어의 후생 효과The Welfare Effects of Social Media」라는 제목의 논문을 통해 페이스북이 일상생활에 미친 다양한 영향을 설명했다(Allcott, et al. 2020).

연구진은 하루 15분 이상 페이스북을 이용하는 18세 이상 3000명을 대상으로 페이스북이 사람들의 행동, 사고, 정치적 성향에 미치는 영향을 살폈다. 먼저 참가 대상자들에게 보상액이 얼마쯤 되면 4주간 페이스북을 끊을 수 있는지 물었다. 응답한 액수는 평균 100달러였다. 이에 연구진은 대상자의 절반을 임의로 선정해 돈을 주고 2018년 미국 중간 선거 전 4주 동안 페이스북을 끊게 했다. 그랬더니, 약속을 어기고 페이스북에 접속한 경우는 전체의 1%에 불과했고, 99%는 한 달 동안 페이스북 사용을 중단했다.

페이스북을 끊은 이들에게 일어난 일은 무엇일까? 우선, 친구나 가족과 지내는 시간이 늘었다. 온라인 활동이 감소한 반면, 혼자 TV를 시청하고 가족 및 친구와 어울리는 것과 같은 오프라인 활동이 증가한 것이다. 그런데 페이스북을 끊었다고 해서 ≪뉴욕 타임스≫ 같은 전통 미디어를 본 것도 아니었다. 이 때문에 페이스북을 끊자 정치에 관한 소식도 덜 접하게 됐고, 정파성도 무뎌졌으며 정치적 양극화도 감소했다.[18] 휴식 시간은 하루 평균 1시간가량 늘었다. 일상의 소소한 행복도 증가했다. 그리고 실험이 끝난 뒤에도 페이스북 사용이 크게 감소한 상태가 지속됐다.

정신 건강. 이 연구에 앞서, 루카 브라기에리와 로이 레비, 그리고 알렉세이 마카린Alexey Makarin 등 세 명의 경제학자도 페이스북이 대학생들의 정신 건강에 부정적 영향을 끼쳤다는 연구 결과를 발표했다. 브라기에리 등은 페이

18 그렇다고 페이스북 사용이 정치적 양극화의 원인으로 단정할 수는 없다. 왜냐하면 페이스북 끊기 실험에 참가한 사람들은 전통 미디어도 보지 않았기 때문이다.

스북이 하버드대학에서 처음 등장한 뒤 다른 대학들로 점진적으로 확장해 나가던 시기의 데이터를 활용해, 미국 대학생들의 페이스북 이용과 우울증, 불안 장애, 거식증 등 정신 건강 상태 사이의 관계를 추적했다.[19]

연구 결과를 보면, 페이스북의 이용과 정신 건강 사이에는 전반적으로 인과관계가 있었다. 특히 페이스북은 대학생들의 우울증과 불안 장애에 나쁜 영향을 미쳤다. 학생들은 정신 건강 상태가 나빠지면서 학업 성취에 더 많은 장애를 겪었고, 여기에는 페이스북을 통해 원치 않는 사회적 비교가 조장된 탓도 있었다고 브라기에리 등은 설명했다(Braghieri, et al., 2022).

최근에는 소셜 미디어 사용은 '중독'이 아니며 '습관'이라는 경제학자들의 견해가 제시됐다. 중독과 습관의 차이를 설명하면, 중독과 습관은 모두 어떤 행동을 반복하거나 사물을 특정 방법으로 사용한다는 점에서 같다. 하지만 습관은 스스로 행동을 멈추고 조절할 수 있지만 중독은 결과가 부정적이라는 것을 알면서도 조절할 수 없다는 점에서 다르다.

이 연구를 진행한 알코트와 겐츠코우, 그리고 레나 송Lena Song에 따르면, 소셜 미디어 사용을 줄이기 위한 일시적인 인센티브는 지속적인 효과를 가지고 있었다. 일시적 인센티브가 지속적 효과를 냈다면 이는 소셜 미디어 사용은 중독이 아니라 습관임을 뜻하는 것이다. 정해진 시간 이내로 화면을 보는 참가자들에게 인센티브를 제공하면, 사람들의 소셜 미디어 사용 시간은 실질적으로 감소했다. 알코트 등은 사람들이 습관을 형성하는 데 주의를 기울이지 않고 '자기 통제self-control'에 대한 인식도 부족하다며 이에 따른 문제가 소셜 미디어 사용의 31%를 야기한다고 말했다(Allcott, Gentzkow, and Song, 2022).

혐오와 범죄. 소셜 미디어의 사용이 외국인 혐오 등 증오 범죄를 증가시킨다는 연구 결과도 있다. 레오나르도 버르스틴Leonardo Bursztyn 등 네 명의

19 페이스북은 2004년 2월 마크 저커버그(Mark Zuckerberg)에 의해 처음 만들어진 뒤 처음에는 하버드대학 재학생만이 이용할 수 있었지만, 이후 미국과 해외 다른 대학의 학생들로 점차 확대됐고 2006년 9월에는 13세 이상의 모든 사람에게 개방됐다.

학자는 러시아에서 인종 혐오 범죄와 외국인 혐오 태도에 대한 소셜 미디어의 인과적 영향을 연구했다. 연구 결과를 보면, 민족주의 정서가 원래 강했던 도시와 그렇지 않았던 도시 사이에 차이가 있었다. 트위터와 브콘닥테VK, ВКонтакте[20] 등 소셜 미디어 사용이 늘며 인종 혐오 범죄가 증가했지만, 이는 원래 민족주의 정서가 강하게 존재했던 도시에만 해당됐다(Bursztyn, et al., 2019). 키워줄 '밭'이 있어야 혐오의 '씨앗'도 쉽게 싹을 틔우는 셈이다.

또 카르스텐 뮬러Karsten Müller와 카를로 슈와츠Carlo Schwarz는 도널드 트럼프의 정치적 부상 시기에 초점을 맞춰 소셜 미디어가 소수자에 대한 증오를 활성화할 수 있는지를 연구했다. 이 연구에 따르면, 2016년 트럼프의 대통령 선거운동이 시작된 뒤 미국 내 반이슬람 정서의 증가는 트위터 사용률이 높은 카운티에 집중됐다. 또 이슬람과 관련된 트럼프의 트윗은 반이슬람 혐오 범죄의 증가와 높은 상관관계가 있었다. 트럼프의 트윗은 트럼프 지지자들의 외국인 혐오 트윗을 유발했으며, 폭스 뉴스를 필두로 한 방송들에게도 무슬림에 대한 보도를 평소보다 더 많이 하는 결과로 이어졌다(Müller and Schwarz, 2020).

③ 참여와 연대

미디어가 포획된 사회의 독립 언론 구실. 가짜 뉴스, 혐오 조장, 정신 건강에 대한 부정적 효과 등 역기능에도 불구하고 소셜 미디어는 순기능 덕분에 21세기 최고의 미디어로 떠올랐다. 가장 대표적인 순기능을 꼽아 보자면, 전통적 대중 미디어가 빠뜨리는 혹은 외면하는 정보의 제공이 첫손에 든다. 특히, 전통 미디어들이 포획된 환경에서는 소셜 미디어가 권력과 금력을 견제하고 감시하는 독립 미디어의 구실을 한다.

루벤 에니콜로포프, 마리아 페트로바, 그리고 콘스탄틴 소닌은 전통 뉴스

---

20 브콘닥테(VK)는 2006년 러시아의 파벨 두로프(Pavel V. Durov)가 만든 소셜 네트워크 서비스이다. 러시아, 우크라이나, 카자흐스탄 등지의 옛 소련 지역에서 많이 사용되고 있다. 서비스와 사업 모델 등이 페이스북과 유사하다.

미디어가 권력에 의해 자주 포획되는 비민주주의 국가에서는 소셜 미디어와 인터넷 블로그 등 디지털 미디어가 권력과 금력에 대한 감시와 견제라는 언론 본연의 구실을 할 수 있는지를 연구했다.

에니콜로포프 등은 먼저 블로그나 소셜 미디어의 긍정적 측면을 다음과 같이 설명했다. 전통적인 대중 미디어에 비해 소셜 미디어를 통해 정보를 제공하는 비용은 매우 작다. 반면 소셜 미디어에 올라온 정보를 (제3자가) 포획하거나 통제하기는 훨씬 더 힘들다. 이런 이유로 소셜 미디어는 비민주주의 체제에서 시민을 위한 독립적 정보의 출처가 됐고 정치적 변화의 매개체가 됐다. 시민과 활동가들은 정치인이나 공무원의 잘못에 대한 정보를 공유하는 데 소셜 미디어를 사용하고, 이렇게 공유된 정보는 정치인과 공무원들로부터 더 많은 투명성과 책임성을 이끌어내며 그들의 행동 방식도 바꿀 수 있다.[21]

에니콜로포프 등은 이 연구에서 러시아의 유명 블로거이자 야당 지도자인 알렉세이 나발니Alexei Navalny의 반부패 블로그의 게시물이 정치와 기업의 행동에 실제로 영향을 미쳤는지도 분석했다. 결과는 한 국영 기업의 부패를 고발하는 블로그 게시물은 해당 기업의 수익에 부정적 영향을 끼쳤고, 나아가 국영 기업의 부패 감소에도 영향을 줄 수 있었다. 이와 관련해 에니콜로포프 등은 정치적 자유가 제한되고 전통적 뉴스 미디어가 심하게 검열되는 국가에서는 블로그나 소셜 미디어가 부패를 폭로하고 견제할 수 있었다고 말했다. 즉, 미디어 포획으로 전통 미디어가 제구실을 하지 못하는 비민주주의 체제에서 소셜 미디어는 긴요한 구실을 할 수 있다는 것이다(Enikolopov, Petrova, and Sonin, 2018).

시민의 참여와 조직화. 소셜 미디어는 권력이나 자본에 포획된 대중 미디어가 진실을 호도할 때, 사람들의 조직적·집단적 저항의 기폭제 구실을 하

21 연구진은 소셜 미디어의 부정적인 측면도 지적했다. 누구나 쉽게 트위터 혹은 페이스북 콘텐츠를 만들 수 있는 낮은 진입 장벽은 이들 콘텐츠의 품질에 심각한 우려를 낳으며, 많은 나라의 정부가 다양한 방식으로 소셜 미디어를 이용해 선전 활동을 벌이고 있다는 것이다.

기도 한다. 2010년 튀니지의 독재정권을 무너뜨린 '재스민Jasmine 혁명'을 시작으로 인접 아랍국가들의 연쇄 민주화가 이어진 '아랍의 봄Arab Spring' 당시, 시민들의 첫 번째 무기는 소셜 미디어였다. 지금도 탈레반 치하의 아프가니스탄이나 군부독재 체제인 미얀마, 권위주의 체제의 러시아나 이란 등지에서는 소셜 미디어가 사람들의 시위 참여를 증가시키거나 저항을 조직화하는 구실을 하고 있다.

실제로, 한 연구는 러시아에서 소셜 네트워크 서비스 '브콘닥테VK'의 보급이 증가하면서 시위에 더 많은 시민이 참여하게 됐다는 실증적인 증거를 제시했다. 루벤 에니콜로포프, 알렉세이 마카린, 그리고 마리아 페트로바의 연구에 따르면, 러시아에서 반정부 시위가 확산됐던 2011년 당시 브콘닥테가 더 많은 시위 활동을 낳았다. 수치로는 브콘닥테의 사용이 10% 증가하면 시위가 벌어질 확률은 4.6%, 시위 참여자는 19% 증가했다. 이런 결과는 소셜 미디어가 정부에 비판적인 정보를 확산시킨 데도 이유가 있지만, 그보다 더 결정적인 이유는 소셜 미디어가 (시위를 벌이려는 사람들을) 조직화하는 데 드는 유무형의 비용을 줄였기 때문이었다. 이는, 브콘닥테의 보급이 반정부 시위뿐만 아니라 친정부 시위의 증가로도 이어진 연구 결과에서 확인됐다(Enikolopov, Makarin, and Petrova, 2020).

이처럼 소셜 미디어가 사람들의 참여와 조정에 중요한 역할을 한다는 견해는 레오폴도 퍼거슨Leopoldo Fergusson과 카를로스 몰리나Carlos Molina도 마찬가지였다. 퍼거슨과 몰리나는 "의견을 표명하고 다른 사람들과 공유함으로써 생겨나는 … 소셜 미디어 본연의 '조정 효과coordination effect'"를 강조했다. 두 학자에 따르면 페이스북은 시민의 시위에 큰 영향을 미쳤다. 특히 덜 민주적인 지역에서는 소셜 미디어 사용이 상대 정파에 맞서 시민들을 동원하는 데 도움이 됐다(Fergusson and Molina, 2019).[22] 시민의 참여 집단행동을 더 쉽게 하는 소셜

22 이 연구에 따르면, 페이스북 사용은 사회 내부의 갈등을 줄였다. 페이스북과 페이스북이 영향을 끼친 시

미디어의 구실과 관련해서는 앞서 10.3.③ 미디어 포획자의 가장 큰 동기, '집단행동'의 예방에서 소개한 의 내용을 참고할 만하다.

11.4. | 인공지능과 알고리즘

21세기의 가장 상징적 기술은 바야흐로 인공지능이 될 듯하다. 인간의 학습·추론·지각 능력을 인공적으로 구현하는 인공지능은 컴퓨터 과학과 정보공학 분야만이 아니라 미디어 분야에서도 초미의 관심이 쏠리고 있다. 뉴스 미디어 분야에 국한해 보자면, 뉴스 미디어 산업에서 쓰일 수 있는 인공지능의 구실은 크게 두 가지로 나눠볼 수 있다. 공급 측면에서는 오류 없이 정확하고 신속하게 뉴스를 생산하는 일이고, 수요 측면에서는 뉴스 소비자들이 원하는 콘텐츠가 무엇인지를 파악하는 일이다.

인공지능의 이런 구실과 관련해서는 어느 분야나 마찬가지로 경제학계에서도 기대와 우려가 공존한다. 『국가는 왜 실패하는가Why Nations Fail』의 저자 대런 애쓰모글루Daron Acemoglu는 인공지능의 역기능을 우려하는 대표적 경제학자다. 그는 인공지능 기술 개발이 지금처럼 규제되지 않고 방치된다면, 다양한 정치적·경제적·사회적 해를 끼칠 수 있다고 주장한다. 인공지능은 사람들의 사생활 및 의사결정에 해를 끼치는 것은 물론, 과도한 업무 자동화, 불평등 조장, 비효율적인 임금 인하, 노동생산성 향상 실패 등을 낳을 수 있고, 민주주의의 정치 과정도 손상시킬 수 있다는 것이다. 애쓰모글루는 "비록 이런 위해가 임박했거나 상당하다는 결정적인 증거는 없지만, 예견되는 인공지능의 광범위한 잠재력을 생각하면 (인공지능이) 완전히 실현되어 되돌리기가 어려워지거나 불가능해지기 전에 규제와 정책으로 대처하는 것이 유용할 수 있

위들은, 방치하면 더 폭력적으로 변할 수 있는 불만을 그 전에 표출하게 한다는 것이다.

다"고 말한다(Acemoglu, 2021).

한편, 매튜 젠츠코우 같은 학자는 미디어 분야에서 인공지능이 해낼 수 있는 일은 사람들의 기대에 미치지 못할 수 있다고 본다. 그는 무엇보다도 인공지능의 양면성에서 그 이유를 찾는다. 즉, 사람들이 인공지능을 이용할 때는 선의와 악의가 모두 담길 수 있다는 것이다. 젠츠코우는 "인공지능이 미디어 시장에 지대한 영향을 미칠 것이라는 데는 의심의 여지가 없"다면서도, "인공지능은 소비자의 필요를 충족시키고 콘텐츠 조작하려는 제3자의 시도를 식별해 내는 데 쓰일 수 있지만, 동시에, 소비자가 원한다는 이유로 사회적으로 바람직하지 않은 콘텐츠를 제공하거나 소비자를 더 효과적으로 속일 수도 있다"고 지적했다(Gentzkow, 2018).

① 콘텐츠의 생산

2014년 3월 17일 미국 캘리포니아에서 규모 4.4의 지진이 발생했을 당시 ≪로스앤젤레스 타임스≫의 웹사이트에 오른 첫 기사는 전적으로 인공지능과 알고리즘에 의해 작성됐다(Oremus, 2014.3.17). 2016년에는 인공지능이 작성하는 증권, 스포츠, 날씨 기사들이 상용화됐다. 또한 지금도 지구촌 곳곳에서는 인공지능을 뉴스 미디어에 활용하는 다양한 방안이 실험되고 있다. 이런 분위기에서 많은 인공지능 전문가와 학자는 멀지 않은 미래에 저널리스트들이 인공지능을 활용하는 비중이 매우 높아질 것이라고 예견하고 있다. 또 인공지능이 자율적으로 생산한 뉴스 콘텐츠들도 대거 등장할 것이라고 예상하는 이들도 있다.

실제로, 일선 저널리스트들이나 뉴스 미디어 기업 관계자들 사이에 인공지능에 관한 기대와 관심은 매우 높다. 2020년 12월 로이터저널리즘연구소가 뉴스 미디어의 전략을 맡고 있는 언론사 간부(43개국, 234명)를 대상으로 '향후 5년 동안 미디어 기업에 가장 중요한 기술이 무엇이냐'고 물은 조사에서, 응답자(227명)의 69%는 인공지능 기술을 꼽았다(Newman, 2021). 더 스마트한 추천

그림 11-2 **뉴스룸에서 인공지능의 쓰임새에 대한 저널리스트들의 생각**

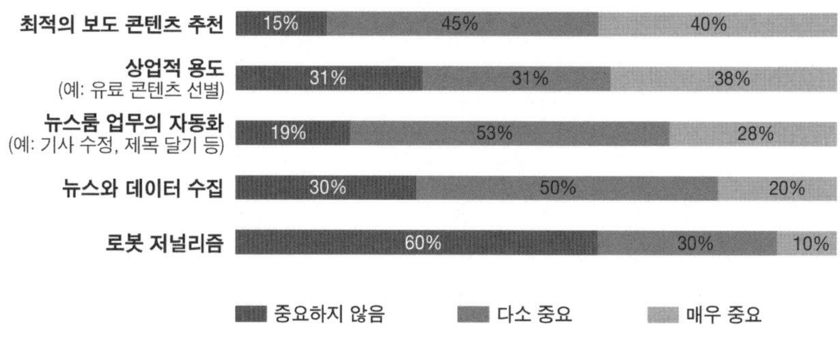

출처: Newman(2022).

알고리즘이나 작업 효율의 향상, 자동번역과 관련된 인공지능 기술이 저널리즘에서도 더욱 중요해진다는 것이다. 당시는 메타버스에 관한 관심도 매우 컸던 때다. 그런데도 불구하고 메타버스와 관련된 5G가 중요해질 것이라는 답변은 18%에 불과했던 점을 감안하면, 인공지능에 대한 일선 저널리스트들의 관심과 기대가 그만큼 크다고 하겠다.

사실, 저널리스트들이 일상적으로 인공지능의 도움을 받아 취재하고 보도하는 것은 곧 펼쳐질 눈앞의 미래다. 인공지능은 각종 데이터나 과거 사례에 대한 취재와 교차 확인 등에선 인간의 능력을 크게 넘어선다. 또, 인간의 부주의로 생기는 오보들은 대부분 사전에 바로잡고, 나아가 숙련된 저널리스트들도 자주 범하는 '논리의 비약'이나 '확증 편향에 따른 오류'도 개선해 줄지 모른다. 인공지능은 인간이 생산한 콘텐츠에 대한 팩트 체커fact checker뿐만이 아니라 퀄리티 체커Quality checker 구실도 상시적으로 할 수 있을 것이다. 뉴스 생산에 동원되는 인공지능은 배경 지식과 사실들의 정확성 유무 등에 대한 단순한 분석부터 논리적 비약은 얼마나 되는지, (한국 언론의 고질적인 병폐인) 익명 취재원은 얼마나 등장하는지, 기사 중에 사실과 의견의 비중이 얼마나 되는지 등 좀 더 높은 수준의 분석 결과를 다양한 데이터와 함께 제공해 줄 수 있다. 또한 해당 뉴스가 같은 사안에 대한 몇 번째 보도인지, 동일한 소재를 다룬 다른 기사와 비교해 뉴스 분량이나 뉴스에 담긴 사실의 개수, 상대적 편향 등이 어떻게 다른지 등을 실시간으로 분석해 알려주게 될지도 모른다.

그러나 인공지능이 '휴먼 저널리스트'를 돕는 수준이 아니라, 인간으로부터 독립해 자율적으로 뉴스를 생산할 것이라는 예측에는 회의적인 학자들이 많다. 스포츠 경기 결과나 날씨, 증권시장의 시황 같은 단순한 정보 전달이 아닌 복잡한 사회 현안까지 인공지능이 독자적으로 보도하기는 어렵다는 것이다. 미디어 콘텐츠 산업은 일반적인 제조업이나 서비스업과는 달리 인간의 판단이나 해석은 물론, 창의성과 의사소통 등이 핵심 요소들이다. 따라서 콘텐츠 생산과 관련한 인공지능 기술이 극적으로 발전하더라도 인간의 통찰력을 대체하는 수준에 이를 것으로 예견하기는 쉽지 않다. 설령 'AI 저널리스트'가 등장하더라도, 'AI 저널리스트'를 작동하게 하는 알고리즘은 인간이 밀착 감시하며 일상적으로 지배할 여지가 크다.

요컨대, 비록 인공지능이 독자적인 저널리스트의 구실을 하지 않더라도, 일선 언론사 경영자들과 저널리스트들이 기대하듯 뉴스 품질을 비약적으로 제고할 가능성은 크다. 인간의 부주의와 편견 등 인간적 한계, 그리고 시간적 제약을 극복하는 데 분명히 큰 도움을 줄 것이다. 특히, 멀지 않은 미래에 디지털 시대에 추락한 콘텐츠 품질을 다시 끌어올릴 수단이 될지는 주목할 만하다.[23]

② 뉴스 소비자의 선호 파악

인공지능은 뉴스의 생산 과정만이 아니라, 뉴스 소비자들에게도 지금까지 경험하지 못한 뉴스 소비 여건을 마련해 줄 수 있다. 소비자가 원하는 최적의

---

23 2020년 12월 로이터저널리즘연구소가 43개국의 언론사 간부 234명을 대상으로 '누가 인공지능의 더 많은 수혜자가 될 것으로 생각하는가'라는 설문에 응답자(226명)의 66%는 "큰 언론사"를, 16%는 "고른 혜택"을, 그리고 3%는 "작은 언론사"를 꼽았다(Newman, 2021). 언론사 간부들은 인공지능의 활용과 혜택에도 부익부 빈익빈의 양극화를 예상하는 셈이다.

콘텐츠를 선별해 맞춤 제공을 하는 데 인공지능이 쓰일 수 있기 때문이다. 이미 페이스북이나 유튜브 같은 플랫폼 기업들은 사용자 맞춤형 광고와 콘텐츠를 노출하는 알고리즘을 활용하고 있다. 그런데 인공지능을 통해 이 알고리즘의 수준이 비약적으로 개선된다면, 특히 '개인화personalizing' 혹은 '커스터마이징'으로 불리는 '개별 소비자 맞춤형 콘텐츠 제공'이 더 정교해진다면, 뉴스 미디어와 뉴스 시장은 물론 인간과 사회에 미칠 영향은 매우 클 것이다.

그러나 이런 기대와는 달리, 인공지능도 개별 소비자 맞춤형 콘텐츠 서비스에는 구조적 한계가 있다고 말하는 학자들도 있다. 매튜 젠츠코우에 따르면 현재 웹 포털이나 소셜 네트워크 서비스, 혹은 온라인 쇼핑 사이트 등에서 구현되고 있는 개별 소비자 맞춤 콘텐츠 제공 수준을 차분히 확인하면 사람들의 예상에는 크게 못 미친다고 말한다. "개인화된 추천은 넷플릭스Netflix와 아마존 같은 사이트에서 분명히 두드러지지만, 대부분의 경우, 추천 품질은 놀라울 정도로 좋지 않다. … 넷플릭스는 '개인화된 추천' 5편 중 4편이 이미 본 텔레비전 시리즈의 추가 에피소드에 대한 것이고, 아마존의 추천 페이지는 대부분 이미 구매한 제품이나 이미 구매한 제품과 매우 유사한 제품의 페이지"라는 것이다(Gentzkow, 2018).

실제로, 웹 포털의 검색 서비스 분야에서 최적의 검색 결과를 보여주기 위한 기술 발전이 이뤄지고 있는 것은 분명하지만, 개인화와 관련해선 아직까지 평가할 만한 진전은 없다. 아니코 한낙Aniko Hannak 등의 학자들이 2013년 발표한 연구 결과를 보면, 구글 검색 결과의 90%는 개인화되어 제공된 게 아니며 10%만이 사용자의 위치 정보 등을 감안한 결과였다(Hannak, et al., 2013.5). 이런 사정은 지금도 본질적으로 달라지지 않았다.

페이스북은 콘텐츠와 광고의 개인화가 비즈니스의 핵심이다. 하지만 페이스북에서도 사용자들이 흔히 접하는 맞춤형 광고는 매우 초보적 수준의 개인화다. 개인별로 최근 검색한 적이 있는 상품이나 서비스에 관한 광고를 노출시키는 경우가 대부분이기 때문이다. 실제로 페이스북을 쓰는 대부분의 사람들이 이미 구매한 제품이나 다녀온 여행지에 대한 광고를 접하고 있다. 메타Meta의 고위 간부이자 연구자인 아이탄 박쉬Eytan Bakshy 등의 연구에 따르면, 페이스북 뉴스 피드의 상당 부분은 정교하게 맞춤화된 개별 추천보다는 '친구들이 공유하는 항목'과 '일반적인 콘텐츠 인기 예측'을 결합한 데 기반한 것이었다(Bakshy, Messing, and Adamic, 2015).

이처럼 디지털 중개자들이 추구한다고 알려진 개인화가 사람들의 기대에 못 미치는 현실을, 겐츠코우는 '개인화의 역설The Personalization Paradox'이라 말한다. 실제로 현재의 검색 결과나 추천 등의 수준을 따져 보면, 개인별 맞춤 콘텐츠의 제공은 매우 제한적이고 품질도 형편없다는 것이다. 사실, 소셜 미디어를 전면화한 페이스북의 핵심 알고리즘은 매우 위력적이었지만 인공지능 같은 고도의 기술력이 필요 없는 매우 직관적인 것이었다. 사용자들의 구체적 선호나 콘텐츠를 분석할 필요도 없고, 그저 사용자들의 친구들이 누군지, 그 친구들이 어떤 콘텐츠를 봤는지만 확인하면 되는 일이었기 때문이다. 누군가 좋아하는 것은 그의 친구들도 좋아할 확률이 높다는 비범한 통찰력이 낳은 매우 단순한 규칙이었다.

그렇다면 겐츠코우가 말한 개인화의 역설은 왜 생겨나는 걸까? 그 이유를, 겐츠코우는 인공지능 같은 첨단 기술이 소비자 '개인별 기대'보다 소비자들의 '보편적인 기대'를 충족시키는 데 언제나 먼저 활용되기 때문일 수 있다고 설명한다. 겐츠코우와 제시 샤피로의 2011년 연구를 보면, 미국의 공화당과 민주당의 지지자들은 정치적 성향의 차이에도 불구하고 더 높은 효용을 얻는 뉴스·정치 사이트들이 서로 비슷했다(Gentzkow and Shapiro, 2011). 즉, 제각기 다른 선호를 가졌더라도 인간이면 누구나 동일하게 지닌 보편적 선호가 그 이상으로 중요하다는 것이었다.

겐츠코우와 샤피로는 이를 뉴스와 정치를 다루는 웹사이트들에서 양당 지지자들이 얻는 효용을 통해 좀 더 자세히 설명했다.

그림 11-3에서 가로(x)축은 미국의 민주당 지지자들이 얻는 평균 효용을,

그림 11-3 미국 양대 정당 지지자가 뉴스·정치 사이트에서 얻는 효용

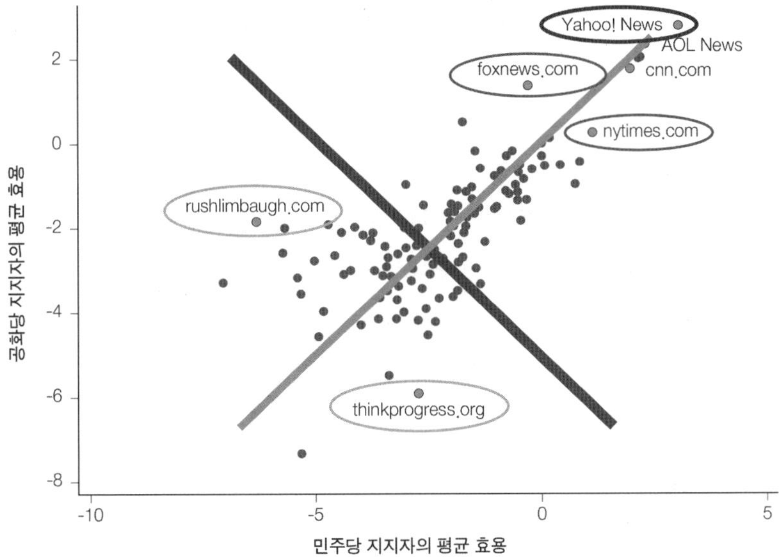

출처: Gentzkow and Shapiro(2011).

세로(y)축은 공화당 지지자들이 얻는 평균 효용을 나타낸다. 또 평면상의 점들은 뉴스나 정치 콘텐츠들을 제공하는 웹사이트들이다. 그리고 평면상 이들의 위치 (x, y)는 민주당 지지자들이 얻는 효용(x)과 공화당 지지자들이 얻는 효용(y)에 따른 것이다. 예를 들어, Yahoo! News를 나타내는 오른쪽 제일 위의 점은 Yahoo! News에서 공화당 지지자와 민주당 지지자들이 모두 큰 효용을 얻는다는 것을 뜻한다.

그런데 이때, 민주당 지지자와 공화당 지지 간의 정치적 편향 차이가 더 중요하다면, 점들의 분포는 왼쪽 위에서 오른쪽 아래 방향으로 그어져 있는 '검은색 실선' 주변으로 분포해야 한다. 즉, 웹사이트를 표시한 점들의 x값과 y값은 서로 반비례해야 한다. 공화당 지지자들에게 높은 효용을 주는 사이트는 민주당 지지자들에게는 낮은 효용을, 공화당 지지자들에게 낮은 효용을 주는 사이트는 민주당 지지자들에게는 높은 효용을 줄 것이기 때문이다. 따라서 이런 세계에서는 개개인의 이념이나 정치적 편향을 알고 그것에 콘텐츠를 맞춤화해 제공하는 게 뉴스나 정보의 공급자에게는 매우 중요해진다.

하지만 그림 11-3에서 보다시피, 실제로 점들은 우상향하는 '회색 실선' 주변에 분포하고 있다. 공화당 지지자가 'foxnews.com'을 상대적으로 더 좋아하고 민주당 지지자들이 'nytimes.com'을 상대적으로 더 좋아하는 것은 사실이지만, 이런 차이는 어느 당을 지지하느냐와 무관하게 사람들 대부분이 공통적으로 이 두 사이트에서 친공화당 편향의 'rushlimbaugh.com'이나 친민주당 편향의 'thinkprogress.org'보다 더 큰 효용을 얻는다는 사실에 압도된다.

이와 관련해, 젠츠코우는 "사람들이 개인차의 중요성을 과대평가하는 경향이 있다"며 "인공지능의 발전과 함께 검색과 추천의 품질이 계속해 향상될 것이라는 데는 의문의 여지가 없지만, (품질 개선의 주안점은) 개인화보다는 '사용자와의 의사소통 개선'과 '콘텐츠 전반의 (보편적) 순위 파악'에 더 집중될 수 있다"고 설명했다.

③ 바람직한 정보의 제공

사실, 오늘날 미디어의 가장 심각한 문제는 소비자가 원하는 것을 제공할 수 없기 때문이 아니라, 소비자가 원하지만 사회적으로는 바람직하지 않은 콘텐츠가 제공되는 것이라고 여기는 이들도 많다. 이 책의 여러 부분에서 언급했듯이 사람들은 경성 뉴스보다는 선정적인 연성 뉴스를, 균형 잡힌 뉴스보다는 정파적 뉴스를 선호한다. 심지어 때로는 노골적인 거짓 정보가 담긴 뉴스에 열광하기도 한다. 만약, 인공지능과 알고리즘이 뉴스 소비자들의 이런 선호를 충족시키는 데 더 기여한다면, 민주주의 정치 과정은 애쓰모글루의 지적대로 심각하게 손상될 수 있다.

반대로 인공지능은 사회적으로 해로운 정보나 뉴스들을 차단할 수도 있다. 실제로 페이스북이 가짜 뉴스에 대한 대책(알고리즘)을 시행한 뒤 페이스북에서 유통되던 가짜 뉴스가 급격히 감소했다는 연구 결과가 있다. 헌트 알코트

그림 11-4 **가짜 뉴스 필터링 뒤 페이스북의 변화**(페이스북 언급 횟수/트위터 공유 수)

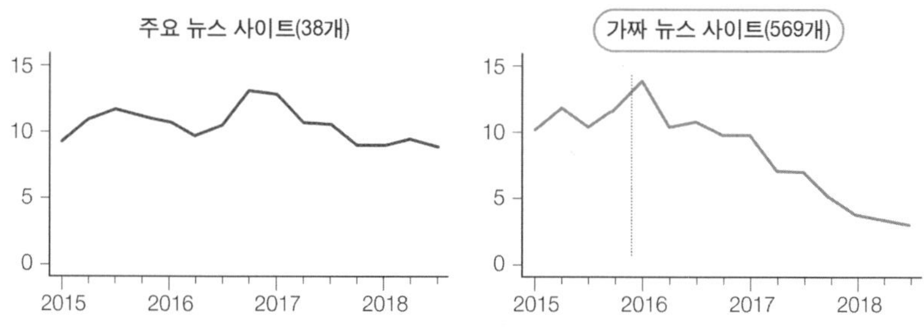

주: 웹사이트에 게시된 콘텐츠의 트위터 공유 수 대비 페이스북 언급 비율의 분기별 평균.
출처: Allcott, Gentzkow, and Yu(2019).

등은 2015년 1월부터 2018년 7월까지 569개의 가짜 뉴스 웹사이트의 콘텐츠와 9540개의 가짜 뉴스가 페이스북과 트위터에서 확산하는 추세를 측정했다. 그 결과를 보면, 페이스북과 트위터 모두에서 거짓 콘텐츠와 사용자들 사이의 상호작용이 꾸준히 증가했지만, 2016년 말을 기점으로 페이스북에서는 이런 상호작용이 급격히 감소했다(그림 11-4). 그 이유를 알코트 등 연구진은 "2016년 미국 대통령 선거 이후 페이스북이 가짜 뉴스를 퇴치하기 위해 취한 조처(알고리즘)"에서 찾았다 (Allcott, Gentzkow, and Yu, 2019).

웹 포털도 '사회적으로 바람직한지 여부'에 가중치를 부여하도록 검색 알고리즘을 조정하는 방식으로 반사회적 콘텐츠를 검색 결과에서 배제할 수 있다. 실제로, 구글은 '홀로코스트Holocaust'를 검색한 사용자에게 제시하는 상위 검색 결과에서 홀로코스트라는 역사적 사실을 부정하는 웹사이트들은 제외하기도 했다(Sullivan, 2016).

그렇다면 한 걸음 더 나아가, 소셜 미디어나 웹 포털 등에서 극단적인 편향을 지닌 콘텐츠나 사회적으로 바람직하지 않은 콘텐츠를 제거하고 민주주의를 증진시키는 콘텐츠나 사회적으로 바람직한 콘텐츠를 제공하는 데 인공지능을 활용할 수 있을까? 경제학자들은 여기에 대해서도 대체로 회의적이다. "인공지능이 편향을 해결하는 일은 검색 결과를 개선하는 것보다 훨씬 어려운 일"이라는 것이다. '진실' 혹은 '건전한 민주주의 증진'과 같은 사회적 목표는 '개별 소비자가 원하는 것'에 비해 정확하게 정의하는 게 훨씬 더 어렵고, 정량화하기도 쉽지 않다. 최적의 검색 결과나 추천을 제공하기 위한 인공지능의 학습 데이터는 소비자들의 클릭에 의해 자동으로 생성되는 반면, 잘못된 정보를 식별하기 위한 학습 데이터는 일반적으로 사람인 팩트 체커에 의해 코딩되어야 하는 것은 쉬운 사례다(Gentzkow, 2018).

요컨대, 지금까지 편향이나 잘못된 정보에 맞서 싸우는 대부분의 노력은 주로 인간의 판단에 의존해 왔다. 가짜 뉴스와 싸우는 데는 인공지능을 활용하는 방안을 누구나 생각한다. 그런데 가짜 뉴스를 줄이는 데 있어, 지금까지 가장 효과가 있는 방법은 소비자들이 신뢰하지 않는 웹사이트를 걸러내고, 출처에 대한 추가 정보와 사실 확인을 기반으로 콘텐츠들을 필터링하는 것이었다. 이런 일들은 모두 인공지능보다 인간의 판단에 훨씬 더 많이 의존해 왔다는 뜻이다.

* * *

미디어와 의사소통 분야에 인공지능이 가져올 미래는 누구도 쉽게 장담할 수 없다. 하지만 미디어 산업에서 사람의 영역이 사라지지 않을 것이며, 인공지능이 선과 악 모두에 봉사할 수 있다는 점은 의심의 여지가 없다. 이 때문에 인공지능의 순기능을 극대화하기 위한 도전과 함께 역기능을 최소화하는 사회적 노력도 끊이지 않을 것이다. 그리고 이런 노력들 덕분에, "역사를 돌아보면 위대한 기술적 진전이 낳은 영향에 관한 암울한 예언은 거의 실현되지 않았다"(Trajtenberg, 2018: 175)는 평가가, 인공지능이 만들어낼 뉴스 미디어의 미래에도 여전히 이어질 것이다.

참고 문헌

영문 문헌

Abernathy, P. M. (2016). "The Rise of a New Media Baron and the Emerging Threat of News Deserts." Center for Innovation & Sustainability in Local Media. University of North Carolina at Chapel Hill.

Abernathy, P. M. (2018). "The Expanding News Desert." Center for Innovation & Sustainability in Local Media. University of North Carolina at Chapel Hill.

Acemoglu, D. (2021). "Harms of AI"(No.w29247). National Bureau of Economic Research.

Ad Fontes Media. Media Bias Chart 9.0. https://adfontesmedia.com.

Adena, M., et al. (2015). "Radio and the Rise of the Nazis in Prewar Germany." *The Quarterly Journal of Economics*, 130(4), pp.1885~1939.

Agirdas, C. (2015). "What Drives Media Bias? New Evidence from Recent Newspaper Closures." *Journal of Media Economics*, 28(3), pp.123~141.

Allcott, H., and Gentzkow, M. (2017). "Social Media and Fake News in the 2016 Election." *Journal of Economic Perspectives*, 31(2), pp.211~236.

Allcott, H., et al. (2020). "The Welfare Effects of Social Media. *American Economic Review*, 110(3), pp.629~676.

Allcott, H., Gentzkow, M. and Song, L. (2022). "Digital Addiction." *American Economic Review*, 112(7), pp.2424~2463.

Allcott, H., Gentzkow, M. and Yu, C. (2019). "Trends in the Diffusion of Misinformation on Social Media." *Research & Politics*, 6(2).

Alterman, E. (2003). *What Liberal Media? The Truth About Bias and the News*. Basic Books.

Anand, B., et al. (2007). "Information or Opinion? Media Bias as Product Differentiation." *Journal of Economics & Management Strategy*, 16(3), pp.635~682.

Anderson, S. P., and Gabszewicz J. J. (2006). "The media and advertising: A tale of two-sided markets." In V. Ginsburgh and D. Throsby(eds.). *Handbook of Cultural Economics*, 1, pp.567~614. Amsterdam: Elsevier.

Anderson, S. P., and McLaren, J. (2012). "Media Mergers and Media Bias with Rational Consumers." *Journal of the European Economic Association*, 10(4), pp.831~859.

Angelucci, C., and Cagé, J. (2019). "Newspapers in Times of Low Advertising Revenues." *American Economic Journal: Microeconomics*, 11(3), pp.319~364.

Ansolabehere, S., et al. (2006). "The Orientation of Newspaper Endorsements in U.S. Elections, 1940-2002." *Quarterly Journal of Political Science*, 1(4), pp.393~404.

Armstrong, M. (2006). "Competition in two-sided markets." *Rand Journal of Economics*, 37(3), pp.668~691.

Arrow, K. J. (2012). *Social Choice and Individual Values*. (Vol.12). Yale University Press.

Bagdikian, B. (1983). *The Media Monopoly*. 1st ed. Boston: Beacon Press.

Bagdikian, B. (2000). *The Media Monopoly*. 6th ed. Boston: Beacon Press.

Bagdikian, B. (2004). *The New Media Monopoly*. Boston: Beacon Press.

Baker, C. E. (1995). *Advertising and a Democratic Press*. Princeton University Press.

Bakshy, E., Messing, S. and Adamic, L. A. (2015). "Exposure to Ideologically Diverse News and Opinion on Facebook." *Science*, 348(6239), pp.1130~1132.

Baldasty, G. J. (1992). *The Commercialization of News in the Nineteenth Century*. University of Wisconsin Press.

Baron, D. (2005). "Competing for the Public through the News Media." *Journal of Economics & Management Strategy*, 14(2), pp.339~376.

Baron, D. (2006). "Persistent Media Bias." *Journal of Public Economics*, 90(1-2), pp.1~36.

Barrett, A. W., and Barrington, L. W. (2005). "Bias in newspaper photograph selection." *Political Research Quarterly*, 58(4), pp.609~618.

Bartlett, Frederic. (1932). *Remembering: A study in experimental and social psychology*. Cambridge: Cambridge University Press,

Becker G. (1968). "Crime and Punishment: An economic approach." *Journal of Political Economy*, 76(2), pp.169~217.

Becker G. (1991) [1981]. *A Treatise on the Family*. Harvard University Press.

Becker, G. (2009) [1964]. *Human capital: A theoretical and empirical analysis, with special reference to education*. University of Chicago press.

Bennett, P., and Moises, N. (2015). "21st-century Censorship." *Columbia Journalism Review*, 53(1), p.14.

Bergemann, D., and Bonatti A. (2011). "Targeting in Advertising Markets: Implications of offline vs. online media." *Rand Journal of Economics*, 42(3), pp.417~443.

Bernhardt, D., Krasa, S., and Polborn, M. (2008). "Political Polarization and the Electoral Effects of Media Bias." *Journal of Public Economics*, 92(5-6), pp.1092~1104.

Besley, T., and Burgess, R. (2002). "The Political Economy of Government Responsiveness: Theory and evidence from India." *The Quarterly Journal of Economics*, 117(4), pp.71415~1451.

Besley, T., and Prat, A. (2006). "Handcuffs for the Grabbing Hand? Media Capture and Government Accountability." *American Economic Review*, 96(3), pp.720~736.

Blasco, A., and Sobbrio, F. (2012). "Competition and Commercial Media Bias." *Telecommunications Policy*, 36(5), pp.434~447.

Bogart, L. (1989). *Press and the Public: Who reads what, when, where and why in American newspapers*. Lawrence Erlbaum Associates.

Boykoff, M. T., and Boykoff, J. M. (2004). "Balance as Bias: Global warming and the US prestige press." *Global Environmental Change*, 14(2), pp.125~136.

Boykoff, M. T. (2007). "Flogging a Dead Norm? Newspaper Coverage of Anthropogenic Climate Change in the United States and United Kingdom from 2003 to 2006." *Area*, 39(4), pp.470~481.

Braghieri, L., et al. (2022). "Social Media and Mental Health." *American Economic Review*, 112(11), pp.3660~3693.

Brocas, I., Carrillo, J. D., and Wilkie, S. (2011). "A Theoretical Analysis of the Impact of Local Market Structure on the Range of Viewpoints Supplied." FCC(Federal Communication Commission) Media Study, (9).

Brown, Dalvin (2021.8.30). "What is the 'metaverse'? Facebook says it's the future of the Internet." *The Washington Post*.

Brunetti, A., and Weder, B. (2003). "A Free Press is Bad News for Corruption." *Journal of Public Economics*, 87(7-8), pp.1801~1824.

Burke, J. (2008). "Primetime spin: Media bias and belief confirming information." *Journal of Economics & Management Strategy*, 17(3), pp.633~665.

Bursztyn, L., et al. (2019). "Social Media and Xenophobia: Evidence from Russia."(No. w26567). National Bureau of Economic Research.

Cagé, J. (2016). *Saving the Media*. Harvard University Press.

Cagé, J. (2020). "Media Competition, Information Provision and Political Participation: Evidence from French local newspapers and elections, 1944-2014." *Journal of Public Economics*, 185, 104077.

Cagé, J., and Rueda, V. (2016). "The long-term effects of the printing press in sub-Saharan Africa." *American Economic Journal: Applied Economics*, 8(3), pp.69~99.

Cagé, J., Hervé, N., and Viaud, M. L. (2020). "The production of information in an online world." *The Review of Economic Studies*, 87(5), pp.2126~2164.

Calvert, R. L. (1985). "The Value of Biased Information: A rational choice model of political advice." *The Journal of Politics*, 47(2), pp.530~555.

Campante, F. R., and Hojman, D. A. (2013). "Media and polarization: Evidence from the introduction of broadcast TV in the United States." *Journal of Public Economics*, 100, pp.79~92.

Caplan, B. (2000). "Rational Irrationality: A framework for the neoclassical-behavioral debate." *Eastern Economic Journal*, 26(2), pp.191~211.

Chafee, Z. (1947). *A Free and Responsible Press: A General Report on Mass Communication: Newspapers, Radio, Motion Pictures, Magazines, and Books*, Vol.10. University of Chicago Press.

Chan, J., and Suen, W. (2008). "A Spatial Theory of News Consumption and Electoral Competition." *The Review of Economic Studies*, 75(3), pp.699~728.

Chan, J., and Suen, W. (2009). "Media as Watchdogs: The role of news media in electoral competition." *European Economic Review*, 53(7), pp.799~814.

Chiang, C. F., and Knight, B. (2011). "Media Bias and Influence: Evidence from newspaper endorsements." *The Review of Economic Studies*, 78(3), pp.795~820.

Choi, J. P., and Yang, S. (2021). "Investigative Journalism and Media Capture in the Digital Age." *Information Economics and Policy*, 57, 100942.

Cline, A. (2009). "Bias." In W. Eadie(ed.). *21st Century Communications*. Thousand Oaks, pp.479~486.

Coase, R. H. (1974). "The Economics of the First Amendment: The Market for Goods and the Market for Ideas." *American Economic Review*, 64(2), pp.384~391.

Cohen, B. C. (1963). *The Press and Foreign Policy*. Princeton University Press.

Corneo, G. (2006). "Media Capture in a Democracy: The role of wealth concentration." *Journal of Public Economics*, 90(1-2), pp.37~58.

Coulter, A., (2002). *Slander: Liberal Lies About the American Right*. Crown Publishers.

Crawford, V., and Sobel, J. (1982). "Strategic information transmission." *Econometrica*, 50, pp.1431~1451.

D'Alessio, D., and Allen, M. (2000). "Media Bias in Presidential Elections: A meta-analysis." *Journal of Communication*, 50, pp.133~156.

D'Aspremont, C., J. Gabszewicz, and J. Thisse (1979). "On Hotelling's Stability in Competition." *Econometrica*, pp.1145~1150.

Degan, A., and Merlo, A. (2011). "A Structural Model of Turnout and Voting in Multiple Elections." *Journal of the European Economic Association*, 9(2), pp.209~245.

DellaVigna, S., and Gentzkow, M. (2010). "Persuasion: Empirical Evidence." *Annual Review of Economics*, 2(1), pp.643~669.

DellaVigna, S., and Kaplan, E. (2007). "The Fox News Effect: Media Bias and Voting." *The Quarterly Journal of Economics*, 122(3), pp.1187~1234.

DellaVigna, S., et al. (2014). "Cross-border Effects of Foreign Media: Serbian radio and nationalism in Croatia." *American Economic Journal: Applied Economics*, 6(3), pp.103~132.

Demsetz, H., and Lehn, K. (1985). "The Structure of Corporate Ownership: Causes and Consequences." *Journal of Political Economy*, 93(6), pp.1155~1177.

de Vreese, C. and Tromble, R. (2023). "The data abyss: How lack of data access leaves research and society in the dark." *Political communication*, 40, pp.356~360.

Di Tella, R., and Franceschelli, I. (2011). "Government Advertising and Media Coverage of Corruption Scandals." *American Economic Journal: Applied Economics*, 3(4), pp.119~151.

Director, A. (1964). "The Parity of the Economic Market Place." *The Journal of Law and Economics*, 7, pp.1~10.

Djankov, S., et al., (2003). "Who Owns the Media?" *The Journal of Law and Economics*, 46(2), pp.341~382.

Downs, A. (1957). *An Economic Theory of Democracy*. Harper and Row.

Drago, F., Nannicini, T., and Sobbrio, F. (2014). "Meet the Press: How voters and politicians respond to newspaper entry and exit." *American Economic Journal: Applied Economics*, 6(3), pp.159~188.

Drèze, J., and Sen, A. (1991). *Political Economy of Hunger: Volume 1: Entitlement and Well-being*. Clarendon Press.

Duggan, J., and Martinelli, C. (2011). "A Spatial Theory of Media Slant and Voter Choice." *The Review of Economic Studies*, 78(2), pp.640~666.

Durante, R., and Knight, B. (2012). "Partisan Control, Media Bias, and Viewer Responses: Evidence from Berlusconi's Italy." *Journal of the European Economic Association*, 10(3), pp.451~481.

Dyck, A., Moss, D., and Zingales, L. (2013). "Media versus special interests." *The Journal of Law and Economics*, 56(3), pp.521~553.

Dyer, O. (2004). "Journal Rejects Article after Objections from Marketing Department." *British Medical Journal*, 328.

Egorov, G., Guriev, S., and Sonin, K. (2009). "Why Resource-poor Dictators Allow Freer Media: A theory and evidence from panel data." *American political science Review*, 103(4), pp.645~668.

Eisensee, T., and Strömberg, D. (2007). "News Floods, News Droughts, and U.S. Disaster Relief." *The Quarterly Journal of Economics*, 122(2), pp.693~728.

Ellman, M., and Germano, F. (2009). "What Do the Papers Sell? A Model of Advertising and Media Bias." *The Economic Journal*, 119, pp.680~704.

Enikolopov, R., Makarin, A., and Petrova, M. (2020). "Social Media and Protest Participation: Evidence from Russia." *Econometrica*, 88(4), pp.1479~1514.

Enikolopov, R., and Petrova, M. (2015). "Media Capture: Empirical evidence." In Simon P. Anderson, Joel Waldfogel and David Stromberg(ed.). *Handbook of media economics*, Vol.1. North-Holland, pp.687~700.

Enikolopov, R., Petrova, M., and Sonin, K. (2018). "Social Media and Corruption." *American Economic Journal: Applied Economics*, 10(1), pp.150~174.

Enikolopov, R., Petrova, M., and Zhuravskaya, E. (2011). "Media and Political Persuasion: Evidence from Russia." *American Economic Review*, 101(7), pp.3253~3285.

Entman, R. (1991). "Framing US Coverage of International News: Contrasts in Narratives of the KAL and Iran Air Incidents." *Journal of communication*, 41(4), pp.6~27.

Entman, R. (2007). "Framing Bias: Media in the distribution of power." *Journal of Communication*, 57, pp.163~173.

Feddersen, T. J., and Pesendorfer, W. (1996). "The Swing Voter's Curse." The *American Economic Review*, pp.408~424.

Federal Communications Commission. (2003). "Report and Order and Notice of Proposed Rulemaking." FCC 03-127. Federal Communications Commission.

Fedler, F., Meeske, M., and Hall, J. (1979). "Time Magazine Revisited: Presidential Stereotypes Persist." *Journalism Quarterly*, 56, pp.353~359.

Fergusson, L., and Molina, C. (2019). "Facebook Causes Protests." *Documento CEDE*, 41.

Ferraz, C., and Finan, F. (2008). "Exposing corrupt politicians: the effects of Brazil's publicly released audits on electoral outcomes." *The Quarterly Journal of Economics*, 123(2), pp.703~745.

Finkel, A. (2015). "Captured News Media: The case of Turkey." Center for International Media Assistance Report.

Fletcher, R. H. (2003). "Adverts in Medical Journals: Caveat lector." *The Lancet*, 361(9351), pp.10~11.

Foster, R. (2012). *News plurality in a digital world.* Oxford: Reuters Institute for the Study of Journalism.

Freedom House. (2017). "Freedom of the press 2017: Press freedom's dark horizon." https://freedomhouse.org/sites/default/files/2020-02/FOTP_2017_booklet_FINAL_April28_1.pdf

Fugh-Berman, A., et al. (2006). "Advertising in Medical Journals: Should current practices change?" *PLoS Medicine*, 3(6), e130.

Gabszewicz, J. J., Laussel, D., and Sonnac, N. (2001). "Press Advertising and the Ascent of the 'Pensée Unique'." *European Economic Review*, 45(4-6), pp.641~651.

Gabszewicz, J., Resende, J. and Sonnac N. (2015). "Media as multi-sided platforms." In Picard, R. G., and Wildman, S. S.(ed.). *Handbook on the Economics of the Media.* Edward Elgar Publishing, pp.3~35.

Gal-Or, E., Geylani, T., and Yildirim, T. P. (2012). "The Impact of Advertising on Media Bias." *Journal of Marketing Research*, 49(1), pp.92~99.

Galvis, Á. F., Snyder Jr, J. M., and Song, B. K. (2016). "Newspaper Market Structure and Behavior: Partisan coverage of political scandals in the United States from 1870 to 1910." *The Journal of Politics*, 78(2), pp.368~381.

Gambaro, M., and Puglisi, R. (2015). "What Do Ads Buy? Daily coverage of listed companies on the Italian press." *European Journal of Political Economy*, 39, pp.41~57.

Gans, H. J. (2003). *Democracy and the News.* Oxford University Press.

Gans, H. J. (1979). *Deciding What's News: A study of CBS Evening News, NBC Nightly News, Newsweek, and Time.* Pantheon Books.

Gans, J. S., and Leigh, A. (2012). "How Partisan is the Press? Multiple Measures of Media Slant". *Economic Record*, 88(280), pp.127~147.

Gasper, J. T. (2011). "Research Note Shifting ideologies? Re-examining Media Bias." *Quarterly Journal of Political Science*, 6(1), pp.85~102.

Gehlbach, S., and Sonin, K. (2014). "Government Control of the Media." *Journal of Public Economics*, 118, pp.163~171.

Gentzkow, M. (2006). "Television and Voter Turnout." *The Quarterly Journal of Economics*,

121(3), pp.931~972.

Gentzkow, M. (2007). "Valuing New Goods in a Model with Complementarity: Online newspapers." *American Economics Review*, 97(3), pp.713~744.

Gentzkow, M. (2018). "Media and Artificial Intelligence." http://web.stanford.edu/~gentzkow/research/ai_and_media.pdf.

Gentzkow, M., and Shapiro, J. M. (2004). "Media, Education and Anti-Americanism in the Muslim World." *Journal of Economic Perspectives*, 2004, 18(3), pp.117~133.

Gentzkow, M., and Shapiro, J. M. (2006). "Media Bias and Reputation." *Journal of Political Economy*, 114(2), pp.280~316.

Gentzkow, M., and Shapiro, J. M. (2008a). "Competition and Truth in the Market for News." *Journal of Economic Perspectives*, 22(2), pp.133~154.

Gentzkow, M., and Shapiro, J. M. (2008b). "Market Forces and News Media in Muslim Countries." *Information and Public Choice*, 107.

Gentzkow, M., and Shapiro, J. M. (2010). "What Drives Media Slant? Evidence from US Daily Newspapers." *Econometrica*, 78(1), pp.35~71.

Gentzkow, M., and Shapiro, J. M. (2011). "Ideological Segregation Online and Offline." *The Quarterly Journal of Economics*, 126(4), 1799-1839.

Gentzkow, M., Glaeser, E. L., and Goldin, C. (2006). "The Rise of The Fourth Estate. How Newspapers Became Informative and Why it Mattered." *Corruption and Reform: Lessons from America's economic history*. University of Chicago Press, pp.187~230.

Gentzkow, M., Petek, N., Shapiro, J. M., and Sinkinson, M. (2015). "Do Newspapers Serve the State? Incumbent Party Influence on the US Press, 1869-1928." *Journal of the European Economic Association*, 13(1), pp.29~61.

Gentzkow, M., Shapiro, J. M., and Sinkinson, M. (2011). "The Effect of Newspaper Entry and Exit on Electoral Politics." *American Economic Review*, 101(7), pp.2980~3018.

Gentzkow, M., Shapiro, J. M., and Sinkinson, M. (2014). "Competition and Ideological Diversity: Historical evidence from US newspapers." *American Economic Review*, 104(10), pp.3073~3114.

Gentzkow, M., Shapiro J. M., and Stone, D. F. (2015). Media Bias in the Marketplace: Theory. In Simon P. Anderson, Joel Waldfogel and David Stromberg(ed.). *Handbook of media economics*. Vol.1, North-Holland, pp.623~645.

George, L. M., and Waldfogel, J. (2003). "Who Affects Whom in Daily Newspaper Markets?" *Journal of Political Economy*, 111(4), pp.765~784.

George, L. M., and Waldfogel, J. (2006). "The New York Times and the Market for Local Newspapers." *American Economic Review*, 96(1), pp.435~447.

George, L. M., and Waldfogel, J. (2008). "National Media and Local Political Participation: The Case of the New York Times." *Information and Public Choice: From Media Markets to Policymaking*.

Gerber, A. S., Karlan, D., and Bergan, D. (2009). "Does the Media Matter? A Field Experiment

Measuring the Effect of Newspapers on Voting Behavior and Political Opinions." *American Economic Journal: Applied Economics*, 1(2), pp.35~52.

Germano, F., and Meier, M. (2013). "Concentration and Self-censorship in Commercial Media." *Journal of Public Economics*, 97, pp.117~130.

Goffman, E. (1974). *Frame Analysis: An essay on the organization of experience*. Harvard University Press.

Goldberg, B. (2001). *Bias: A CBS Insider Exposes How the Media Distort the News*. Regnery.

González-Bailón, S., et al. (2023). "Asymmetric ideological segregation in exposure to political news on Facebook." *Science*, 381(6656), pp.392~398.

Green, D. P., and Gerber, A. S. (2019). *Get Out the Vote: How to increase voter turnout*. Brookings Institution Press.

Groseclose, T., and Milyo, J. (2005). "A Measure of Media Bias." *The Quarterly Journal of Economics*, 120(4), pp.1191~1237.

Groseclose, T. (2011). *Left Turn: How media bias distorts the American mind*. St. Martin's Press.

Grossman, S. J., and Hart, O. D. (1980). "Disclosure Laws and Takeover Bids." *Journal of Finance*, 35(2), pp.323~334.

Guess, A. M., et al. (2023a). "How do social media feed algorithms affect attitudes and behavior in an election campaign?" *Science*, 381(6656), pp.398~404.

Guess, A. M., et al. (2023b). "Reshares on social media amplify political news but do not detectably affect beliefs or opinions." *Science*, 381(6656), pp.404~408.

Guo, W. C., and Lai, F. C. (2015). "Media Bias, Slant Regulation, and the Public-Interest Media." *Journal of Economics*, 114(3), pp.291~308.

Hamilton, J. T. (2004). *All the News that's Fit to Sell*. Princeton University Press.

Hannak, A., Sapiezynski, P., Molavi Kakhki, A., Krishnamurthy, B., Lazer, D., Mislove, A., and Wilson, C. (2013, May). "Measuring Personalization of Web Search." *Proceedings of the 22nd international conference on World Wide Web*, pp.527~538.

Hasty, J. (2005). *The Press and Political Culture in Ghana*. Indiana University Press.

Hayakawa, I. S. (1964). *Language in Thought and Action*. New York: Harcourt, Brace, and World, Inc.

Hazlett, T. W., and Sosa, D. W. (1997). "Chilling the Internet Lessons from FCC Regulation of Radio Broadcasting." Mich. Telecomm. & Tech. L. Rev., pp.4, 35.

Herman, Edward S., and Noam Chomsky. (1988). *Manufacturing Consent: The Political Economy of the Mass Media*. New York: Pantheon Books.

Ho, Daniel E., and Quinn, K. M. (2008). "Measuring Explicit Political Positions of Media." *Quarterly Journal of Political Science*, 3(4), pp.353~377.

Holmström, B. (1979). Moral Hazard and Observability. *The Bell Journal of Economics*, 10(1), pp.74~91.

Hovland, C. I., Lumsdaine, A. A., and Sheffiled, F. D. (1949). *Experiments in Mass*

Communication. Princeton University Press.

Ingber, S. (1984). "The Marketplace of Ideas: A Legitimizing Myth." *Duke Law Journal*, 1, pp.1~91.

Iyengar, S., and Kinder, D. R. (1987). *News that Matter*. University of Chicago Press.

Jamieson, K. H., and Waldman, P. (2003). *The Press Effect*. Oxford University Press.

Jean-Charles, R., and Tirole, J. (2006). "Two-Sided Markets: A Progress Report." *Rand Journal of Economics*, 37(3), pp.645~667.

Jefferson, T. (1816). *From Thomas Jefferson to Charles Yancey*. Memorial Edition. 14:384.

Just, M., Levine, R., and Regan, K. (2002). "Investigative Journalism Despite the Odds: Watchdog reporting continues to decline." *Columbia Journalism Review*, 41(4), pp.102~105.

Kahn, K. F., and Kenney, P. J. (2002). "The Slant of the News: How editorial endorsements influence campaign coverage and citizens' views of candidates." *American political science Review*, 96(2), pp.381~394.

Kahneman, D. (2002). "Maps of bounded rationality: A perspective on intuitive judgment and choice." *Nobel prize lecture*, 8(1), pp.351~401.

Kahneman, D., Slovic, P., and Tversky, A.(Eds.). (1982). *Judgment under uncertainty: Heuristics and biases*. Cambridge university press.

Kamenica, E., and Gentzkow, M. (2011). "Bayesian Persuasion." *American Economic Review*, 101(6). pp.2590~2615.

Kaplan, R. (2002). *Politics and the American press: The rise of objectivity, 1865-1920*. Cambridge University Press.

Kaplan, R. (2009). "The Origins of Objectivity in American Journalism." In S. Allan(ed.), *The Routledge companion to news and journalism studies*. Routledge, pp.25~27.

Kennedy, G. E., and Bero, L. A. (1999). "Print Media Coverage of Research on Passive Smoking." *Tobacco Control*, 8(3), pp.254~260.

Kern, H. L., and Hainmueller, J. (2009). "Opium for the Masses: How foreign media can stabilize authoritarian regimes." *Political Analysis*, 17(4), pp.377~399.

King, G., Pan, J., and Roberts, M. E. (2013). "How Censorship in China Allows Government Criticism but Silences Collective Expression." *American political science Review*, 107(2), pp.326~343.

King, G., Pan, J., and Roberts, M. E. (2014). "Reverse-engineering Censorship in China: Randomized experimentation and participant observation." *Science*, 345(6199), 1251722.

Kohut, A., Doherty, C., Dimock, M., and Keeter, S. (2011). "Press widely critisized, but trusted more than other information sources." Pew Research Center.

Kovach, B., and Rosenstiel, T. (2021). *The Elements of Journalism: What News people Should Know and the Public Should Expect*. Revised and Updated 3rd Edition. Three River Press.

Krugman, P. (2002.11.30). "American Media and Conflicts of Interest." *The New York Times*.

Lacy, S. (1989). "A Model of Demand for News: Impact of competition on newspaper content." *Journalism Quarterly*, 66(1), pp.40~48, 128.

Lacy, S. (2000). "Commitment of Financial Resources as a Measure of Quality." In Robert G. Picard(ed.). *Measuring Media Content, Quality and Diversity: Approaches and issues in content research*. The Media Group, Business and Research Development Centre. Turku School of Economics and Business Administration, pp.25~50.

Lacy, S., and Rosenstiel, T. (2015). *Defining and Measuring Quality Journalism*. Rutgers School of Communication and Information.

Ladd, J. M., and Lenz, G. S. (2009). "Exploiting a Rare Communication Shift to Document the Persuasive Power of the News Media." *American Journal of Political Science*, 53(2), pp.394~410.

Larcinese, V. (2007). "The Instrumental Voter Goes to the Newsagent." *Journal of Theoretical Politics*, pp.249~276.

Larcinese, V., et al. (2011). "Partisan Bias in Economic News: Evidence on the agenda-setting behavior of U.S. newspapers." *Journal of Public Economics*, 95(9-10), pp.1178~1189.

Lassen, D. D. (2005). "The Effect of Information on Voter Turnout: Evidence from a natural experiment." *American Journal of political science*, 49(1), pp.103~118.

Lazarsfeld, P., Berelson B., and Gaudet H. (1944). *The People's Choice: How the voter makes up his mind in a presidential campaign*. Columbia University Press.

Lazer, D. M. J. et al. (2020). "Computational social science: Obstacles and opportunities." *Science* 369, pp.1060~1062.

Levy, R. E. (2021). "Social Media, News Consumption, and Polarization: Evidence from a field experiment." *American Economic Review*, 111(3), pp.831~870.

Lewis A. (1997). "Democracy and the Free Press: Are they Incompatible?" Bulletin. *the American Academy of Arts and Sciences*, pp.49~63.

Lichter, S. R. (2017). *Theories of Media Bias. In The Oxford Handbook of Political Communication*. Oxford University Press, p.403.

Lichter, S. R., Rothman, S., and Lichter, L. S. (1990). *The Media Elite: America's new powerbrokers*. Hastings House.

List, C. (2022). "Social Choice Theory. in The Stanford Encyclopedia of Philosophy (Fall 2022 Edition)." Edward N. Zalta and Uri Nodelman(ed.). https://plato.stanford.edu/archives/fall2022/entries/social-choice/.

Lord, C. G., Ross, L., and Lepper, M. R. (1979). "Biased Assimilation and Attitude Polarization: The effects of prior theories on subsequently considered evidence." *Journal of Personality and Social Psychology*, 37(11), pp.2098~2109.

Lott, J. R., and Hassett, K. A. (2014). "Is Newspaper Coverage of Economic Events Politically Biased?" *Public Choice*, 160(1), pp.65~108.

Malesky, E., Schuler, P., and Tran, A. (2012). "The Adverse Effects of Sunshine: A field experiment on legislative transparency in an authoritarian assembly." *American political science Review*, 106(4), pp.762~786.

Maskin, E., and Tirole, J. (2004). "The Politician and the Judge: Accountability in Government." *American Economic Review*, 94(4), pp.1034~1054.

Matsusaka, J. G. (1995). "Explaining Voter Turnout Patterns: An information theory." *Public Choice*, 84(1), pp.91~117.

McChesney, R. (1995). *Telecommunications, mass media, and democracy: The battle for the control of US broadcasting, 1928-1935*. Oxford University Press.

McChesney, R. (2004). *The Problem of the Media: US communication politics in the twenty-first century*. NYU Press.

McChesney, R. (2008). *The Political Economy of Media*. Monthly Review Press.

McCombs, M. E., and Shaw, D. L. (1972). "The Agenda-Setting Function of Mass Media." *The Public Opinion Quarterly*, 26(2), pp.176~187.

McMillan, J., and Zoido, P. (2004). "How to Subvert Democracy: Montesinos in Peru." *Journal of Economic Perspectives*, 18(4), pp.69~92.

McNamara, P. (2009). "Sedition act of 1798." from https://www.mtsu.edu/first-amendment/article/1238/sedition-act-of-1798. (2022.12.18. 확인).

McQuail, D. (2005). *McQuail's mass communication theory*, 5th ed. Sage.

Merrill, J. C. (1965). "How Time Stereotyped Three US Presidents." *Journalism Quarterly*, 42(4), pp.563~570.

Merrill, J. C., and Lowenstein, R. L. (1971). *Media, Messages, and Men: New perspectives in communication*. D. McKay Company.

Mia Swart. (2020.6.7). 'Music to kill to': Rwandan genocide survivors remember RTLM. Aljazeera. https://www.aljazeera.com/features/2020/6/7/music-to-kill-to-rwandan-genocide-survivors-remember-rtlm.

Milgrom, P., and Roberts, J. (1986a). "Relying on the Information of Interested Parties." The *Rand Journal of Economics*, 17(1), pp.18~32.

Milgrom, P., and Roberts, J. (1986b). "Price and Advertising Signals of Product Quality." *Journal of Political Economics*, 94(4), pp.796~821.

Mill, John Stuart. [1859] (2006). *On Liberty*. London: Parker and Son, West Strand. [Reprinted in *Ideas of the First Amendment*, Vincent Blasi(ed.). Saint Paul, MN: Thomson/West, pp.318~366].

Milton, John. [1644] (2006). *The Areopagitica*. [Reprinted in Ideas of the First Amendment, Vincent Blasi(ed.). Saint Paul, MN: Thomson/ West, pp.56~93].

Mullainathan, S. (2002). *Thinking through categories*. Working Paper, Harvard University.

Mullainathan, S., and Shleifer, A. (2005). "The Market for News." *American Economic Review*, 95(4), pp.1031~1053.

Müller, K., and Schwarz, C. (2020). "From Hashtag to Hate Crime: Twitter and anti-minority sentiment." SSRN 3149103.

Mungiu-Pippidi, A. (2012). "Freedom without Impartiality: The vicious circle of media capture." *Media transformations in the post-communist world: Eastern Europe's tortured*

path to change, pp.49~66.
Murphy, L. W. (1930). *An Introduction to Journalism: Authoritative Views on the Profession*. T. Nelson and sons Journalism. Original from the University of California. Digitized Oct 23, 2007.
Nelson, M. M. (2017). "What is to be Done? Options for Combating the Menace of Media Capture." *In the Service of Power: Media Capture and the Threat to Democracy*, p.143.
Nerlove, M., and Arrow, K. J. (1962). "Optimal Advertising Policy under Dynamic Conditions." *Economica*, 29(114), pp.129~142.
Neven, D. J. (1986). "On Hotelling's competition with non-uniform customer distributions." *Economics Letters*, 21(2), pp.121~126.
Newman, N. (2021). "Journalism, Media, and Technology Trends and Predictions 2021." Reuters Institute for the Study of Journalism.
Newman, N. (2022). "Journalism, Media, and Technology Trends and Predictions 2022." Reuters Institute for the Study of Journalism.
Nickerson, R. S. (1998). "Confirmation Bias: A Ubiquitous Phenomenon in Many Guises." *Review of General Psychology*, 2(2), pp.175~220.
Nielsen, R. K. (2017). "Media Capture in the Digital Age." In A. Schiffrin(ed.). *In the Service of Power: Media Capture and the Threat to Democracy*. Center for International Media Assistance, pp.33~42.
Niven, D. (2002). *Tilt? The Search for Media Bias*. Praeger.
Nix N., Johnson, C. Y., and Zakrzewski, C. (2023.7.27). "Changing Facebook's algorithm won't fix polarization, new study finds." *Washington Post*. https://www.washingtonpost.com/technology/2023/07/27/social-media-research-meta-political-views/
Noam, E. M. (2009). *Media Ownership and Concentration in America*. Oxford University Press.
Nyhan, B. (2012). "Does the US Media Have a Liberal Bias?: A Discussion of Tim Groseclose's Left Turn: How Liberal Media Bias Distorts the American Mind." *Perspectives on Politics*, 10(3), pp.767~771.
Nyhan, B., et al. (2023). "Like-minded sources on Facebook are prevalent but not polarizing." *Nature*, 620, pp.137~144.
OECD. (2010). The Future of News and the Internet. https://www.oecd.org/sti/ieconomy/45559596.pdf.
O'Neill, O. (2002.5.1). "Shoot the Messenger: The media are always calling for transparency, but who are they accountable to?" *The Guardian*. https://www.theguardian.com/comment/story/0,3604,707820,00.html.
Oberholzer-Gee, F., and Waldfogel, J. (2009). "Media Markets and Localism: Does Local News en Espanol Boost Hispanic Voter Turnout?" *American Economic Review*, 99(5), pp.2120~2128.
Olien, C. N., Donohue, G. A., and Tichenor, P. J. (1995). "Conflict, Consensus and Public Opinion." Glaser, T. L. and Salmon, C. T.(eds.). *Public opinion and the communication*

of consent. Guilford Press, pp.301~322.

Olper, A., and Swinnen, J. (2013). "Mass Media and Public Policy: Global evidence from agricultural policies." *The World Bank Economic Review*, 27(3), pp.413~436.

Oremus, W. (2014.3.17). "The first news report on the L.A. earthquake was written by a robot." *Slate*.

Oreskes, N. (2004). "The Scientific Consensus on Climate Change." *Science*, 306(5702), pp.1686~1686.

Oreskes, N., and Conway, E. M. (2011). *Merchants of Doubt: How a handful of scientists obscured the truth on issues from tobacco smoke to global warming*. Bloomsbury Publishing USA.

Patterson, T. E. (2000). "Doing Well and Doing Good." SSRN 257395.

Patterson, T. E., and Donsbagh, W. (1996). "News Decisions: Journalists as partisan actors." *Political communication*, 13(4), pp.455~468.

Petrocik, J. R. (1996). "Issue Ownership in Presidential Elections, with a 1980 Case Study." *American Journal of political science*, 40(3), pp.825~850.

Petrova, M. (2008a). "Political Economy of Media Capture." In R. Islam(ed.). *Information and Public Choice*. World Bank, pp.121~139.

Petrova, M. (2008b). "Inequality and Media Capture." *Journal of Public Economics*, 92(1-2), pp.183~212.

Petrova, M. (2011). "Newspapers and Parties: How advertising revenues created an independent press." *American political science Review*, 105(4), pp.790~808.

Pew Research Center. (2017.10.20). "The Shift in the American Public's Political Values: Political Polarization, 1994-2017." https://www.pewresearch.org/politics/interactives/political-polarization-1994-2017/.

Pew Research Center. (2021.6.29). "Newspapers Fact Sheet. More Fact Sheets: State of the news media." https://www.pewresearch.org/journalism/fact-sheet/newspapers/.

Pires, A. J. G. (2014). "Media diversity, advertising, and adaptation of news to readers' political preferences." *Information Economics and Policy*, 28, pp.28~38.

Polo, M. (2005). "Regulation for Pluralism in the Media Markets." *The Economic Regulation of Broadcasting Markets: Evolving Technology and the Challenges for Policy*, pp.150~188.

Posner, R. A. (1980). "Theory of Primitive Society, with Special Reference to Law." *The Journal of Law and Economics*, 23(1), pp.1~55.

Posner, R. A. (1986). "Free Speech in an Economic Perspective." *Suffolk University Law Review*, 20(1), pp.1~54.

Prat, A. (2005). "The Wrong Kind of Transparency." *American Economic Review*, 95(3), pp.862~877.

Prat, A. (2014.8.22). Can We Measure Media Power? World Economic Forum. https://www.weforum.org/agenda/2014/08/measure-power-of-media/.

Prat, A. (2015). "Media Capture and Media Power." In Simon P. Anderson, Joel Waldfogel and

David Stromberg(ed.). *Handbook of media economics*. Vol.1, North-Holland, pp.669~686.

Prat, A. (2018). "Media Power." *Journal of Political Economy*, 126(4), pp.1747~1783.

Prat, A., and Strömberg, D. (2005). "Commercial Television and Voter Information." CEPR Discussion Papers 4989.

Prat, A., and Strömberg, D. (2013). "The Political Economy of Mass Media." *Advances in Economics and Econometrics*, 2, pp.135~187.

Puglisi, R., and Snyder Jr, J. M. (2011). "Newspaper Coverage of Political Scandals." *The Journal of Politics*, 73(3), pp.931~950.

Puglisi, R., and Snyder Jr, J. M. (2015a). "The Balanced US Press." *Journal of the European Economic Association*, 13(2), pp.240~264.

Puglisi, R., and Snyder Jr, J. M. (2015b). Empirical Studies of Media Bias. In Simon P. Anderson, Joel Waldfogel and David Stromberg(ed.). *Handbook of media economics*, Vol.1, North-Holland, pp.647~667.

Puglisi, R. (2011). "Being the New York Times: the political behaviour of a newspaper." *The BE journal of economic analysis & policy*, 11(1).

Purcell, K., , et al. (2010.3.1). "Understanding the Participatory News Consumer." Pew Research Center.

Qian, N., and Yanagizawa-Drott, D. (2017). "Government Distortion in Independently Owned Media: Evidence from us news coverage of human rights." *Journal of the European Economic Association*, 15(2), pp.463~499.

Rabin, M., and Schrage, J. L. (1999). "First Impressions Matter: A model of Confirmatory Bias." *The Quarterly Journal of Economics*, 114(1), pp.37~82.

Reinikka, R., and Svensson, J. (2005). "Fighting Corruption to Improve Schooling: Evidence from a newspaper campaign in Uganda." *Journal of the European Economic Association*, 3(2-3), pp.259~267.

Reuter, J., and Zitzewitz, E. (2006). "Do Ads Influence Editors? Advertising and bias in the financial media." *The Quarterly Journal of Economics*, 121(1), pp.197~227.

Reuters Institute for the Study of Journalism. "Digital News Report 2013." https://www.digitalnewsreport.org/

Reuters Institute for the Study of Journalism. "Digital News Report 2020." https://www.digitalnewsreport.org/

Rinallo, D., and Basuroy, S. (2009). "Does Advertising Spending Influence Media Coverage of the Advertiser?" *Journal of Marketing*, 73(6), pp.33~46.

Rochet, J. C., and Tirole, J. (2006). "Two-sided markets: a progress report." The *Rand Journal of Economics*, 37(3), pp.645~667.

Rosenstiel, T., et al. (2015). "How Millennials Get News: Inside the Habits of America's First Digital Generation." Media Insight Project.

Samuelson, P. A. (1952). "Economic Theory and Mathematics – An appraisal." The *American*

Economic Review, 42(2), pp.56~66.

Satariano, A. (2019.3.26). "Europe Adopts Tough New Online Copyright Rules Over Tech Industry Protests." *New York Times*. http://www.nytimes.com.

Schiffrin, A. (2018). "Introduction to Special Issue on Media Capture." *Journalism*, 19(8), pp.1033~1042.

Schulz, N., and Weimann, J. (1989). "Competition of Newspapers and the Location of Political Parties." *Public Choice*, 63(2), pp.125~147.

Severin, W., and Tankard, J. (1992). *Communication Theories: Origins, Methods, and Uses in the Mass Media*. Longman.

Shleifer, A. (2015). "Matthew Gentzkow, Winner of the 2014 Clark Medal." *Journal of Economic Perspectives*, 29(1), pp.181~192.

Simon, H. (1972). "Theories of Bounded Rationality." *Decision and Organization*, pp.161~176.

Snyder Jr, J. M., and Strömberg, D. (2010). "Press Coverage and Political Accountability." *Journal of Political Economy*, 118(2), pp.355~408.

Sobbrio, F. (2011). "Indirect Lobbying and Media Bias." *Quarterly Journal of Political Science*, 6, pp.3~4.

Sobbrio, F. (2014). "The Political Economy of News Media: Theory, evidence and open issues." Forte, F. and Mudambi, R.(eds.). *A Handbook of Alternative Theories of Public Economics*. Edward Elgar Publishing, pp.278~320.

Stanig, P. (2015). "Regulation of Speech and Media Coverage of Corruption: An empirical analysis of the Mexican Press." *American Journal of political science*, 59(1), pp.175~193.

Stanley, H. W., and Niemi, R. G. (2013). *Vital Statistics on American Politics 2013-2014*. CQ Press.

Starr, P. (2004). *The Creation of the Media: Political origins of modern communications*. Basic Books.

Stigler, G. J. (1961). "The Economics of Information." *Journal of Political Economy*, 69(3), pp.213~225.

Stigler, G. J. (1971). "The Theory of Economic Regulation." *The Bell Journal of Economics and Management Science*, pp.3~21.

Stiglitz, J. E. (2017). "Toward a Taxonomy of Media Capture." *Capture and the Threat to Democracy*. In A. Schiffrin(ed.). *In the Service of Power: Media* Center for International Media Assistance. pp.9~17.

Strömberg, D. (1999). "The Political Economy of Public Spending." Ph. D. Dissertation, Princeton University.

Strömberg, D. (2004a). "Radios Impact on Public Spending." *The Quarterly Journal of Economics*, 119(1), pp.189~221.

Strömberg, D. (2004b). "Mass Media Competition, Political Competition, and Public Policy." *The Review of Economic Studies*, 71(1), pp.265~284.

Suen, W. (2004). "The Self-Perpetuation of Biased Beliefs." *The Economic Journal*, 114(495), pp.377~396.

Sullivan, D. (2016). "Google's Top Results for 'Did the Holocaust happen' Now Expunged of Denial Sites." Search Engine Land. https://searchengineland.com/google-holocaust-denial-site-gone-266353

Sunstein, Cass. (2001). *Republic.com*. Princeton, NJ: Princeton University Press.

The Japan Newspaper Publishers & Editors Association. "Facts and Figures about Japanese Newspaper - Circulation and Households." https://www.pressnet.or.jp/english/data/circulation/circulation01.php. (2022.12.21. 확인).

Toff, B., et al. (2021). "Listening to What Trust in News Means to Users: Qualitative evidence from four countries." Reuters Institute. https://reutersinstitute.politics.ox.ac.uk/listening-what-trust-news-means-users-qualitative-evidence-four-countries.

Trajtenberg, M. (2018). "Artificial Intelligence as the Next GPT: A political-economy perspective." *The Economics of Artificial Intelligence: An Agenda*. University of Chicago Press, pp.175~186.

Trombetta, F., and Rossignoli, D. (2021). "The Price of Silence: Media competition, capture, and electoral accountability." *European Journal of Political Economy*, 69, 101939.

Vaidya, S., and Gupta, R. (2016). "Corruption via Media Capture: The effect of competition." *Southern Economic Journal*, 82(4), pp.1327~1348.

Van Dijk, T. A. (1998). *Ideology: A multidisciplinary approach*. Sage.

VonDoepp, P., and Young, D. J. (2013). "Assaults on the Fourth Estate: Explaining media harassment in Africa." *The Journal of Politics*, 75(1), pp.36~51.

Warner, K. E., et al. (1992). "Cigarette Advertising and Magazine Coverage of the Hazards of Smoking a Statistical Analysis." *New England Journal of Medicine*, 326(5), pp.305~309.

Whitaker, E. (2019). "What History Teaches Us: How Newspapers Have Evolved to Meet Market Demands." Center for Innovation & Sustainability in Local Media. The University of North Carolina at Chapel Hill. https://www.cislm.org/what-history-teaches-us-how-newspapers-have-evolved-to-meet-market-demands/

Wilkes, M. S., and Kravitz, R. L. (1995). "Policies, Practices, and Attitudes of North American Medical Journal Editors." *Journal of general internal medicine*, 10(8), pp.443~450.

Wilson, Reid. (2020.10.26). "Biden leads newspaper endorsements - just like Clinton." *The Hill*. https://thehill.com/homenews/campaign/522841-biden-leads-newspaper-endorsements-just-like-clinton.

Xiang, Y., and Sarvary, M. (2007). "News consumption and media bias." *Marketing Science*, 26(5), pp.611~628.

Yanagizawa-Drott, D. (2014). "Propaganda and Conflict: Evidence from the Rwandan genocide." *The Quarterly Journal of Economics*, 129(4), pp.1947~1994.

Yang, S. (2020). "Media Bias with a Digital Intermediary." *International Telecommunications Policy Review*, 27(4), pp.1~23.

Yang, S. (2021). *Media capture and media bias in the digital age*. Ph. D. Dissertation, Yonsei

University.
Yang, S. (2022). "Media bias with asymmetric media quality." *Applied Economics Letters*, 29(19), pp.1810~1814.
Yariv, L. (2002). "I'll See It when I Believe It: A Simple Model of Cognitive Consistency." Cowles Foundation Discussion Paper 1352. New Haven, CT: Yale University.
Wildman, S. and the Working Group on Information Needs of Communities. (2011). "The Information Needs of Communities: The Changing Media Landscape in a Broadband Age." Federal Communications Commission.
Zaller, J. (1999). "Market Competition and News Quality." Paper presented at the 1999 Annual Meetings of the American Political Science Association.
Zhuravskaya, E., et al. (2020). "Political Effects of the Internet and Social Media." *Annual Review of Economics*, 12, pp.415~438.

한글 문헌

강아영. (2017.9.27). "한겨레에 삼성전자 광고가 급격하게 줄어든 이유". 기자협회보. http://www.journalist.or.kr/news/article.html?no=42695.
강아영. (2023.5.9). "대통령실 출입기자들, 남은 4년이 더 막막하다". 기자협회보. http://www.journalist.or.kr/news/article.html?no=53607
강준만. (2020.11.22). "설마 종이 신문 보겠어?" ≪한겨레≫. https://www.hani.co.kr/arti/opinion/column/970947.html
권경성. (2021.6.9). "WP 전성기 이끈 마틴 배런 "정치인들에겐 이익이 곧 진실"". ≪한국일보≫. https://n.news.naver.com/mnews/article/469/0000609625?sid=102
김상조·이승희. (2015). 「4대 재벌의 언론사 광고 지배력 분석」. ≪기업지배구조연구≫, 51, 76~104쪽.
김성호. (2009.7.14). "삼성, 이제 '광고 탄압' 그만둘 때 됐다". ≪오마이뉴스≫. http://www.ohmynews.com/NWS_Web/View/at_pg.aspx?CNTN_CD=A0001176745.
김영희. (2022.1.19). "서울신문, '대주주 호반' 비판기사 삭제…편집권 침해 논란". ≪한겨레≫. https://www.hani.co.kr/arti/society/media/1028037.html
김창욱. (2011). 「경영정보-합리적 판단의 암초, 원시인 심리」. ≪시멘트≫, 192, 21~25쪽.
다운스, 앤서니(Anthony Downs). (2013). 『경제이론으로 본 민주주의(An Economic Theory of Democracy)』. 박상훈 옮김. 후마니타스. [원서 출판 1957].
로슬링, 한스(Hans Rosling)·뢴룬드, 안나 로슬링(Anna Rosling Ronnlund)·로슬링, 올라(Ola Rosling). (2019). 『팩트풀니스(Factfulness)』. 이창신 옮김. 김영사.
류현정. (2022.2.16). "우리의 야망은 더 커졌다 … 2027년 1500만 유료 구독자 정조준. ≪이코노미 조선≫. http://economychosun.com/client/news/view.php?boardName=C05&t_num=13612248.
맥퀘일, 데니스(Denis McQuail). (2008). 『매스커뮤니케이션 이론(McQuail's Mass Communication

Theory)』(5판). 양승찬·이강형 옮김. 나남. [원서 출판 2005].
문화체육관광부 제4기 여론조사집중도조사위원회. (2022). 「여론집중도 조사보고서 2021」.
박장준. (2015.8.12). "삼성, 메트로에 '편집국장 경질' 조건 광고 제시 '파문' ". ≪미디어스≫. http://www.mediaus.co.kr/news/articleView.html?idxno=49830.
발자크, 오노레 드(Honoré de Balzac). (1999). 『기자의 본성에 관한 보고』. 지수희 옮김. 서해문집.
배정근. (2010). 「광고가 신문보도에 미치는 영향에 관한 연구: 그 유형과 요인을 중심으로」. ≪한국언론학보≫, 54(6), 103~128쪽.
코바치(Bill Kovach)·로젠스틸(Tom Rosenstiel). (2021). 『저널리즘의 기본원칙 (The elements of journalism) (개정 4판). 이재경 옮김. 한국언론진흥재단. [원서 출판 2021].
성기웅. (2019.12.23). " '기업에서 금전적 대가 약속받고 기사 삭제' 파문… 사장-편집국장 사퇴 의사 밝혀. 경향신문. http://www.pennmike.com/news/articleView.html?idxno=26272.
스티븐스, 미첼(Mitchell Stephens). (2010). 『뉴스의 역사(A History of News)』(3판). 이인희 옮김. 커뮤니케이션북스. [원서 출판 2007].
신동흔·구본우 (2019.5.16). "허위와 진짜 뒤섞인 정보전쟁… 뉴스도 품질 보증이 필요하다". ≪조선일보≫. https://biz.chosun.com/site/data/html_dir/2019/05/16/2019051600335.html.
양상우·한순구. (2017). 「인터넷의 발달과 뉴스매체의 포섭 비용의 변화」. ≪동서연구≫, 29(1), 5~22쪽.
오수현. (2021.6.25). "온라인서 뉴스 볼 때 포털만 찾는 한국인". ≪매일경제≫. https://www.mk.co.kr/news/culture/9927357
윤다빈. (2023.3.31). "챗GPT에 밀린 '메타버스 '… 2년도 안 돼 시들". ≪동아일보≫. https://www.donga.com/news/Inter/article/all/20230331/118608590/1
이동구. (2017.9.22). " "삼성이 민주주의 위협, 전화위복의 기회다". 양상우 한겨레 대표이사 전 직원에 이메일 보내". 한겨레: 온. http://www.hanion.co.kr/news/articleView.html?idxno=5907.
이승엽·이상우. (2017). 「종합편성채널의 뉴스보도 시청률과 보수 정당의 선거득표율 간의 관계」. ≪한국콘텐츠학회논문지≫, 17(8), 80~89쪽.
이승훈. (2022.12.17). "머스크의 트위터 기자 계정 정지 비난 확산 … "언론은 장난감 아냐" ". YTN. https://n.news.naver.com/article/052/0001826751?cds=news_edit.
이승희. (2010). 「재벌의 언론지배에 관한 보고서(2010)」. ≪경제개혁리포트≫(2010-12), 1~32쪽.
이재경. (2012). 「독자가 에디터인 시대, 기자는 진실 검증 – 500호 기념 인터뷰/톰 로젠스틸」. 한국언론진흥재단. ≪신문과 방송≫, 8월호, 50~56쪽.
이정환. (2021.7.12). 「주식회사 언론의 딜레마, '소유-경영-편집 분리'라는 오랜 숙제」. ≪신문과 방송≫. https://blog.naver.com/kpfjra_/222428623830
이주한. (2018.7.26). "미 백악관, CNN 기자 '보복성 취재 불허 논란". KBS. https://news.kbs.co.kr/news/view.do?ncd=4015122.
이진욱. (2020.12.24). " '조회수' 지상주의…'자극' 좇는 유튜버들". ≪머니투데이≫. https://news.mt.co.kr/mtview.php?no=2020122217131319332.
이충재·김정기. (2015). 「종합일간지 편집국장의 편집권에 대한 인식 연구: 10개 일간지 전·현

편집국장을 대상으로」. ≪한국언론학보≫, 59(6), 165~186쪽.
임봉수 외. (2014). 「뉴스와 광고의 은밀한 동거: 광고주에 대한 언론의 뉴스구성」. ≪한국언론정보학보≫, 133~158쪽.
임정수. (2017). 「미디어 경제학의 한국 언론학에 대한 학문적 기여와 새로운 역할 모색」. ≪언론정보연구≫, 54(2), 7~38쪽.
전병호. (2022.10.22). "50만자도 아니고 50만행을 통째로 외우다니". ≪오마이뉴스≫. http://www.ohmynews.com/NWS_Web/View/at_pg.aspx?CNTN_CD=A0002874208
조수경. (2015.1.8). "삼성 오보 인정한 전자신문, 자존심도 열정도 잃었다 – '항복선언' 후 떠나가는 기자들 … 악화된 경영상황도 " '회복' 말하기 어려워". ≪미디어오늘≫. http://www.mediatoday.co.kr/news/articleView.html?idxno=121090.
최선규·유수정·양성은. (2012). 「뉴스 시장의 경쟁과 미디어 편향성: 취재원 인용을 중심으로」. ≪정보통신정책연구≫, 19(2), 69~92쪽.
최인호 외. (2011). 「신문의 대기업 호의보도와 광고의 상관관계」. ≪한국언론학보≫, 55(3), 248~270쪽.
최진봉. (2014). 『미디어 정치경제학』. 커뮤니케이션북스.
최진주 (2016.3.18). " '스포트라이트' 배런 편집국장은 지금". ≪한국일보≫. https://www.hankookilbo.com/News/Read/201603181144961933
커뮤니케이션북스. (2013). 『미디어 경제학: 뉴미디어와 전통 미디어에 대한 경제학 적용』. http://commbooks.com/미디어-경제학-뉴미디어와-전통-미디어에-대한-경제/. (2023.7.21. 확인).
한국언론진흥재단. (2021). 「2021 신문잡지 이용조사」.
한국언론진흥재단. (2022). 「디지털 뉴스 리포트 2022 한국」.
홍지인. (2022.11.14). "이진복, 'MBC 전용기 배제' 논란에 "가짜뉴스 생산에 응당 책임" ". 연합뉴스. https://www.yna.co.kr/view/AKR20221114062300001?input=1195m
황예랑·김효실. (2016.1.26). "ㅇㅇ일보와 △△신문의 다른 단어 사전: ② 언론이 그린 대통령". ≪한겨레21≫. https://h21.hani.co.kr/arti/cover/cover_general/41100.html.

찾아보기(인명·용어·뉴스 미디어)

인명

가브스제위츠, 장(Jean Gabszewicz) 277
간스, 조슈아(Joshua Gans) 236
간스, 허버트(Herbert J. Gans) 98
갈레토비치, 알렉산더(Alexander Galetovic) 135, 195
갈로, 에스더(Esther Gal-Or) 279
갈비스, 안젤라 폰세카(Ángela Fonseca Galvis) 239
감바로, 마르코(Marco Gambaro) 314
강상현 40
거버, 알란(Alan Gerber) 114, 242
게일라니, 탄세프(Tansev Geylani) 279
겔바흐, 스콧(Scott Gehlbach) 278
고젯, 헤이즐(Hazel Gaudet) 100
고프먼, 어빙(Erving Goffman) 101
골드버그, 버나드(Bernard Goldberg) 125
골든하르, 린다(Linda Goldenhar) 310
골딘, 클라우디아(Claudia Goldin) 116, 238
구로자와 아키라(黑澤明) 121
구리에프, 세르게이(Sergei Guriev) 319
구텐베르크, 요하네스(Johannes Gutenberg) 69
굽타, 루페이얀(Rupayan Gupta) 260
그로스만, 샌포드(Sanford J. Grossman) 45
그로스클로스, 티모시(Timothy Groseclose) 227
글레이저, 에드워드(Edward Glaeser) 116, 238
김창욱 48

나발니, 알렉세이(Alexei Navalny) 355
나이트, 브라이언(Brian Knight) 243, 245
내시, 존(John Nash) 26
널러브, 마크(Marc Nerlove) 45
넬슨, 마크(Mark M. Nelson) 302
노이만, 존 폰(John von Neumann) 25
니에미, 리처드(Richard Niemi) 225
닐센 ,라스무스(Rasmus Nielsen) 302

다운스, 앤서니(Anthony Downs) 20, 113, 132
다이크, 알렉산더(Alexander Dyck) 113
더간, 존(John Duggan) 108
델라비그나, 스테파노(Stefano DellaVigna) 241, 325
뎀세츠, 해럴드(Harold Demsetz) 142
돈스바흐, 볼프강(Wolfgang Donsbagh) 155
두란테, 루벤(Ruben Durante) 245
드라고, 프란체스코(Francesco Drago) 113
드레즈, 장(Jean Dreze) 118
디렉터, 아론(Aaron Director) 191
디 텔라, 라파엘(Rafael Di Tella) 135, 195, 305

라빈, 매튜(Matthew Rabin) 146
라시니스, 발렌티노(Valentino Larcinese) 218, 314
라우셀, 디더(Dider Laussel) 277
라자스펠드, 폴(Paul Lazarsfeld) 100
래드, 조너선(Jonathan Ladd) 243

럼스데인, 아서(Arthur Lumsdaine) 100
레비, 로이(Ro'ee Levy) 344, 352
레셈, 레베카(Rebecca Lessem) 224
레이니카, 리트바(Ritva Reinikka) 117
레이시, 스티븐(Stephen Lacy) 179
렌, 케네스(Kenneth Lehn) 142
렌즈, 가브리엘(Gabriel Lenz) 243
로버츠, 마거릿(Margaret Robert) 321
로버츠, 존(John Roberts) 45
로셰, 장 샤를(Jean-Charles Rochet) 56
로시그놀리, 도메니코(Domenico Rossignoli) 260
로이터, 조너선(Jonathan Reuter) 313
로젠스틸, 톰(Tom Rosenstiel) 65, 179~180
로트, 존(John R. Lott) 230
루소, 장 자크(Jean Jacques Rousseau) 40
루에다, 발레리아(Valeria Rueda) 113
루이스, 앤서니(Anthony Lewis) 99
리, 앤드류(Andrew Leigh) 236
리날로, 디에고(Diego Rinallo) 313
릭터, 사무엘 로버트(S. Robert Lichter) 129, 154

마르티넬리, 시저(Cesar Martinelli) 108
마셜, 앨프리드(Alfred Marshall) 18
마쓰오카 세이코(松岡正剛) 40
마이어, 마틴(Martin Meier) 281
마츠사카, 존(John Matsusaka) 112
마카린, 세이(Alexey Makarin) 352
말레스키, 에드문드(Edmund Malesky) 320
매스킨, 에릭(Eric Maskin) 104
맥라렌, 존(John McLaren) 142, 205
맥로플린, 캐서린(Catherine McLaughlin) 310
맥밀란, 존(John McMillan) 303
맥체스니, 로버트(Robert McChesney) 78, 155
맥콤, 맥스웰(Maxwell McCombs) 100
맥퀘일, 데니스(Denis McQuail) 135, 180
머독, 루퍼트(Rupert Murdoch) 82
메릴, 존(John Merrill) 127, 180
모르겐슈테른, 오스카(Oskar Morgenstern) 25
몰리나, 카를로스(Carlos Molina) 356
문지우-피피디, 알리나(Alina Mungiu-Pippidi) 270
물라이나탄, 센드힐(Sendhil Mullainathan) 146, 197
뮬러, 카르스텐(Karsten Müller) 354
밀, 존 스튜어트(John Stuart Mill) 17, 181, 191
밀그롬, 폴(Paul Milgrom) 45
밀리오, 제프리(Jeffrey Milyo) 227

바그디키안, 벤(Ben Bagdikian) 155, 188, 276
바수로이, 수만(Suman Basuroy) 313
바이디야, 사마스(Samarth Vaidya) 260
박쉬, 아이탄(Eytan Bakshy) 362
발다스티, 제럴드(Gerald Baldasty) 317
발자크, 오노레 드(Honoré de Balzac) 181
배런, 데이비드(David Baron) 140, 168, 231
배렛, 앤드류(Andrew Barrett) 219
배링턴, 로웰(Lowell Barrington) 219
배정근 315
버간, 다니엘(Daniel Bergan) 242
버게만, 더크(Dirk Bergemann) 336
버르스틴, 레오나르도(Leonardo Bursztyn) 354
버지스, 로빈(Robin Burgess) 115
버크, 제러미(Jeremy Burke) 199
베데르, 베아트리체(Beatrice Weder) 327
베렐슨, 버나드(Bernard Berelson) 100
베로, 리사(Lisa Bero) 310
베른하르트, 댄(Dan Bernhardt) 109
베를루스코니, 실비오(Silvio Berlusconi) 226, 245
베슬리, 티모시(Timothy Besley) 115, 254,

205
베이즈, 토머스(Thomas Bayes) 44
베이커, 에드윈(Edwin Baker) 276
베커, 게리(Gary Becker) 21
보가트, 레오(Leo Bogart) 180
보나티, 알레산드로(Alessandro Bonatti) 336
보이코프, 맥스웰(Maxwell Boykoff) 312
본도에프, 피터(Peter VonDoepp) 322
브라기에리, 루카(Luca Braghieri) 352
브로카스, 이자벨(Isabelle Brocas) 205
브루네티, 아이모(Aymo Brunetti) 327
블라스코, 안드레아(Andrea Blasco) 310
블랙, 휴고(Hugo Black) 258
비아우드, 마리-루스(Marie-Luce Viaud) 338

사이먼, 허버트(Herbert Simon) 26, 48
샤피로, 제시(Jesse Shapiro) 113, 185, 201, 222, 240, 244, 304, 343, 362
선스타인, 캐스(Cass Sunstein) 339
세필드, 프레드(Fred Sheffield) 100
센, 아마르티아(Amartya Sen) 118
소낵, 나탈리(Nathalie Sonnac) 277
소닌, 콘스탄틴(Konstantin Sonin) 278, 319, 355
소브리오, 프란체스코(Francesco Sobbrio) 144, 310
송, 레나(Lena Song) 353
쇼, 도널드(Donald Shaw) 100
수엔, 윙(Wing Suen) 107
쉬라그, 조엘(Joel Schrag) 146
쉬프린, 아냐(Anya Schiffrin) 89, 266
쉴라이퍼, 안드레이(Andrei Shleifer) 33, 197
슈와츠, 카를로(Carlo Schwarz) 354
스나이더, 제임스(James Snyder) 116, 218, 224, 236
스벤손, 제이콥(Jakob Svensson) 117
스위넨, 요한(Johan Swinnen) 116
스타, 폴(Paul Starr) 308
스태닉, 피에로(Piero Stanig) 308
스탠리, 해럴드(Harold Stanley) 225
스트롬버그, 데이비드(David Strömberg) 110~112, 115~116, 118, 279
스티글러, 조지(George Stigler) 31, 45, 253
스티글리츠, 조지프(Joseph Stiglitz) 99
스티븐스, 미첼(Mitchell Stephens) 39, 265
신킨슨, 마이클(Michael Sinkinson) 113, 240, 304

아난드, 바라트(Bharat Anand) 135, 195
아데나, 마야(Maja Adena) 307
아이엔거, 샨토(Shanto Iyengar) 101
아이젠시, 토머스(Thomas Eisensee) 118
아이크마이어, 사라(Sarah Eichmeyer) 352
아지르다스, 카그다스(Cagdas Agirdas) 223, 335
안젤루치, 찰스(Charles Angelucci) 336
알코트, 헌트(Hunt Allcott) 350, 353
알터만, 에릭(Eric Alterman) 125
애로, 케네스(Kenneth J. Arrow) 20, 45
애쓰모글루, 대런(Daron Acemoglu) 357
앤더슨, 사이먼(Simon Anderson) 142, 205
앤솔라베히어, 스티븐(Stephen Ansolabehere) 224
야나기자와-드로트, 데이비드(David Yanagizawa-Drott) 245, 305, 324
에고로프, 조지(Georgy Egorov) 319
에니콜로포프, 루벤(Ruben Enikolopov) 242, 306, 355
엘만, 매튜(Mattew Ellman) 281
엥겔스, 프리드리히(Friedrich Engels) 40
영, 다니엘(Daniel Young) 322
오버홀저-지, 펠릭스(Felix Oberholzer-Gee) 112
옥스, 아돌프(Adolph Ochs) 74
올퍼, 알렉산드로(Alessandro Olper) 116
왈드포겔, 조엘(Joel Waldfogel) 112, 114
워너, 케네스(Kenneth Warner) 310

웬충 구오(Wen-Chung Guo) 200
윌리엄슨, 올리버(Oliver Williamson) 255
윌키, 사이먼(Simon Wilkie) 205
이승희 316
이충재 315
일디림, 피나(Pinar Yildirim) 279
임봉수 316
임정수 37
잉버, 스탠리(Stanley Ingber) 188

잔코프, 시메온(Simeon Djankov) 187, 322
장춘팡(江淳芳) 243
저마노, 페브리지오(Fabrizio Germano) 281
저스트, 매리언(Marion Just) 79
저커버그, 마크(Mark Zuckerberg) 353
제퍼슨, 토머스(Thomas Jefferson) 181, 199
젠츠코우, 매튜 31, 46, 113, 115~116, 185, 201, 222, 238, 240, 244, 304, 333~343, 350, 362, 358
조이도, 파블로(Pablo Zoido) 303
조지, 리사(Lisa George) 114
주라브스카야, 예카테리나(Ekaterina Zhuravskaya) 242, 306
지츠위츠, 에릭(Eric Zitzewitz) 313

찬, 지미(Jimmy Chan) 107
챈들러, 오티스(Otis Chandler) 226
첸, 낸시(Nancy Qian) 305
촘스키, 노엄(Noam Chomsky) 155
최선규 129, 232

카너먼, 대니얼(Daniel Kahneman) 26, 47~48
카를란, 딘(Dean Karlan) 242
카리요, 후안(Juan Carrillo) 205
카메니카, 에미르(Emir Kamenica) 46
카제, 줄리아(Julia Cagé) 89, 113, 185, 272, 319, 336
칸, 킴(Kim Kahn) 219
캄판테, 필리페(Filipe Campante) 114
캐플런, 리처드(Richard Kaplan) 317
캐플런, 에단(Ethan Kaplan) 241
컨, 호글러(Holger Kern) 246
케네디, 갈리(Gail Kennedy) 310
케네디, 패트릭(Patrick Kenney) 219
코르네오, 지아코모(Giacomo Corneo) 99, 262
코바치, 빌(Bill Kovach) 180
코스, 로널드(Ronald Coase) 191
코후트, 앤드류(Andrew Kohut) 156
콜터, 앤(Ann Coulter) 125
쿠이퍼스, 짐(Jim A. Kuypers) 156
퀸, 케빈(Kevin Quinn) 237
크라사, 스테판(Stefan Krasa) 109
크루그먼, 폴(Paul Krugman) 125
클린턴, 힐러리(Hillary Clinton) 225, 350
킹, 게리(Gary King) 321

터커, 조슈아(Joshua Tucker) 348
트럼프, 도널드(Donald Trump) 225, 350
트롬베타, 페데리코(Federico Trombetta) 260
트버스키, 아모스(Amos Tversky) 47~48
티롤, 장(Jean Tirole) 56, 104

패터슨, 토머스(Thomas E. Patterson) 155
팬, 제니퍼(Jennifer Pan) 321
퍼거슨, 레오폴도(Leopoldo Fergusson) 356
퍼셀, 크리스틴(Kristen Purcell) 179
페더슨, 티모시(Timothy Feddersen) 112
페라즈, 클라우디오(Claudio Ferraz) 117
페센도퍼, 볼프강(Wolfgang Pesendorfer) 112
페텍, 나단(Nathan Petek) 304
페트로바, 마리아(Maria Petrova) 242, 263, 306, 318, 325, 355
페트로치크, 존(John Petrocik) 230
포스너, 리처드(Richard Posner) 184
포스터, 로빈(Robin Foster) 265
폴본, 마티아스(Mattias Polborn) 109

푸글리시, 리카르도(Riccardo Puglisi) 218, 230, 236, 247, 314
푸추안 라이(Fu-Chuan Lai) 200
풀러, 잭(Jack Fuller) 99
퓰리처, 조셉(Joseph Pulitzer) 73, 97, 284
프랜체스첼리, 이그나시오(Ignacio Franceschelli) 305
프랫, 안드레아(Andrea Prat) 101, 110~111, 205, 254, 287, 289
프리드먼, 밀턴(Milton Friedman) 31
피난, 프레데리코(Frederico Finan) 117
피레스, 아르만도(Armando Pires) 278, 340

하셋, 케빈(Kevin A. Hassett) 230
하이에크, 프리드리히(Friedrich Hayek) 24
하인뮬러, 옌스(Jens Hainmueller) 246
하트, 올리버(Oliver Hart) 45
한낙, 아니코(Aniko Hannak) 361
해밀턴, 제임스(James Hamilton) 71, 184, 276
허르베, 니콜라스(Nicolas Hervé) 338
허쉬, 시모어(Seymour Hersh) 258
허스트, 윌리엄 랜돌프(William Randolph Hears) 73
허스트, 윌리엄(William Hearst) 284
허시, 시모어(Seymour M. Hersh) 77
호, 다니엘(Daniel Ho) 237
호블랜드, 칼(Carl Hovland) 100
호즈만, 다니엘(Daniel Hojman) 114
홀름스트룀, 벵트(Bengt Holmström) 103
후지모리, 알베르토(Alberto Fujimori) 303

용어

가로세로연구소 174
가짜 뉴스 225, 349, 364
가치 판단 29
가치중립적 접근 30
값싼 대중 신문 58, 278
개인화 361
~의 역설 362
객관
~성 73, 154
~적 보도 71, 154
~적 품질 기준 166
~주의 저널리즘 72, 154
거래 비용 255, 259, 261, 317
게이트 키핑 349
게임 이론 25, 102, 112
결정 이론 102, 112
경성 뉴스 184, 186
경언유착 252
경쟁의 (미디어 편향에 대한) 효과 194
경제
~이슈 218, 230
~적 동인 94, 96
~적 불평등 263, 280, 326, 327
경제학 20, 28
『경제학 원리』 18
경험재 67
경험주의 154
계약 이론 102
계층 편향 157
고급지 160
고정 비용 71, 196
고품질 뉴스(미디어) 164, 166, 168, 179, 201, 208, 265, 269
고품질 미디어 201
고품질 저널리즘 74
공개적 (후보) 지지 224, 243
공공 선택 이론(public choice theory) 323
공공재 67, 263
공급자 관점의 뉴스 품질 180
공론장(公論場) 343
공익 미디어 200
공익 이론 323
공정성 편향 156

공정의 원칙 187
과점 체제 36
광고 45
~공급 모형 45
~단가 319
~수요 281
~수입 276, 309, 317, 319, 333, 337
~중단 283
~타깃팅 능력 336
~효과 276, 278, 336
광고주 58, 276, 309
~의 협상력 276, 313
구글 361, 365
구독 수입 333
구조적 편향 156
국제 뉴스 보도 305
권언유착 252
귀납적 방법론 154
규모의 경제 71~72
규범적 사고(이해) 29
규제 기관 253
균일 분포 212
극단적인 집중 189
극단적인 편향 196
근대적 신문 64
근대적 저널리즘 70
금속활자 발명 69
기대 효용 147, 201
기레기 160
기업 집중률 286
기울어진 언론 지형 126, 227, 293
기후 위기 보도 312
김영란법 261, 284

나라마다 다른 편향 148
나쁜 뉴스 편향 156
나의 관점과 같은 뉴스 43, 149
나의 관점과 다른 뉴스 43, 149
나이트 리더(Knight Ridder) 77
나치(Nazi) 307
남북 전쟁 304
내러티브 편향 156
내생적 255
~미디어 포획 303
냉각 효과 308
너무 많은 경쟁 183
너무 적은 경쟁 187
너알아TV 174
네거티브 대가 261, 281
네트워크 경제 329
네트워크 효과(외부성) 59
노무현 전 대통령 서거 234
뉴스
~가치 41
~공급자 43, 49, 50~51
~공급자에 의한 편향 138, 210, 221
~다양성의 실종 342
~룸 89, 337
~(미디어)의 품질 160~161, 168, 179, 338
~미디어들의 편향 포지셔닝 151
~미디어 (정치)경제학 16, 28, 34
~사막 83
~소비 117
~소비자 40~41, 279
~소비자에 의한 편향 210, 221
~소비자의 이념적 분포 212
~시장 40~41, 53, 182, 191
~시장의 부흥기 80
~시장의 지각변동 82
~(시장의) 수요 196
~아워(NewsHour) 186
~에 대한 무관심층 93
~에 대한 인간의 욕망 145
~의 검증 가능성 136, 195
~의 소비량 115
~의 저작권 274
~의 정확성 50, 167, 173, 197, 206

~ 코퍼레이션(News Corporation)　290
~ 타임스 컴퍼니(The New York Times Company)　77
~ 품질 정의　172
~ 품질의 객관적 기준　164, 167
~ 품질의 추락　89, 336

다대다 의사소통　95
다운스 딜레마　23
다차원 다면 시장　94
다차원적 편향　248
단봉 분포　212
단선적 양면 시장　94
담배 기업　310
당위적 사고　29
대중 미디어　64, 94
대중지　74
대체 효과(관계)　33, 85, 334
도덕적 해이　104
독과점의 폐해　190
독립 미디어(언론)　273, 355
독재 체제　319
독점 공급 기간　267
독점 수입 가능 기간　338
동독 주민　246
동질적 편향　198
두 체계 (이론)　27, 47, 169
디지털
~ 구독 수입　92
~ 미디어　265
~ 시대　64
~ 중개자　253, 342
~ 콘텐츠의 유료화　335
~ 플랫폼　87, 185
「디지털 뉴스 리포트」　84

라디오 방송　75, 112, 114~115, 117, 307
〈라쇼몽〉　121
로비　253
르완다 대학살　245, 324

만족화(satisficing)　162
말(언어)　40, 63
맞춤형 뉴스(콘텐츠)　340~341
매체합산 여론영향력　287
메아리의 방 효과　33, 339, 343
메타버스　95
명시적 편향　228, 247
명예훼손 법규　307
무가지(無價紙)　278
무리[群]　41
무편향　133
문자 미디어　63
미디어
~ 경제학　34, 37
~ 권력 지수　289, 299
~ 기술　62, 119
~ 다양성　183, 245, 285, 293
~ 다양성 지수　288
~ 독립성　253
~ 문해력　274
~ 바우처 법안　271
~ 산업　35, 37
~ 소유 구조　262
~ (소유) 집중　188, 190, 192, 262
~ (언론) 권력　36, 54, 252, 284
~ 융복합화　93
~ 의 기원　40
~ 정치경제학　16
~ 편향　55, 132, 215
~ 편향의 (두 가지) 본성　124
~ 편향의 원인　133
~ 편향의 이유　122
~ 편향의 차별화　136, 161, 174, 197, 206, 212, 240
~ 편향의 형태　130
~ 포획　51, 54, 107, 252, 285
~ 품질　135

미라이 양민 학살 77
민주주의 28, 98, 107, 119, 252
민주주의(에 관한) 경제학 이론 21~22, 28
『민주주의의 경제 이론』 22

바이마르 공화국 307
박근혜-최순실 게이트 204
반이슬람 정서 354
방송 저널리즘 76
배제성 67
벌주기 (전략) 282~283, 308, 311
베슬리-프랫 모형 258, 297
베이즈 추론 44
베이지안 소비자 44
보도량 218
보수적 편향 155
보이지 않는 손 192
보편적 선호 362
복수의 편향 전략 341
복제 보도 267, 338
본능적 욕구 166
부유층 263, 280
부패 109, 116, 327
불가능성 정리 21
불충분한 뉴스 공급 183, 187
불합리한 선택 26, 27
브콘닥테(VK, ВКонтакте) 354, 356
블록체인 95
비경합재 67, 186
비교 측정법 248
비배제성 67
비영리 탐사 보도 미디어 79
비즈니스(수익) 모델 70~72, 94, 331

사라지지 않는 편향 127
사상의 자유 시장 193
사실 보도 107, 218~219
사실 편향 130
사용자 생산 콘텐츠 349
사적재 67
사회선택이론 28
산업혁명 61
상대주의적 접근 179
상반된 편향 124
상업적 편향 156, 276, 281, 333
생존 본능 41
선거 22
선동법(the Sedition Act of 1798) 308
선전(propaganda) 155
선정적 뉴스 145
선택에 관한 학문 23, 28
선호(취향) 159, 162
설득(에 관한 경제학) 45, 241, 244
세대 갈등 249
소득 재분배 정책 263, 327
소비자 관점의 뉴스 품질 179
소셜 네트워크 87
소셜 미디어 225, 253, 344, 346, 348, 355~356
소식지 68
소유 제한 293
수리 논리학 22
수직적 차별화 136, 175
수평적 미디어 348
수평적 차별화 136, 175
수학 19
숨겨진 편향 228, 247
스칸디나비아 모형 270
스폰서 구독 311
습관 353
시각적 편향 156, 219
시간에 따른 뉴스 가치 감소율 269
시간의 제약 27, 51
시간적 편향 156
시대마다 다른 편향 152
시장
~ 의 실패 185, 191
~ 점유율 285

~ 집중 286
신군부 35
신뢰 163
신문 33, 334
~ 과 방송의 공존 85
~ 들의 정파성 238
~ 들의 차별화 전략 73
~ 산업 69
~ 산업의 변화 70
~ 의 소비 감소 83
~ 의 시대 50
~ 의 황금기 75
~ 체인 76
신속성 50
실업률 218
심리적 효용 47, 147
쌍봉 분포 212

아랍의 봄 356
『아레오파지티카(The Areopagitica)』 191
아부 그라이브 257
알고리즘 330, 346~347, 360, 365
애드 폰테스 미디어(Ad Fontes Media) 126
양면 시장 56, 240
양적 관점 164
언론
~ 자유 사상 190, 196, 198, 201, 254
~ 자유 위원회(Commission on the Freedom of the Press) 180
~ 자율화 조처 259, 261
~ 전반의 편향 227
~ 감시단체 127
~ 자유 182, 327
~ 의 위기 14
~ 통폐합 259
언론사 노조 134
언론사 사주 133, 141
언론학 29
여론
~ 다양성 183, 192
~ 시장 38
~ 조작 264
연성 뉴스 184~186
연역적 방법론 154
열등한 사회 322
열린 정부 103, 107
영예 추구 편향 157
예열 효과(Priming effect) 101
오리지널 콘텐츠 267, 274
오보(誤報) 138, 359
오프라인 미디어 253, 336
온라인 (뉴스) 미디어 334, 336
올림픽 게임 118
왜곡 130
외부 효과 191~192
외생적 255
워터게이트 77, 189
원시 시대(사회) 61, 63
웹 포털 253, 342
위키리크스 79
유권자 영합 행위 104
의견 보도 218~219
의제 설정 이론 100, 219
이념적 다양성 32, 240
이념적 동질성 33
이라크 전쟁 105
이성
~ (적 사고) 49, 47
~ 적 욕구 166
~ 적 추론 27, 44, 171, 202, 207
이슈
~ 강도 측정법 248
~ 소유 가설 230
~ 편향 130
이윤 극대화 53
이윤 동기 140
이질적 편향 198
인간적 한계 51

인건비 141
인공지능 95, 330, 341, 357, 365
~ 의 양면성 358
~ 의 역기능 357
인쇄
~ 기술 변화 69
~ 미디어 113
~ 혁명 64
인지 편향 144
인지적 한계 27
인터넷 85
~ 웹 포털 87
일대다 의사소통 95
일반 경쟁 정책 294
일상의 삶 352

자기 검열 281, 308, 315
자기 통제 353
자동차 업체 312
자유로운 사상의 시장 191
『자유론』 17
자유주의 191~192
~ 적 관점의 한계 190
~ 적 편향 155, 227
재난 보도 118
재벌들의 지배력 316
재스민 혁명 356
재정 적자 218
저널리스트 70, 140, 155, 337
저널리즘 68, 87
~ 에 대한 신뢰 추락 89
~ 의 10대 원칙 180
저품질 미디어 201~202, 208, 269
적대적 미디어 지각 126
전자상거래 사이트 87
전통 미디어 83, 331
정론지 74
정보
~ 경제학 329
~ 공개법 103, 106~107
~ 공급 (비용) 62
~ 독점 시대 63
~ 마찰 97
~ 밀도 164
~ 비대칭 102, 191
~ 시장 189
~ 와 지식 민주화의 나선형 진화 65
~ 의 가격 63
~ 의 실패 182
~ 의 양 110, 164
~ 의 여과(필터링, 선별, 취사선택) 46, 123, 130~131, 169, 339
~ 의 저장 62
~ 저장 비용 63
~ 전달(표현) 능력 164, 170, 172, 207, 209
~ 통신기술 (혁명) 82, 98
~ 후생 210
정보재 67
정부
~ 광고 305
~ 규제 188
~ 부패 보도 305
~ 재정 지원 200
~ 의 (정책적) 개입 191~193, 292
정신 건강 352
정직한 보도 168
정치
~ 경제학 20, 28
~ 선전 100
~ 시장 39
~ 추문 218, 239
~ 적 양극화 126, 151, 153, 271, 343, 345~347
~ 적(이념적) 편향 130, 154, 203, 215, 333
~ 적 지대 111
~ 적 참여(투표율) 112, 119

~ 적 책무성 54, 110, 293
『정치경제학 원리』 18
정치인 추문 221
정파적 저널리즘 80
제약 회사 311
제품 시장 189
제한된 합리성 27, 46~47, 169~170
젠더 갈등 249
조정 (효과) 349, 356
종합편성채널 38, 91, 190, 234, 242, 259
주인-대리인 문제 102
중독 353
중위 투표자 정리 23
지니 계수 326
지동설 145, 172
직관(본능) 27, 47
진실 121, 173, 203
진영 논리 126
진입 장벽 64, 70, 197
질적 관점 164
집단행동의 예방 321
집합적 행동 349

채동욱 검찰총장 혼외자 추문 204
처널리즘(churnalism) 160
천동설 145
초국적 미디어 기업 82
취재 거부 282

커스터마이징(customizing) 339, 361
케이블텔레비전 36
코스 정리 191
콘텐츠 유료화 332
콤캐스트(Comcast) 290
크라우드 펀딩 272
크레디트 모빌리어(Crédit Mobilier) 추문 203
클라크 메달(Clark Medal) 31
클릭베이트(clickbait) 160
클린턴(Clinton)-르윈스키(Lewinsky) 추문 186

탐사 저널리즘 77
텔레비전
~ 광고 337
~ 방송 75, 112, 114, 116
톤(tone) 측정법 248
통념 52
통킹만 사건 105
트위터 348, 354, 365
특종 뉴스의 수입 267

파시스트 독재자 99
팩트 체커 359
페니 페이퍼(프레스) 58, 72
페이스북 345, 348, 352~353, 365
펜타곤 보고서 257
편의 추구 편향 157
편향된 뉴스 수요 144
편향의 조정 169, 208
평판 33, 67, 202, 204
평판 인쇄 69
포지티브한 대가 261
포획
~ 된 방송 306
~ 의 공급 317
~ 의 대가 255
~ 의 수단 254
~ 의 수요 317
~ 이론 253
폭력 323
표현의 자유 18
품질 159
~ 차이가 없는 뉴스 미디어의 경쟁 206
~ 차이가 있는 뉴스 미디어의 경쟁 206
~ 의 조정 169
퓨 리서치 센터 152
퓰리처상 77
프레이밍 이론 101
프레임 편향 130
프로모셔널 저널리즘 268, 315

프로페셔널 저널리즘 72~73, 220
프리덤 하우스(Freedom House) 301, 325
플랫폼 56
~ 별 규제 293
필터 버블(Filter bubble) 343

한계비용 67, 72
한국 언론의 편향 232
한국의 신문 언론 지형 235
합리
~ 적 무시 23, 114
~ 적 선택 (이론) 26, 24
~ 주의 154
해석 보도 107
행동경제학 26, 47
행위로 인한 결과 106
행위에 대한 정보 106
허핀달-허쉬만 지수 286
현상 유지 편향 156
혐오 323, 353
홀로코스트 365
확증 뉴스 146, 148, 198
확증 편향 42, 44, 144~145, 343
황색 저널리즘 73
황색지 160
회전식 인쇄기 69
효용의 극대화 53
휴리스틱(어림짐작) 47~48

개별 뉴스 미디어

≪USA 투데이≫ 228
≪가디언≫ 79, 91
≪경향신문≫ 233, 262, 283, 315
≪국민일보≫ 233
≪뉴스타파≫ 79, 272
≪뉴욕 타임스≫ 79, 91, 123, 169, 174, 177, 218, 228, 230, 257, 290, 312
≪데일리 메일≫ 91
≪데일리 미러≫ 169, 177
≪동아일보≫ 91, 190, 225, 233, 283
≪디 벨트≫ 81
≪로스앤젤레스 타임스≫ 226, 312, 358
≪르몽드≫ 81
≪리더스 다이제스트≫ 311
≪마더 존스≫ 311
≪매일경제≫ 91, 315
≪메디아파르트≫ 272
≪문화일보≫ 233
≪불워크≫ 177
≪서울신문≫ 233, 273
≪선데이 저널≫ 204
≪시카고 트리뷴≫ 219
≪신시내티 인콰이어러≫ 219
≪아사히신문≫ 81
≪오마이뉴스≫ 178
≪요미우리신문≫ 81
≪워싱턴 타임스≫ 114, 228, 243
≪워싱턴 포스트≫ 79, 114, 243, 258, 312
≪월스트리트 저널≫ 177, 228, 290, 312
≪인터내셔널 헤럴드 트리뷴≫ 335
≪조선일보≫ 91, 190, 204, 225, 233, 283, 315
≪중앙일보≫ 91, 178, 190, 225, 233, 283
≪크리스천 사이언스 모니터≫ 335
≪타임≫ 127, 128, 290
≪폴리티켄≫ 249
≪프로퍼블리카≫ 79, 272
≪한겨레≫ 82, 178, 204, 226, 233, 262, 272~273, 283
≪한겨레21≫ 235
≪한국일보≫ 233

BBC 185, 256, 295
CBS 228, 257
CNN 186, 228, 244, 290
JTBC 91, 178

KBS 233, 295
MBC 233
MBN 91
MSNBC 290
NBC 177, 290
NTV 242
PBS 228
RTLM 324
블룸버그 뉴스 177
알 자지라(Al Jazeera) 123, 244
야후 뉴스(Yahoo News) 290
채널A 91
TV조선 91
폭스 뉴스 109, 123, 186, 228, 241, 290, 354

지은이

양 상 우

6만여 국민주주들이 뜻을 모아 창간한 한겨레신문의 대표이사를 두 차례(15·17대) 지냈다. 언론인의 길을 걸을 때도, 줄곧 학업의 끈을 놓지 않은 경제학자다. 연세대학교 경제대학원 겸임교수로 미디어 정치경제학을 가르치고 있다.

저널리스트와 언론사 경영인으로서 직접 몸으로 부딪혀온 언론의 현실을 경제학에 접목하는 데 천착해 왔다. 디지털 시대에 언론이 권력과 자본 앞에 취약해지는 현상, 포털 뉴스가 언론의 정파적 보도에 미치는 영향 등을 경제학 모델로 분석했다. *Information Economics and Policy* 등 저명한 국내외 학술지에 다수의 논문을 발표했다. 한국 언론의 문제를 푸는 데도 언론에 관한 경제학적 통찰이 중요하다는 것이 지론이다.

한겨레신문 사장 시절에는 한겨레신문이 권력과 자본 앞에 당당하도록 물적 토대를 마련하는 데 애썼다. 첫 임기 중 한겨레신문사는 창사 이래 20여 년 만에 자본결손에서 벗어났고, 두 번째 임기 때는 재임 기간의 누적 흑자를 바탕으로 32년 만에 첫 주주배당을 시행했다.

기자 시절에는 쌍용양회 사과상자 비자금 사건(1996년), '북파공작원 실종·사망 7726명'(1999년), 부산 성인 오락실 비리 사건(2006년)을 비롯해 북한 시베리아 벌목공 르포(1994년) 등을 썼다. 민주언론상 특별상(2007년) 한국가톨릭(주교회의)매스컴상(2006년) 삼성언론상(2004년) 등을 받았다.

한울아카데미 2485
경제학으로 읽는 뉴스 미디어
감춰진 언론의 진실

지은이 **양상우** | 펴낸이 **김종수** | 펴낸곳 **한울엠플러스(주)** | 편집 **조인순**

초판 1쇄 인쇄 **2023년 11월 15일** | 초판 1쇄 발행 **2023년 11월 27일**

주소 **10881 경기도 파주시 광인사길 153 한울시소빌딩 3층**
전화 **031-955-0655** | 팩스 **031-955-0656**
홈페이지 **www.hanulmplus.kr** | 등록번호 **제406-2015-000143호**

Printed in Korea.
ISBN 978-89-460-7486-6 93070 (양장)
978-89-460-8256-4 93070 (무선)
※ 책값은 겉표지에 표시되어 있습니다.
※ 무선제본 책을 교재로 사용하시려면 본사로 연락해 주시기 바랍니다.